평신도를 위한
# 신학자 연구

# 김 형 근 약력

　　연세대학교 신과대학 신학과 졸업(B. A), 장로회신학대학교 신학대학원 졸업(M. Div.), 연세대학교 연합신학대학원 졸업(Th. M.), 독일 로스톡대학교(Uni. Rostock) 신학부에서 신학박사 취득(Dr. Theol.), 온무리교회 부목사, 서교동교회 부목사, 베를린소망교회 부목사, 현재 대전신학대학교 조직신학 교수, 구일교회 협동목사.
　　**다른 저서**: 『에크하르트의 하나님과 신성 그리고 불교의 무이해』(독일어원서, 2008), 『본회퍼의 통전적인 영성』(2016), 『마이스터 에크하르트와 불교』(2017), 『상황과 신학: 절망 속의 희망』(2019)/ 역서: 『마이스터 에크하르트의 신비주의 사상』(2019).


## 평신도를 위한 신학자 연구

초판 2쇄 인쇄-2023년 09월 05일
초판 2쇄 발행-2023년 09월 12일

지은이　김형근
펴낸이　최양순
펴낸곳　도서출판 은소몽
등　록　2016년 9월 21일　제 2016-000002 호
주　소　충북 옥천군 군서면 금산4길 13-6
전　화　043-732-8317/ 010-3347-8317/ 010-6566-8317
메　일　bonhoe@daum.net

ⓒ 김형근, 2023
ISBN: 979-11-958995-6-2

평신도를 위한
# 신학자 연구

저자: 김 형 근

도서출판 은소몽

## 저자 서문

　　이 책은 대전의 "용전교회 2021 평신도 신학 세미나"에서 4월부터 12월까지 9번에 걸친 특강의 내용에 위르겐 몰트만을 첨부하여 총10장으로 구성한 것입니다. 따라서 이 책은 평신도들에게 신학사의 인물들을 쉽고 간략하게 소개합니다. 그러므로 경건한 평신도들이 신학이라는 학문에 큰 부담감 없이 접근하여 자기 자신을 점검할 수 있는 사고의 기회와 읽을거리를 제공받을 수 있습니다. 더 나아가 신학에 처음 입문하는 학생들이 가볍게 읽어도 좋을 것입니다.

　　용전교회에서 정해준 주제들의 순서를 따라 매달 준비하면서 기쁨도 있었고 고된 수고로움도 있었습니다. 하지만 준비하면서 저자 자신이 은혜와 도전을 많이 받았습니다. "강의 대상인 평신도들보다 너는 더 나은가?"라는 질문이 늘 저의 가슴을 때렸습니다. 강단에 설 때마다 두렵고 떨렸습니다. 전적으로 타락한 나를 구원하신 예수 그리스도의 십자가의 의를 믿는 믿음으로 강의할 수 있었습니다. 무엇보다도 토마스 아 켐피스의 『그리스도를 본받아』를 읽으면서 정말 아무것도 아닌 저 자신을 많이 돌아보았습니다. 이에 더하여 전달했던 강의 내용들을 정리하여 책으로까지 출판하게 되었으니 하나님께 감사와 영광을 돌립니다.

　　신학대학의 강단에서 강의되는 것을 현장의 평신도들에게도 전달하고자 애쓰시는 용전교회 권석은 목사님께 이 자리를 내어 깊이 감사드립니다. 또한 권 목사님은 저의 늦어지는 원고를 기다려 주시고, 부족한 사람을 위해 기도해주시며 격려와 칭찬을 아끼지 아니하시고, 이 책을 출판할 수 있도록 지원해주시는 큰 사랑을 베풀어주셨습니다. 그리고 강의에 참여해주신 성도님들과 매번 응원해준 제자들, 많은 오타의 교정을 위해 너무나도 수고한 김승국·김금희·강혜선·윤은순·임창완 전도사님들, 그리고 애정 어린 추천사를 써주신 권 목사님과 총장님께도 진심어린 감사를 전합니다.

　　　　- 2021년이 저물어 가는 겨울 저녁의 깊은 산중에서 -

# 추 천 사

### 가라지를 이긴 알곡으로 세워지는 기쁨

우리가 희망을 갖고 새해를 맞는다. 그러나 오늘을 사는 우리는 우리의 희망과는 다른 세상을 만난다. 가치 혼란의 시대이다. 가치혼란의 시대는 영적으로 밤의 시대이다. 밤의 시대는 사탄이 가라지를 뿌리는 기회로 사용하기에 적합한 어둠의 시대이다. 정말 그렇다. 최근 모 이단이 일간지 전면 광고란을 매수해 자신의 그릇된 교리로 전통적이고 정통적인 교리를 공개적으로 공격한다. 또 다른 이단은 코로나19 펜데믹 상황 속에서 전략적으로 인터넷 매체를 통해 자신들의 교리를 무차별적으로 뿌려대고 있다.

이런 가치혼란의 시대에 빛은 어디로부터 올 것인가? 혼란의 시대마다 그 구원의 빛은 복음의 바른 해석으로부터 출발하였다. 이것이 우리가 신학을 공부하는 이유이다. 그런 의미에서 복음의 삶을 살려는 이는 신학을 사랑하는 사람이어야 한다.

지난 2021년을 로마서 1장 16-17절을 따라 "오직 예수로, 오직 복음으로, 오직 믿음으로!" 살기로 작정한 우리교회가, 평신도를 위한 신학 세미나를 연다는 것은 너무 자연스러운 결정이었다. 그리고 이를 소중하게 보시고 성심껏 강의해 주실 김형근 교수님이 우리 곁에 있는 것은 우리교회의 축복이었다. 자신의 시대를 주님이 주신 소명의 시간으로 해석하고 그 시대를 치열하게 살면서 복음을 새롭게 해석하여 복음을 복음 되게 하려던 신학자들을 만나는 시간들은, 오늘을 사는 우리가 어떻게 믿음의 삶을 살아야 하는지를 발견하는 기쁨의 시간들이었다.

우리를 그 기쁨으로 인도해 준 강의가 책자로 태어난다는 것은, 우리 안에 심겨진 생명의 씨앗이 지상으로 움을 트면서 새싹처럼 피어나는 것 같은 기쁨이다. 이 기쁨을 갖게 하신 김형근 교수님에게 감사드리고, 이 책을 통해 우리가 발견한 그 기쁨이 더 많은 교회와 성도들의 기쁨이 되기를 소망한다.

**2022년 새해 첫 달에
대한예수교장로회 용전교회 권석은 목사**

# 추 천 사

　이 책은 저자가 대전에 소재한 용전교회에서 성도들을 위하여 준비한 특강을 정리한 강의록입니다. 따라서 평신도들을 그 대상으로 하여 쓴 글이라는 점에서 의미가 있고, 또한 신학적 깊이를 담고 있기에 용어와 내용 면에서도 평신도들에게 가독성이 높은 책입니다.
　무엇보다도 초대교회 바울사도로부터 현대 신학자 몰트만에 이르기까지 신학자이자 당대 신앙의 위인들을 통해 배우는 그 교훈은, 성도들의 신앙에 바른 균형을 잡아주고 신앙의 스펙트럼을 넓히는 데도 큰 도움을 줄 것이라 기대됩니다. 그리스도인의 신앙이 상황 속에서 피어나는 것일 뿐만 아니라 그 상황에 응답하는 것이라는 점을 고려할 때, 우리가 사는 시대와 다른 시대를 살았던 당대 신앙의 위인들로부터 우리는 생생한 신앙과 다양한 신학적인 이해를 위한 도움을 받을 수 있습니다. 또한 우리가 그리스도인의 신앙이 교리의 전통에 기초하지만 그것을 넘어서 매우 현실적인 것이라는 점을 고려할 때, 현전의 실존에서 더 크고 위대하신 하나님을 발견하며 그 하나님께 응답하는 것은 중요한 일입니다. 이 책에 소개된 신앙의 위인들은 우리의 본래적인 실존에 대한 눈을 열어 신앙을 새롭게 일깨우는 영적 스승이 되어 줄 것입니다.
　특히 우리가 지금 겪고 있는 코로나19 팬데믹 상황으로 인하여 삶 속에 깊숙이 다가온 위기 때문에, 현대인들이 신앙의 실종을 겪게 될까 매우 우려됩니다. 각자가 처한 다양한 한계상황 속에서 이 책을 읽는 독자들이, 자기 자신을 돌아보고, 그리스도를 본받아, 주 예수 그리스도를 따라가는 그들의 신앙여정에 나아갈 길을 비추는 빛을 새롭게 발견하기를 기대합니다. 그 빛은 분명 과거를 다시 돌아보고 미래를 향해 나아갈 방향을 지시하는 신앙의 표지들일 것입니다. 그것이 어느덧 우리 각자의 영적인 여정에 이정표가 될 때면 이 책이 또 한 권의 신앙고백록이 되는 것은 아닐까? 라고 생각해 봅니다. 모름지기 이 책이 짙은 어둠 속의 길을 걷는 한국교회에 새 등불이 되어 줄 것과 성도들의 깊은 영성을 위한 길잡이 역할을 할 것이라고 기대하는 마음을 담아 적극 추천합니다.

- 2021년 12월 31일 대전신학대학교 총장 김영권 목사 -

# 목 차

저자 서문 … 5
대한예수교장로회 용전교회 권석은 목사 추천사 … 7
대전신학대학교 총장 김영권 목사 추천사 … 9

Ⅰ. 예수 그리스도의 사도, 바울의 생애와 신학 … 13

Ⅱ. 고대교회의 에큐메니칼 신조들의 신앙고백 … 41

Ⅲ. 성 아우구스티누스 신학의 구원론 … 66

Ⅳ. 토마스 아 켐피스의 『그리스도를 본받아』 … 93

Ⅴ. 마틴 루터의 종교개혁과 95개조 반박문 … 121

Ⅵ. 장 칼뱅의 개혁신학 … 146

Ⅶ. 필립 야콥 슈페너의 경건주의 … 172

Ⅷ. 칼 바르트의 신학의 예정론과 화해론 … 203

Ⅸ. 디트리히 본회퍼, 예수 그리스도의 증인 … 232

Ⅹ. 위르겐 몰트만의 희망의 신학 … 274

# Ⅰ. 예수 그리스도의 사도, 바울의 생애와 신학

로마서 1장 1절: "예수 그리스도의 종 바울은 사도로 부르심을 받아 하나님의 복음을 위하여 택정함을 입었으니," 로마서 1장 16-17절: "내가 복음을 부끄러워하지 아니하노니 이 복음은 모든 믿는 자에게 구원을 주시는 하나님의 능력이 됨이라 먼저는 유대인에게요 그리고 헬라인에게로다. 복음에는 하나님의 의가 나타나서 믿음으로 믿음에 이르게 하나니 기록된바 오직 의인은 믿음으로 말미암아 살리라 함과 같으니라."

## 1. 바울의 생애
### 1.1 사울의 회심(행9:1-30, A.D. 35-37년경)

"요구하는 자"라는 이름의 뜻을 가진 사울은 길리기아 다소에서 태어났고, 부활하신 그리스도를 만난 후에 사도행전 13장 13절부터 "작은 자"란 뜻을 가진 로마식 이름인 바울로 불렸습니다. 부활하신 그리스도를 만나기 전에 사울은 아브라함의 자손으로 베냐민 지파 출신입니다. 그는 유대인 중에 유대인이었으며, 태어난 지 팔일 만에 할례를 받았고, 나면서부터 로마 시민권을 가지고 있었으며, 유명한 랍비 가말리엘의 문하에서 율법의 엄한 교훈을 배워 율법에 정통하였으며, 유대교를 열렬히 추종하던 자였습니다.

그래서 청년 사울은 바리새파 사람으로 안수집사 스데반의 순교적인 죽음조차도 마땅하다고 생각할 정도로 모세의 율법을 고수하는 것에 열심을 내었습니다(행8:1). 유대인들의 대표기관인 공회가 스데

반을 성 밖으로 내치고 돌로 칠 때에, 증인들이 옷을 벗어 사울이라 하는 청년의 발 앞에 둘 정도로 사울은 그들과 한통속이었습니다(행 7:58). 그리고 사울은 주 예수의 도를 박해하고 교회를 잔멸할 목적으로 각 집에 들어가 남녀를 끌어다가 옥에 넘기고 죽이기까지도 하였습니다.

사도행전(행9:1-9, 22:6-16, 26:12-18)은 사울의 회심사건을 3번에 걸쳐 반복적으로 보도합니다. 9장은 사울이 실제로 경험한 회심사건이고, 22장은 바울이 자신을 체포한 유대백성들 앞에서 히브리말로 자신을 변명한 것이며, 또한 26장도 바울이 헤롯 아그립바Ⅱ세 왕 앞에서 자신을 변론한 것입니다.

청년 사울은 주의 제자들에 대하여 위협과 살기가 등등하여 대제사장에게 가서, 다메섹의 여러 회당에 가져갈 공문을 청하였고, 이는 만일 예수의 도를 따르는 사람을 만나면 남녀를 막론하고 결박하여 예루살렘으로 잡아오려는 의도였습니다. 사울은 길을 가다가 다메섹에 가까이 이르렀을 때, 홀연히 하늘로부터 빛이 그를 둘러 비추자 땅에 엎드러졌습니다. 그리고 사울은 **"사울아! 사울아! 네가 어찌하여 나를 박해하느냐?"** 는 부활하신 예수 그리스도의 음성을 들었습니다. 사울이 땅에서 일어나 눈은 떴으나 아무 것도 보지 못하고 사람의 손에 이끌려 다메섹으로 들어갔습니다. 거기서 사울은 사흘 동안 보지 못하고 먹지도 마시지도 아니하였습니다. 주께서 사울에게 아나니아를 보내어 안수하며 기도하게 하였습니다. 아나니아가 이르기를, 형제 사울아 주 곧 네가 오는 길에서 나타나셨던 예수께서 나를 보내어 너로 다시 보게 하시고 성령으로 충만하게 하신다고 말하였습니다. **이에 사울은 주 예수의 이름을 이방인과 임금들과 이스라엘 자손들에게 전하기 위하여 택한 주님의 그릇이 되어, 주 예수의 이름을 위하여 고난을 받는 사도의 길을 가게 되었습니다.** 회심 이후에도 그는 임박한 주의 재림을 기다리며 독신으로 살았고, 그의 사역을 돕는 성도들의 후원과 헌금도 있었지만 가죽을 세공하여 장막을 만드는 기술로 자비량 선교를 행하기도 하였습니다.

사울은 아나니아의 안수기도를 받은 후, 그의 눈에서 비늘 같은 것이 벗어져 다시 보게 되어 세례를 받고, **그는 즉시 다메섹에서 예수를 그리스도(메시아)라고 증언하였습니다.** 이에 유대인들로부터 생명의 위협을 느낀 사울은 다메섹에서 도망쳐 예루살렘으로 가서, 바나바의 도움으로 자신이 그리스도의 제자 됨을 예루살렘 공동체로부터 인정받게 되었습니다. 복음 때문에 예루살렘에서도 헬라파 유대인들로부터 생명의 위협을 당하게 된 사울은, 형제들이 가이사랴로 데리고 내려가서 다소로 보내졌습니다(행 9:26-30). 이후에 사울은 아라비아로 가서 3년 동안의 깊은 자기성찰의 시간을 가졌습니다(갈 1:17-18).

## 1.2 1차 선교여행(행13:1-14:28, A.D. 46-49년경)

그 후에 바나바가 다소로 가서 사울을 수리아 안디옥 교회로 데려와 동역하던 중에, 사울은 바나바와 함께 성령의 지시로 ①수리아 안디옥 교회로부터 선교사로 파송을 받아 실루기아 항구에서 배를 타고 1차 선교여행을 출발하였습니다. 이에 사울은 ②구브로 섬 살라미에서 마가 요한을 만났습니다. 그리고 ③바보에서 사울의 복음전파를 훼방하던 박수 바예수는 사울의 저주를 받아 눈이 멀게 되었고, 사울은 총독 서기오 바울에게 복음을 전했습니다. 이어서 바울은 ④마가 요한이 일행을 떠나 예루살렘으로 돌아간 소아시아 밤빌리아의 버가 항구를 거쳐 ⑤비시디아 안디옥에 이르러 회당에서 설교하며 이방인들을 전도하였으나 유대인들의 핍박으로 쫓겨나게 되었습니다. 여기서 바울은 **"하나님께서 살리신 이는 썩음을 당하지 아니하였나니, 그러므로 형제들아 너희가 알 것은 이 사람을 힘입어 죄 사함을 너희에게 전하는 이것이며, 또 모세의 율법으로 너희가 의롭다 하심을 얻지 못하던 모든 일에도 이 사람을 힘입어 믿는 자마다 의롭다 하심을 얻는 이것이라."**(행 13:37-39)고 설교하였습니다. 즉, 바울은 부활하신 예수 그리스도를 힘입어 하나님으로부터 죄 사함을 받고, 의롭다함을 받아 구원을 얻으라고 선포하였습니다. 그 다음에 바울이 ⑥이고니온에 이르러 회당에서 설교하며 전도하자 유대인들이 그를 돌로 치려고 하였습니다. 그 후에 바울이 ⑦루스드라에 이르러 앉은뱅이를 고친 것을 본 무리가 오해하여 바나바를 제우스로 바울을 헤르메스로 부르자, 반대파 유대인들에게 충동질을 당한 무리들이 바울을 돌로 쳐서 죽은 줄로 알고 그를 시외로 끌어 내쳤습니다. 이어서 바울은 ⑧더베에 이르러 많은 이들을 제자삼고 갔던 길을 되돌아와서, ⑨앗달리아 항구에서 배를 타고, ⑩수리아 안디옥으로 돌아왔습니다. **바울의 1차 선교여행을 통하여, 하나님께서는 이방인들에게도 믿음의 문을 활짝 열어 주시는 놀라운 역사를 일으키셨습니다.**

### 1.3 2차 선교여행(행15:36-18:22, A.D. 51-53년경)

1차 선교여행 중에 밤빌리아의 버가 항구에서 돌아갔던 바나바의 조카인 마가 요한의 문제(행13:13)로, 바울은 바나바와 다투어 결별하고 실라와 함께 2차 선교여행을 떠나게 되었습니다. 바울은 ①수리아 안디옥에서 출발하여 ②다소와 더베를 지나 루스드라에 이르러 그 지역 형제들에게 칭찬받는 디모데를 선교여행에 동참시켰습니다. 성령께서 바울에게 아시아에서 말씀을 전하지 못하게 하자 바울일행은 ③브루기아와 갈라디아 땅으로 다녀가 무시아 앞에 이르러 비두니아로 가고자 애쓰되 예수의 영이 허락하지 아니하시므로, ④무시아를 지나 드로아로 내려갔는데, 바울은 밤에 마게도냐 사람 하나가 서서 그에게 청하여 이르되 마게도냐로 건너와서 우리를 도우라는 환상을 보았습니다. 바울은 그 환상을 따라 ⑤드로아에서 배로 떠나 사모드라게로 직행하여 이튿날 네압볼리로 가고, 거기서 ⑥마케도니아의 첫 성읍인 빌립보에 이르러 자색 옷감 장사 루디아를 전도하였습니다. 귀신들린 여종을 고치고 감옥에 갇혔으나 기도하고 찬송하여 옥문이 열리는 기적으로 간수의 가족이 구원을 받게 되었습니다. 사도행전 16장 30-31절에서, **빌립보 감옥의 간수가 "선생들이여 내가 어떻게**

하여야 구원을 받으리이까?" 하거늘, 바울이 "주 예수를 믿으라 그리하면 너와 네 집이 구원을 받으리라!"고 복음을 전하였습니다. 바울 일행이 ⑦암비볼리와 아볼로니아로 다녀가 데살로니가에 이르러 회당에서 복음을 전하여 경건한 헬라인의 큰 무리와 적지 않은 귀부인이 바울과 실라를 따르자 이를 시기한 유대인들이 바울을 찾지 못하자 그 대신 야손과 그 형제들을 핍박하였습니다. 믿음의 형제들이 곧 바울과 실라를 ⑧베뢰아로 보내니, 베뢰아에 있는 사람들은 데살로니가에 있는 사람들보다 더 너그러워서 간절한 마음으로 말씀을 받았습니다. 데살로니가에 있는 유대인들은 바울이 하나님의 말씀을 베뢰아에서도 전하는 줄을 알고 거기까지 따라와서 무리를 움직여 소동을 일으키자, 바울이 ⑨아덴으로 피신하여 전도하여 몇 사람이 그를 가까이하여 믿었는데, 그들 중에는 아레오바고 관리 디오누시오와 다마리라 하는 여자와 또 다른 사람들도 있었습니다. 그 후에 바울은 아덴을 떠나 ⑩고린도에 이르러 아굴라와 그의 아내 브리스길라와 생업이 같으므로 함께 살며 일을 하니, 그 생업은 장막을 만드는 것이었습니다. 안식일마다 바울이 회당에서 강론하고 유대인과 헬라인을 권면하고, 실라와 디모데가 마게도냐로부터 내려오매 바울이 하나님의 말씀에 붙잡혀 유대인들에게 예수는 그리스도라 밝히 증언하였습니다. 바울이 하나님을 경외하는 디도 유스도라 하는 사람의 집에 들어가니 그 집은 회당 옆이고, 또 회당장 그리스보가 온 집안과 더불어 주를 믿으며 수많은 고린도 사람들도 듣고 믿어 세례를 받았습니다. **밤에 주께서 환상 가운데 바울에게 나타나 두려워하지 말며 침묵하지 말고 담대히 말하라고 말씀하셨습니다. 또한 내가 너와 함께 있으매 어떤 사람도 너를 대적하여 해롭게 할 자가 없을 것이니 이는 이 성중에 내 백성이 많음이라고 말씀하셨습니다.** 바울은 고린도에서 일 년 육 개월을 머물며 그들 가운데서 하나님의 말씀을 가르쳤습니다. 갈리오가 아가야의 총독이 되었을 때에 유대인이 일제히 일어나 바울을 대적하여 그를 법정으로 데리고 가서, 말하되 이 사람이 율법을 어기면서 하나님을 경외하라고 사람들을 권한다고 비난하였습니다. 그러자

갈리오가 그들을 법정에서 쫓아내니, 모든 사람이 회당장 소스데네를 잡아 법정 앞에서 때리면서 갈리오가 이 일을 상관하지 않을 것이라고 말하며 핍박하였습니다. 바울은 더 여러 날 머물다가 형제들과 작별하고 배 타고 수리아로 떠나가게 되었는데, 브리스길라와 아굴라도 함께 동행 하였습니다. 바울은 일찍이 서원이 있었으므로 ⑪겐그레아에서 머리를 깎았습니다. 바울 일행은 ⑫에베소에 와서 그들을 거기 머물게 하고 바울은 회당에 들어가 유대인들과 변론하니, 여러 사람이 더 오래 있기를 청하되 허락하지 아니하고 작별하면서, 만일 하나님의 뜻이면 너희에게 돌아오리라는 말을 남기고 배를 타고 에베소를 떠나, ⑬가이사랴에 상륙하여 예루살렘에 올라가 교회의 안부를 물은 후에 ⑭수리아 안디옥으로 내려갔습니다. **바울의 2차 전도여행을 통하여 복음이 아시아에서 유럽으로 전해지는 역사적인 일이 일어났습니다.**

## 1.4 3차 선교여행(행18:23-21:26, A.D. 54-58년경)

2차 선교여행을 마친 후 얼마 있다가 수리아 안디옥 교회에서 3차 선교여행을 떠난 바울은, **1-2차 선교여행 때 세운 교회들을 다시 돌보며 주로 에베소에서 목회하고 교육하며 전도하였습니다.** 우선 바울은 ①안디옥에서 갈라디아와 브루기아 지방을 다니면서 모든 신자들의 믿음을 굳게 하였습니다. 그리고 바울이 ②윗지방으로 다녀 에베소에 와서 요한의 세례만 아는 이들에게 주 예수의 이름으로 세례를 베풀고 그들에게 안수하자, 성령이 그들에게 임하시므로 방언도 하고 예언도 하게 되었습니다. 에베소 회당에서 석 달 동안 하나님의 말씀을 전한 후에 그곳을 떠나 두란노서원에서 날마다 강론하기를 2년 동안 하였습니다. 심지어 사람들이 바울의 손수건이나 앞치마를 가져다가 병과 악귀를 쫓아내기도 하였습니다. 또한 마술을 하던 많은 자들이 자신들의 책을 모두 불사르는 일도 일어났습니다. **그래서 주 예수의 이름이 높아지고 주의 말씀이 힘이 있어 흥왕하여 세력을**

**얻게 되었습니다.** 그 후에 바울은 마케도니아와 아가야 지방을 거쳐 이스라엘과 로마로 가려고 계획하고, 디모데와 에라스도 두 사람을 마케도니아로 먼저 보내었습니다. 그리고 바울이 아시아에 얼마 동안 더 머물 때에, 사람의 손으로 만든 것들은 신이 아니라는 바울의 설교에 에베소의 은세공업자 데메드리오가 아데미 여신상 모형을 만들어 얻는 돈벌이와 풍족한 생활에 위협을 느껴, 바울과 같이 다니던 가이오와 아리스다고를 잡아 연극장으로 끌고 가서 큰 소동을 일으켰으나 서기장의 만류로 폭동이 무산되었습니다. 그 소요가 그치매 바울은 제자들을 불러 권면한 후에 ③에베소를 떠나 북쪽으로 올라가 드로아 항구에서 마케도니아 지방으로 가서, 여러 곳(네압볼리, 빌립보, 암비볼리, 데살로니가, 베뢰아)을 다니며 많은 말로 신자들을 격려하고, ④마케도니아에서 아가야 지방(헬라, 즉 그리스의 아덴과 고린도)으로 갔습니다. 그가 거기서 3개월 동안 머물러 있다가 배를 타고 수리아로 돌아가려고 했을 때, 유대인들은 그를 해할 음모를 꾸미고 있었습니다. 그래서 바울은 왔던 길을 되돌아 ⑤아가야를 떠나 마케도니아(베뢰아, 데살로니가, 암비볼리, 빌립보)를 거쳐 돌아가기로 결심하였습니다. 아시아까지 베뢰아 사람 부로의 아들 소바더와 데살로니가 사람 아리스다고와 세군도와 더베 사람 가이오와 및 디모데와 아시아 사람 두기고와 드로비모가 바울과 동행하였습니다. 그들은 먼저 가서 드로아에서 바울과 누가를 기다리기로 하였습니다. 바울과 누가는 무교절 후에 ⑥빌립보에서 배로 떠나 닷새 만에 드로아에 있는 그들에게 가서 이레를 머물렀습니다. 드로아에서 유두고라 하는 청년이 창에 걸터앉아 깊이 졸다가, 바울이 강론을 더 오래 지속하자 졸음을 이기지 못하고 삼 층에서 떨어져 일으켜보니 죽었습니다. 바울이 내려가서 그 위에 엎드려 그 몸을 안고 말하되 떠들지 말라고 하며 생명이 그에게 있다고 말하였습니다. 이를 통하여 사람들이 살아난 청년을 데리고 가서 적지 않게 위로를 받았습니다. 바울은 ⑦드로아에서 걸어서 앗소에 도착하여 거기서 배를 타고 미둘레네와 사모를 거쳐 밀레도까지 항해하였습니다. 바울은 급히 오순절 안에 예루살렘에 이르려고 에베소를 지나 배를 타고 가기로 작정하였습니다. 그래서 바울은 밀레도에서 에베소교회 장로들을 불러 그들에게 고별설교를 하였습니다. **바울은 성령의 인도하심으로 결박과 환난이 기다리는 자신의 앞날에 대해서, "내가 달려갈 길과 주 예수께 받은 사명 곧 하나님의 은혜의 복음을 증언하는 일을 마치려 함에는 나의 생명조차 조금도 귀한 것으로 여기지 아니하노라."고 담대하게 말하였습니다.** 바울이 설교와 권면을 한 후 무릎을 꿇고 그 모든 사람들과 함께 기도하니, 다 크게 울며 바울의 목을 안고 입을 맞추고, 다시 그 얼굴을 보지 못하리라 한 말로 말미암아 그들이 더욱 근심하여 배에까지 바울을 전송하였습니다. ⑧밀레도에서 에베소교회 장로들과 작별한 후 바울 일행은 배를 타고 바로 고스로 갔고 이튿날 로도에 들렀다가 바다라에 도착하였습니다. 거기서 바울 일행은 페니키아로 가는 배를 타고 떠났습니다. 그리고 키프러스 남쪽을 지나 시리아로 항해하다가 짐을 내리려고 두로에 배를 대었습니다. 두로에서 7일간 머물면서 신자들을 만났고, 신자들이 성령의 감동을 받고 바울에게 예루살렘에 가지 말 것을 권고하였습니다. ⑨바울 일행은 두로에서 항해를 계속하여 돌레마이에 이르렀으며 거기서 신자들을 찾아보고 그들과 함께 하루를 지내다가 이튿날 그 곳을 떠나 가이사랴에 도착하여, 일곱 집사 중의 하나인 전도자 빌립의 집에 들어가 그와 함께 머물렀습니다. 바울이 빌립 집사의 집에서 머무는 동안 유대의 아가보라는 예언자가 내려와 바울이 묶여 이방인에게 넘겨질 것이라고 예언하였습니다. **이에 바울은 "나는 주 예수의 이름을 위하여 결박당할 뿐 아니라 예루살렘에서 죽을 것도 각오하였다"고 대답하였습니다.** ⑩가이사랴에서 얼마 동안 머문 후에 떠나 예루살렘에 도착한 바울은, 야고보와 장로들을 만나 하나님께서 그의 사역을 통해 이방인들에게 행하신 일들을 설명하고, 율법을 지키는 것처럼 보여서 유대인들의 위험을 피하려고 결례를 행하였습니다.

## 1.5 바울의 로마 여행(행27:1-28:31, A.D. 59-62년경)

그 후에 칠 일간의 정결 기간이 끝날 무렵 유대인들이 성전에서 바울을 붙잡아 성전 밖으로 끌어내었습니다. 이 소란을 들은 로마군 천부장(글라우디오 루시아)은 바울을 잡아 부대 안으로 데려갔습니다(행21:27-36). 바울을 채찍질하려던 천부장은 바울이 나면서부터 로마시민이었다는 말을 듣고 두려워하였습니다(행22:29). 이튿날 천부장이 대제사장들과 공회를 소집하여 바울을 고발하는 이유를 알고자 하였으나, 바울 본인이 바리새파 사람이며 **죽은 자의 소망 곧 부활로 심문받는다고 말하자** 부활을 인정하는 바리새파와 부활을 부정하는 사두개파가 서로 논쟁하게 되고, 천부장은 다시 바울의 생명을 보호하려고 부대 안으로 데리고 갔습니다(행22:30-23:11). 동맹한 40명의 유대인들이 바울을 죽일 계획을 세웠으나, 이를 눈치챈 천부장이 백부장 둘을 시켜 그날 밤 바울을 안디바드리로 데리고 가서 이튿날 가이사랴의 벨릭스 총독에게 바울을 안전하게 호송하도록 하였습니다. 바울을 넘겨받은 벨릭스 총독은 그를 헤롯의 관저에 가두었습니다(행23:12-35). 대제사장 아나니아와 장로들이 총독에게 바울을 "**전염병 같은 자로 천하에 흩어진 유대인을 다 소요하게 만들고 나사렛 이단의 우두머리이며 성전을 더럽게 하려는 자**"라고 고소하였습니다(행24:1-7). 바울의 변명을 들은 후에 벨릭스는 유대인 아내인 드루실라와 함께 예수님에 대해 들었지만, 유대인들의 호감을 받기 위해 바울을 계속 가두었습니다(행24:10-27). 바울이 가이사랴에서 이렇게 2년을 보낸 후에, 벨릭스 총독의 후임으로 보르기오 베스도가 부임하였습니다. 베스도가 부임하고 3일 후에 예루살렘에 올라가자, 대제사장과 유대 지도자들이 바울을 죽일 속셈으로 예루살렘으로 보내줄 것을 그에게 요청하였지만, 베스도는 그들에게 직접 가이사랴로 오라고 대답하였습니다. 베스도가 가이사랴에서 열린 재판 중에 유대인들의 호감을 사기 위해 바울에게 예루살렘에 가서 재판을 받을지 묻자, 바울은 로마황제 가이사의 재판 자리에서 판결 받겠다고 상소하였습니다(행25:1-12). 아그립바 왕과 버니게가 새 총독 베스도에게 예방을 와서 바울의 이야기를 듣게 되었지만, 바울은 죽임당할 죄를 범하지 않았다고 변론하였습니다(행25:13-26:23). 바울은 아그립바 왕에게 전도하였고, 그 자신이 사형이나 결박을 당할 만한 행위가 없지만 로마 시민권자임을 내세워 상소했기 때문에 황제에게 재판받기 위해 이달리야의 로마로 압송되었습니다(행26:24-32).

　백부장 율리오의 호송 하에 바울과 누가와 아리스다고는 ①가이사랴에서 아드라뭇데노 배에 올라 항해하여 이튿날 시돈에 정박하였습니다. ②시돈에서 떠난 바울 일행을 태운 배는 구브로 해안과 길리기아와 밤빌리아 바다를 건너 루기아의 무라성에 이르렀고, ③거기서 백부장이 이달리야로 가려 하는 알렉산드리아 배를 만나 바울 일행을 그 배에 옮겨 태우고 니도 맞은 편을 지나고 살모네 앞을 지나 미항에 도착하였습니다. 바람이 더욱 거세어짐으로 항해의 위험을 바울이 예견하였으나, 백부장은 미항에서 뵈닉스로 항해를 강행하였습니다. ④그레데 해변에서 유라굴로 광풍을 만난 배는 14일을 표류하다가 멜리데 섬에 난파되었습니다. 바울은 멜리데 섬에서 독사에게 물렸지만 해를 입지 않았고, 그 섬에서 가장 높은 사람 보블리오의 부친이 열병과 이질에 걸려 누워 있어 바울이 들어가서 기도하고 그에게 안수하여 낫게 하자, 섬 가운데 다른 병든 사람들도 와서 고침을 받았습니다. 바울 일행은 ⑤멜리데 섬에서 3개월을 지내고 떠나, 수라구사에 이르러 사흘을 지내고 레기온에 이르러 하루를 보내고, 보디올에서 형제들을 만나 이레를 머물다가 로마에 도착하였습니다. 그 곳 형제들이 소식을 듣고 압비오 광장과 트레이스 타베르네까지 맞으러 오니 바울이 그들을 보고 하나님께 감사하고 담대한 마음을 얻었습니다. 로마에 들어간 바울은 자기를 지키는 한 군인과 함께 따로 있도록 허락받았습니다. 로마에서 재판을 기다리며 바울은 유대 고관들 앞에서 변론을 하였고, 온 이태(1차 투옥 시기)를 자기 셋집에 머물면서 자기에게 오는 사람을 다 영접하고, **하나님의 나라를 전파하며 주 예수 그리스도에 관한 모든 것을 담대하게 거침없이 가르쳤습니**

다. 빌립보서 1장 12절에서 바울은, "**형제들아 내가 당한 일(감옥에 매임)이 도리어 복음 전파에 진전이 된 줄을 너희가 알기를 원하노라.**"고 말합니다. 또한 빌립보서 1장 20-21절에서 바울은, "**나의 간절한 기대와 소망을 따라 아무 일에든지 부끄러워하지 아니하고 지금도 전과 같이 온전히 담대하여 살든지 죽든지 내 몸에서 그리스도가 존귀하게 되게 하려 하나니, 이는 내게 사는 것이 그리스도니 죽는 것도 유익함이라.**"고 외쳤습니다. 바울은 1차 투옥 2년(A.D. 60-62)이 지나 63년경에 가택연금에서 풀려나 석방되었습니다. 바울은 1차 투옥 중에 기록한 빌립보서 2장 24절에서 에바브로디도를 빌립보로 보내며, "**나도 속히 가게 될 것을 주 안에서 확신하노라.**"고 말하면서 여전히 선교의 열정에 불타고 있는 자신의 모습을 보여줍니다.

## 1.6 바울의 4차 선교여행(학계에서 인정과 의심이 교차함, A.D. 63-66년경)

바울이 쓴 로마서와 목회서신들을 살펴 추론하면, 바울은 사도행전 28장의 1차 투옥 2년을 치르고 석방된 후에 2차 투옥될 시점까지 서방과 동방에서 몇 년간 4차 선교여행을 폭넓게 한 것으로 되어있고, 이에 대한 여러 가지 증거들이 있습니다.[1] 우선 바울은 ①서바나(스페인)에서 2년 정도 전도하였습니다. 즉, 바울의 오랜 바람이었던 스페인 선교의 비전을 성취하였습니다. 로마서 15장 23-24절은 바울의 이러한 비전을 보여줍니다. "이제는 이 지방에 일할 곳이 없고 **또 여러 해 전부터 언제든지 서바나로 갈 때에** 너희에게 가기를 바라고 있었으니, 이는 지나가는 길에 너희를 보고 먼저 너희와 사귐으로 얼마간 기쁨을 가진 후에 너희가 그리로 보내주기를 바람이라." 그런 후에 발걸음을 돌이켜 동방의 옛 전도지를 돌며 목회 심방하였고, 이 기간 동안에 바울은 사랑하는 제자들인 디모데와 디도에게 목회서신

---

[1] https://blog.daum.net/sakongi/39 여기에 사도 바울의 4차 전도여행이 자세히 언급되어 있다.

들(디모데전서, 디도서, 디모데후서)을 남기었습니다.[2] 바울이 ②소아시아로 향해 가던 중에 디도로 하여금 목회하도록 그를 남겨둔 그레데를 들렀습니다(딛1:5절 **"내가 너를 그레데에 남겨 둔 이유는** 남은 일을 정리하고 내가 명한 대로 각 성에 장로들을 세우게 하려 함이니"). 그리고 바울은 ③에베소에 도착하여 ④골로새교회에 갔다가 다시 에베소로 돌아와 디모데로 하여금 목회하도록 그를 에베소에 남겨두었습니다(딤전1:3 **"내가 마게도냐로 갈 때에 너를 권하여 에베소에 머물라 한 것은** 어떤 사람들을 명하여 다른 교훈을 가르치지 말며"). 그 다음에 바울은 에베소를 떠나 ⑤드로아(딤후4:13 "네가 올 때에 **내가 드로아 가보의 집에 둔 겉옷을 가지고 오고** 또 책은 특별히 가죽 종이에 쓴 것을 가져오라")를 거쳐, ⑥마케도니아의 빌립보에 와서 디모데전서와 디도서를 애제자들에게 써서 보냈습니다. 그 다음에 바울은 ⑦니고볼리로 내려가 디도와 합류하고 그해 겨울을 지냈습니다(딛3:12 "내가 아데마나 두기고를 네게 보내리니 그 때에 **네가 급히 니고볼리로 내게 오라 내가 거기서 겨울을 지내기로 작정하였노라**"). 그 다음에 바울은 ⑧에라스도가 있던 그리스의 고린도와 ⑨병든 드로비모를 남겨둔 밀레도를 방문했습니다(딤후4:20-21 "**에라스도는 고린도에 머물러 있고 드로비모는 병들어서 밀레도에 두었노니, 너는 겨울 전에 어서 오라**").

그러던 중에 광기어린 네로가 64년경에 로마 대화재를 발생시켰습니다. 네로는 이를 기독교도들이 저지른 것으로 소문을 내고 그들을 극심하게 박해하였습니다. 게다가 네로는 바울이 로마 대화재의 수괴라는 책임을 그에게 전가하였습니다. 그래서 바울은 66년경에 로마에서 다시 체포되어 2차 투옥되었습니다. 바울의 2차 투옥은 1차 투옥 때에 비해서 비교적 짧은 기간이었지만 자유가 박탈된 더 혹독했던 감옥생활이었습니다. 디모데후서 4장 11절에서 **"누가만 나와 함께 있느니라."** 는 바울의 말로 보아 바울 곁에서 끝까지 동행한 사람은 누가였습니다. 바울은 로마 감옥에서 사랑하는 믿음의 참 아들 디

---
2) 이상근, 『신약성서 주해 살전-디도』 (대구: 성등사, 1991), 157.

모데에게 디모데후서를 써 보내고, 67년경 로마 근처에서 참수형을 당하여 순교한 것으로 전해집니다. 이는 우리에게 **"복음과 함께 고난을 달게 받고, 복음을 위해 목숨을 바쳐라"**고 도전을 주는 영화 **"그리스도의 사도 바울"**에도 생생하게 잘 그려져 있습니다. 바울의 유언과 같은 다음의 고백은 우리의 심금을 울리고 우리의 눈에서 눈물이 흐르게 합니다. 즉, **디모데후서 4장 6-8절은, "전제와 같이 내가 벌써 부어지고 나의 떠날 시각이 가까웠도다. 나는 선한 싸움을 싸우고 나의 달려갈 길을 마치고 믿음을 지켰으니, 이제 후로는 나를 위하여 의의 면류관이 예비 되었으므로 주 곧 의로우신 재판장이 그 날에 내게 주실 것이며, 내게만 아니라 주의 나타나심을 사모하는 모든 자에게도니라."**고 유언합니다.

## 2. 바울의 신학
### 2.1 십자가에 달리신 그리스도를 믿는 믿음을 통하여(구원론)

역사적 예수는 하나님 나라를 선포하였고, 바울은 하나님의 나라를 선포한 예수를 전하였다고 말함으로써, 양자의 연속성을 부인하는 학자들도 있습니다. 그러나 저는 바울이 역사적 예수와 특별한 관계가 없었지만 부활하신 예수를 만났고, 예수를 친견한 제자들과의 교제를 통하여 형성된 바울의 신학이 역사적 예수와 연속성이 있다고 봅니다. 바울은 자신의 복음이 **"사람에게서 받은 것도 아니요 배운 것도 아니요 오직 예수 그리스도의 계시로 말미암은 것이라"**(갈 1:12)고 증언합니다. 바울의 힘써 전한 대표적인 교리는, 바로 전적으로 타락한 죄인은 **오직 그리스도를 믿는 믿음을 통하여서만 구원받는다**는 **"이신칭의"**(以信稱義: justification by faith)와, 이로부터 더 나아가 그 칭의에 기초한 성화의 차원을 포함한 **"이신득의"**(以信得義)라고 저는 생각합니다. 이는 바울이 쓴 로마서와 갈라디아서에 분명하게 나타납니다.

로마서 3장 21-24절은, "이제는 율법 외에 하나님의 한 의가 나타났으니, 율법과 선지자들에게 증거를 받은 것이라. **곧 예수 그리스도를 믿음으로 말미암아 모든 믿는 자에게 미치는 하나님의 의니 차별이 없느니라**. 모든 사람이 죄를 범하였으매 하나님의 영광에 이르지 못하더니, **그리스도 예수 안에 있는 속량으로 말미암아 하나님의 은혜로 값없이 의롭다 하심을 얻은 자 되었느니라**."고 선언합니다. 경건한 유대인들에게 있어서 모세의 율법의 실천을 통하여 얻는 공로주의적 의는, **실적의 원리에 따라** 그 율법을 지킬수록 그들의 불완전함을 깨닫게 만들고 그들을 불안과 절망의 구렁텅이로 몰아가며, 그 결과 그들의 초조하고 불안한 마음은 타인에 대하여 공격적으로 변하고 율법과 그것을 지킨 자아를 자랑함으로 위안을 삼았습니다. 그리고 실생활에서 엄격한 율법준수를 행하는 경건한 유대인들의 진정한 삶은 **연기의 원리에 따라** 지금 여기의 현재가 아니라 앞으로 다가올 미래인 최후심판의 때로 연기되어 있습니다.[3] 그래서 율법을 지키지 못한 불의를 용서받으려던 경건한 유대인들이 하나님께 드리던 동물 희생제사의 시대는, 그것들이 가져오는 불안과 절망으로부터 인간을 해방시키는 예수 그리스도의 십자가와 부활의 복음(**하나님의 은혜와 의**)을 믿는 믿음을 통하여 지나갔다는 것입니다. 따라서 히브리서 9장 12절은 "**염소와 송아지의 피로 하지 아니하고, 오직 자기의 피로 영원한 속죄를 이루사, 단번에 성소에 들어가셨느니라**."고 말합니다. 즉, 하나님의 은혜로 예수 그리스도를 믿는 모든 자는 차별이 없는 하나님의 의가 값없이 덧입혀져 의롭다 하심을 얻은 자들, 즉 하나님의 자녀들이 된다는 것입니다. 바로 이것이 예수 그리스도를 믿음으로 하나님의 영광에 이르지 못하는 죄인들이 의롭게 된다는 "이신칭의"입니다. 그래서 갈라디아서 2장 16절은, "사람이 의롭게 되는 것은 율법의 행위로 말미암음이 아니요, **오직 예수 그리스도를 믿음으로 말미암는 줄 알므로**, 우리도 그리스도 예수를 믿나니 이는 우리가 율법의 행위로써가 아니고, **그리스도를 믿음으로써 의롭다 함을 얻으**

---

[3] Robin Scroggs, *Paul for a New Day*, 조동호 역, 『현대신서 143: 새 시대를 위한 바울』 (서울: 대한기독교서회, 1988), 32-33.

**려 함이라**, 율법의 행위로써는 의롭다 함을 얻을 육체가 없느니라."고 말합니다.

한 걸음 더 나아가 바울은 로마서 1장 16-17절에서, "내가 복음을 부끄러워하지 아니하노니 **이 복음은 모든 믿는 자에게 구원을 주시는 하나님의 능력이 됨이라** 먼저는 유대인에게요 그리고 헬라인에게로다. **복음에는 하나님의 의가 나타나서 믿음으로 믿음에 이르게 하나니** 기록된바 '오직 의인은 믿음으로 말미암아 살리라'함과 같으니라."고 증언합니다. 그러기에 바울은 갈라디아서 1장 7-8절에서 "**다른 복음은 없나니** 다만 어떤 사람들이 너희를 교란하여 그리스도의 복음을 변하게 하려 함이라, 그러나 우리나 혹은 하늘로부터 온 천사라도 우리가 너희에게 전한 복음 외에 **다른 복음을 전하면 저주를 받을지어다**."라고 역설합니다.

로마인들은 그리스도인들을 신기하고 유해한 미신에 열중한 자들이라고 생각했습니다. 복음 때문에 바울은 빌립보 감옥에 갇히었고, 데살로니가에서 추방당했으며, 베뢰아에서 몰래 탈출하였고, 아덴에서는 조롱받았지만, 자신이 믿고 전하는 복음을 자랑스럽게 생각했습니다. 우리는 예수 그리스도를 통하여 복음에 나타난 구원의 능력을 믿지 못하고 체험하지 못하였기에, 그것을 부끄러워하거나 자랑하지 못하는 경우가 종종 있습니다. 복음은 말 그대로 믿는 자에게 구원을 주는 핵폭탄과 같은 능력입니다. 죄와 죄로부터 기인하는 어두움, 질병, 두려움, 불안, 절망 등 모든 것을 산산이 부숴버리는 하나님의 능력입니다. 복음은 성령의 역사를 통하여 믿음이라는 스위치가 눌러져야만 터지는 핵폭탄과 같은 능력입니다. 복음은 하나님의 진노로부터 우리를 구원하여 부활의 소망을 주는 종말론적인 구원의 능력입니다. 복음은 하나님의 능력이고, 복음의 요구는 믿음이며, 믿음의 결과는 구원이고, 구원은 인간을 절망의 구렁텅이로 몰아넣는 사망과 모든 것을 이기는 영생부활의 소망입니다.[4]

**구약성서의 맥락 속에서 나타난 하나님의 의는, 첫째로, 창세기**

---
4) 김형근, 『상황과 신학: 절망 속의 희망』 (옥천 도서출판 은소몽, 2019), 16-17.

15장 5-6절에서, 하나님의 약속을 믿는 아브라함을 하나님께서 의롭다 여기셨습니다. "그를 이끌고 밖으로 나가 이르시되, 하늘을 우러러 뭇별을 셀 수 있나 보라 또 그에게 이르시되 네 자손이 이와 같으리라. 아브람이 여호와를 믿으니 여호와께서 이를 그의 의로 여기시고"라 말합니다. 지금 하나님의 약속을 믿은 아브라함은 약속의 성취가 눈에 보이지 않고 이루어지지 않았지만, 하나님의 신실한 약속을 믿으며 그 약속의 성취를 향하여 믿음의 발걸음을 한 걸음 떼어 놓는 것이 아브라함의 믿음이고, 하나님은 바로 그 믿음을 의롭다 여기시며 약속의 성취를 믿고 전진하는 아브라함과 동행하시고 결국 자신의 약속을 이루십니다. 히브리서 11장 8절은, "믿음으로 아브라함은 부르심을 받았을 때에 순종하여 장래의 유업으로 받을 땅에 나아갈새 갈 바를 알지 못하고 나아갔으며"라고 아브라함의 믿음을 해석합니다.

**둘째로**, 하나님께 항의한 사람인 하박국, 즉 하나님과 씨름한 사람인 하박국 2장 4절에 보면, "의인은 믿음으로 말미암아 살리라."는 선언이 나옵니다. 바빌론에 의하여 주전 612년에 앗시리아 제국의 수도 니느웨가 함락당하고, 주전 605년에 갈그미스 전투에서 이집트가 패전함으로, 고대근동 지역에서 바빌론이라는 나라가 그 지역의 패권을 장악하게 됩니다. 이러한 상황에서 하나님을 향한 하박국의 항거의 주제는 하나님의 정의에 관한 것이었습니다. 즉 사회적인 차원에서는, 악인이 의인을 삼키는데도 하나님은 언제까지나 침묵하시나이까? 이고, 국가적인 차원에서는, 왜 하나님은 악한 세력 바벨론을 일으켜 세워 하나님의 심판의 도구로 사용하시는가? 라는 것입니다.[5] 이때 하나님이 하박국에게 하신 말씀이, "**의인은 믿음으로 말미암아 살리라, 비록 더딜지라도 기다려라.**" 의로우신 하나님이 정한 때에 베푸실 구원을 지속적인 믿음으로 신뢰하고 기다리는 것이, 바로 하나님께서 인정하시는 "의"라는 것입니다.

바울이 이해한 복음에 나타난 하나님의 의는, 자신의 대적자들인

---

[5] 박준서, "제4장 예언서," 『성서와 기독교』 (서울: 연세대학교출판부, 1991), 119.

유대교적 그리스도인들의 율법주의를 배격하고 그들과 이방인 그리스도인들과의 통합을 모색하는 차원에서 말해진 것이었습니다. 즉, 예수를 믿어도 모세의 율법을 지켜야만 구원을 얻는다는 잘못된 구원관을 반박하는 것이었습니다. 이방인의 구원을 위한 사도로서 복음을 전파하는 선교적인 소명을 지닌 바울은, **율법의 행위로가 아니라, 오직 우리의 불의와 죄를 대신하여 수난을 당하신 예수 그리스도의 십자가를 통하여 나타난 하나님의 의를 인정하고 받아들이는 믿음으로써만 구원받음을 주장했습니다**. 즉, 바울은 유대인이든 이방인이든 누구나 다 회개하고 부활하신 그리스도를 믿고 성령을 받음으로써, 율법을 자랑하는 유대인들과 이방인들 간의 장벽을 허물어뜨린 그리스도를 믿는 믿음 안에서 하나님의 자녀들이 된 성도들만이, 유일한 중보자이신 그리스도의 언약 공동체의 회원이 될 수 있다고 말했습니다. 여기서 하나님의 은혜로 말미암는 바울의 이신칭의론은 개인의 속성의 변화를 넘어서, 즉 **①지역과 혈연과 신분을 넘어 인간들 사이에도 바른 사회적 관계도 정립한다는 것을 강조합니다**.6) 다시 말해서 **그리스도 안에서 구원받은 죄인으로 서로가 평등하다는 것입니다**. 이에 대해서 로마서 3장 29-30절은, "하나님은 다만 유대인의 하나님이시냐 또한 이방인의 하나님은 아니시냐 진실로 이방인의 하나님도 되시느니라. **할례자도 믿음으로 말미암아 또한 무할례자도 믿음으로 말미암아 의롭다 하실 하나님은 한 분이시니라**."고 증언합니다. 이것뿐만이 아니라, 이신칭의론은 **②아버지 하나님과 그분의 자녀들 사이에 사랑의 교제를 나누는 바른 관계를 정립하고**, 또한 **③의롭다 함을 받았으나 아직 용서받은 죄인이 하나님을 사랑하고 이웃도 사랑하는 점진적인 성화를 거듭해 가도록 이끄는 성화의 토대이기도 합니다**.

---

6) 서중석, 『바울서신해석』 (서울: 대한기독교서회, 1998), 172-173.

## 2.2 부활하신 그리스도 안에서(윤리: 죽고 새 생명을 사는 초탈의 삶)

그리스도인들은 하나님의 주도적인 은혜와 사랑으로 창세전에 그리스도 안에서 선택되어 구원받아 거룩하게 살아가라고 부름 받은 사람들입니다. 이에 대하여, 에베소서 1장 4절과 7절은, "곧 **창세전에 그리스도 안에서 우리를 택하사** 우리로 사랑 안에서 그 앞에 거룩하고 흠이 없게 하시려고, … **우리는 그리스도 안에서 그의 은혜의 풍성함을 따라 그의 피로 말미암아 속량 곧 죄 사함을 받았느니라.**"고 증언합니다.

그러기 위해서는 그리스도 안에서 죽고 그리스도의 부활을 따라 다시 살아야 한다고 바울은 말합니다. 갈라디아서 2장 20-21절은, "내가 그리스도와 함께 십자가에 못 박혔나니 그런즉 이제는 내가 사는 것이 아니요, **오직 내 안에 그리스도께서 사시는 것이라,** 이제 내가 육체 가운데 사는 것은, 나를 사랑하사 나를 위하여 자기 자신을 버리신 **하나님의 아들을 믿는 믿음 안에서 사는 것이라.** 내가 하나님의 은혜를 폐하지 아니하노니 **만일 의롭게 되는 것이 율법으로 말미암으면 그리스도께서 헛되이 죽으셨느니라.**"고 단언합니다. 십자가에서 우리를 위하여 죽으신 그리스도를 믿음으로 의롭게 된 바울은 이제 자신이 그리스도와 함께 죽었기 때문에, 자기 자신 안에 부활하신 그리스도께서 살아 역사하시고, 참 하나님이요 영생이신 그분을 믿는 믿음 안에서 살아간다고 고백합니다(즉, **내 안의 그리스도를 믿는 믿음**). 또한 바울은 고린도전서 15장 31절에서 "**형제들아 내가 그리스도 예수 우리 주 안에서 가진 바 너희에 대한 나의 자랑을 두고 단언하노니 나는 날마다 죽노라.**"고 그리스도 안에서 성화의 죽음을 자랑합니다. 그리스도의 복음을 위하여 죽을 고생을 너무 많이 겪은 바울은 고린도후서 1장 8-9절에서 "형제들아 우리가 아시아에서 당한 환난을 너희가 모르기를 원하지 아니하노니, 힘에 겹도록 심한 고난을 당하여 살 소망까지 끊어지고, 우리는 우리 자신이 사형 선고를 받은 줄 알았으니, **이는 우리로 자기를 의지하지 말고, 오직 죽은 자를 다시 살리시는 하나님만 의지하게 하심이라.**"고 고백하며, 모진 고난을 통하여 자기를 죽이고 하나님을 의지하고 하나님의 뜻을 따라 사는 영혼의 초연과 초탈을 말합니다. 부활의 새 생명을 따라 살아가는 사람들에게 하나님이 고난을 주시는 이유는, 그들이 자기 자신을 의지하지 말고 오직 죽은 자를 다시 살리시는 하나님만을 의지하고 살아가도록, **즉 그리스도 안에 계속 머물도록 하나님이 여러 가지 고난을 통해서 그들에게 은총을 주시는 것입니다.**

그러므로 그리스도만을 믿고 하나님만을 의지하는 그리스도인들은, 생활 속에서 성령 안에서 살고 성령을 따라 행하라고 바울은 다음과 같이 권면합니다. 갈라디아서 5장 16-24절은, "내가 이르노니 너희는 성령을 따라 행하라, 그리하면 육체의 욕심을 이루지 아니하리라. 육체의 소욕은 성령을 거스르고 성령은 육체를 거스르나니, 이 둘이 서로 대적함으로 너희가 원하는 것을 하지 못하게 하려 함이니라. 너희가 만일 성령의 인도하시는 바가 되면 율법 아래에 있지 아니하리라. **육체의 일은 분명하니 곧 음행과 더러운 것과 호색과, 우상 숭배와 주술과 원수 맺는 것과 분쟁과 시기와 분냄과 당 짓는 것과 분열함과 이단과, 투기와 술 취함과 방탕함과 또 그와 같은 것들이라,** 전에 너희에게 경계한 것 같이 경계하노니 이런 일을 하는 자들은 하나님의 나라를 유업으로 받지 못할 것이요, **오직 성령의 열매는 사랑과 희락과 화평과 오래 참음과 자비와 양선과 충성과 온유와 절제니 이 같은 것을 금지할 법이 없느니라. 그리스도 예수의 사람들은 육체와 함께 그 정욕과 탐심을 십자가에 못 박았느니라.**" 그리고 십자가에 달리신 그리스도 안에서 육체의 **정욕과 탐심을 십자가에 못 박아** 죽고 부활하신 그리스도와 함께 다시 사는 삶에 대하여 바울은 다음과 같이 말합니다. 로마서 6장 8절은 "만일 우리가 그리스도와 함께 죽었으면 또한 **그와 함께 살 줄을 믿노니**"라고, 골로새서 2장 12절은 "너희가 세례로 그리스도와 함께 장사되고 또 죽은 자들 가운데서 그를 일으키신 하나님의 역사를 믿음으로 말미암아 **그 안에서**

**함께 일으키심을 받았느니라.**" 또한 골로새서 3장 1절은 "그러므로 너희가 **그리스도와 함께 다시 살리심을 받았으면 위의 것을 찾으라 거기는 그리스도께서 하나님 우편에 앉아 계시느니라.**"고 바울은 그리스도 안에서의 새 생명과 새로운 생활을 일깨워 줍니다. 우리는 그리스도 안에서 그리스도 중심적인 인식의 변화를 통하여 가치관이 변한 새로운 존재가 되었고 삶도 새로워졌습니다.

이제 우리는 그리스도 안에서 죽고 다시 살아나 새로운 피조물이 되었습니다. 그래서 고린도후서 5장 17절은, "**그런즉 누구든지 그리스도 안에 있으면 새로운 피조물이라 이전 것은 지나갔으니 보라 새 것이 되었도다.**" 이어서 고린도전서 15장 22절은, "아담 안에서 모든 사람이 죽은 것 같이 **그리스도 안에서 모든 사람이 삶을 얻으리라.**"고 말합니다. 로마서 7장 22-24절에서 바울은 그리스도인의 고민스런 내면적 갈등을 탄식하면서 이야기합니다. "내 속사람으로는 하나님의 법을 즐거워하되, 내 지체 속에서 한 다른 법이 내 마음의 법과 싸워 내 지체 속에 있는 죄의 법으로 나를 사로잡는 것을 보는도다. **오호라 나는 곤고한 사람이로다 이 사망의 몸에서 누가 나를 건져내랴.**" 이러한 내면의 깊은 갈등으로부터의 해방은 그리스도를 믿는 자에게 임하시는 성령 하나님 안에서 성령을 따라 사는 생명과 평안의 삶에 있다고 바울은 말합니다. 로마서 8장 1-2절은, "그러므로 이제 **그리스도 예수 안에 있는 자에게는 결코 정죄함이 없나니, 이는 그리스도 예수 안에 있는 생명의 성령의 법이 죄와 사망의 법에서 너를 해방하였음이라.**"고 그리스도 안에서 죄의 소욕으로부터의 해방을 선포합니다. 이리하여 그리스도인들은 고린도후서 2장 14절과 같이 삶 속에서 하나님을 단지 입술로만 말하는 사람이 아니라 삼위일체 하나님의 냄새를 풍기고 살아갑니다. "**항상 우리를 그리스도 안에서 이기게 하시고 우리로 말미암아 각처에서 그리스도를 아는 냄새를 나타내시는 하나님께 감사하노라.**" 그리스도를 아는 냄새를 풍기기 위하여 에베소서 4장 32절은 우리에게 그리스도 안에서 서로 사랑하고 용서하며 살아가라고 말합니다(그리스도 안에 있는 나의 삶). 즉, "서로

**친절하게 하며 불쌍히 여기며 서로 용서하기를 하나님이 그리스도 안에서 너희를 용서하심과 같이 하라.**"고 권면합니다.

마이스터 에크하르트(Meister Eckhart, 1260~1328)는, 만일 사람이 모든 피조물들로부터 초탈되어 오직 하나님만을 인식한다면 하나님 안에서 자유롭게 살아갈 수 있다고 설교합니다. 그렇게 되기 위하여, 사람은 마땅히 자기 자신과 모든 피조물들의 형상으로부터 벗어나서(entbilden) 하나님만을 아버지로 인식하는데 부지런히 힘써야 합니다. 그러면 그 어떤 것들도 그 사람을 고통스럽게 하거나 슬프게 할 수 없습니다. 그리고 초탈된 그의 전 존재와 생명, 인식과 앎, 그리고 사랑은 하나님으로부터 하나님 안에서 하나님과 함께 하나님과 하나가 되는 일치에 있습니다. 에크하르트에 의하면, 영혼의 초연과 초탈은 자기 자신을 놓아버리는 것이며, 모든 피조물들로부터 자신을 분리시켜 그리스도를 영접하여 그 분 안에서 살아가는 것입니다. 이러한 초탈의 개념에서 한 걸음 더 나아가, 에크하르트는 바울의 고백을 인용하여 하나님을 위하여 하나님을 놓아버리는 초탈의 정상에 대하여 말합니다. 바울은 로마서 9장 3절에서 **"나의 형제 곧 골육의 친척을 위하여(동족 이스라엘의 구원을 위하여) 내 자신이 저주를 받아 그리스도에게서 끊어질지라도 원하는 바로라"**고 말하는데, 에크하르트는 이것을 영혼의 초탈의 극치라고 주석합니다. 초탈을 통하여 사람은 오직 하나님만을 인식하고 자신과 하나님과의 인식론적인 일치 안에 거하게 됩니다. 하나님은 초탈된 가난한 영혼에게 최선의 축복을 주시어 그 사람을 온전하게 만드십니다. 그러한 온전함은 하나님이 사람을 인식하는 것과 같이, 사람이 그리스도를 통하여 그리스도 안에서 참된 하나님을 인식하는 것으로부터 주어집니다. 이에 대하여 에크하르트는 다음과 같이 말합니다. "그 때문에 성 바울은 하나님을 위하여, 하나님의 뜻을 위하여, 하나님의 명예를 위하여 하나님으로부터 분리되어지기를 원했습니다. 왜냐하면 진정으로 온전한 사람은 마땅히 길들여져야만 하고, 자기 자신에 대하여 죽어야 하며(abgestorben), 하나님 안에서 피조물의 형상을 벗어 탈형되고

(entbilden), 하나님의 뜻 안에서 변형되어야만(überbilden) 합니다. **그 결과 온전한 사람의 전적인 축복은 바로 하나님 안에서 하나님과의 일치에 있습니다.** 이렇게 온전한 사람은 자기 자신에 대해서 그리고 그 밖의 모든 것에 대해서 아무것도 아는 것이 없고, 오히려 하나님 한 분만을 압니다. 그리고 그는 아무것도 원하는 것이 없지만 하나님의 뜻만은 알기 원하고, (바울의 말처럼) 하나님이 나를 인식하시는 것처럼 그렇게 하나님을 인식하기를 원합니다(고전13:12 '지금은 내가 부분적으로 아나 그 때에는 주께서 나를 아신 것 같이 내가 온전히 알리라')."[7]

그리스도 안에서 하나님 아닌 모든 것으로부터 초연하고 초탈된 그리스도인은 자족과 감사와 능력 있는 삶을 살아갑니다. 그래서 바울은 빌립보서 4장 11-13절에서, "내가 궁핍하므로 말하는 것이 아니니라, **어떠한 형편에든지 나는 자족하기를 배웠노니**, 나는 비천에 처할 줄도 알고 풍부에 처할 줄도 알아 모든 일 곧 배부름과 배고픔과 풍부와 궁핍에도 처할 줄 아는 일체의 비결을 배웠노라, **내게 능력 주시는 자 안에서 내가 모든 것을 할 수 있느니라.**"고 초연하게 고백합니다. 이제 우리는 고린도전서 15장 9-10절의 바울과 같이 하나님의 은혜로 그리스도 안에서 죽고 다시 태어나 겸손하게 새로운 생명의 삶을 살아가야만 합니다. "나는 사도 중에 가장 작은 자라, 나는 하나님의 교회를 박해하였으므로 사도라 칭함 받기를 감당하지 못할 자니라, 그러나 **내가 나 된 것은 하나님의 은혜로 된 것이니**, 내게 주신 그의 은혜가 헛되지 아니하여, 내가 모든 사도보다 더 많이 수고하였으나, **내가 한 것이 아니요 오직 나와 함께 하신 하나님의 은혜로라.**" 유대인은 율법을 자랑하고 헬라인들은 철학적 지혜를 자랑하지만, 그리스도인들은 하나님의 은혜요 구원의 능력인 십자가에서 죽으시고 부활하신 그리스도를 자랑하는 사람들입니다(그리스도 중심적인 새로운 인식은, 사람을 새로운 존재로 변화시키고, 새로운 존재는 새로운 삶을 살아갑니다).

---

7) 김형근, 『마이스터 에크하르트와 불교』 (옥천: 도서출판 은소몽, 2017), 149-150.

## 2.3 장차 다시 오실 그리스도를 향하여(하나님 나라의 확장을 위한 선교에 힘쓰며, 그리스도의 재림을 소망하는 종말론적인 삶)

그리스도를 통하여 주시는 하나님께로부터 난 의는, 그리스도인들로 하여금 "하나님의 성령으로 봉사하며 그리스도 예수로 자랑하고 육체를 신뢰하지 아니하는"(빌3:3) 하나님의 자녀들이 되게 합니다. "열심으로는 교회를 박해하고 율법의 의로는 흠이 없는 자"(빌3:6)였던 바울은 자신에게 유익하던 모든 것을 그리스도를 위하여 다 해로 여기게 되었습니다(빌3:7). **왜냐하면 바울에게는 주 예수 그리스도를 아는 지식이 가장 고상하기 때문입니다. 그리고 바울이 모든 것을 잃어버리고 배설물로 여김은 그리스도를 얻고, 그 안에서 발견되기 위함입니다**(빌3:8). 바울이 가진 의는 율법에서 난 것이 아니라 오직 그리스도를 믿음으로 하나님으로부터 의롭다 함을 받은 것이니, 이는 믿음으로 하나님께로부터 난 의라는 것입니다(빌3:9). 그리스도를 통하여 의롭다 함을 받는 구원과 그리스도 안에서 자기 자신을 죽이는 초연과 초탈의 성화는, 그 자체가 목적이 아니라 하나님 나라가 완성되고 구원의 완성인 부활의 소망에 참여하기 위해서입니다. **즉, 그리스도를 통하여 구원받고 그리스도 안에서 거룩한 삶을 사는 이유는, 보이지 아니하시는 하나님의 형상을 드러낸 그리스도를 향하여 살고, 장차 다시 오실 그리스도를 향하여 살아가는 데 목적이 있습니다.** 다시 말해서, 그리스도의 종말론적인 재림을 통하여 이루어질 우주의 새 창조와 우리의 영생부활을 위하여, 예수의 십자가와 부활의 복음을 전하는 선교사명(**칭의와 성화의 목적**)이야말로 그리스도의 사도 바울의 생애가 전력투구한 것입니다. 그래서 바울은 그리스도를 위하여 죽는 것도 유익하다고 고백합니다(빌1:21).

따라서 바울은 빌립보서 3장 10-16절에서 다음과 같이 말합니다. **"내가 그리스도와 그 부활의 권능과 그 고난에 참여함을 알고자 하여 그의 죽으심을 본받아, 어떻게 해서든지 죽은 자 가운데서 부활에 이르려 하노니, 내가 이미 얻었다 함도 아니요 온전히 이루었다 함도 아니라, 오직 내가 그리스도 예수께 잡힌바 된 그것을 잡으려고 달려가노라. 형제들아 나는 아직 내가 잡은 줄로 여기지 아니하고, 오직 한 일 즉 뒤에 있는 것은 잊어버리고 앞에 있는 것을 잡으려고, **푯대를 향하여 그리스도 예수 안에서 하나님이 위에서 부르신 부름의 상을 위하여 달려가노라. 그러므로 누구든지 우리 온전히 이룬 자들은 이렇게 생각할지니, 만일 어떤 일에 너희가 달리 생각하면 하나님이 이것도 너희에게 나타내시리라. 오직 우리가 어디까지 이르렀든지 그대로 행할 것이라.**" 이처럼 바울은 이미 얻었다거나 온전히 이루었다는 자기긍정(**이만하면 되었지 뭘 또?**)을 부정하며 위엣 것을 찾으려고 푯대를 향하여 열정적으로 부단하게 달음질치고 있는 머무름이 없는 신앙을 자만하는 우리에게 보여줍니다.

그리고 디모데전서 1장 15절에서 바울은 자신을 죄인 중에 괴수로 여기는 자의식을 표출하며 지속적인 참회와 겸손의 마음을 드러냅니다. "미쁘다 모든 사람이 받을 만한 이 말이여 **그리스도 예수께서 죄인을 구원하시려고 세상에 임하셨다 하였도다 죄인 중에 내가 괴수니라.**"라고 고백합니다. 또한 바울은 죄 많은 자신을 구원한 예수님의 복음 때문에, 모든 사람들에게 자신이 빚진 자라는 정체성을 가지고 선교의 사명을 다짐합니다. 바울은 이런 심정을 로마서 1장 14-15절에서 다음과 같이 토로합니다. "헬라인이나 야만인이나 지혜 있는 자나 어리석은 자에게 **다 내가 빚진 자라**. 그러므로 나는 할 수 있는 대로 로마에 있는 너희에게도 복음 **전하기를 원하노라.**" 자동차 할부금의 빚을 갚아본 사람들은 바울의 이런 심정을 잘 알고 있습니다. 그들은 어려워도 그 할부금을 또박또박 열심히 갚을 때에 차도 잘나가고 자신들의 마음이 평안하다는 것을 너무나도 잘 알고 있습니다. 바울과 같이 우리가 주 예수께 받은 우리 자신의 선교의 사명을 다하려고 안간힘을 쓸 때, 그런 우리를 통해 우릴 구원하신 하나님과 그리스도와 성령님께 영광이 돌아가고, 고난 중에도 우리의 삶이 빛이 나고 마음이 편하고 행복합니다. 그래서 바울은 디모데후서 4장 2

절에서, "**너는 말씀을 전파하라 때를 얻든지 못 얻든지 항상 힘쓰라** 범사에 오래 참음과 가르침으로 경책하며 경계하며 권하라."고 권면합니다. 이제 우리는 우리 주 예수 그리스도의 복음을 전하고 그 전한 복음을 실천하는 그리스도인들이 되어야 하겠습니다.

우리 모두 각자 선교의 사명을 품고 복음을 힘써 전하며, 뒤를 돌아보며 후회하지 말고, 부활에 대한 소망을 가지고 끊임없이 그리스도를 향하여 전진해 나가야 합니다. 그리스도 안에서 살며 부활의 소망 외에 다른 것에 눈을 돌리고 마음을 애태우면 우리는 세상에서 가장 불쌍한 사람들이 됩니다. 그래서 바울은 고린도전서 15장 19절에서, "**만일 그리스도 안에서 우리가 바라는 것이 다만 이 세상의 삶뿐이면 모든 사람 가운데 우리가 더욱 불쌍한 자이리라.**"고 말합니다. 그리스도를 통하여 그리스도 안에서 죽은 자만이 그리스도 안에서 부활할 것을 믿으며 장차 다시 오실 그리스도를 향하여 소망을 품고 현실의 절망을 뚫고 나아가 하나님 나라에 이르게 됩니다. 이에 대하여 바울은 로마서 8장 11-14절에서 이렇게 말합니다. "예수를 죽은 자 가운데서 살리신 이의 영이 너희 안에 거하시면, 그리스도 예수를 죽은 자 가운데서 살리신 이가 너희 안에 거하시는 그의 영으로 말미암아 너희 죽을 몸도 살리시리라. 그러므로 형제들아 **우리가 빚진 자로되 육신에게 져서 육신대로 살 것이 아니니라**, 너희가 육신대로 살면 반드시 죽을 것이로되 영으로써 몸의 행실을 죽이면 살리니, **무릇 하나님의 영으로 인도함을 받는 사람은 곧 하나님의 아들이라.**" 십자가에 달리시고 부활하신 예수님에게 값없이 거저 받은 은혜인 값비싼 생목숨을 빚진 자로서 바울은, 하나님의 영이신 성령 안에서 살아가라고 우리에게 말합니다. 예수 그리스도 안에서 하나님의 영으로 인도함을 받는 사람들이 하나님의 자녀들이고 부활의 소망이 있다는 것입니다. 바울처럼 성령 안에서 복음을 전하며 거룩하게 살아 부활의 소망에 참여하는 우리 모두가 되기를 간절히 소원합니다.

복음에 빚진 사도 바울은 자신을 구원한 그 예수의 복음을 힘써

전하고, 그리스도께서 이루신 부활에 함께 참여하려고 고난당하고 소망 가운데서 죽었습니다. 바울은 다른 예수를 전파하고 다른 영을 받게 하며 다른 복음을 받게 하는 거짓 사도들을 비난하며, 고린도후서 11장 23-30절에서 참된 사도로서 자신이 고난당한 것과 약한 것을 자랑합니다. "내가 수고를 넘치도록 하고 옥에 갇히기도 더 **많이 하고 매도 수없이 맞고 여러 번 죽을 뻔하였으니**, 유대인들에게 사십에서 하나 감한 매를 다섯 번 맞았으며, 세 번 태장으로 맞고 한 번 돌로 맞고 세 번 파선하고 일주야를 깊은 바다에서 지냈으며, 여러 번 여행하면서 강의 위험과 강도의 위험과 동족의 위험과 이방인의 위험과 시내의 위험과 광야의 위험과 바다의 위험과 거짓 형제 중의 위험을 당하고, 또 수고하며 애쓰고 여러 번 자지 못하고 주리며 목마르고 여러 번 굶고 춥고 헐벗었노라. 이 외의 일은 고사하고 아직도 날마다 내 속에 눌리는 일이 있으니 곧 모든 교회를 위하여 염려하는 것이라. 누가 약하면 내가 약하지 아니하며 누가 실족하게 되면 내가 애타지 아니하더냐? 내가 부득불 자랑할진대 내가 약한 것을 자랑하리라."

여기서 한 걸음 더 나아가 바울은 고린도후서 12장 9-10절에서, 그리스도 안에서 육체의 가시를 가진 한 사람(**바울 자신**)을 자랑합니다. "**나에게 이르시기를 내 은혜가 네게 족하도다, 이는 내 능력이 약한 데서 온전하여짐이라 하신지라, 그러므로 도리어 크게 기뻐함으로 나의 여러 약한 것들에 대하여 자랑하리니, 이는 그리스도의 능력이 내게 머물게 하려 함이라. 그러므로 내가 그리스도를 위하여 약한 것들과 능욕과 궁핍과 박해와 곤고를 기뻐하노니 이는 내가 약한 그 때에 강함이라.**" 저와 여러분은 누구를 자랑하며, 무슨 자랑을 하면서 지금 여기에 살고 있습니까? **나의 평생 자랑은 주의 십자가로다!** 할렐루야! 약함을 고백하고 하나님을 의지하며 기도하는 사람만이 하나님의 강한 능력에 사로잡힐 수 있습니다. 또한 그리스도를 향하여 사는 사람만이 현실에 안주하지 않고 끊임없이 전진해 나갈 수 있습니다. 우리는 우리의 겉사람이 낡아지나 우리의 속사람은 날로 새로워지기 때문에, 고난 중에도 낙심하지 아니하고, 우리가 바라는 보이지 않는 영원한 소망을 향하여 순례의 길을 계속 걸어가게 되는 것입니다(고후14: 16-18).

## 3. 결론

그리스도의 사도 바울처럼, 우리는 우리 주 예수 그리스도를 통하여 성부 하나님을 인식하고 그리스도 안에서 사는 하나님의 자녀들이 되었습니다. 그리고 우리는 그리스도 안에서 사는 성령의 사람들이고, 성령의 사람들은 그리스도를 향하여 사는 그리스도의 제자들입니다. 우리는 그리스도를 통하여 진리를 인식하고, 그 존재가 변화된 사람들이고, 하나님과 사람과 자연 앞에서 삶이 변화된 사람들입니다. 이제 우리는 십자가에 달리시고 부활하신 그리스도를 믿기에, 부활의 소망을 품고 사랑하면서 살아가게 되었습니다. 그런 우리의 삶은 그리스도 안에서 참되고 선하며 아름답습니다. 이제 우리는 바울이 기억하며 지울 수 없었던 **부활하신 그리스도를 성서를 통해 명확히 기억하고**, 바울을 둘러 비추어 **그의 지성을 새롭게 했던 은총을 간절히 바라며**, 다메섹으로 향하던 발걸음이 변하여 복음 때문에 광주리를 타고 들창문을 통해 성벽을 내려가 도망쳤던 바울처럼 **우리의 의지를 돌이켜 복음 때문에 고난을 받는 그리스도인의 생활이 되기를 진심으로 바랍니다**(고후11:33).

바울은, 원수 잘 맺고 절대 풀지 않으며, 이를 부드득 갈며 반드시 복수하고, 남을 밟고 오로지 자기 밥그릇만 챙기는 요즈음의 그리스도인들에게, 하나님의 뜻을 분별하고 그리스도인답게 살아가는 생활에 대하여 다음과 같이 권면합니다. 바울은 로마서 12장 1-2절에서, "그러므로 형제들아 내가 하나님의 모든 자비하심으로 너희를 권하노니, **너희 몸을 하나님이 기뻐하시는 거룩한 산 제물로 드리라**, 이는 너희가 드릴 영적 예배니라. 너희는 이 세대를 본받지 말고 오직 마음을 새롭게 함으로 변화를 받아, **하나님의 선하시고 기뻐하시**

고 온전하신 뜻이 무엇인지 분별하도록 하라."고 말합니다. 그리고 바울은 로마서 12장 9-13절에서, "**사랑에는 거짓이 없나니 악을 미워하고 선에 속하라.** 형제를 사랑하여 서로 우애하고 존경하기를 서로 먼저 하며, 부지런하여 게으르지 말고 열심을 품고 주를 섬기라. **소망 중에 즐거워하며 환난 중에 참으며 기도에 항상 힘쓰며**, 성도들의 쓸 것을 공급하며 손 대접하기를 힘쓰라."고 말합니다. 이어서 바울은 로마서 12장 14-21절에서, "**너희를 박해하는 자를 축복하라 축복하고 저주하지 말라.** 즐거워하는 자들과 함께 즐거워하고 우는 자들과 함께 울라. 서로 마음을 같이하며 높은 데 마음을 두지 말고 도리어 낮은 데 처하며 스스로 지혜 있는 체 하지 말라. **아무에게도 악을 악으로 갚지 말고 모든 사람 앞에서 선한 일을 도모하라.** 할 수 있거든 너희로서는 모든 사람과 더불어 화목하라. 내 사랑하는 자들아 너희가 친히 원수를 갚지 말고 하나님의 진노하심에 맡기라 기록되었으되 원수 갚는 것이 내게 있으니 내가 갚으리라고 주께서 말씀하시니라. **네 원수가 주리거든 먹이고 목마르거든 마시게 하라** 그리함으로 네가 숯불을 그 머리에 쌓아 놓으리라. **악에게 지지 말고 선으로 악을 이기라.**"고 말합니다.

이제로부터 모든 성도들 위에 다음과 같은 바울의 축복이 있기를 축원합니다. 고린도후서 13장 13절에서, "**주 예수 그리스도의 은혜와 하나님의 사랑과 성령의 교통하심이 너희 무리와 함께 있을지어다!**" 할렐루야! 아멘, 아멘, 아멘! 할렐루야!

# II. 고대교회의 에큐메니칼 신조들의 신앙고백

빌립보서 2장 5-8절: "너희 안에 이 마음을 품으라 곧 그리스도 예수의 마음이니, 그는 근본 하나님의 본체시나 하나님과 동등됨을 취할 것으로 여기지 아니하시고, 오히려 자기를 비워 종의 형체를 가지사 사람들과 같이 되셨고, 사람의 모양으로 나타나사 자기를 낮추시고 죽기까지 복종하셨으니 곧 십자가에 죽으심이라."

## 1. 서론

고대교회는 성경뿐만 아니라 복음적인 신앙고백들(삼위일체론, 그리스도론, 성령론)을 가지고 이단들에 대처하였습니다. 고대교회의 교부들 가운데 이레니우스(Irenaeus, 130-200)와 터툴리안(Tertulian, 160-220)은, **영육 이원론을 주장하며 그리스도의 육체성을 부인하는 영지주의(Gnosticism)라는 이단**(Heresy: 어떤 것을 선호하며 선택한다는 뜻)**으로부터 교회를 보호하려고 "신앙규범"(Regula fidei)으로 대처하였습니다.** 이 "신앙규범"은 그리스도론을 중심으로 삼아 삼위일체론적인 정통신앙고백을 그 내용으로 담고 있습니다. 이와 유사한 내용을 가진 사도신경도 고대교회가 이단들을 대처하는데 크게 공헌하였습니다.[8]

**사도신경은 170-180년 사이에 로마에 있는 교회들이 세례용으로 사용하던 요리문답서 "로마신경"의 증보판입니다**(원래 문답식으로 이루어진 본문이 긍정적인 신앙고백의 내용으로 보완된 것임). 그 후 사도신경은 서방교회에서 널리 사용되어 왔고 현재 한국교회에서도 사용되고 있습니다. **사도신경은 동방교회가 애용하는 니케아-콘스탄**

---

8) 대한예수교총회교육자원부, 『개혁교회의 신앙고백』 (서울: 한국장로교출판사, 2007), 84-85.

티노플 신조(381)와 쌍벽을 이루는 신앙고백서입니다. 사도신경의 핵심 내용은 그리스도론인데, 이는 그것이 바로 복음이라는 것입니다. 즉, 삼위일체 하나님의 이름으로 세례를 받는 성도들에게 가장 중요한 신앙고백은, **그들이 성령을 통하여 예수 그리스도와 함께 죽고 다시 살아 부활하신 그리스도와 한 몸을 이룬다는 것입니다**.[9]

복음이 지중해 연안에 널리 전파되면서 예루살렘, 안디옥, 로마, 콘스탄티노플, 알렉산드리아와 같은 5대 관구들은, 에큐메니칼 공의회(Ecumenical Councils)를 소집하고, 거기서 결정된 신앙고백을 통하여 창궐하는 이단들을 정죄하며, 교회를 보호하기 위하여 그리스도교의 올바른 가르침인 정통교리를 확립하였습니다. **여기서 "에큐메니칼"이란 말은 그 당시의 의미로는 "전체 그리스도교 교회의"라는 뜻으로 그리고 현재적인 의미로는 "교파를 초월한 세계교회의"라는 뜻으로 사용되는데, 이는 콘스탄티노플 공의회가 보다 앞서 열렸던 니케아 공의회(325)를 "제1차 에큐메니칼 공의회"라고 명명한데서 유래하였습니다**. 하나님에 대한 신앙고백을 담고 있는 니케아 신조, 이에 더하여 성령 하나님에 대한 신앙고백을 담고 있는 니케아-콘스탄티노플 신조, 에베소 공의회(431)의 구원론, 예수 그리스도에 대한 결정적인 신앙고백인 칼케돈 신조는 개신교회와 서방정교회 그리고 동방정교회 모두가 공유하는 신조들입니다. **이러한 고대교회의 신조들은 표준적인 규범인 성경에 근거를 둔 제 이차적인 규범들로서 신앙의 정통성을 판별하는 시시비비에 있어서 매우 중요한 표준들입니다**.[10]

## 2. 고대교회의 에큐메니칼 신조들

### 2.1 사도신경(Symbolum apostolicum: The Apostles' Creed, 170-180년경)

"전능하사 천지를 만드신 하나님 아버지를 내가 믿사오며, 그 **외**

---
9) 위의 책, 86.
10) 위의 책, 86-87.

아들 우리 주 예수 그리스도를 믿사오니, 이는 성령으로 잉태하사 동정녀 마리아에게 나시고, 본디오 빌라도에게 고난을 받으사, 십자가에 못 박혀 죽으시고, 장사한 지 사흘 만에 죽은 자 가운데서 다시 살아나시며, 하늘에 오르사, 전능하신 하나님 우편에 앉아 계시다가, 저리로서 산자와 죽은 자를 심판하러 오시리라. 성령을 믿사오며, 거룩한 공회와, 성도가 서로 교통하는 것과, 죄를 사하여 주시는 것과, 몸이 다시 사는 것과, 영원히 사는 것을 믿사옵나이다. 아멘."[11]

우리가 고백하는 사도신경은 그것의 원문에서 "**장사지낸 바 되었다가 모든 죽은 자들의 세계(Hades: 하데스, 즉 음부는 지옥이 아니라 모든 죽은 자들이 거하는 비가시적인 영적세계)에 내려가셨다**"라는[12] 내용이 빠져 있습니다. 이 구절이 초기 사도신경들에서는 발견되지 않고 로마신경에 삽입된 것은 5세기경이며, 동방교회에서는 360년 이전에 나타나기도 합니다. 이 구절은 에베소서 4장 9-10절의 "올라가셨다 하였은즉 **땅 아래 낮은 곳으로 내리셨던** 것이 아니면 무엇이냐, **내리셨던 그가** 곧 모든 하늘 위에 오르신 자니 이는 만물을 충만하게 하려 하심이라"에 근거한 것입니다. ①웨스트민스터 신학자들은, 이 구절을 "장사지낸 바 되었다가"와 동일한 의미로 보면서, 즉 **예수님이 부활하실 때까지 죽음의 상태와 사망의 권세 아래에 놓여 있으셨다고 주장합니다**. ②칼뱅과 하이델베르크 교리문답은, 예수님이 십자가상에서 죄인들을 대신하여 지옥의 고통을 경험하셨기 때문에 이 구절을 **십자가 위에서 겪으신 그리스도의 고난을 강조하는 것으로 해석합니다**. ③이 구절은 예수님이 십자가에 달려 돌아가신 후에, **세상에서 살다가 죽은 모든 사람들에게 나타나셨다는 것을 의미한다고 보는 견해도 있습니다**. 이러한 견해의 근거가 되는 성경의 전거들은, 누가복음 23장 43절의 "예수께서 이르시되 내가 진실로 네게 이르노니 오늘 네가 나와 함께 **낙원(영혼수면설을 논박한 칼뱅**

---
11) 위의 책, 13.
12) 위의 책, 14-15.

의 영혼각성설에 따르면, 주 안에서 죽은 사람의 몸은 부패하나 낙원에서 그의 영혼이 깨어 있어 하나님이 주시는 안식과 기쁨을 누리며 소망 중에 썩지 아니하는 신령한 몸의 부활을 기다리는 곳)에 있으리라 하시니라."와 그리고 사도행전 2장 27절과 31절의 "이는 내 영혼을 **음부에** 버리지 아니하시며 주의 거룩한 자로 썩음을 당하지 않게 하실 것임이로다."와 "미리 본 고로 그리스도의 부활을 말하되 그가 **음부에** 버림이 되지 않고 그의 육신이 썩음을 당하지 아니하시리라 하더니."가 있습니다. 보다 더 구체적인 성경의 전거들로는, 베드로전서 3장 18-19절의 "그리스도께서도 단번에 죄를 위하여 죽으사 의인으로서 불의한 자를 대신하셨으니 이는 우리를 하나님 앞으로 인도하려 하심이라. **육체로는 죽임을 당하시고 영으로는 살리심을 받으셨으니 그가 또한 영으로 가서 옥에 있는 영들에게 선포하시니라.**"와 베드로전서 4장 6절의 "이를 위하여 **죽은 자들에게도 복음이 전파되었으니** 이는 육체로는 사람으로 심판을 받으나 **영으로는 하나님을 따라 살게 하려 함이라.**"를 들 수 있습니다.

여기서 위의 ③설을 취하는 이유는, **예수 그리스도께서 십자가와 부활의 복음을 죽은 자들에게도 선포함으로써 그들에게도 구원받을 기회를 주시는 것이고, 또한 예수님이 십자가에서 자기를 비워 낮아지시고, 죽어 장사지낸 바 되었다가, 음부에 내려가시어 복음을 전하시고, 부활하시어 부활의 첫 열매로서 자신을 제자들에게 보이시고 승천하시어 하나님의 우편에 앉으셨다는 것이(그리스도의 인간으로서 자기 비하와 하나님으로서 승귀) 초기 그리스도교의 신앙고백이었기 때문입니다.**[13] 위르겐 몰트만(Jürgen Moltmann, 1926~ )에 따르면, 십자가에 달리시고 부활하시어 산 자와 죽은 자를 심판하러 오실 그리스도의 음부여행은 그리스도께서 우리의 죽음을 함께 경험하신 것이고, 우리가 당하는 죽음을 극복하셨으며, 만유의 회복과 구원을 가져온다는 의미라는 것입니다.[14]

---

13) 위의 책, 23-24.
14) 위르겐 몰트만, *Das Kommen Gottes*, 김균진 옮김, 『오시는 하나님: 기독교 종말론』 (서울: 대한기독교서회, 2000), 433-437.

사도신경이란 말은 사도들의 신앙고백이고 초대교회 공동체의 신앙고백이라는 뜻입니다. 이는 사도신경이 신약성서의 복음과 삼위일체 하나님에 대한 신앙을 고백하고 있기 때문입니다. 그러므로 사도신경의 신앙고백은 다름 아닌 성서의 통일성과 모든 교회들의 신학의 통일성을 의미하는 것입니다.[15]

세례 문답식에서 사용하던 사도신경의 문체는 원래 의문문 형태로 되어 있었던 것인데, 삼위일체 하나님에 대한 신앙고백의 내용을 질문하는 세 가지 질문들 즉, "당신은 믿습니까?"의 형태가 4세기경에 이르러 "죄의 용서"라는 말이 첨가되면서 삼위일체 하나님을 신앙고백하는 **"내가 믿습니다"(Credo: 나의 심장을 꺼내어 바칩니다)**의 형태로 변경되었습니다. 그 후로 시간이 지나면서 나머지 구절들이 지속적으로 첨가되어져 왔습니다. 그러다가 사도신경의 표준적인 본문은 서방교회에서 7-8세기경에 확정되었습니다.[16] 세례신경이었던 사도신경이 세례 시에 요리문답서로 계속 사용되어 왔지만, 샤를마뉴(Charlemagne, 742~814) 황제의 치세에 이르러 전 서방교회의 공식적인 예배에서 신앙고백으로도 사용되기 시작했습니다.[17]

그리고 후대에 이르러 그리스도인들이 믿는 믿음의 내용인 사도신경의 내용을 루터는 성부, 성자, 성령의 3중구조로 생각했고, 칼뱅은 성부 하나님의 창조, 성자 예수 그리스도의 성육신과 십자가와 부활, 성령 하나님과 교회, 그리고 종말과 영생의 4중구조로 보면서 특히 **교회**를 강조하였습니다. 20세기에 와서 **그리스도 중심적인 신학을 펼친 칼 바르트(Karl Barth, 1886~1968)는 두 번째 항목인 예수 그리스도의 기적적인 탄생, 고난과 죽음, 죽음으로부터의 부활을 사도신경의 중심으로 여겼습니다.** 이 부분이 신약성서에 나오는 사도들의 선포와 초기교회의 세례문과도 일치하기 때문입니다.[18]

주후 170-250년 어간에 발흥한 이단들(유대교적 유일신론, 영지

---

15) 대한예수교총회교육자원부, 『개혁교회의 신앙고백』, 16.
16) 위의 책, 17.
17) 위의 책, 18.
18) 위의 책, 19.

주의, 마르키온주의, 몬타누스주의, 군주신론 등)에 대하여 고대교회는 사도신경을 가지고 대처하였습니다. 즉, ①**고대교회는 독생자 예수 그리스도의 신성을 인정하지 않는 유대교적 유일신론에 반대하여** 삼위일체론과 그리스도의 영원하신 신성으로 반박하였습니다. ②**고대교회는 영원하신 하나님의 아들 예수 그리스도의 성육신하심과 신령한 몸의 부활과 창조신앙을 거부하는 영지주의의 가현설에 반대하여** 성육신적인 그리스도론과 창조신앙으로 대처하였습니다. ③**고대교회는 신약성서의 하나님을 사랑의 하나님으로 말하며 성서에서 구약성서의 분노의 하나님을 제외시키려던 마르키온을 반대하여** 창조주 하나님과 그분의 독생자 예수 그리스도의 사랑을 연결하여 대응하였습니다(하나님의 정의와 사랑은 동전의 양면임). ④**고대교회는 성서 이외에 다른 직접적인 성령의 계시를 주장하며 예수님의 재림의 시점을 계산하고 자신을 보혜사 성령 하나님과 동일시하던 열광주의자 몬타누스에 반대하여** 삼위일체론적인 성령론(아버지와 아들로부터 발현하는 성령)과 올바른 교회론(죄인임을 고백하는 성도들이 교제하는 공동체)과 건전한 종말론(종말론적인 몸의 부활과 영생)으로 교회를 지켰습니다. ⑤**고대교회는 성부 하나님과 동일본질인 예수 그리스도의 영원한 신성을 거부하고 성부 하나님의 신성만을 인정하려는 군주신론과** ⑥**성부에 대한 성자와 성령의 위격적인 차별성들을 무시하고 유일신론적인 경향을 가진 양태론에 반대하여** 일체이시고 삼위이시며 삼위이시고 일체이신 삼위일체 하나님(유일신론적인 삼위일체론 혹은 삼위일체론적인 유일신론)으로 맞섰습니다.[19]

표준적인 사도신경의 신앙의 내용을 고백하는 성도들은, 주기도문을 따라 기도하고, 십계명을 따라 하나님을 사랑하고 이웃과 자연을 사랑하며 살아갑니다. 그래서 이 셋은 성도들의 신앙의 토대이며 호흡이고 삶의 윤리입니다. 필립 샤프(Philip Schaff, 1819~1893)는 사도신경을 가리켜 "**모든 시대의 그리스도교와 모든 지역의 그리스도교를 하나로 묶는 끈**"이라고 말하였습니다. 사도신경과 에큐메니칼

---

19) 위의 책, 29-30.

왔습니다. 그래서 서방교회는 사도신경을 선호하고, 동방교회는 니케아 신조의 확장 버전인 니케아-콘스탄티노플 신조(니케아 신조에 성령론과 교회론을 첨가하고 니케아 신조의 문구를 조금 수정 보완함)를 애호하는 이유가 여기에 있습니다.[22]

무엇보다도 니케아 신조는, 아리우스(Arius, 250~336)가 군주신론적인 유일신론에 종속된 그리스도론[23](성부 하나님만이 신이시고 그리스도는 피조물이다)을 주장하자, 이에 대항하여 그리스도의 신성을 강조하며 아리우스를 정죄한 아타나시우스(Athanasius, 293~373)의 신학적인 견해가 피력되어 있는 것입니다. 다시 말해서 니케아 신조는, 아리우스가 예수 그리스도의 동일한 신성을 부인하며 그리스도는 성부 하나님과 동일본질(homoousios)이 아닌 "**유사본질**"(homoiousios)을 지녔고, 하나님의 영원한 아들이 아니라 "**탁월한 피조물**"에 불과하다고 주장한 것을 반박하기 위한 신앙고백이었습니다. 아리우스에 따르면, 참된 하나님은 어떤 한계에도 속박될 수가 없고 성육신하시어 십자가의 고통과 죽음을 겪을 수가 없기에 가현설적으로만 십자가의 수난과 죽음을 당한 것이 됩니다. 그러므로 예수 그리스도는 하나님을 계시하는 분이시고 우리를 구원하시는 분이지만, 우리가 겪는 고난에 동참하시는 하나님은 될 수 없다는 것입니다. 예수 그리스도는 하나님을 많이 닮을 수는 있지만, 하나님과 동일한 존재와 본질을 공유하시는 분은 아니라는 것입니다. 그러므로 아리우스는 "**그리스도께서 존재하지 않으셨던 때가 있었다.**"라고 까지 말하게 되었습니다. **아리우스의 본래적인 의도는 모든 피조물들보다 더 높으신 하나님을 찬양하는 것이었지만, 하나님의 초월성의 개념을 피조물들의 유한성의 개념들과 철저하게 대립되는 것으로 생각한 것이 문제였습니다.** 그러므로 우리의 구원을 위하여 하나님의 사랑으로 베풀어진 참 하나님이 참 인간 되신 예수 그리스도의 성육신하심과 십자가의 고난과 죽음은 아리우스에게 수용될 수가 없었던 것

---

22) 위의 책, 34-35.
23) 윤철호, 『너희는 나를 누구라 하느냐: 통전적 예수 그리스도론』 (서울: 대한기독교서회, 2017), 413.

신조들의 삼위일체론과 그리스도론은 에큐메니칼 교회들의 정통성의 표준이고 통일성의 원리입니다.[20]

## 2.2 니케아 신조(The Nicene Creed, 325년)

"우리는 (삼위로 일체 되시는) 한 하나님을 믿는다. 우리는 모든 것을 통치하시는(pantokratora) 아버지 하나님을 믿는다. 그는 보이는 것이나 보이지 않는 모든 것을 창조하신(poieten) 분이시다. 우리는 예수 그리스도 한 주님을 믿는다. **그는 아버지 하나님의 독생자로 태어나셨으니, 아버지의 본질로부터(ek tes ousias tou patros) 출생하셨다.** 그래서 그분은 하나님으로부터 오신 하나님이시요, 빛으로부터 오신 빛이시요, 참 하나님으로부터 오신 참 하나님이시다. **그는 창조되신 것이 아니라(poiethenta) 아버지 하나님으로부터 출생하셨기 때문에, 이 아버지 하나님과 동일본질(homoousion to patri)을 공유하신다.** 하늘에 있는 것이나 땅에 있는 것이나, 만물이 이 하나님의 아들을 통해서 창조되었다. 그리고 그분은 우리 인간들과 우리의 구원을 위해서 하늘에서 내려오시어, 성육신하시고, 인간이 되셨다(enanthropesante). 그는 십자가에서 고난을 받으시고, 사흘 만에 죽은 자들로부터 부활하사 하늘에 오르셨다. 그리고 그는 산 자와 죽은 자를 심판하러 오실 것이다. 그리고 성령을 믿는다."[21]

니케아는 현재 터키의 이스탄불(콘스탄티노플) 근처에 위치해 있습니다. **삼위일체론 논쟁으로 인한 로마제국의 분열을 막고 제국의 통일과 평화를 위하여 그 당시의 콘스탄티누스(Constantinus, 280~337, 313년에 밀라노 칙령을 공포하여 그리스도교를 공인함) 황제가 소집한 최초의 에큐메니칼 공의회는 5대 관구의 318명의 감독들이 참석하여 삼위일체론의 정통교리를 결정지었습니다.** 그들 중에 6명만이 로마로부터 온 감독들이었고, 나머지 312명이 동방교회들로부터

---
20) 위의 책, 31-32.
21) 위의 책, 33-34.

입니다. 결국 아리우스의 하나님은 신적인 삶과 사랑의 고통을 피조물들과 공유할 수 없는 분으로 나타납니다.24)

이처럼 예수 그리스도를 성부 하나님과 동일본질이 아닌 피조물이라고 말한 아리우스를 반박한 아타나시우스는 그리스도의 온전한 신성을 주장하였습니다(그는 **아버지 하나님의 독생자로 태어나셨으니, 아버지의 본질로부터 출생하셨다**). 니케아 신조에 담겨 있는 신학은 하나님이 자기희생적인 사랑으로 자기 자신을 내어준다는 것입니다. 이러한 하나님의 사랑에 기초하여 니케아 신조는, 예수 그리스도께서 하나님의 아들로서 "**하나님으로부터 오신 하나님이시요, 빛으로부터 오신 빛이시요, 참 하나님으로부터 오신 참 하나님이시다.**"라고 분명하게 진술합니다. 다시 말해서 니케아 신조는, 우리의 구원을 위하여 성육신하신 예수 그리스도 성자 하나님을 "**창조되신 것이 아니라 아버지 하나님으로부터 출생하셨기 때문에, 이 아버지 하나님과 본질을 공유하신다.**"라고 확실하게 천명합니다. 나중에 콘스탄티노플 공의회를 통하여 재차 확증된 니케아 신조는, 교회들이 삼위일체 하나님에 대한 신앙고백을 처음으로 언급한 정통교리이고 예수 그리스도의 완전한 신성을 드높여 찬양한 선언입니다.25)

따라서 니케아 신조는, "그(예수 그리스도)가 계시지 않았던 때가 있었다거나, 그가 태어나기 이전에는 그가 없었다거나, 또는 그가 무로부터 창조되었다거나, 또는 하나님의 아들이 다른 위격 또는 본질이라거나, 또는 창조되었으며 변화되거나 변형될 수 있다고 하는 자들 - 이들을 보편적이고 사도적인 교회는 정죄한다."26) 라고 아리우스적인 견해를 배척하는 결론을 내립니다. **니케아 신조의 핵심은 성육신 하신 예수 그리스도는 하나님 아버지의 본질로부터 출생하셨고, 그런 그리스도는 아버지와 동일본질이라는 것입니다. 아타나시우스에 따르면, 이러한 그리스도의 성육신적인 의미는 말씀(로고스)이 육신이**

---

24) 다니엘 L. 밀리오리, *FAITH SEEKING UNDERSTANDING*, 신옥수·백충현 옮김, 『기독교 조직신학 개론: 이해를 추구하는 신앙』 (서울: 새물결플러스, 2016), 300-301.
25) 위의 책.
26) 윤철호, 『너희는 나를 누구라 하느냐』, 419.

되신 그리스도를 통하여 성도들로 하여금 하나님이 본래 의도하셨던 상태를 회복시켜주기 위함이고, 죽음의 속박으로부터 풀어주고 하나님의 형상을 회복하는 구원을 성취시키기 위함이며, 참된 자아실현을 하여 하나님과 하나가 되어 하나님의 존재에 참여시키기 위함이라는 것입니다. 즉, 그리스도의 성육신을 통한 하나님의 인간 되심은 인간의 하나님 됨을 위한 것(神化: Theosis)이라는 의미로,[27] 이는 전적인 하나님의 은총이라는 것입니다.

예수 그리스도께서 성부 하나님과 동일한 본질이고 본체라는 것은 빌립보서 2장 6절("그는 근본 하나님의 본체시나 하나님과 동등됨을 취할 것으로 여기지 아니하시고")에서도 증언합니다. 즉, 겸손하신 그리스도는 자기를 비워 종의 형체를 가져 사람들과 같이 되셨고, 사람의 모양으로 나타나사 자기를 낮추시고 죽기까지 복종하셨으니 곧 십자가에 죽으셨다는 것입니다. 예수 그리스도의 사도 바울은 우리에게 이런 예수 그리스도의 겸손한 마음을 품고, 일상생활 속에서 자기보다 남을 낮게 여기면서 살아가라고 권면합니다. 이제 우리는, 삼위일체 하나님의 세 위격들이 고유하게 성부는 창조의 사역을 행하시고 성자는 구속사역을 이루시며 성령은 성화와 새 창조의 사역을 위하여 역사하시지만, 서로 사랑하고 서로의 사역에 참여하며 상호 내주하고 일체를 이루는 사랑의 교제와 몸소 자기를 낮추신 그리스도의 사랑을 하나님과 나 사이에, 나와 이웃 사이에, 나와 자연 사이에 적용하여 실천해나가야만 하겠습니다. 이를 통하여 우리는, 하나님과 나와의 관계가 피곤하고 메마른 의무가 아닌 첫사랑을 회복하는 기쁘고 아름다운 사랑의 교제로 바뀌고, 나와 이웃의 관계가 증오하고 복수하는 것이 아닌 서로 용서하고 서로 위해서 기도하는 사랑의 섬김으로 새로워지며, 나와 자연의 관계가 파괴하고 착취하며 이용하고 버리는 것이 아닌 상호적인 돌봄으로의 관계로 변화되어 상생하는 창조질서의 보전이 이루어지도록 힘써야겠습니다.

---

[27] 위의 책, 414-415.

## 2.3 니케아-콘스탄티노플 신조(The Nicene-Constantinopolitan Creed, 381년)

"우리는 한 분 하나님을 믿는다. 그분은 전능하사 천지를 창조하시고, 보이는 것과 보이지 않는 모든 것을 지으신 아버지이시다. 우리는 한 분 예수 그리스도를 믿는다. 그는 영원히 아버지로부터 나신 하나님의 독생자로서 빛으로부터 오신 빛이시오, 참 하나님으로부터 오신 참 하나님이시다. 그는 피조된 것이 아니라 나셨기 때문에 아버지와 본질이 동일하시다. 만물은 그로 말미암아 지은 바 되었다. **그는 우리 인류와 우리의 구원을 위해서 하늘로부터 내려오사, 성령과 동정녀 마리아를 통하여 성육신하셔서 인간이 되셨다.** 그는 우리를 위하여 본디오 빌라도에 의하여 십자가에 못 박히시사, 고난을 받으시며 장사 지낸 바 되셨다. 그리고 그분은 성경대로 사흘 만에 죽은 자들로부터 부활하사 하늘에 오르시고, 하나님 우편에 앉으셨다. 그는 살아있는 자와 죽은 자를 심판하기 위하여 영광 가운데 재림하시고 그의 나라는 영원무궁할 것이다. **우리는 주님이시고, 생명의 부여자이신 성령님을 믿는다. 그분은 아버지로부터 나오시고, 아버지와 아들과 더불어 동일한 예배와 영광을 받으신다. 이 성령님은 예언자들을 통하여 말씀하셨다. 우리는 또한 하나의 거룩하고 보편적이며 사도적인 교회를 믿는다.** 우리는 죄 사함을 위한 하나의 세례만을 인정한다. 우리는 죽은 자들의 부활과 장차 임할 세상에서의 영생을 바라본다."[28]

오늘날 터키의 카파도기아(Cappadocia) 교부들의 본질(ousia)과 위격(hypostasis)을 구별하는 신학이 영향을 미친 콘스탄티노플 신조는, 150명의 감독들이 모여서 결정한 공의회의 산물입니다. 이는 "우리는 성령을 믿는다"로 끝나는 니케아 신조에 **성령론과 교회론 그리고 하나의 세례에 대한 신앙고백의 내용이 첨가된 것입니다.** 아리우스가 성자의 신성이 성부에게 종속되는 것처럼 성령의 신성도 성부

---
[28] 대한예수교총회교육자원부, 『개혁교회의 신앙고백』, 48-49.

하나님께 종속되는 것으로 말한 이후에, 성령 하나님의 신성을 거부하는 자들이 출현하여 교회를 어지럽히자, 성자의 신성을 확정한 니케아 신조를 재확인하고 그리스도의 인성을 확보하는 것과 아울러 콘스탄티노플 신조는 성령 하나님에 대한 정통교리를 추가하여 확립한 것입니다.29)

그 후로 이어지는 교회의 역사에서 서방교회는 사도신경을 그리고 동방교회는 니케아-콘스탄티노플 신조를 선호하여 고백해왔습니다. 동방교회를 제외하고 서방교회 단독으로 개최된 스페인의 톨레도 공의회(586)에서 **"그분은 아버지로부터 나오시고"**라는 구절에 성령이 아들로부터도 나오신다는 구절인 **"그리고 아들로부터"**(filioque: and from the Son)를 첨가하여 사용하자, 이것이 빌미가 되어 오랜 논쟁들이 지속되어 오다가 결국 동·서방교회들이 1054년에 서로 분리되기에 이르렀습니다. 하지만 20세기에 이르러 복음 선교의 상호협력과 다양한 교회들의 신앙과 직제의 일치와 생활 속에서 사랑의 실천을 추구하는 세계교회협의회(WCC)가 1991년에 "하나의 신앙을 고백하며"라는 문서에서 381년에 고백된 니케아-콘스탄티노플 신조를 채택한 이후로부터, 세계교회들은 필리오퀘(그리고 아들로부터) 없는 니케아-콘스탄티노플 신조를 고백하는 전통을 확립하였습니다.30)

**앞선 니케아 신조가 성부와 동일한 본질인 그리스도의 완전한 신성을 천명했지만, 삼위의 일체성을 강조하는 그리스도의 동일본질을 말하다 보니 삼위 하나님의 위격들의 독특성을 무시하는 양태론적인 경향으로 치우칠 수 있는 위험 요소도 잔재하고 있었습니다.**31) **또한 남겨진 과제는 그 신성과 아울러 그리스도의 인성을 확증하는 것과 그리스도의 신성과 인성을 조화시키는 통일성의 문제를 해결하는 것이었습니다.** 아타나시우스와 알렉산드리아의 키릴(Cyril, 375-444)은 그리스도의 신성과 위격의 통일성, 즉 그리스도의 위격 안에서의 신성과 인성의 통일성 그리고 하나님과 우리의 회복된 연합을 성취한

---

29) 위의 책, 49-50.
30) 위의 책, 50-51.
31) 윤철호, 『너희는 나를 누구라 하느냐』, 420.

성육신한 말씀(우리가 하나님이 되게 하려고 하나님이 인간이 되신, 즉 인간의 육신을 취하고 입으신 신적인 로고스)을 강조하였습니다. 이러한 알렉산드리아 학파의 그리스도론을 극단으로 밀고 나간 것이 라오디게아의 아폴리나리우스(Apollinarius, 310-390)의 단성론인데, 이는 교회에 의해 거부되었습니다. 아폴리나리우스의 단성론은 그리스도의 신성과 인성의 통일성을 너무 강조한 나머지, 그리스도께서 성육신하실 때 하나님의 말씀(그리스도의 신성)이 인간적 정신을 대체하였다고 말하였습니다.[32] 이후에 키릴의 "두 본성으로 이루어진 그리스도는 한 분이시다"에 포함된 단성론적인 경향을 더욱 극단적으로 표현한 단성론자 유티케스(Eutyches, 378-454)는 "그리스도는 두 본성으로 이루어져 있지만 두 본성의 상태로 있는 것이 아니라, 성육신한 이후에 그리스도는 오직 한 본성만을 가지고 계시며 나는 그분의 한 본성만을 숭배한다."라고까지 말하게 되었습니다.[33]

정리하면, 아폴리나리우스는 신적인 로고스인 그리스도가 육신을 입은 로고스임을 말하며 그리스도의 신성을 강조하려는 의도를 가지고 있었지만, 결과적으로 그리스도의 인성을 부인하게 되었습니다. 그래서 니케아-콘스탄티노플 신조는 예수 그리스도가 피조물이 아니고 성부와 동일한 본질이라고 선언한 니케아 신조를 재확인하고, **이에 덧붙여 "성령과 동정녀 마리아를 통하여 성육신하셔서 인간이 되셨다"를 보충함으로써 아폴리나리우스의 단성론을 정죄하고 그리스도의 참된 인성을 확증하는 신앙고백을 행하였습니다. 이를 통하여 "예수 그리스도는 참 하나님이시고 동시에 참 인간이다"라고 고백할 수 있는 토대가 마련되었습니다.** 이 공의회를 통하여 카파도기아 교부들의 본질(보편적 실재: 삼위 하나님의 일체성)과 위격(개별적 실재: 일체 되신 하나님의 세 위격들)을 구별하는 신학이 신조에 채택됨으로써 **"한 본질과 세 위격"(동방교회의 도식: 그리스어를 영어로 음역한 mia ousia treis hypostaseis, 서방교회의 도식 라틴어로 una**

---

[32] 다니엘 L. 밀리오리, 『기독교 조직신학 개론』, 301-302.
[33] 윤철호, 『너희는 나를 누구라 하느냐』, 440.

substantia tres personae)이라는 고전적인 삼위일체론의 도식이 확립되었습니다. 이로써 성부 하나님만을 강조하여 그분이 가면을 바꿔 쓰고 십자가에 달리셨다는 성부수난설적인 양태론을 피하고 삼위의 위격들의 독특한 사역을 구분하여 말할 수 있게 되고, 그리스도의 신성만을 강조하는 단성론적인 경향을 피하고 그리스도의 신성과 더불어 온전한 인성을 고백하게 되었습니다.34)

이와 더불어 니케아-콘스탄티노플 신조는 그 전문에서 성령 하나님의 신성에 대하여 "**우리는 주님이시고, 생명의 부여자이신 성령님을 믿는다. 그분은 아버지로부터 나오시고, 아버지와 아들과 더불어 동일한 예배와 영광을 받으신다. 이 성령님은 예언자들을 통하여 말씀하셨다.**"라고 신앙고백을 하였습니다. 여기서 성령 하나님은 성부와 성자와 동일한 주님으로서, 모든 피조물들에게 주어지는 생명을 주관하고 성도들에게 각종 은사를 주시며 부활의 소망을 이루어주시는 생명의 영으로서 고백됩니다. 성부 하나님으로부터의 발현된 성령 하나님의 근원적인 출처는 바로 하나님 아버지이십니다. **그리고 우리가 성령 하나님에 의하여 예수 그리스도를 인식하고**(요1:33-34, 고전 12:3) **성부 하나님을 "아빠 아버지"**(롬8:15-16)**라고 부르기 때문에, 성령 하나님께서 "아버지와 아들과 더불어 동일한 예배와 영광을 받으신다."는 것입니다**. 삼위일체 하나님을 신앙고백 하는 그리스도인들은 삼위일체 하나님의 위격들이 상호 간에 나누는 사랑의 교제에 참여하게 되는 것입니다. 또한 그리스도인들이 그리스도 안에서 서로 사랑을 나누는 곳에 삼위일체 하나님도 참여하십니다. 성령 하나님은 예언자들을 통하여 말씀하셨고, 그리스도의 탄생과 공생애와 부활을 가능하게 하셨으며, 요엘 선지자의 말처럼(행2:16) 사도들에게 내려오셔서 권능을 주어 땅끝까지 이르러 담대하게 복음을 전파하게 하셨고, 교회를 세우시고 성서기자들에게 영감을 주어 성서를 기록하게 하셨으며, 성서를 읽는 성도들에게 그 말씀을 해석하여 주시고, 강단에서 하나님의 말씀을 대언하는 목사님들의 말씀이 성도들에게 하나

---

34) 위의 책, 426.

님의 말씀으로 들려지도록 목사님과 성도들에게 감동을 주어 이해하고 믿어 삶이 변화되도록 결단하게 하시는 하나님의 영이십니다.[35]

이러한 성령 하나님의 신성에 대한 고백에 더하여 니케아-콘스탄티노플 신조는 "**우리는 또한 하나의 거룩하고 보편적이며 사도적인 교회를 믿는다.**"라고 고전적인 교회의 표지들을 고백합니다. 머리되신 그리스도의 몸 된 교회는 적어도 이 네 가지의 표지들이 있을 때 교회다운 교회라는 것입니다. 이 표지들의 의미는, 죄로 인해 분열된 모든 시대의 모든 지역교회들이 **예수 그리스도 안에서 삼위일체 하나님에 대한 신앙고백을 통하여 하나가 되는 통일성을 가지게 되고(하나의 교회)**, 모든 지상의 교회는 거룩하지 않은 면도 있지만 **그리스도의 피로 비싼 값을 주고 산 교회이기에 거룩하고(거룩한 교회)**, 누구나 들어와서 죄를 회개하고 주 예수를 믿어 성령을 받아 구원받을 수 있는 **만민의 교회이고(보편적인 교회)**, 복음의 전파와 하나님 나라의 확장을 위하여 **그리스도와 사도들의 고난에 동참하는 고난의 길을 걸어가는** 교회이어야만 한다는 것입니다(**사도적인 교회**).[36]

## 2.4 에베소 공의회(Council of Ephesus, 431)와 통합신조(Formula of Reunion, 433)

에베소 공의회는, 콘스탄티노플 공의회 이후에 촉발된 **마리아가 하나님의 어머니(Theotokos: 그리스도의 신성을 강조하여 신성이 인성을 대체)**냐 아니면 **그리스도의 어머니(Christotokos: 그리스도의 신성과 인성의 분리)**냐의 논쟁을 해결하기 위하여 개최되었습니다. 로마황제 발렌티아누스(Valentianus) 3세가 그리스도의 신성과 인성의 통일성을 주장한 알렉산드리아 학파의 키릴(마리아는 하나님의 어머니)의 주장을 받아들여 신성과 인성의 분리를 주장한 네스토리우스(Nestorius, ?~451, 마리아는 그리스도의 어머니)를 정죄하고 그를

---
35) 대한예수교총회교육자원부, 『개혁교회의 신앙고백』, 67-68.
36) 김명용, 『열린 신학 바른 교회론』 (서울: 장로회신학대학교출판부, 1997), 54-72.

아라비아로 유배시키기로 결정한 공의회입니다. 2년 정도의 시간이 지나 배제되었던 안디옥 학파의 견해를 받아들여 타협한 통합신조가 만들어졌는데, 알렉산드리아 학파의 키릴은 이에 동의하였습니다. **이렇게 절충한 통합신조의 내용은, 마리아는 하나님의 어머니이고 그리스도는 신성과 인성이 연합되었지만 동시적으로 온전한 하나님이며 온전한 인간이시라는 것입니다.** 이 절충안에서 하나님의 어머니라는 표현을 채택한 키릴은, 안디옥 학파가 요구하는 그리스도의 두 본성이라는 용어와 그리스도의 신성과 인성의 구별을 수용함으로써 그리스도의 신성만을 강조하던 단성론적인 견해를 넘어 양성론적인 견해도 인정하게 되었습니다.[37]

키릴의 견해를 극단적으로 추종하여 그리스도께서 성육신하실 때 하나님의 말씀(그리스도의 신성)이 인간성을 대체하였다고 주장한 아폴리나리우스는, 그리스도의 신성과 그분의 위격의 통일성을 추구하는 알렉산드리아 학파를 대변합니다. **이와는 달리 그리스도의 두 본성인 신성과 인성의 분리를 주장한 네스토리우스는, 구원론적인 관심의 차원에서 우리를 구원하기 위하여 고난을 겪으시는 그리스도의 온전한 인성을 확보하고, 키릴처럼 하나님의 말씀이 육신을 취한다고 생각하기보다는 하나님의 말씀(그리스도의 신성)이 인간 안에 거주한다고 말하며 피조물들의 부패성과 고통으로부터 신성의 불변성과 무감동성을 보호하려는 안디옥 학파를 대변합니다.** 그리스도의 신성과 인성의 구별을 역설했던 네스토리우스는 예수님의 어머니 마리아를 하나님(하나님과 동일본질인 그리스도는 하나님)을 낳은 자, 즉 "하나님의 어머니"라는 표현을 사용하기를 거부하고 "그리스도의 어머니"("사람을 낳은 자" 혹은 "하나님을 받아들인 자")라는 용어가 적합하다고 생각하였습니다. 네스토리우스가 이렇게 주장한 이유는, 피조물들이 당하는 고난으로부터 그리스도의 신성을 보호하려는 의도이기도 하였지만, 또한 **죄를 짓고 고통을 겪는 비참한 인간의 구원을 위하여서는 오로지 그리스도가 진실로 인간이어야만 그분의 순종과**

---

[37] 윤철호, 『너희는 나를 누구라 하느냐』, 439.

성실하심이 인간에게 본성적으로 깊이 드리워진 죄와 죽음을 도말할 수 있다는 확신 때문이었습니다.[38]

## 2.5 칼케돈 신조(The Chalcedon Creed, 451)

"거룩한 교부들의 가르침을 본받아 우리는 다음의 사실을 고백해야 할 것을 만장일치로 가르치는 바이다. **우리 주 예수 그리스도는 아버지 하나님과 완전히 동일하신 하나님의 아들이시며, 이 동일하신 분은 신성에 있어서 완전하시고, 인성에 있어서 완전하시며, 참 하나님이시며, 참 인간이시고, 이성적 영혼(a rational soul)과 몸으로 구성되셨다.** 그(예수 그리스도)는 신성에 있어서 아버지와 동일본질(consubstantial=coessential)이시고 인성에 있어서 우리와 동일본질이시지만 죄를 제외하고는 우리와 똑같으시다. 그는 신성에 관한 한 창세전에 아버지로부터 태어나시고, 그의 인성에 관하여는 이 동일하신 분이 마지막 날에 우리와 우리의 구원을 위해서 동정녀 마리아에게서 나셨으니, **이 마리아는 (예수 그리스도의) 인성과 관련하여 하나님의 어머니이시다.** 이 동일하신 그리스도는 하나님의 아들이시요, 주님이시요, 독생자이시며, **우리에게 두 본성으로 되어 있으심이 알려진 바**, 이 두 본성은 혼합(혼동)도 없고(inconfusedly), 변화도 없으며(unchangeably), 분리될 수도 없고(indivisibly) 동떨어질(분할되어질) 수도 없다(inseparably). 그런데 이 두 본성의 차이는 이 연합으로 인해서 결코 없어질 수 없으며, 각 본성의 속성들은 한 위격(one Person=prosopon)과 한 본체(one hypostasis) 안에서 둘 다 보존되고 함께 역사한다. 주 예수 그리스도는 두 위격(two prosopa)으로 나뉘거나 분리되실 수 없다. 이분은 동일하신 아들이시요, 독생자이시요, 하나님인 로고스(말씀)이시요, 주 예수 그리스도이시다. 이에 관하여는 일찍이 예언자들과 예수 그리스도 자신이 우리에게 가르치시는 바요, 교부들의 신조가 우리에게 전하는 바이다."[39]

---

38) 다니엘 L. 밀리오리, 『기독교 조직신학 개론』, 303.

니케아 신조 이후에 이어진 그리스도론의 긴 논쟁을 결론지은 칼케돈 신조의 내용을 요약하면, 아버지 하나님과 동일 본질인 예수 그리스도는 참 하나님인 동시에 참 인간이며, 이런 예수 그리스도의 어머니 동정녀 마리아는 하나님의 어머니시라는 것입니다. **그리고 참 하나님인 동시에 참 인간이신 예수 그리스도는 그분의 신성과 인성이 따로 분리된 두 개의 인격이 아닌 하나의 인격이며, 그 한 인격 안에 신성과 인성 두 개의 본성이 혼동되거나 변화되지 않고(신성이 인성을 흡수 통합하거나 대체하지 않고) 분리되거나 분할되지 않습니다(신성과 인성이 둘로 나누어져 분할되지 않고). 즉, 예수 그리스도는 한 인격 안에 두 본성(one Person two Natures)을 지니고 계십니다.**

다시 말해서, 칼케돈 신조는 예수 그리스도의 신성과 인성의 구별을 두 본성의 차원에 위치시켰으며, 이와 더불어 하나님의 말씀이신 그리스도의 신성과 성육신하신 그리스도가 취한 인간성의 통일성을 위격(인격)의 차원에서 통합시켰습니다. 그리스도의 신성과 인성이 혼동과 변화 없이 통일성을 이룬다는 것은 안디옥 학파가 주장해온 그리스도의 완전한 인성을 확증하는 것이고, 하나의 위격이신 그리스도가 신성과 인성이 분리됨이나 분할됨이 없이 연합되어 있다는 내용은 알렉산드리아 학파의 주장을 반영한 것이었습니다. 이렇게 양측의 입장을 균형 있게 조율하는 선에서 마무리한 칼케돈 신조는, 그리스도론의 발전에 있어서 정통적인 그리스도론이 취할 수 있는 최소한의 범위를 결정한 이정표적인 신앙고백입니다.[40]

**알렉산드리아 학파의 키릴을 계승한 아폴리나리우스와 유티케스의 단성론적인 경향은, 즉 예수 그리스도의 한 인격 안에서 신성에 인간적 본성을 흡수시키거나 신성이 인성을 대체하는 것은 그리스도의 두 본성의 구별을 무시하고 인성을 상실시키는 결과를 가져왔고, 그리스도의 한 인격 안에서 그리스도의 신성(로고스)과 인성(로고스가 내주**

---
39) 대한예수교총회교육자원부,『개혁교회의 신앙고백』, 73-74.
40) 다니엘 L. 밀리오리,『기독교 조직신학 개론』, 304.

하는 인간의 본성) 사이의 구별을 주장한 몹수에스티아의 테오도르(Theodore of Mopsuestia, 350~428)와 네스토리우스를 추종하는 안디옥 학파는 그리스도의 인성과 신성을 분리시켜 예수 그리스도의 한 인격 안에서의 두 본성의 연합을 분할함으로써 하나님의 말씀의 성육신을 진정성 있게 표현하기 어렵게 만들었기 때문에, 하나님의 말씀이신 그리스도의 성육신의 신비에 대한 정통교리의 확립을 위하여 칼케돈 공의회가 소집되었습니다. 그래서 칼케돈 공의회는 예수 그리스도의 두 본성 중에서 그분의 신성만을 강조하는 단성론자들을 정죄하고, 예수 그리스도의 신성과 인성의 분리와 분할을 말하면서 그분의 두 인격을 주장한 네스토리우스주의자들 거부하고 그분의 한 인격을 신앙으로 정의하였습니다. 즉, 예수 그리스도의 한 인격 안에서 그분의 두 본성이 연합하였다는 교리를 확정한 것입니다. 하지만 칼케돈 신조는 한 인격 안에 두 본성을 지닌 예수 그리스도의 신비에 대하여 긍정적인 진술보다는 부정적이고 역설적인 방식으로 진술되어 있기에, 이것을 받아들이는 것은 오직 신앙으로만 가능하다고 디트리히 본회퍼(Dietrich Bonhoeffer, 1906-1945)는 말하였습니다.41)

## 3. 결론
### 3.1 하나님의 고난 가능성

앞에서 살펴본 바와 같이 **인간처럼 고통받을 수 없는 성부 하나님과 동일본질인 예수 그리스도의 신성이 고통받을 수 없다는 전제로 인하여, 키릴은 그리스도의 인성을 신성에 연합시켜 신성을 강조하는 쪽으로 나아갔고, 네스토리우스는 고통받을 수 없는 그리스도의 신성을 보존하고자 그리스도의 신성과 분리된 인성을 강조하는 쪽으로 그리스도론을 전개하였다고 저는 생각합니다.** 키릴은, 네스토리우스의 말처럼 그리스도의 신성과 인성이 분리되고 분할된 두 인격의 연결이

---
41) 윤철호, 『너희는 나를 누구라 하느냐』, 442-444.

아니라, 오히려 하나님의 말씀인 그리스도의 성육신은 신적인 로고스가 지속적으로 하나님의 신성을 지닌 채로 남아 있으면서 하나님의 어머니 마리아의 자궁 속에서 인간의 생명을 취하여 이성적인 인성과 연합하고 거룩한 육체로 출생한 것이기에 한 위격(인격) 안에서의 두 본성의 연합을 주장하였습니다.[42] 이와는 달리 네스토리우스는 하나님의 초월성과 고난 불가능성을 말함과 동시에 예수의 완전한 인간성을 확보하고 보존하려고 하였습니다. 그리스도의 어머니 마리아에게서 출생한 분은 인간인 예수님이기에, 고난당하고 죽으신 분은 인간의 인성을 지닌 예수님이지 신성을 지닌 하나님이 아니라는 것입니다.[43]

그러나 성부 하나님이 성자의 가면으로 바꾸어 쓰시고 십자가에서 고난당하신 성부수난설적인 고난 가능성이 아니라 하나님은 자발적이고 열정적인 사랑 때문에 고난당하실 수도 있다는 것, 즉 하나님의 고난 가능성이 성서에 나타난 하나님의 속성이라고 칼 바르트와 위르겐 몰트만은 말합니다. **하나님께서 죄인들을 살리시고 그들과 교제하기 위해서 그들에게 임할 고난과 저주와 죽음을 자신의 것으로서, 즉 하나님의 신성 안으로 받아들이셨다는 것입니다.**[44]

그러므로 바르트가 말하는 하나님의 이중예정은, 그리스도 안에서 인간을 선택하고 인간을 대신하여 하나님 자신이 버림받는 하나님의 극단적인 사랑과 은총의 계시인 그리스도의 십자가 사건을 의미합니다. 하나님은 인간을 무조건적으로 유기하는 것이 아니라, 즉 인간을 버리는 대신에 그리스도 안에서 인간을 선택하고 하나님 자신을 버림으로 예수 그리스도가 "단 한분 버림받으신 분"이 되십니다. **성부 하나님이 참여하는 그리스도의 십자가의 고난사건은 인간을 정죄하고 버리는 것이 아니라, 극단적인 대리적 교환으로 버림받은 그리스도를 통하여 인간을 선택하고 사랑하겠다는 하나님의 자기계시입니다.**[45]

---

42) 위의 책, 435-436.
43) 위의 책, 432-433.
44) 김명용, 『칼 바르트의 신학』 (서울: 이레서원, 2007), 185.
45) 위의 책, 162-174.

이와 같이 고난당할 수 없다는 헬라철학적인 하나님의 신성을 전제로 삼는 것을 바꾸어 하나님의 신성은 고난당할 수도 있고 고난에 참여할 수도 있다고 말하면, 그리스도의 신성이 인성을 취하였다는 것을 강조하기 위하여 그리스도의 양성을 단성(신성)만으로 주장하거나(**한 인격 안에 하나님의 말씀이 성육신하여 그리스도의 신성과 인성이 연합한다는 "말씀-육신의 연합모델"**), 로고스인 그리스도의 초월성과 예수의 인간적인 본성 모두 다를 고수하려고 한 인격을 두 본성의 분리를 위하여 두 인격으로 분할하는(**인간 예수 안에 신적인 로고스가 내주하여 연결된다는 "말씀-인간의 내주 모델"**) 불필요한 논쟁은 사라지게 됩니다. 즉, 예수 그리스도의 통일된 한 인격 안에서 인성과 연합된 하나님의 신성도 고난을 받을 수 있다고 전제하면, 고통받을 수 없는 신성을 보존하려고 신성이 인성을 흡수했다고 말하여 인성을 약화시키거나, 무리하게 신성과 고난받는 인성의 분리를 주장하여 두 본성의 연합을 해칠 필요가 없습니다.

**하나님의 말씀의 성육신의 신비는, 하나님께서 예수 그리스도의 십자가의 고난 속에서 우리들이 당하는 모든 고통에 동참하셨다는 데 있습니다.** 마찬가지로 그것을 믿는 신앙 안에서 자신이 겪는 고난들을 통해서, 우리도 성자 예수 그리스도의 버림받은 십자가의 고난과, 아들을 버리고 그것을 지켜보았던 성부 하나님의 아픔과, 성자의 죽음 속에서 탄식하시는 성령의 근심과 슬픔에 참여하고 삼위일체 하나님의 고통을 더욱 깊이 이해할 수 있습니다. 하나님은 죄를 범한 인간이 당하는 고통과 무관한 분이 아니라, 자신의 자식을 내어주어 인간이 받아야 할 형벌을 대속하셨습니다. 그러한 대속적인 형벌의 고통을 통하여 사랑의 하나님은 우리와 화해하시려고 우리에게 구원의 복음을 주셨습니다.[46] 성육신하시어 십자가에서 죽으시고 부활하신 그리스도를 믿음으로 콘스탄티노플 신조의 마지막 신앙고백과 같이 **"우리는 죽은 자들의 부활과 장차 임할 세상에서의 영생을 바라봅니다."**

---

46) 김형근, 『상황과 신학: 절망 속의 희망』, 97.

그리고 죽음 그 자체를 영원한 생명으로 바꾸는 그리스도의 부활은, 불교에서 말하는 고통의 원인인 집착으로부터의 해방이 아닙니다. 즉, 그리스도론적인 관점에서 금강경의 "약견제상비상이면 즉견여래"(若見諸相非相 卽見如來: 만약 모든 상이 상아님을 본다면 이는 곧 여래를 보는 것이다)라는 도식은,47) 모든 상들을 바라봄에 있어서 머무름이 없는 마음을 내어 문제에 대한 인식론적인 전환이 일어남으로써 눈에 보이는 모든 상들에 집착하지 않게 되고 진여실상을 바라보는 인식으로 식전변(識轉變)이 일어났다 뿐이지, 죽음이 생명으로 바뀌는 영생부활이 아니며 죽음의 문제가 극복되지 않고 그대로 남아있기에 진정한 해결이라고 보기 어렵습니다. **그러나 그리스도의 부활은 문제 그 자체, 고통 그 자체, 죽음 그 자체를 다른 질적인 삶인 영원한 생명으로 바꾸는 하나님의 승리이자 그것을 믿는 우리의 승리입니다.** 그러므로 부활하신 예수 그리스도를 믿고 생사의 고통의 강을 이미 건너버려 부활의 소망 속에 사는 성도들에겐 이 세상의 아무것도, 즉 죽음도 문제가 되지 않습니다.48)

## 3.2 너무나도 큰 고통과 아픔을 동반한 하나님의 사랑

하나님과 동일한 본질이시지만 낮고 천한 모습으로 세상에 성육신하신 예수 그리스도를 통하여 우리의 죄를 용서하는 하나님의 은혜와 사랑은, **하나님의 지극한 고통과 아픔을 통하여 이루어졌습니다.** 즉, 죄인들을 미워하지 못하고 그들에 대한 진노를 거두어들이며 용서하고 사랑할 수밖에 없는 하나님의 고통과, 그런 지극한 고통의 사랑을 거부당한 사랑에 아파하며 참고 기다리는 하나님의 아픔과, 그 죄인들을 사랑하기에 그들을 구원하려고 자신의 사랑하는 아들이 십자가에서 죽어가는 것을 지켜볼 수밖에 없는 하나님의 고통과, 그리고 예수 그리스도 자신이 아버지 하나님의 뜻을 받들어 십자가에 죄

---

47) 『金剛經』, 제5 여리실견분, 김종오 주해, (서울: 정음사, 1982) 39.
48) 김형근, 『상황과 신학: 절망 속의 희망』, 98.

인들을 대신하여 죽을 수밖에 없는 고통을 통하여, 우리는 용서받고 구원받아 하나님의 자녀들이 되었습니다.49)

**이처럼 하나님은 자기 자신의 아픔으로써 우리 인간의 아픔을 해결하여 주시는 하나님이십니다. 예수 그리스도는 자기 자신의 상처로써 우리 인간의 상처를 치유하여 주는 구세주이십니다.**50) 마가복음 15장 34절에서 "나의 하나님 나의 하나님 어찌하여 나를 버리셨나이까"라고 부르짖으신 예수님은, 우리를 대신하여 하나님으로부터 버림받는 아픔을 통하여 죄로 상하여 하나님과 멀어진 우리의 마음을 치료하여 주십니다. 죄인들의 죄에 대한 하나님의 아픔의 승리는, 그런 아픔도 돌파해버리는 한결같은 하나님의 사랑, 곧 하나님의 아픔에 기초한 사랑입니다. 예레미야 31장 20절의 **"내 창자가 들끓으니"**라는 표현은, 인간을 향하여 아파하는 하나님의 연민의 마음을 강조합니다. 예레미야에게 나타난 하나님, 곧 복음에 등장하는 하나님은 단지 아들을 낳는 아버지로서의 하나님만이 아닙니다. **복음으로 죄인들을 구원하시는 하나님은, 아들을 죽게 하는 아버지로서의 하나님이시며 그리고 아들의 고통당하는 십자가를 바라보며 아파했던 하나님이십니다.**51)

그러므로 아버지는 너무나도 사랑하는 자신이 독생자를 죽음에 내어주셨습니다. 바로 이것이 하나님의 정의로 세상을 심판하는 것을 초월하여 넘어서는 하나님의 궁극적인 사랑의 행위입니다. **인간의 두려운 죄를 받아들여 그 책임을 홀로 짊어지시는 하나님은, 자신의 아들을 버려 함께 아파하면서, 십자가 위에서 자신의 극단적인 사랑과 자비를 나타내시는 하나님이십니다.** 예수 그리스도의 십자가의 고통을 통해서 나타난 하나님의 극단적인 사랑과 자비를 아는 자가, 하나님의 아픔 속에 함께 녹아들어, 그 아픔 속에서 고통으로 자신의 큰 사랑을 계시하시는 하나님과 하나가 됩니다(내가 하나님의 아픔 속에

---

49) 기타모리 가조, *Theology of the Pain of God*, 이원재 옮김, 『하나님의 아픔의 신학』 (서울: 새물결플러스, 2017), 178-179.
50) 위의 책, 33.
51) 위의 책, 89.

녹아들어 아픔에서 그와 하나가 된다).52) 이런 "하나님의 아픔은 자신을 신비주의적으로 우리와 하나로 결합시키지만, 그럼에도 불구하고 이 결합을 배반하여 깨뜨리는 우리의 죄를 최후까지 용서하고 감싸 안기 때문에 하나님의 아픔이다"라는 것입니다.53) 전적으로 타락한 인간을 너무나도 사랑하기에 대신 고통당할 수밖에 없는 하나님 안에 있는 자비로운 속성 속에서, 이유 없이 당하는 인간 고난의 문제도 그 답을 찾게 됩니다. **따라서 고통은 하나님의 외부에 있는 것이 아니라, 하나님의 내부에 존재하는 사랑의 속성입니다. 또한 우리가 애매히 당하는 고통도 나에게 없어야 할 것이 아니라, 하나님의 사랑 속에 살아가는 우리의 삶 속에 있어야 하는 것입니다. 죄인을 위해 대신 죽으신 하나님의 고통을 이제 나의 고통으로 받아들여야만 합니다.** 여기에 이유 없이 당하는 인간고난에 대한 해답이 있습니다.

왜냐하면 하나님은, 예수 그리스도의 십자가의 고난 속에서, 우리들이 당하는 모든 고통에 동참하셨기 때문입니다. 마찬가지로 그것을 믿는 신앙 안에서 우리도 자신이 겪는 고난을 통해서, 성자 예수 그리스도의 십자가의 고난과 그것을 지켜보았던 성부 하나님의 아픔과 성령의 탄식에 참여하고, 그 수난을 더욱 깊이 이해할 수 있습니다. **하나님은 죄를 범한 인간이 당하는 고통과 무관한 분이 아니라, 자신의 자식을 내어주어 인간이 받아야 할 형벌을 대속하셨습니다. 그러므로 하나님은 우리와 화해하시고 우리에게 구원의 복음을 주셨습니다.** 성도가 겪는 고난의 신비는, 바로 하나님의 아들 예수 그리스도의 십자가의 수난에서 풀리며, 그분이 입으신 부활의 영광으로 극복됩니다. 하나님은 죄로 물든 세상 속에 있는 죄인들을 사랑하기 때문에 대신 아파하시며 신음하십니다. 이것이 바로 삼위일체 하나님이 자청하신 열정적인 사랑의 고난입니다.

그러나 그 고난은 고난으로만 끝나지 않고, 바로 그 고통스럽고 연약한 십자가는 하나님의 전능성을 드러내며, 예수님의 위대한 부활

---

52) 위의 책, 141.
53) 위의 책, 155.

로 이어집니다. 즉, 하나님의 아파하시는 사랑 속에서 "일어나는 것은 죄인에 대한 하나님의 승리입니다. 하나님의 아픔의 승리는 이 아픔도 관통하는 한결같은 하나님의 사랑, 곧 하나님의 아픔에 기초한 사랑"이라는 것입니다.[54] **사망과 그것이 주는 절망의 권세를 이긴 예수님의 부활을 통하여, 모든 고통과 재난, 고난과 슬픔은 끝이 나는 것입니다. 여기에 고난당한 사랑의 승리가 있습니다. 생명의 부활은 모든 아픔, 모든 슬픔, 모든 눈물, 모든 고통, 모든 응어리진 가슴 속의 한을 날려버립니다. 생명의 부활은, 모든 문제 그 자체, 고통 그 자체, 죽음 그 자체를 다른 질적인 삶인 영원한 생명으로 바꾸는 하나님의 승리이자, 그것을 믿는 우리의 승리입니다. 그러므로 부활하신 예수 그리스도를 믿고, 생사의 고통의 강을 이미 건너버리고 부활의 소망 속에 사는 성도들에겐, 배반당한 사랑 때문에 가슴이 너무나도 아픈 상처나 이 세상의 아무것도, 즉 죽음조차도 문제가 되지 않습니다. 그러기에 나는 아무것도 아니지만, 부활하신 예수 그리스도 안에서 나의 존재 자체, 즉 나의 생명 그 자체가 축복이며 은혜이며 생사일체가 다 하나님의 은총입니다.** 따라서, 우리의 희망으로 오신 예수님이 주신 부활의 소망 속에서 사는 우리는, 어저께나 오늘이나 영원 무궁히 한결같은 주 예수께 찬양할 수 있습니다. 세상 지나고 변할지라도 영원하신 주 예수를 찬양할 수 있습니다.

    이제로부터 모든 성도들 위에 다음과 같은 바울의 축복이 있기를 축원합니다. 고린도후서 13장 13절에서, "**(우리를 구원하시기 위하여 하나님의 말씀으로서 인간으로 성육신하신 우리) 주 예수 그리스도의 은혜와, (사랑하는 아들 그리스도를 우리에게 보내주시고 십자가의 고난에 동참하신 아버지) 하나님의 사랑과 (예수 그리스도의 대속적 죽음을 바라보며 탄식하셨고 그분을 죽음으로부터 부활시킨) 성령의 교통하심이 너희 무리와 함께 있을지어다!**" 할렐루야! 아멘, 아멘, 아멘! 할렐루야!

---

54) 위의 책, 68-69.

# Ⅲ. 성 아우구스티누스 신학의 구원론

로마서 13장 13-14절: "낮에와 같이 단정히 행하고 방탕하거나 술 취하지 말며 음란하거나 호색하지 말며 다투거나 시기하지 말고, 오직 주 예수 그리스도로 옷 입고 정욕을 위하여 육신의 일을 도모하지 말라."

"(하나님) 당신은 우리 인간의 마음을 움직여 당신을 찬양하고 즐기게 하십니다(인간의 존재 목적). 당신은 우리를 당신을 향해서(ad te) 살도록 창조하셨으므로(본래적인 인간 실상) 우리 마음이 당신 안에서 쉴 때까지는(불안한 실존의 극복) 편안하지 않습니다(현재의 불안한 실존)."[55] (You formed us forward yourself and our hearts are restless until they find rest in you). 즉, 창조주 하나님인 영원하신 **당신으로부터(ab te) 떨어져 나오는 것**은 시간 속에서 타락한 인간의 불안한 실존으로서 영원하신 하나님 밖에서 참된 안식을 누리지 못하는 것이고, 창조주 하나님인 영원하신 **당신에게로(ad te) 돌아가는 것**이 하나님 안에서 영원한 안식을 누리는 구원입니다. 성도들이 영원하신 말씀으로서 시간 속에 **성육신하신 예수 그리스도(시간과 영원의 일치)를 믿는다는 것은**, 시간 속에 사는 성도들이 영원에 잇대어 사는 것이고, 즉 하나님의 영원한 현재 속에서 살아가는 것이며, 시간 속에 살지만 영원한 생명을 간직한 구원받은 삶이라는 것입니다.

---

55) 어거스틴, *Confessions*, 선한용 옮김, 『성 어거스틴의 고백록』 (서울: 대한기독교서회, 1990), 19.

# 1. 서론

　아우구스티누스(Augustinus: St. Augustine, 354~430)는 목사님들의 설교예화를 통하여 우리에게 잘 알려져 있는 돌아온 탕자입니다. 그것은 바로 그의 어머니 모니카(Monica)가 흘린 눈물의 기도는 자식을 망하게 하지 않는다는 것입니다. 그러나 아우구스티누스는 수사학 교수였고, 힙포(Hippo)의 감독이었으며, 고대를 마감하고 중세를 열었던 유명한 신학자였고, 노예의지와 은총론 그리고 이중예정론으로 마틴 루터(Martin Luther, 1483~1546)와 장 칼뱅((John Calvin, 1509~1564)과 같은 종교개혁자들에게도 지대한 신학적 영향을 끼친 하나님의 사람이었습니다. 조직신학자 폴 틸리히(Paul Tillich, 1886~1965)는, 아우구스티누스가 그 자신 이후에 천년을 넘어서 모든 시대에 영향을 끼친 사람이라고 평가하였습니다.[56] 그리고 과정철학자 알프레드 노스 화이트헤드(Alfred North Whitehead, 1861~1947)가 "서양철학사는 플라톤의 각주에 불과하다"라고 말했는데, 이에 상응하여 과정신학자 다니엘 윌리엄스(Daniel Day Williams, 1910~1973)는 **"서양신학사가 아우구스티누스에 대한 계속적인 각주에 불과하다"** 라고 보았습니다.[57] 또한 교부연구에 심혈을 기울인 교회사가 한스 폰 캄펜하우젠(Hans von Campenhausen, 1903 ~1989)은, 여러 교부들 가운데 오늘날에 이르기까지 엄청난 사상적 영향을 끼치고 있는 신학자는 오직 아우구스티누스 한 사람뿐일 것이라고 호평하였습니다. 캄펜하우젠에 따르면, 아우구스티누스의 저술들은 여러 부류의 사람들을 매혹시키면서 그들로 하여금 그의 신학과 인격에 다가서게 만든다는 것입니다. 그리고 아우구스티누스의 학문과 경건은 자신의 동시대와 그 자신 이후의 중세신학뿐만 아니라 그것을 넘어 지속적으로 지대한 영향력을 행사해왔습니다. 이런 점에서, 아우구스티누스는 오늘날의 말로 신학의 천재라 칭할 수 있

---

56) 위의 책, 역자서문 8.
57) 위의 책.

다는 것입니다.58) 교부철학이 중세철학에 영향을 주었다는 것은 중세에도 서양의 스승인 아우구스티누스가 살아있고 계속해서 작용을 하고 있다는 것을 의미합니다. 그리고 우리는 모든 시대의 그리스도교 철학의 기둥들 중의 하나인 아우구스티누스를 통하여 교부철학을 넘어 그리스도교의 철학 전체의 최고봉에 이르게 됩니다.59)

## 2. 아우구스티누스의 연표와60) 생애

아우구스티누스는 32세에 어머니가 서 있었던 교회의 품으로 돌아갈 때까지 참된 행복(『고백록』 10권 22장: "참다운 행복이란 당신 안에서, 당신을 향하여 그리고 당신 때문에 기뻐하는 것이옵니다.")을 주시는 창조주 하나님과 본래적인 자아인 영혼을 찾아서 쉼 없이 지적으로 방황하였습니다. 그의 주요관심사는 최고선이신 하나님과 지성을 지닌 영혼을 아는 것과 하나님의 조명을 통하여 자신의 내면으로 돌아가 내면 속의 진리(『고백록』 3권 6장: "나 자신의 깊은 내면보다 더 깊은 내면에 계시며 내가 도달할 수 있는 높이보다 더 높으신 하나님")를 인식하고 자신의 본성이 변화되어 자신을 넘어서는 것이었습니다.61) 그의 생애에 대한 자세한 기록은 그 자신의 작품인 『고백록』(*Confessions*)에 자세히 나오는데, 이는 그의 어린 시절부터 시작해서 그가 회심한 이후 387년에 고향 아프리카로 향하여 가던 도중에 돌아가신 어머니의 죽음 때까지의 삶을 보여줍니다. 아우구스티누스의 회심 이후부터 소천 할 때까지의 생애를 보여주는 다른 하나의 작품은, 나중에 감독이 된 그의 제자 포시디우스(Possidius)가 기록한 『아우구스티누스의 생애』(*Vita Augustini*)입니다.62)

---

58) 한스 큉, *The Great christian thinker*, 이양호·이명권 옮김, 『위대한 그리스도교 사상가들』 (서울: 크리스천헤럴드, 2006), 91.
59) 요한네스 힐쉬베르거, *Geschichte der Philosophie*, 강성위 옮김, 『서양철학사: 상권·고대와 중세』 (대구: 이문출판사, 1999), 438.
60) 어거스틴, 『성 어거스틴의 고백록』, 13-14; 한스 큉, 『위대한 그리스도교 사상가들』, 90.
61) 요한네스 힐쉬베르거, 『서양철학사』, 445, 462.
62) 선한용, 『시간과 영원: 성 어거스틴에 있어서』 (서울: 성광문화사, 1986), 부록: 어거스

아우구스티누스는 354년 11월 13일에 현재 알제리의 수크 아라스(Souk Ahras)에 해당하는 곳인 북아프리카의 타가스테(Thagaste)에서 태어났습니다. 그의 아버지 파트리키우스(Patricius)는 임종 전에 세례는 받았지만 정열적이고 세상의 욕심으로 가득 찬 지방 행정관이었고, **그의 어머니 모니카는 그리스도교의 신실한 신자로 자식을 신앙과 눈물의 기도로 양육하려고 부단히도 애썼던 현숙한 여인이었습니다.**63) 365-369년 사이에 소년 아우구스티누스는 고향에서 남쪽으로 32km 떨어진 마다우라(Madaura)에 가서 공부하였습니다. 369년에 그는 집안 형편으로 인해 학교에 가지 않고 집에서 쉬었습니다.

370-374년 어간에 아우구스티누스는 고향 마을의 갑부인 로마니아누스(Romanianus)의 후원으로 북아프리카의 황홀한 도시 카르타고(Carthago)로 유학 가서 수사학을 공부하였습니다. 이 시기에 그의 아버지가 별세하였습니다. 그는 **철학적인 지혜를 권면하고 찬양하는 키케로(Cicero)의 『호르텐시우스』(*Hortensius*)를 읽고 지혜를 사랑하는 열정으로 불타올랐습니다.** 하지만 그는 하나님의 선한 창조의 세계를 광명의 신과 흑암의 신이 투쟁하는 장소로 설명하는 철저한 이원론과 영적인 실재를 인정하지 않고 실체를 물질적인 것으로만 바라보는 유물론을 가르치는 마니교에 깊이 빠졌고, 하나님보다는 한 여인을 사랑하여 동거생활을 하게 되었으며, 372년경에 하나님이 주신 선물이란 뜻을 지닌 아들 아데오다투스(Adeodatus)를 얻었습니다. 그는 어머니가 바라는 교회의 정통적인 신앙을 떠나 지적으로, 종교적으로, 윤리적으로 방황하고 있었습니다.64)

**아우구스티누스는** 375년에 고향 타가스테로 돌아와 수사학을 가르치기 시작하였습니다. **이때 그의 어머니는 아들의 동거 중인 여자와 그가 추종하는 마니교 때문에 슬픔과 분노로 아들을 받아들일 수 없었지만, "자기가 서 있는 신앙의 자리에 자신의 아들도 서 있게 될 것이라"는 한 청년의 말과 "눈물의 자식은 망할 리가 없다"는 그 지**

---

틴의 생애 211-212.
63) 위의 책, 212-213.
64) 위의 책, 214-216.

**역의 감독의 말을 듣고 아우구스티누스를 받아들였습니다**. 그러나 그는 자신의 친한 친구 알리피우스(Alypius)가 죽자 너무 슬펐고, 수사학 교수로서 성공을 위하여 376년에 고향을 떠나 북아프리카의 제일 큰 도시 카르타고에 가서 수사학을 가르쳤습니다. 이 시기에 그는 점성술에 빠졌고 마니교에 회의를 느끼던 29세가 되어서야 점성술을 버리게 되었습니다.[65]

말을 잘 듣지 않는 카르타고의 학생들에게 싫증을 느끼고 로마제국의 수도에서 수사학 교수로서 성공하고 싶은 욕망 때문에, 아우구스티누스는 383년에 동행하려던 어머니를 버려두고 혼자 카르타고를 떠나 로마로 갔습니다. 그러나 로마에서 학생들에게 수업료 사기를 당한 아우구스티누스는 심각한 경제적인 피해를 입고 384년에 로마를 떠나 밀라노에 가서 수사학 교수로 일하였고, 여기서 명망이 있고 친절한 암브로시우스(Ambrosius, 339~397) 감독을 만났습니다. **암브로시우스 감독의 비유적인 성서해석(고후3:6절의 "문자는 죽이는 것이나 영은 살리는 것이다"를 따르는 해석)과 명설교(인간의 이성의 인식을 넘어선 신앙의 인식을 강조하는 "믿지 않으면 알지 못한다"는 입장)에 매료된 아우구스티누스는 점차 마니교로부터 벗어나 점점 더 어머니가 서 있는 그리스도교의 신앙으로 접근하게 되었습니다**. 385년에 그의 어머니 모니카가 밀라노에 오셨고, 어머니의 권유에 따라 그는 자신과 13년 이상 동거하고 아들을 낳아준 여인과 헤어졌습니다. 그리고 그는 결혼연령에 두 살 모자라는 한 처녀와 약혼하였지만 동거녀와 헤어지고 너무나도 큰 상처를 받았습니다. 그러나 육욕의 노예가 된 그는 정식결혼까지 기다리지 못하고 또 다른 한 여자와 성관계를 맺었습니다. 그리고 이 당시에 아우구스티누스는 점성술로부터 벗어났지만, 모든 실체를 물질적인 것으로만 생각하는 마니교의 견해 때문에 영적인 실재를 인정하지 못하고, 세속적인 명예와 돈과 여자에 집착하여 그리스도교 신앙을 받아들이지 못하고 있었습니다. **하지만 그는 신플라톤주의자 플로티누스(Plotinus, 204-270)의 일원**

---

[65] 위의 책, 216-219.

론적인 책 『엔네아데스』(*Enneads*)를 읽고 초월적인 하나님의 영적인 존재와 하나님의 말씀인 로고스를 인정하게 되었고, 마니교가 말하는 이 세계내의 그릇된 선악 이원론에서 벗어나 악은 선의 결핍(privatio boni)이라는 이해에 도달하였습니다. 즉, 모든 존재들은 그것들이 존재하는 한에 있어서 선한 것이지만, 존재의 질서를 왜곡할 때 악이 생긴다는 것입니다. 다시 말해서 인간 안에 있는 악한 의지도 선한 의지의 결핍이고 왜곡이며 하나님께로부터 분리되어 떨어져 나온 결과이기 때문에, 선함 그 자체이신 하나님으로 충만하면 악은 실체가 없기에 사라져버리고 마는 비존재(빛이 들어오면 실체가 없는 어두움이 물러가듯이)에 불과하다는 것입니다. 이리하여 그가 그리스도교 신앙을 받아들이는 데 있어서 철학적인 장애는 제거되었지만, 그러한 인식이 그의 윤리적인 장애와 고뇌를 해결하여 주지는 못하였습니다.[66] 여기서 우리는 다음과 같은 사도바울의 탄식을 듣게 됩니다. 로마서 7장 23-24절: "내 지체 속에서 한 다른 법이 내 마음의 법과 싸워 내 지체 속에 있는 죄의 법으로 나를 사로잡는 것을 보는도다. 오호라 나는 곤고한 사람이로다 이 사망의 몸에서 누가 나를 건져내랴."

습관의 폭력에 사로잡힌 포로가 되어 있던 아우구스티누스는, 암브로시우스 감독의 조력자 심플리키아누스(Simplicianus) 사제로부터 그와 비슷한 처지에 있다가 이미 회심한 빅토리누스(Victorinus)에 대해서 듣고 그의 마음이 동요하기 시작했고, 그리스도교의 신실한 신자이자 로마황제의 측근인 폰티키아누스(Ponticianus)로부터 은둔 수도자 성 안토니우스(Anthonius, 251~356)의 이야기를 듣고 자신도 그렇게 되고 싶다는 마음이 들었습니다. 그리하여 아우구스티누스는 자신의 제자 알리피우스에게 한탄조로 "교육받지 못한 자들도 하늘을 쟁취하는데 교육받은 우리는 뜻이 없어서 혈육의 흙탕물에서 뒹굴고 있구나!"[67] 라고 말하였습니다. 드디어 386년 늦은 여름에 아우

---

66) 위의 책, 219-229.
67) 위의 책, 229-231.

구스티누스는 밀라노의 자신의 집 정원에서 하나님께 눈물을 흘리며 참회의 기도를 드렸습니다. 『고백록』 8권 12장에 따르면, "**주여 언제까지입니까? 당신은 영원히 나에게 진노하시렵니까? 나의 이전의 죄를 기억치 마시옵소서! … 또 내일, 내일입니까? 왜 지금이 아닙니까? 왜 바로 이 시간에 내 불결이 끝나지 않습니까?**"[68] 바로 그때 이웃집에서 "들고 읽어라! 들고 읽어라!"(Tolle lege! Tolle lege!: Take read! Take read!)라는 어린이들의 노래 소리 같은 것이 그의 귀에 들려 왔습니다. 이를 하나님의 음성으로 여기고 조금 전에 읽던 성경책을 펼치니 로마서 13장 13-14절이 눈에 들어왔습니다. "**낮에와 같이 단정히 행하고 방탕하거나 술 취하지 말며 음란하거나 호색하지 말며 다투거나 시기하지 말고, 오직 주 예수 그리스도로 옷 입고 정욕을 위하여 육신의 일을 도모하지 말라**." 이제 32살의 아우구스티누스는 그리스도의 빛의 갑옷을 입음으로 마음에 어두움의 구름이 사라지고 환하게 빛나는 확실성의 빛이 그의 마음에 들어와 기쁨과 평안이 찾아왔습니다. 그리스도 안에서 그의 옛 자아가 죽고 그는 새사람, 즉 하나님의 아들, 그리스도의 제자, 성령의 사람이 된 것입니다. 그리고 바로 아우구스티누스가 어머니에게 이 기쁜 소식을 전하자, 그의 어머니는 자신이 바라거나 생각한 것 보다 더 크게 은혜를 베푸시는 하나님께 찬양을 드리며 기뻐 뛰었습니다.[69]

이미 그리스도인이 되었지만 찾아오지 않았던 성결을 이제 회심한 아우구스티누스는 얻었습니다. 회심한 이후에 그는 세속의 명예와 돈과 여자를 얻기 위하여 몰두하던 수사학 교수직을 버리기로 결심하였고, 하나님께서 자신의 주님 되심을 조용한 곳에서 깊이 묵상하기 위해 386년 10월 무렵에 밀라노의 동북쪽에 위치한 카시키아쿰(Cassiciacum)으로 이동하여 세례받을 준비를 하면서 책을 집필하였습니다. 그리고 그는 387년 3월경에 다시 밀라노로 돌아와서 그곳의 감독 암브로시우스로부터 4월 하순의 부활주일에 아들인 아데오다투

---

[68] 위의 책. 232.
[69] 위의 책.

스와 친구인 알리피우스와 함께 세례를 받았습니다. **세례를 받던 아우구스티누스는 너무 감격스러워 눈물을 비 오듯이 흘렸고, 세례 받은 후에 자신의 과거의 생활들로 인한 괴로움이 사라져버렸다고 고백하였습니다.**[70]

아우구스티누스는 387년 가을에 일행과 함께 북아프리카로 돌아가려고 로마의 항구 오스티아(Ostia)에서 배를 기다리면서 **어머니와 깊은 대화를 나누는 중에 과거와 미래를 초월하여 하나님의 영원한 현재를, 즉 미래에 있을 영생을 미리 맛보아 누리는 경험을 하였습니다.** 자신의 아들이 그리스도교의 신자가 되는 소원을 이룬 어머니는 이 세상에서 더 이상 누릴 낙도 할 일도 없다고 말한 뒤에 열병에 걸려 9일째 되던 날에 하나님의 품에 안겼습니다. 그래서 그는 고향으로 바로 돌아가지 못하고 로마로 가서 책을 쓰면서 1년 정도를 머물렀습니다. 그러고 나서 그는 388년에 고향 타가스테로 돌아가 물려받은 가산을 정리하여 가난한 사람들에게 나누어 주고, 살던 집은 리모델링하여 기도와 연구와 명상을 하며 자활적인 공동체 생활을 하는 수도원을 설립하고, 거기서 3년 정도의 유의미한 수도 생활을 하였는데 이때 아들 아데오다투스가 사망하였습니다.[71]

그 이후에 391년에 힙포의 교회를 방문하였다가 교인들에게 강제로 붙들린 아우구스티누스는, 힙포의 감독 발레리우스((Valerius)에 의하여 사제로 안수를 받았습니다. 그는 395년에 감독으로 성별되었고, **396년에 그 늙은 선배감독을 돕다가 그가 죽은 후에 힙포의 교구를 홀로 돌보게 되었습니다.**[72]

아우구스티누스는 힙포의 감독직을 수행하면서 397-400년 어간에 하나님을 찬양하고 사람들이 하나님을 향하여 나아가도록 권면하며 믿음의 내용을 밝히려고 자신의 과거의 죄를 폭로하는 고백록을 집필하였습니다. 그는 **403년-412년 어간에 인효론(人效論, ex opere operantis: by the work of the worker: "수행자의 행위에 따라**

---

[70] 위의 책, 233-234.
[71] 위의 책, 235-238.
[72] 위의 책, 239-243.

서"로 번역됨)을 주장하는 분리주의자들인 도나투스파와 논쟁을 벌이며 **사효론(ex opere operato: from the work worked: 이는 "수행된 행위에 의해서"로 번역됨)을 주장하며 교회론과 성례론을 수립하였습니다.** 인효론은 성례의 은총이 집전자의 성덕이나 의도에 영향을 받는다는 이론으로서, 즉 성례의 효력이 성례를 집전하는 사제의 영적 선함에 의존되어 있다는 것입니다. 그 반면에 사효론은 아우구스티누스 이후에 가톨릭교회가 성례전의 집행에서 정통으로 인정하는 용어로서, 즉 삼위일체 하나님의 이름으로 교회가 성례를 거행하면 집전하는 사제의 개인적인 성덕(聖德)에 관계없이 은총이 성사를 통해서 틀림없이 전해진다는 가르침입니다.[73]

410년에는 알라릭(Alaric) 장군이 이끄는 고트족의 침입으로 로마가 함락되었는데, 이방인들은 로마의 신들을 버리게 만든 그리스도교의 신앙 때문에 로마가 함락되었다고 비난하였습니다. **이런 불안한 현실을 바라보면서 아우구스티누스는 변증적인 입장에서 그리스도교의 역사철학을 제시한 책, 즉 시간과 역사 속에서 발생한 사건들을 영원의 차원에서 조명하고 해석하는 명저인 『하나님의 도성』(*De civitate Dei*)을 413-426년에 걸쳐 집필하였습니다.** 아우구스티누스는 412-421년 사이에 영국 출신의 수도사 펠라기우스(Pelagius, 대략 354-420)가 주장하는 인간의 자유의지와 노력에 반대하여 **타락한 인간의 원죄와 노예의지를 극복하는 하나님의 은총의 우위성을 강조하면서 펠라기우스와 논쟁을 벌였습니다.** 그 후 세월이 흘러 430년 8월 28일에 시간 속에 살던 아우구스티누스는 그의 어머니가 안긴 영원하신 하나님의 품에 안기었습니다.[74]

---

73) 위의 책, 244-249.
74) 위의 책, 255-265.

## 3. 『고백록』과 『하나님의 도성』에 나타난 아우구스티누스의 사상구조

그리스도교는 대칭적인 이원론을 가진 그리스와 로마의 전통을 받아들여 자신의 양분된 대칭구조의 요소들, 즉 하나님과 사람 그리고 창조주와 피조물의 갈등적인 대립을 역설적인 성육신론을 통하여 **해소시켰습니다.**[75] 즉, 예수 그리스도는 참 하나님인 동시에 참사람이라는 것입니다. 아우구스티누스가 빠졌던 마니교의 창시자로서 페르시아 왕족 출신인 마니는 이러한 신조를 받아들이지 못하고 또 다시 극단적인 이원론을 주장하였습니다. 즉, **마니는 영과 육에 대립적인 가치를 두고 영은 선하고 육은 악하다고 주장하면서 하나님의 선한 창조를 부인하였습니다.** 다시 말해서, **마니교는 선하신 하나님이 악한 물질세계를 만들었을 리가 없다고 말하면서 영이신 하나님과 물질세계를 극단적인 이원론으로 분리시켜 놓았습니다.** 그래서 마니교는 악한 음식을 섭취하여 악한 몸을 건강하게 하는 것을 죄악시하여 금식함으로써 영이 신령스럽게 된다고 믿었고, 자녀들을 낳음으로써 악을 증식하는 결혼을 금지시키고 독신생활을 하였습니다. 그리하여 마니교의 성직자는 일반적인 신자들보다 더 독신생활을 하고 철저한 금욕생활을 하였습니다. 마니교는 예수 그리스도의 성육신을 부정하였습니다. 즉, 마니교는 예수 그리스도의 영적인 신성만을 인정하여 그분의 인성을 부정하고 가현설을 주장하였습니다. **마니교의 가르침의 잘못은 영과 육을 철저히 구분하고, 거기에다 선과 악이라는 대칭적인 가치를 부여하며, 하나님의 선한 창조와 예수 그리스도의 성육신을 이원론적인 양극화의 구조로 몰아간 것이었습니다.**[76]

이러한 마니교의 극단적인 이원론으로부터 벗어난 아우구스티누스는 『고백록』의 구조를 발전시켜 『신의 도성』에서 자신의 역사철학을 전개하였습니다. 그의 『고백록』은 자신이 육적으로 태어나서 영적으

---
75) 한태동, 『사유의 흐름』 (서울: 연세대학교출판부, 2003), 6-7.
76) 위의 책, 119-121.

로 거듭나기까지의 과정을 고백한 것입니다.77) 『고백록』은 총13권으로 구성되어 있는 데, 이는 세 부분으로 나눌 수 있습니다. 『고백록』의 1부인 1-9권까지의 내용은 아우구스티누스 자신의 과거, 즉 출생부터 회심을 거쳐 어머니의 죽음까지를 기억하면서 지난 세월 동안 자신을 인도하여 주신 하나님의 섭리를 찬양합니다. 이 책의 2부인 10권은 아우구스티누스 자신이 고백록을 집필하던 그 당시에, 자신이 처한 영혼의 심층적인 모습을 취급하면서, 회심 이후에도 그에게 지속적으로 다가오는 유혹들도 언급하고 있습니다. 이 책의 3부인 11-13권은 시간론과 창조론을 말함으로써 영원하신 창조자의 섭리 속에 있는 시간적인 인간의 구원을 바라봅니다. 이 책의 마지막 부분에서 그는 미래에 체험할 인간의 안식을 영원하신 하나님께 기도함으로 끝마칩니다. **이러한 3부적인 구조는 이 책의 11권에 나타난 아우구스티누스의 시간에 대한 이해, 즉 시간은 물리적인 흐름의 시간이 아니라 심리적인 체험의 시간인 "영혼의 팽창"(distentio animae)으로부터 기인한 것입니다. 다시 말해서 체험적인 시간이해인 영혼의 팽창이란, 현재의 영혼에다 시간이해의 중심점을 놓고 과거는 과거에 대한 기억(memoria: 과거 일의 현재)으로, 현재는 직관(contuitus: 현재 일의 현재)으로, 미래는 미래에 대한 기대(expectatio: 미래 일의 현재)로 파악하는 것입니다.**78)

아우구스티누스는 **출생 시부터 이원적인 두 요소를 성격적으로 소유하게 되는데, 즉 경건하고 지혜로운 어머니(경건)와 세속적인 야욕으로 가득 찬 아버지(세속)의 기질들의 대칭구조가 그의 생애 속에서 서로 대립하다가 지양됩니다**. 소년시절에는 어머니의 지혜를 이어받아 라틴문학에는 능통했지만(**총명**) 하나님의 말씀인 신약성경의 언어인 그리스어에는 호감을 느끼지 못하였습니다. 조금 더 성장해서 그는 자신이 먹지도 않을 덜 익은 배를 따서 동물들에게 던져버린 행동(**죄1**)은 자신의 내면에 깊이 내재된 원죄의 영향으로 저지른 죄

---

77) 위의 책, 122.
78) 선한용, 『시간과 영원』, 10-11, 403-404.

라고 고백하였습니다. 그는 카르타고에 가서 학업 성적이 우수하여 타인들에게 인정받는 학생(**지혜**)이 되지만 동거녀와 아이를 낳고 향락(**죄2**)에 빠져버립니다. 마침내 학문적으로 인정을 받아 수사학 교수(**명교수**)가 되지만 이원론적인 마니교(**죄3**)에 깊이 빠지게 됩니다. 그는 마니교의 선악 이원론과 자신의 내면과 행동에서 선악의 이분화 속에서 갈등하다가 신플라톤주의를 통하여 마니교의 선악 이원론을 극복하고 영적인 실재를 인정하게 되며(**일원론적인 신플라톤주의**), 성인들(**빅토리누스와 안토니우스**)의 변화된 행위에 자극을 받아 자신의 내면적인 갈등을 해결하려고 애쓰다가 깊이 통회 자복하는 중에 로마서 13장을 읽고 옛사람을 벗어버리고 새사람을 입게 되었습니다(**그리스도의 구원을 통한 양극적인 대립의 지양**). **즉 아우구스티누스의 생애의 시간적인 흐름 속에서 모친으로부터 물려받은 경건과 부친으로부터 전해진 세속적 욕망들(돈, 명예, 절제가 없는 성욕)이 발전되어 양극화의 절정을 이루다가 그리스도를 믿음으로 회개하여 세례를 받고 구원받아 영원과 시간의 일치인 성육신하신 그리스도 안에서 이분화 된 그 대립구조가 해소됩니다.**[79]

 그리스도교를 국교로 삼은 로마제국의 멸망으로 인하여 그리스도인들이 낙담하고 그리스도에 대한 그들의 신앙마저도 붕괴해 가는 것을 바라보던 아우구스티누스는, 자신의 친구 플라비우스 마르켈누스의 부탁으로 **변증적인 의도를 가지고 『하나님의 도성』을 집필하였습니다.** 이 책은 총 22권으로 구성되어 있는데, 1부 10권과 2부 12권입니다. 그는 1부의 전반부 5권에서, 이교도들이 숭배하고 있는 이방신들을 예배함으로써만 인간적인 상호관계와 지상의 번영을 누리고, 이방신들에 대한 예배를 방해하면 이 세상에서 엄청난 불행을 겪게 된다고 주장하는 자들을 반박합니다. 그는 1부의 후반부 5권에서, 이 세상에서 전쟁과 같은 재난들은 불가피한 것이므로 다양한 이방신들에게 제사로 드리는 예배가 예배자의 사후의 행복을 위해서 수용할 가치가 있다고 하는 자들을 논박합니다. 긍정적으로 그리스도교 역사

---

79) 한태동, 『사유의 흐름』, 122-124.

철학을 보여주는 2부의 전반부 4권은, 세계창조와 두 종류의 사랑(**자기를 모욕하는 하나님에 대한 하늘의 사랑과 하나님을 모욕하는 지상적인 자기사랑**)이 이루는 하나님의 도성과 지상의 도성(**영원과 시간**)의 근원(**아벨과 카인**)과의 대립을 다룹니다. 중반부 4권은 과거의 역사에 있어서 대립하는 그 두 도성의 역사적 과정(**선민과 이방인**)을 설명합니다. 후반부의 4권은 그 두 도성의 궁극적인 종말을 논하는데, 그리스도의 성육신으로 탄생한 **교회와 로마가** 대립하다가 두 나라가 수렴되는 신성로마제국과 이 세계의 역사에서 두 도성이 모호하게 섞여 있으나 종말에 두 도성이 분명하게 구별되는(**영생의 축복과 영벌**) 예수 그리스도의 종말론적인 재림을 통하여 **하나님 안에서 누리는 영원한 안식**(안식하며 바라보고, 바라보며 사랑하고, 사랑하며 찬양하는 안식)을 말하며 결론을 내립니다. 아우구스티누스는 두 도성들 중에 중요하고 선한 것은 하나님의 나라임을 강조하고, 결국 하나님의 나라가 최종적으로 승리한다고 믿습니다.[80]

이미 살펴본 바와 같이 아우구스티누스는 자신의 인생행로를 다룬 『고백록』에서 모친의 경건과 부친의 세속이 그의 생애 속에서 극단적으로 대립하다가 그리스도를 통한 그리스도 안에서의 구원으로 그 대립이 해소됩니다. 이와 마찬가지로 세계의 역사적 행로를 취급한 『하나님의 도성』에서도 서로 상반되는 영원과 시간이라는 개념들을 하나님(**영원**)의 창조(**시간의 시작**)라는 개념으로 묶어 역사의 시작점으로 삼았습니다. 하나님이 창조한 첫 사람 아담과 하와의 타락이후에 그들의 아들들인 아벨과 카인이 선악의 두 흐름으로 나누어져 아벨은 선민의 조상으로 카인은 이방인의 조상으로 서로 대립하게 되었습니다. 이후에 역사는 그리스도의 성육신(**시간과 영원의 일치**)으로 탄생한 **교회와 로마로** 대립을 지속하였다가 신성로마제국으로 하나가 되어 그 대립이 지양되어 그리스도의 종말론적인 재림(**시간의 끝**)을 기다리게 된다는 것입니다. **영원하신 하나님의 섭리로 인도되는 시간**

---

80) 어거스틴, *The City of God*, 정성숙 옮김, 『하나님의 都城』 (서울: 정음출판사, 1983), 옮긴이의 말 3-4; 선한용, 『시간과 영원』, 261-262.

의 역사는 창조에서 시작하여 타락으로 떨어지고 다시 그리스도를 통하여 그리스도 안에서 구원받아 장차 다시 오실 그리스도(영원)를 향하여 진행되어 나아가 결국엔 회복될 것입니다.[81]

## 4. 도나투스파와의 논쟁

도나투스파의 발단은 디오클레티안(Diocletian) 황제가 일으킨 박해시기인 303-305년까지 거슬러 올라갑니다. 이 황제는 그리스도인들에게 칙령을 내렸는데, 그것은 바로 제국의 관리들에게 성경을 자진해서 반납하라는 것이었습니다. 이러한 칙령이 그리스도의 교회에 내려지자 세 가지 부류의 행태들이 나타났는데, 첫째 부류의 교회지도자들은 박해를 피해 도피하였고, 둘째 부류는 신앙을 지키기 위해 저항하다가 투옥되거나 심지어 순교까지 각오하였지만, **셋째 부류는 제국과의 마찰을 피하고 현실과 타협하면서 교회와 목숨을 지키고자 성경을 건네준 자들(traditores)이었습니다**. 박해가 끝나자 도나투스파는 기존의 가톨릭교회로부터 이탈하여 자신들의 교회를 따로 분리하였고, 성경을 건네준 배교자들은 감독의 자격이 없으며 그들이 안수한 사제서품과 세례의 효용성이 **무효하다고 주장하며 다시 세례를 베풀었습니다**. 콘스탄틴과 그 이후의 황제들도 분리주의자들인 도나투스파를 엄금하였지만, 특히 이들은 아우구스티누스 당대의 북아프리카에서 극성을 부리다가 6세기까지 존속하였습니다.[82]

이러한 도나투스파의 지도자였던 카르타고의 감독 도나투스(Donatus. 313년에 감독으로 임명됨)와 그의 사상을 추종하는 무리들(도나티스트: Donatist)은 교회의 거룩함을 성직자의 인격적인 거룩함에다 두었습니다. 즉, 성례전을 집전하는 사제의 주관적인 인격적 거룩성이 성례전의 객관적인 거룩성을 대신한다는 것입니다. **도나**

---

81) 한태동, 『사유의 흐름』, 124-125.
82) 후스토 L. 곤잘레스, *The history of Christian thought*, 이형기·차종순 역 『기독교사상사(Ⅱ): 중세편』 (서울: 대한예수교장로회출판국, 1988), 39-40.

투스파는 박해 중에 성서를 넘겨준다거나 그리스도인임을 부정했던 배교자들에 의해서 집전된 고해성사와 세례와 사제서품이 타당하지 않다고 주장하였습니다. 이처럼 도나투스파가 교회를 대표하는 사제의 주관적인 거룩성(인효론)을 요구하는 것에 반대하면서, 아우구스티누스는 성례전이 지니고 있는 내용 그 자체의 효과를 말하는 교회의 객관적인 거룩성(사효론)을 주장하면서 그들을 반박하였습니다.[83]

교회의 예배에서 성례전을 집전하는 사제의 거룩한 인격으로부터 그 효과가 있다고 주장하던 도나투스파는, **자신들이 섬기는 교회만이 배교하지 않은 순수하고 거룩한 교회이며 그리고 세례의 정당성은 세례를 집전하는 성직자의 인격에 좌우된다고 주장하였습니다.** 도나투스파는 테러단체인 키루쿰켈리온(Circumcellion)의 조직원들을 내세워 **가톨릭교회를 습격하고 재산을 약탈하며 사제들에게 해악을 가하였습니다.** 심지어 그들은 초를 사제들의 눈에 뿌리고 그들을 살해하기도 하였습니다. 어느 곳에 설교하러 가던 아우구스티누스 자신도 미리 길에 매복한 그들로부터 테러의 위협을 당할 수도 있었지만, 그를 인도하던 안내자가 길을 잃어 위기에서 벗어나기도 했습니다.[84]

도나투스파의 견해들을 비판하며 **아우구스티누스가 주장한 교회의 본질은, 교회는 하나의 거룩한 가톨릭(보편적) 교회라는 것입니다. 첫째로,** 아우구스티누스는 사랑에 근거한 교회의 하나 됨을 해쳐 분열하는 도나투스파가 성서를 바치는 배교의 행위보다 더 악하고, 그들의 행위가 통옷으로 된 예수님의 옷을 조각조각 찢는 것과 같은 것이라고 비판하였습니다. 그리고 그는 교회의 거룩함이 교인들 자신들의 행위에 있다고 보는 도나투스파에 반대하여 교회의 거룩함은 그리스도의 거룩함에 있고, 교회 안에는 알곡과 가라지가 함께 공존하며, 그 구별은 이 세상에서 인간의 판단에 따르기보다는 하나님의 예정에 따라 종말에 하나님이 구원받을 자들을 구별하신다고 주장하였습니

---

83) I. C. 헤넬 엮음, *Vorlesungen über die Geschichte des christlichen Denkens-Urchristentum bis Nachreformantion*, 송기득 옮김, 『폴 틸리히의 그리스도교 사상사』 (서울: 한국신학연구소, 1983), 179-180.
84) 선한용, 『시간과 영원』, 245-246.

다. 그리고 아우구스티누스는 교회 내의 악한 현상을 방치하거나 교회의 분열로 대처하지 말고, 그것을 교정하고 개혁해나가는 성화의 과정이 필요하다고 역설하였습니다. 또한 도나투스파는 박해 당시에 배교하지 않고 교회의 순수함과 거룩함을 유지하였기 때문에, 자신들만이 진정한 가톨릭교회라고 주장하였습니다. **그러나 아우구스티누스는 북아프리카의 부분적인 도나투스파 교회들보다, 오히려 진리를 가르치는 전 세계에 퍼져있는 교회가 가톨릭교회라고 반박하였습니다.**

**둘째로, 교회와 성례에 대하여**, 아우구스티누스는 세례의 정당성(validity)과 효과성(effectiveness)을 구분하면서, **그것의 정당성이 세례를 집전한 사제의 인격에 달려 있지 않고, 인간의 자격으로 더럽혀질 수 없는 그리스도의 거룩함에 의하여 좌우된다고 말하였습니다.** 그러므로 그는 그리스도의 이름으로 베풀어진 세례는 객관적인 정당성을 확보하기 때문에, 도나투스파가 베푼 세례의 효과도 인정하면서 그것은 사랑 안에서 기존의 가톨릭교회와 연합할 때만 나타난다고 주장하였습니다.[85]

**셋째로, 교회와 국가와의 관계에 대하여**, 아우구스티누스는 **설득당하지 않고 교회의 분열을 획책하며 날뛰는 도나투스파를 국가가 무력을 사용해서라도 제압해야 한다고** 주장하였습니다. 결국 로마항제는 412년에 도나투스파를 금지하는 칙령을 내려 그들을 이단으로 몰아갔고, 이러한 상황에 더하여 이민족의 침입까지 일어나자 아우구스티누스는 정당한 목적과 평화를 유지하기 위해서 살인 과정에도 사랑의 동기가 내재한다면 합법적인 당국이 정당한 전쟁(bellum iustum)을 수행할 수도 있다는 가능성을 인정하게 되었습니다.[86]

이것에 대한 신학적 기초는, 신이 통치하는 나라라는 중세의 이상을 예시했던 『하나님의 도성』에서 교회와 국가의 관계에 대해서도 논하면서 마련됩니다. 이 책에서 아우구스티누스는 교회 안에 있다고 다 구원받는 것은 아니지만, 하나님이 구원하시기로 선택한 선민은

---

85) 위의 책, 247-248.
86) 후스토 L. 곤잘레스, 『기독교사상사(Ⅱ): 중세편』, 41-42.

교회 안에만 있다고 말합니다. 그러므로 그 당시의 교회도 그리스도의 왕국이고 하늘의 왕국이기에 그 당시의 가시적이고 성직제도로 조직된 가톨릭교회가 바로 하나님의 도성이며, 그 교회가 점진적으로 세상을 통치해야 한다고 생각했습니다. 이러한 신정국가의 이상을 실현하기 위하여 아우구스티누스는 그리스도교 국가가 교회에 긴밀하게 협력해야 한다고 말했습니다. 즉, 그리스도교 국가는 평화를 유지하고 시민들에게 경건한 아버지로서의 역할을 감당하기 위해서 존재한다는 것입니다. 그러므로 그리스도교 국가는 하나님에 대한 예배를 권장해야만 하고, 교회와 이상적인 국가 사이에는 상호 의존하고 책임지는 관계가 있어야만 한다는 것입니다.[87]

이처럼 아우구스티누스를 통하여 교회는 지식인들을 설득하고 권력자들에게 영향을 끼칠 수 있는 지도자 역할을 수행하게 되었습니다. **아우구스티누스는 보편적 교회를 아프리카의 지역교회에만 국한시키려고 하였던 도나투스파에 대항하여, 세계교회라는 개념으로 서방의 교회론을 정립시키는데 공헌하였습니다.** 즉, 아우구스티누스는 그리스도의 몸으로서의 교회와 어머니로서의 교회 그리고 신의 도성으로서의 교회를 말하면서 교회의 일치성과 보편성을 강조하였습니다.[88]

## 5. 펠라기우스와의 논쟁

아우구스티누스가 치른 여러 논쟁들 중에서 가장 유명한 것이 펠라기우스와 벌인 논쟁입니다. 아우구스티누스의 죄와 은총과 예정에 대한 교리는 이 논쟁을 통하여 보다 더 분명한 표현으로 그 모습을 드러냅니다. **펠라기우스는 영국태생의 수도사로서 명성과 학식이 높았고 금욕적 생활태도와 도덕적 엄격성 때문에 존경을 받았던 사람인**

---

[87] 윌리스턴 워커, *A history of the Christian church*, 강근환·민경배·박대인·이영헌 편역, 『세계기독교회사』 (서울: 대한기독교서회, 1975), 131.
[88] 정홍열, "아우구스티누스의 교회론," 한국조직신학회 엮음, 『교회론』 (서울: 대한기독교서회, 2009), 61.

데, 400년경에 고령의 나이로 로마에 정착하였습니다. 그리고 405년에 펠라기우스는 아우구스티누스의 『고백록』을 입수하여 읽고 나서, 아우구스티누스가 다음과 같은 내용으로 인간의 참여적인 노력을 배제하고 모든 것을 하나님의 은총에 내어맡기는데 대하여 격분했습니다.[89] 즉, 아우구스티누스는 고백록 10권 29장에서 우리의 소망은 하나님의 자비라고 다음과 같이 말합니다.

"나의 모든 희망은 오로지 당신의 크신 자비에만 있나이다. **당신이 명하시는 것을 행할 수 있도록 해주시고 당신이 원하시는 것을 명하소서**. 당신은 우리를 명하여 절제하라고 요구하십니다. 하나님이 주시지 않으면 아무도 절제할 수 없다는 것을 내가 알게 되었을 때 '그것이 누구의 은혜인지 알게 된 것도 지혜이다'라는 말을 나는 들은 적이 있습니다(지혜서8:21). **바로 이 절제로 인하여 분산된 우리 자신들이 거두어 모아져서 본래의 하나로 돌아오게 되는 것입니다**. 누가 세상의 것들을 사랑하되 당신을 위한 수단으로 사랑하지 않고 당신과 동등하게 사랑을 하면 당신을 덜 사랑하는 자가 됩니다(**어긋난 사랑의 질서**). 오, 항상 타오르고 계시며 결코 꺼지지 않는 사랑이여, 나의 사랑, 나의 하나님이여, 간구하오니 당신이 사랑으로 나를 불태워 주소서. **당신은 나에게 절제하라 명하십니다. 당신이 명하시는 것을 행할 수 있도록 해주시고 당신이 원하시는 것을 명하소서(펠라기우스를 격분시킨 구절)**."[90]

이와는 달리 펠라기우스는 인간의 자유의지와 노력을 강조하였습니다. "내가 해야만 한다면 나는 할 수 있다"라는 펠라기우스의 말은 당시 유행하던 스토아철학(apatheia: 아파테이아: 정념이나 외계의 자극에 흔들리지 않는 초연한 마음의 경지인 부동심을 인간생활의 이상으로 삼음)의 윤리적인 입장을 잘 대변합니다. 펠라기우스는 아담

---

[89] 후스토 L. 곤잘레스, 『기독교사상사(Ⅱ): 중세편』, 43.
[90] 어거스틴, 『성 어거스틴의 고백록』, 347.

으로부터 유래한 원죄를 부정하였고, 모든 인간은 선천적으로 자신의 내면에 죄를 짓지 않을 능력(본래적 은총: 창조의 은총: 자연적 은총)을 가지고 있다고 주장하였습니다. 이러한 은총의 개념과 더불어 펠라기우스는 **계시의 은총(가르침의 은총)**을 주장하였는데, 이는 인간들의 나아갈 길을 보여주는 은총이라는 것입니다. 펠라기우스는 스토아 철학이 인정하는 바와 같이 인간의 대다수가 나쁘고, 또한 아담이 나쁜 모범을 보여 사람들이 그것을 따르게 되었다고 말합니다. 그러므로 나쁜 길로 들어선 인간 모두를 바로잡을 필요가 있는데, 이는 그리스도의 사역에 힘입고 세례를 통하여 오직 믿음으로써만 의롭다고 인정받아 가능하게 된다고 하였습니다. **문제는 펠라기우스가 성도들이 세례를 받은 후에 하나님의 율법을 지킬 수 있는 완전한 능력과 의무를 가진다고 주장한 것입니다.** 펠라기우스가 하나님의 은총을 부인한 것이 아니라 아우구스티누스와 은총에 대한 견해가 달랐습니다. **펠라기우스는 하나님의 은총을 세례와 하나님의 가르침을 통하여 일어나는 죄의 속량으로 생각하였고(용서의 은총: 죄 사면의 은총) 아우구스티누스는 하나님의 은총의 핵심적인 역할을 영혼 속에 사랑의 주입을 통한 인간의 의지의 점진적인 변화라고 보았습니다.** 그 결과 418년에 거행되었던 카르타고 공의회와 431년에 열린 에베소 공의회에서 펠라기우스의 교리는 이단으로 정죄되었습니다. **펠라기우스는 그리스도가 단지 도덕적 모범을 보여준 분으로서 성도들은 그분을 따라 살아갈 수 있기 때문에 그렇게 살아야만 할 의무를 강조하였습니다.**[91]

아우구스티누스는 인간의 자유의지를 인정하면서도 하나님의 뜻을 따르고자 하는 의지의 변화와 그 의지에 따라 행동할 수 있는 능력을 주시는 하나님의 은총의 절대성을 주장하였고, 이와는 달리 **펠라기우스는 하나님의 절대적인 은총이 인간의 본성적인 의지와 책임을 약화시킨다고 보아 이를 부정하였습니다.**[92] 아우구스티누스는 세상에

---

91) 윌리스턴 워커, 『세계기독교회사』, 132.
92) 후스토 L. 곤잘레스, 『기독교사상사(Ⅱ): 중세편』, 45.

앞서 존재하시는 그리스도의 신성과 세상 안에 존재하시는 그리스도의 인성 모두를 강조하였는데, 이로써 **그리스도는 하나님과 인간 사이에 서 계신 오직 하나인 중보자**라는 것입니다. **아담이 범한 죄는 오직 예수 그리스도의 십자가의 죽음을 통하여서만 용서될 수 있고 도말된다**는 것입니다. 아우구스티누스에 따르면, 자유의지를 가진 인간은 하나님에 의하여 선하게 창조되었으며 하나님과 교제하며 죄를 짓지 않고 살아갈 수 있었습니다. 그러나 인간이 교만으로 타락하여 죄를 짓고 선을 상실하자 하나님의 은총은 회수되었고, 인간의 영혼은 하나님과의 교제가 끊어지고 영적인 죽음을 맞이하게 되었습니다. 이러한 죄의 결과는 모든 인류에게 미치게 되었습니다. **우리 모두는 아담 안에서 죄에 빠졌기 때문에, 하나님의 은총을 전혀 받을 가치가 없는 죄인들이지만 오직 예수 그리스도의 은총으로써만 값없이 구원을 받을 수가 있습니다.** 즉, **죄인들의 구원은 예수 그리스도의 은총을 통하여 주어지는 하나님의 선물(은총)이라는 것입니다.** 이에 대하여 에베소서 2장 8절은 "너희는 그 은혜에 의하여 믿음으로 말미암아 구원을 받았으니 이것은 너희에게서 난 것이 아니요 하나님의 선물이라."고 증언합니다. **이러한 은총은 하나님의 예정에 의하여 구원을 주시기로 선택받은 자들에게만 주어지는 것입니다. 이러한 구원의 은총은 성도의 영혼 속에 하나님을 믿는 신앙이 스며들게 만들고, 성도들이 세례 받음으로써 원죄와 자범죄를 용서받을 수 있게 만듭니다. 더 나아가 성령에 의한 사랑의 주입도 은총이고, 구원의 은총은 죄의 습관에 속박된 노예의지를 해방시켜 하나님이 기뻐하시고 원하시는 행위들을 선택하게 만듭니다. 하나님은 예수 그리스도를 통하여 구원의 은총을 죄인들에게 보여주심으로써 그들이 무엇을 해야 할 것인가를 알게 하실 뿐만이 아니라, 심지어 그들에게 능력을 주심으로써 그들이 알고 있는 것을 사랑으로 행할 수 있게 하십니다.**[93]

다시 말해서 인간의 이성은 영원한 진리인 하나님을 인식할 수 있는 능력이 없지만, 하나님은 인간의 이성을 조명하시어 정상적인

---

93) 윌리스턴 워커, 『세계기독교회사』, 129-130.

기능을 발휘하게 하시고, 인간의 이성 안에 하나님에 대한 지식(지성이신 하나님 안에 영원히 존재하는 인식)을 부어주시기 때문에 인간의 이성이 하나님을 인식할 수 있다는 것입니다.[94] **하나님에 대한 자연이성의 인식이 어두워져 모든 자연인들은 다 죄 아래 있다고 선언하며, 그들이 그리스도 예수 안에 있는 속량으로 말미암아 하나님의 은혜로 값없이 의롭다 하심을 얻은 자 되었다고 증언하는 바울신학(로마서 1:20-23, 3:9-18)에 바탕을 둔 아우구스티누스의 구원론은, 자기 자신을 마음대로 제어할 수 없었던 죄의 상태에서 벗어나게 만든 하나님의 은총을 체험한 독특한 경험(신비주의적 경건)을 기초로 하여, 원죄로 인해 전적으로 타락한 죄인들에게 하나님이 부어주시는 은혜의 절대성과 그 은혜를 선물로 주어 구원을 주시기로 작정한 하나님의 예정을 찬양하고 드높이는 특징을 지니고 있습니다.** 이는 후대에 개혁교회의 아버지 장 칼뱅에게로 이어져 인간의 전적타락과 그 인간을 구원하시는 사랑의 하나님의 절대주권과 이중예정론(무조건적인 선택과 제한구속)으로 재현됩니다.[95]

아우구스티누스의 구원론을 정리하면, 그에게 있어서 하나님이 예수 그리스도를 믿는 믿음을 보시고 성도를 의롭다고 인정하는 "칭의"는, **사랑의 질서가 바로 잡혀** 하나님이 아닌 모든 피조물들보다 창조주 하나님을 최우선으로 사랑하게 되는 것을 의미합니다. **하나님이 아담에게 주신 자유의지는 타락하여 반복적으로 죄를 지을 자유만 가지고 있기 때문에, 오직 예수 그리스도를 통하여 그리스도 안에 나타난 하나님의 사랑으로 가득 찬 은혜만이 인간을 구원할 수 있다는 것입니다. 타락한 아담으로부터 유전되는 원죄는 유아세례와 세례를 통해서 씻어지고, 세례 받음으로써 주어진 은혜를 통하여 사랑이 영혼 속에 주입되며, 그 결과 새로운 의지인 사랑이 생겨나 죄의 유혹과 싸워 이기고 하나님을 사랑하며 그분의 명령을 순종하고 이웃을 사랑할 수 있게 된다는 것입니다.** 그리고 하나님의 은혜의 선물인 예

---

94) 후스토 L. 곤잘레스, 『기독교사상사(Ⅱ): 중세편』, 51.
95) 정홍열, "아우구스티누스의 신론," 한국조직신학회 엮음, 『신론』 (서울: 대한기독교서회, 2012), 59.

수 그리스도를 믿는 믿음은, 해야 할 일을 알게 하고 깨달은 것을 실천하게 만들며, 사랑해야 할 일을 믿게 하며 믿은 것을 사랑하게 만든다는 것입니다. **교회의 구성원들 중에서 하나님이 구원하시려고 선택(예정)한 사람들을 특별히 부르신 이유는, 그들이 믿었기 때문이 아니라 그들을 믿게 하시려고, 그들이 의인이 될 것이라서가 아니라 그들을 의인으로 만드시려고, 그들이 성결하게 될 것이라서가 아니라 그들을 성결하게 변화시키시려고 선택하신 것입니다.**[96]

아우구스티누스에게 있어서 **존재의 계층질서는 사랑의 올바른 질서를 결정합니다**(최고선이신 하나님→영혼→육체→동물, 식물, 광물). 즉, **하나님이 그리스도를 통하여 죄인들을 성스럽게 사랑하시듯이, 인간이 탐욕과 자기사랑의 수단으로서가 아니라 하나님과 이웃을 목적으로서 향유하는 것이 인간의 참된 행복(구원)이라는 것입니다.** 사랑의 질서를 찾아 움직이는 영혼을 적절하게 표현한 것으로서, "**나의 사랑은 나의 무게,**" 즉 제 자리(최고선이신 하나님 안에 있는 안식: 구원)를 찾아 움직이는 나의 무게라는 아우구스티누스의 유명한 말이 있습니다.

"모든 것은 제 무게로 인해 제 자리를 찾아 움직입니다. 그것들이 제자리를 벗어나면 불안정해지고 제자리에 다시 돌아가면 안식하게 됩니다. **나에게 있어서도 나의 사랑이란 나의 무게입니다. 내가 어떤 방향으로 움직이든지 간에 나는 사랑이 이끄는 대로 움직이게 됩니다. 우리의 사랑은 당신의 선물인 성령으로 인하여 불붙어 위로 오르게 됩니다. 우리의 마음은 그 불에 타며 앞으로 나아갑니다.** 우리는 우리 마음에 있는 당신의 길을 오르면서 즐거운 노래를 부릅니다. 우리의 마음이 당신의 불, 그 좋은 불에 타며 앞으로 나아감은 우리가 예루살렘의 평안을 향해서 위로 오르기 때문입니다."[97]

---

[96] 정홍열, "아우구스티누스의 구원론," 한국조직신학회 엮음, 『구원론』 (서울: 대한기독교서회, 2015), 45-66.
[97] 어거스틴, 『성 어거스틴의 고백록』, 480-481.

이는, 하나님의 사랑과 은총에 의하여 피조물이고 죄인인 인간이 하나님을 인식하고 소유하며 사랑하게 된다는 것입니다.

## 6. 시간과 영원

아우구스티누스가 시간에 대해서 논한 이유는, 영원과 시간의 중재자이신 예수 그리스도의 성육신을 통하여 무상한 시간 속에서 무로 돌아가는 인간을 구원하시려는 영원하신 하나님의 사랑과 은혜를 말하기 위함이었습니다. 그는 "시간이란 있으면서도 항상 있지 아니한 것," 즉 "시간이란 항상 지나가는 것으로서만 존재한다."고 생각하였습니다.[98] 그는 자신의 『고백록』 11권 11장에서 영원과 시간은 질적으로 다르다고 다음과 같이 말합니다.

"오, 하나님의 지혜요, 마음의 빛이여, 그러한 말(영원하신 하나님과 같은 피조물의 영원성)을 하는 자들은 아직 당신을 이해하지 못하고 있는 것입니다. 그들은 만들어진 것들이 당신을 통하여, 당신 안에서 어떻게 만들어졌는지 아직 모르고 있습니다. **그들이 영원을 이해하고 맛보려 하나 그들의 마음은 피조물들의 과거와 미래의 움직임을 따라서 날아다닐 뿐 아직도 안정을 찾지 못하고 있습니다.** 누가 인간들의 마음을 붙들어 잠깐 동안만이라도 고요히 머물러 있게 하며, 항상 머물러 있는 저 영원의 광휘를 조금이라도 엿볼 수 있게 할 수 있겠습니까? 만일 그들이 보았다면, 그들은 영원과 결코 머물러 있지 않은 시간은 서로 비교가 되지 않음을 알게 될 것입니다. 그들은 긴 시간이란 동시적으로 존재할 수 없는 여러 사건(운동)의 계속적인 흐름(경과)이 긴 것이라는 것, 영원에는 아무것도 지나가는 것이 없어 모든 전체가 동시적으로 현재적이라는 것, 그리고 시간이란 항상 지나가는 것으로서 동시적으로 존재하지 못하는 것임을 알게 될 것입니다. 그들은 또한 과거란 항상 미래에 의해 밀려나고 미래는 항

---

98) 선한용, 『시간과 영원』, 42.

상 과거를 뒤쫓지만, 과거와 미래는 둘 다, 영원한 현재 안에서 창조되고 흐르게 됨을 알게 될 것입니다. 누가 인간의 마음을 붙잡아 고요히 머물러 있게 하여, 과거나 미래의 시간이 아닌, 즉 항상 머물러 있는 저 영원이 어떻게 과거와 미래의 시간을 지시하시는지 알아볼 수 있게 하겠습니까? 내 손의 힘이 이런 일을 할 수 있습니까? 혹시 내입에서 나오는 말이 이런 큰일을 할 수 있습니까?"[99]

여기서 아우구스티누스는 시간의 흐름 속에서 고요히 머물러 있지 못하고 날아다니는 인간들의 마음을 누군가가 붙잡아 그들이 하나님의 영원한 현재성을 이해할 수 있게 되기를 하나님께 간구합니다. 우리는 시간 안에서 사물들을 바라보지만 영원하신 하나님은 시간을 초월하여 영원한 현재에서 시간 속의 사물들을 바라보시고 하나님의 말씀을, 즉 하나님 자신을 말씀하십니다.[100]

아우구스티누스에 따르면, 만물은 하나님의 말씀으로 무로부터 창조되어(질료와 형상이 동시적으로) 존재하게 되었습니다. 마찬가지로 모든 시간들을 창조하신 영원하신 하나님은 창조된 시간에 앞서 계시고, 하나님은 현재적 영원성과 항상 현재이신 탁월성으로 모든 과거의 시간 이전에도 계시고 모든 시간의 미래 이후에도 계십니다. 왜냐하면 다가올 미래도 그것이 오자마자 과거로 지나가기 때문입니다. **하나님의 시간은 가고 오지 않기 때문에 하나님은 항상 언제나 동일하시고 하나님의 시간은 무궁합니다. 인간의 시간은 가고 오면서 다가와서는 현재를 스치며 지나가 버립니다. 이와 같이 인간이 경험하는 시간과는 다르게 하나님의 시간은 동시적으로 영원한 현재로 머물러 있기 때문에 흘러 지나가지 않으며 오는 시간이 가는 시간을 밀쳐내지 않습니다. 하나님은 영원 속에 머물러 계시고 인간은 흐르는 시간 속에서 살아갑니다.** 이처럼 아우구스티누스는, 영원하신 하나님의 창조사건 이전의 시간은 없다고 말하며, **세계가 시간 안에서 창조**

---

99) 어거스틴, 『성 어거스틴의 고백록』, 391-392.
100) 위의 책, 514.

된 것이 아니라 시간은 세계와 함께 창조되었다고 시간의 객관성을 말합니다. 시간은 이처럼 시작점이 있고 순환적이 아니라 직선적으로 흘러가는 과정이 있으며 그 끝이 있다는 것입니다.[101] 아우구스티누스는 과거와 미래를 현재에서 심리적으로, 즉 영혼의 팽창으로 파악하여 과거 일의 현재(기억), 현재 일의 현재(직관), 미래 일의 현재(기대)로 세 가지의 시간을 말합니다. 왜냐하면 미래의 일이나 과거의 일은 현재에 있지 않고 우리의 영혼(마음) 안에 **기대와 기억으로 존재하기 때문입니다.**[102] **이처럼 영원하신 하나님과 같이 시간을 동시적으로 전체적으로 파악하지 못하고 부분적으로만 아는 인간은 인식의 제한성을 가지고 있고, 또한 흘러가는 시간 속에서 항상 머물러 있지 않은 현재를 경험하는 인간존재가 무상하다는 것입니다.**[103]

시간 안에서 창조된 인간은 실존적으로 시간 속에서 많은 것들에 관심을 쏟으며 산산이 흩어진 채로 살아갑니다. 인간의 생명은 시간 속에서 헛갈리어 없어져 가고 있습니다. 그러나 참 하나님(**영원**)이요 참 사람(**시간**)이신 예수 그리스도 안에서, 하나님은 자신의 영원하신 오른팔로 시간 속에서 하나님으로부터 분리되고 참된 자아로부터 분열된 우리를 붙들어 주십니다. **예수 그리스도는 영원하시고 하나이신 하나님과 그 하나님으로부터 여러 모양과 많은 것으로 쪼개져 떨어진 우리들 사이에 서 계시는 유일한 중재자이십니다. 시간 안에 있는 죽음의 한계를 깨뜨리고 부활 승리하신 영원한 예수 그리스도 안에서 하나님이 우리를 굳게 붙드심은, 그분으로 인하여 우리가 잡힌바 된 것을 붙잡게 하기 위함이며, 그리고 우리가 과거의 헛갈린 생활에서 다시 거두어 모아져(통합되어) 뒤에 있는 것은 잊어버리고 오직 한 분이신 하나님을 따르게 하기 위한 것입니다. 우리는 이제 헛갈린 마음으로서가 아니라 마음을 하나로 집중하여 하늘의 부르심을 쫓아가 상을 얻기 원합니다**(빌3장 12-14절: "내가 이미 얻었다 함도 아니요 온전히 이루었다 함도 아니라 오직 내가 그리스도 예수께 잡힌바 된

---

101) 위의 책, 394.
102) 위의 책, 403-404.
103) 선한용, 『시간과 영원』, 85-86.

그것을 잡으려고 달려가노라. 형제들아 나는 아직 내가 잡은 줄로 여기지 아니하고 오직 한 일 즉 뒤에 있는 것은 잊어버리고 앞에 있는 것을 잡으려고, 푯대를 향하여 그리스도 예수 안에서 하나님이 위에서 부르신 부름의 상을 위하여 달려가노라"). 거기서 우리는 하나님을 찬양하는 소리를 듣기 원하고, 오거나 가지도 않는 하나님의 즐거움을 관상할 것입니다. 그러나 우리가 지금 여기의 시간 속에서 탄식함으로 세월을 보내는 이유는, 우리의 위로자 되신 예수 그리스도와 영원하신 아버지를 떠나 시간 속에서 산산이 분열되어 방황하며 예수 그리스도 안에 있는 나를 발견하지 못하기 때문입니다. "내 생각과 내 영혼의 골수는 당신의 사랑의 불로 순화되고 녹아져 당신과 하나가 되기까지는 여러 무상한 일들로 인하여 갈기갈기 찢겨져 있을 것입니다."104) 이렇게 무상한 시간 속에서 하나님으로부터 분리된 인간은 예수 그리스도 안에서 구원받아 하나님의 영원한 현재 속에서 영생을 미리 맛보고, 성도들은 역사의 끝에 장차 다시 오실 예수 그리스도의 종말론적인 재림을 따라 이루어지는 하나님의 도성(나라)의 완성을 바라보며 자신들의 구원(성화의 완성)을 소망 중에 기다립니다.

이제 삼위일체 하나님의 은총이 여러분들과 함께 하시어, 육체의 과도한 정욕으로부터 하나님 안에 있는 영혼의 안식 속으로, 무상하게 흐르는 시간으로부터 항상 머물러 있는 하나님의 영원한 현재 속으로, 영원으로부터 떨어져 살아가는 시간 속에서 영원과 시간을 이어주는 예수 그리스도에게로, 다수의 피조물들에 분산된 영혼으로부터 하나이시고 영원한 하나님에게로, 즉 피조세계의 많은 것들로부터 한 분 하나님에게로 나아가는 저와 여러분들 되시기를 우리 주 예수 그리스도의 이름으로 간절히 축원합니다.

---

104) 어거스틴, 『성 어거스틴의 고백록』, 418.

## 7. 결론

아우구스티누스는, 영원하신 하나님이 자신의 예정에 따라 시작과 끝이 있는 세계와 시간을 무로부터 창조하시고 타락한 죄인들을 예수 그리스도를 통하여 구원하시는 하나님의 은혜를 찬양합니다. 그는, 타락한 인간이 자기중심적인 소유욕과 권력욕, 뒤틀린 성욕과 자기사랑에 깊이 빠져버림으로 인해 하나님 대신에 피조물들을 즐기고 사랑하는 것에 미쳐버린 그들로 하여금, 그것들로부터 해방되어 하나님과 이웃을 사랑하고 자연을 돌볼 수 있게 하시는 하나님의 은총과 사랑을 다음과 같이 노래합니다.

"(하나님) 당신은 믿는 자들로 하여금 절제의 강한 능력으로 욕정을 다스리게 함으로써 그들에게 산 영혼(세례받은 그리스도인)을 형성해 주셨습니다. 당신은 또한 인간의 이성, 즉 당신에게만 순종하고 다른 인간의 권위에는 순종할 필요가 없는 그 이성을 취하시어 당신의 형상과 모양으로 새롭게 하여 주셨습니다. 그리고 아내가 남편에게 순종하듯이 당신은 이성의 기능을 숭고한 지성에게 순종하도록 하셨습니다. … 당신은 당신의 영을 주시어 우리로 그들 안에서 당신을 사랑하게 하시기 때문입니다."[105]

이제로부터 영원까지, 무상한 시간 속에서 살아가는 우리들 모두에게도 이런 영원하신 하나님의 은총과 사랑이 임하여, 예수 그리스도 안에서 하나님을 사랑하여 영원한 안식과 참된 행복을 누리시기를, 또한 영원하신 하나님의 도성을 향하여 소망으로 계속 전진하시기를 우리 주 예수 그리스도의 이름으로 축원합니다. 할렐루야! 아멘!

---

[105] 위의 책, 520-521.

# Ⅳ. 토마스 아 켐피스의 『그리스도를 본받아』[106]

디모데후서 3장 1-7절: "너는 이것을 알라 말세에 고통하는 때가 이르러, **사람들이 자기를 사랑하며 돈을 사랑하며 자랑하며 교만하며 비방하며 부모를 거역하며 감사하지 아니하며 거룩하지 아니하며, 무정하며 원통함을 풀지 아니하며 모함하며 절제하지 못하며 사나우며 선한 것을 좋아하지 아니하며, 배신하며 조급하며 자만하며 쾌락을 사랑하기를 하나님 사랑하는 것보다 더하며, 경건의 모양은 있으나 경건의 능력은 부인하니 이 같은 자들에게서 네가 돌아서라.** 그들 중에 남의 집에 가만히 들어가 어리석은 여자(영지주의와 같은 이단사상에 빠지거나 정욕에 이끌려 진리에 이르지 못하는 자들)를 유인하는 자들이 있으니 그 여자는 죄를 중히 지고 여러 가지 욕심에 끌린 바 되어, **항상 배우나 끝내 진리의 지식에 이를 수 없느니라.**"

디모데후서 3장 12절: "**무릇 그리스도 예수 안에서 경건하게 살고자 하는 자는 박해를 받으리라.**"

디모데후서 3장 15-17절: "또 어려서부터 성경을 알았나니 **성경은 능히 너로 하여금 그리스도 예수 안에 있는 믿음으로 말미암아 구원에 이르는 지혜가 있게 하느니라. 모든 성경은 하나님의 감동으로 된 것으로 교훈과 책망과 바르게 함과 의로 교육하기에 유익하니, 이는 하나님의 사람으로 온전하게 하며 모든 선한 일을 행할 능력을 갖추게 하려 함이라.**"

---

[106] 이 주제는, 김형근, "Thomas a Kempis의 *"De Imitatione Christi"*의 신학적 배경과 주제들," 『신학과 문화』 25집, (대전: 이화출판사, 2021), 97-131에도 동일한 내용으로 게재되어 있다.

## 1. 서론

토마스 아 켐피스(Thomas a Kempis, 1380~1471)는, 철저하게 성서에 기초한 『그리스도를 본받아』(*De Imitatione Christi*) 1권 1장에서 **그리스도를 본받는 것과 세상의 모든 헛된 것을 미워함에 대하여 다음과 같이 권면합니다.**

"주께서 말씀하셨다. '나를 따르는 자는 어둠에 다니지 아니하고…'(요8:12). **우리가 진심으로 어두운 마음의 눈을 떠서 참된 깨달음을 얻고 싶다면, 그리스도를 따라야 한다는 말씀이다. 다시 말해 그의 삶과 행동 방식까지도 본받아 살아가길 명하신다.** 그러므로 우리는 예수 그리스도의 삶을 열심히 공부하고 묵상해야만 한다. 그리스도의 말씀이야말로 어떠한 성인의 가르침보다 탁월하다. 내면에 주님의 영이 거하는 사람은 그리스도의 가르침 속에서 만나를 거두어 먹는다(계2:17). 그러나 복음을 아무리 들어도 전혀 주의를 기울이지 않는 사람들이 있다. 이는 그들 안에 그리스도의 영이 없기 때문이다(롬8:9). **그러므로 그리스도의 말씀을 온전히 이해하고 싶은 사람은 자신의 전 생애를 그리스도의 삶과 일치시키기 위해 노력해야만 한다.** 삼위일체 교리에 대해 깊이 있게 논할 수 있다고 한들, 겸손함이 없어 그 삼위일체 하나님의 마음을 아프게 한다면 무슨 소용일까? 학식이 높다고 해서 절로 거룩하고 정의로운 사람이 되는 것은 아니다. **진정 덕스러운 삶이야말로 하나님을 기쁘게 한다. 그리스도께서 회개에 대해 무엇을 말씀하셨는지 아는 것이 중요한 게 하니라, 실제 양심의 가책을 느껴 회개의 자리로 나아가는 것이 중요하다. 성경의 모든 말씀과 모든 철학자의 말을 다 이해하고 달달 외운다 할지라도 하나님의 은혜와 사랑을 받지 못하면 그 모든 것이 무슨 소용이 있단 말인가?**"[107]

---

107) 토마스 아 켐피스, *De Imitatione Christi*, 최요한 옮김·정원래 해제, 『그리스도를 본받아』 (서울: 선한청지기, 2021), 15-16.

그러므로 영원하신 하나님을 사랑하고 섬기는 것 이외에 모든 것이 헛되기 때문에, **최고의 지혜는 세상(재물, 명예, 정욕)의 것을 따라가지 말고 하나님 나라의 실현을 바라보면서 하나님의 뜻을 따라 자기를 부인하고 십자가를 지고 인내하며 겸손하게 순종한 예수 그리스도를 본받아 그분의 뒤를 따라가는 것입니다.**

토마스의 『그리스도를 본받아』는 아우구스티누스(Augustinus, 354~430)의 『고백록』과 존 번연(John Bunyan, 1628~1688)의 『천로역정』과 더불어 **성경 다음으로 가치를 인정받아 그리스도인들에게 많이 애독되는 그리스도교의 3대 고전에 속합니다.** 유재덕에 따르면, 『그리스도를 본받아』는 종교개혁자 마틴 루터(Martin Luther, 1483~1546), 예수회의 설립자 이그나티우스 로욜라(Ignatius de Loyola, 1491-1556), 감리교의 창시자 존 웨슬리(John Wesley, 1703~1791)와 구제 불능의 노예 무역상인이었다가 회개하고 목사가 되어 어메이징 그레이스(Amazing Grace: 나 같은 죄인 살리신)를 작사한 존 뉴톤(John Newton, 1725~1807)에 이르기까지 수많은 그리스도인들에게 그 영향력을 행사해 왔습니다. 즉, 『그리스도를 본받아』는 토마스 자신이 평생에 걸쳐 수련하고 실천한 신앙고백이며, 후배 수도사들과 성도들에게 생활 속에서의 경건의 실천을 강조하는 간결한 권면으로서 그 책을 읽는 사람들에게 도전과 깨달음과 영적인 감화를 주기 때문에, 예수회는 이 책을 경건훈련을 위한 공식 교과서로 사용하고 있습니다. 그래서 브리태니커 백과사전은 『그리스도를 본받아』를 "**그리스도교의 문학작품들 가운데 가장 영향력 있는 작품**"으로 평가하고, 또한 뉴욕 타임즈는 "**성경 다음으로 그리스도인들이 가장 많이 읽은 책**"으로 극찬합니다. 그리고 존 웨슬리는 "『그리스도를 본받아』는 천 번을 거듭해서 읽더라도 결코 만족을 얻을 수 없는 책"이고 "그 영적 원리들은 묵상의 씨앗들"이기 때문에, "**거기에 담긴 내용들은 고갈되는 법이 없다**"라고 말했습니다.[108]

---

108) 토마스 아 켐피스, *De Imitatione Christi*, 유재덕 옮김, 『그리스도를 본받아』 (서울: 도서출판 브니엘, 2018), 5-7과 뒤표지.

## 2. 『그리스도를 본받아』
## 2.1 저자

　지금까지 전해지는 가장 오래된 사본에는 토마스의 이름이 없고, 이 책의 원본이 발표되고 20여년이 지난 1447년에 이르러 만들어진 사본부터 토마스가 이 책의 저자로 표기되었기 때문에, 이 책의 저자에 대한 논란이 있어왔습니다. 그리고 토마스가 이 책의 저자가 아니라 편집자로 밝히는 사본들도 많이 있기 때문에, 파리대학교의 총장이었던 쟝 드 거존과 토마스가 속했던 공동생활형제단을 시작한 헤르트 흐로테(Geert Groote, 1340~1384)를 저자로 간주하기도 합니다. **그래서 쟝 드 거존을 저자로 인정하는 사본들도 있지만, 그는 사제였지 수도사가 아니었기에 이 책의 주제나 문체에 어울리지 않음으로 적격한 저자로 인정되지 않습니다**. 네덜란드의 데벤테르(Deventer) 출신으로 파리대학에서 공부하고 법률가로 살았던 흐로테는, 큰 병을 앓고 나서 자신의 덧없는 사회적 지위를 버리고 많은 재산을 가난한 사람들에게 나누어 주며 영성훈련에 몰입하여 카르투지오수도회의 금욕훈련을 수련하였고 많은 지역에서 대중들에게 열심히 복음을 전하였지만, 그가 가톨릭교회의 지도자들을 비판하자 그의 설교권이 박탈되어 그 후에 고향으로 돌아와 공동생활형제단을 시작하였습니다. **그러나 지금까지 전해지는 7백여 개의 사본들 중에 흐로테의 이름이 단 한 번도 언급되지 않습니다**. 하지만 독일 켐펜(Kempen)출신의 토마스 하메르켄(Hamerken: 작은 쇠망치)이라는 이름은 이 책의 초기 사본들 중에 빈번히 나타납니다. 예를 들면, **"이 책은 즈볼레 부근 성 아그네스 산의 수도사 토마스 아 켐피스에 의하여 집필되었다."** 혹은 **"주후 1441년 즈볼레 부근 성 아그네스 산의 켐펜 출신 토마스 형제의 손으로 마무리되고 완성되었다"**고 전합니다. 이런 점에서 그의 명성이 오늘까지 지속되어 토마스를 이 책의 저자로 인정하는 것입니다.[109] 하지만 우리의 경건한 영성의 유지를 위하여서는 이 책의

---

109) 위의 책, 258-261.

저자가 누구인지 보다 이 책이 우리에게 무엇을 말하는지가 더 중요합니다.

## 2.2 내용의 구성

이 책의 저자가 보여준 **정확한 라틴어의 리듬감과 양식의 대담한 단순함 그리고 하나님과 인간에 대한 심원한 사랑으로 인해서 독보적인 인기를 누린 『그리스도를 본받아』는 총 4권으로 구성되어 있는데**, 이는 본래 각각 기록되어 수도사들이 서로 돌려가면서 읽었습니다. 이 책의 4권은 진지한 성찬의 참여에 대해서 논하고, 1-2-3권은 하나님과 인간을 깊이 사랑하려고 열정적으로 헌신하는 영혼의 정화의 길과 조명의 길을 안내하고 있습니다.110) **이 책의 1권은 25장으로 "영적인 삶에 도움이 되는 생각들"에 대하여, 2권은 12장으로 "내면의 삶을 이끄는 권면들"에 대하여, 3권은 59장으로 "내면의 위로"에 대하여, 4권은 18장으로 "성찬에 대하여" 말합니다.** 이 책에서 그리스도의 고난에 참여하려는 헌신과 성찬에 대한 열정은 밀접하게 관련되어 있습니다. 이는 예수 그리스도의 고난의 삶과 구원사역의 의미를 가장 잘 나타내는 것이 성찬(찢겨진 몸과 흘린 피)이기 때문에, **이러한 성찬에 자신의 경건에 대한 모든 노력과 행위의 한계를 인정하고 은혜를 사모하는 마음으로 진지하게 참여하는 것이야말로 사랑으로 충만한 그리스도를 본받고 그분과 하나가 되는 경건의 완성인 것입니다.**111)

1-2권에서 토마스는, 주님을 마음 깊은 곳에 모시어 들이기를 원하면서도 그렇게 하지 못하는 초심자들의 영적인 수련을 지도한 경험을 바탕으로 하여 영성훈련의 과제들에 대하여 친절하게 설명합니다.

---

110) Oliver Davies, "Ruysbroeck, a Kempis and the *Theologia Deutsch*," in: *The Study of Spirituality*, Edited by Cheslyn Jones, Geoffrey Wainwright, Edward Yarnold, SJ (New York·Oxford: Oxford University Press, 1986), 324. 이 원서는 기독교영성신학연구소가 감수하고 권순구가 번역하여 도서출판 영성이 2000년에 출판하였는데 번역본의 476쪽과 비교하라.
111) 토마스 아 켐피스, 최요한 옮김·정원래 해제, 『그리스도를 본받아』, 371.

**이는 인간의 내면적인 삶의 성숙을 방해하는 장애물들을 제거하고, 하나님이 임재하시는 덕스러운 성품들을 함양시키려는 의도였습니다.** 3-4권에서 토마스는, 예수님을 상담자로 내세워 그분이 직접 말씀하시고 나면, 그것을 들은 제자가 기도로 그 말씀을 따르지 못하는 자신의 절박한 상황을 주님께 아뢰고 그 말씀을 순종하고 실천할 수 있도록 은혜를 간구하며, 이런 제자의 탄식기도에 응답하는 주님이 또다시 음성을 들려주는 형식을 취하고 있습니다. 이러한 주님과 제자와의 상담적인 대화 속에서 내면의 깊은 마음의 언어가 드러나게 됩니다. 우리는 주님의 감미로운 사랑을 체험하고 그 사랑의 맛을 음미한 사람들이지만 주님을 따르고 그분과 함께 거하지 못합니다. **모든 피조물보다도 하나님을 최우선으로 사랑하는 내면의 올바른 질서는 성서(예수 그리스도의 말씀)에 기초한 영적인 훈련과 체험을 통해서만 바로 잡힙니다. 그러나 우리가 경험 속에서 일시적으로 체득한 정확한 감정과 시각도 오래 지속되지 않기 때문에, 우리는 말씀의 거울 앞에 서서 그 거울에 비친 언제나 불완전한 우리 자신들의 내면부터 성찰할 필요가 있습니다.**[112]

그리고 자상한 토마스는 이 책에서 그리스도를 본받는 전체적인 과정을 독자들에게 소개하지만, **우리는 단 한순간에 어떤 통찰력을 얻어 모두를 실천하기는 어렵고 지속적인 독서를 통하여 깨달음을 얻어 그것을 자신의 삶에 적용하다가 넘어지고 다시 일어나 전진하고자 하는 열정이 있을 때, 우리는 주님이 주시는 최종승리(주님과의 분열이 아니라 세상으로부터 뒤돌아서 주님 안에 거하며 주님과 하나가 되는 일치)를 얻습니다.** 이제 이 책을 하루에 한 장씩 천천히 반복하여 읽어나가다 보면, 우리는 분명히 주님과 나누는 깊고도 내적인 영적 교제 속으로 깊이 들어가게 될 것입니다. 이 책이 집필되어 출판될 당시에도(1420-1427) 교회가 타락하여 매우 혼란한 시기였는데, 이 책을 접한 수도사와 수녀들 그리고 성직자와 평신도들에 이르기까

---

112) 토마스 아 켐피스, *De Imitatione Christi*, 김지현 옮김, 『그리스도를 본받아』 (서울: 도서출판 낮은마음, 2003), 샐리 커닌의 서문, 1-2.

지 신앙을 정화하자는 운동이 일어났습니다. 이 책의 진가는 동시대의 전통적인 지식을 넘어선 이 책의 기원을 초월하여 오늘을 사는 우리에게도 그리스도를 본받는 영적인 삶을 추구하라고 호소하는데 있습니다. **이 책에 등장하는 수도원의 기풍을 가진 금욕적인 급진주의는, 세상의 헛된 욕심들을 부정하고 열성적으로 하나님께 나아가고자 하는 청년 성도들에게 적합하고, 또한 매일의 삶 속에서 자신의 내면에 도사린 죄를 살피고 회개하고자 노력하는 나이를 먹은 어르신 성도들에게도 유익합니다.** 생활 속에서 그리스도를 본받으려는 우리들의 열망과 노력들은 성공과 실패가 있을 수도 있지만, 우리에게 따라오라고 손짓하는 주님은 언제나 우리를 사랑하시고 변함이 없으시기 때문에 우리를 붙잡은 손을 놓아버리심으로 동일하신 자신의 끈끈한 사랑으로부터 우리를 절대로 떨어지지 않게 하십니다.113)

## 3. 생애

그리스도를 본받아서 내적으로 헌신하고 경건의 실천에 힘썼던 수도사로서 토마스는, 독일 라인강 하류의 쾰른(Cologne) 근처의 켐펜에서 1380년경에 태어났고 네덜란드의 즈볼레에서 91세의 나이가 된 1471년에 하나님의 품에 안겼습니다.114)

토마스는 켐펜에서 라틴어를 공부하고 12살쯤에(1392년) 부모의 지시로 그의 형 요한네스(Johannes)가 머물고 있었던 네덜란드의 데벤테르로 갔습니다. 여기서 토마스는 형의 주선으로 대성당 학교(Cathedral school)에 입학하여 더 공부하기를 바랐습니다. 토마스의 형 요한네스가 몇 년 전에 먼저 이곳에 와서 헤르트 흐로테가 시작한 수도회인 공동생활형제단(the Brethren of Common Life)에 가입해 있었고, 근대 경건(헌신)운동(Devotio moderna)을 일으켰던

---

113) 위의 책, 3-4.
114) 한정애, "종교개혁의 선구자 토마스 아 켐피스," 『신학과 교회』 제5호(2016년 여름), 135.

흐로테의 제자인 플로렌티우스 라데빈스(Florentius Radewijns, 1350~1400)의 지도를 받고 있었습니다. 라데빈스는 흐로테가 시작한 공동생활형제단을 정식단체로 설립하였습니다. **여기서 7년 동안 토마스도 겸손한 생활의 모범으로 사람들을 그리스도께로 이끌었던 스승 라데빈스의 집에 기숙하며 지도를 받았고, 나중에는 공동생활형제단으로 거처를 옮겨 그 형제들과 깊이 사귀면서 세상으로부터 돌아서야만 한다는 영적 감화를 받았습니다.** 19세가 된 1399년에 토마스는, 그의 형이 부원장으로 있었던 즈볼레의 외각에 위치한 성 아그네스 산(Agnetenberg)에 있는 아우구스티누스수도회에 속한 수도원에 헌신자로 입회하였습니다. 27살이 된 1407년에 토마스는, 수도원의 다른 사람들과 마찬가지로 청빈과 사랑과 순종의 신앙서약을 하고, **33살이 된 1413년경에 사제로 서품을 받았고 이때부터 켐펜의 토마스(라틴어 이름)로 알려졌습니다. 45살이 된 1425년에 토마스는, 수도원의 부원장이 되어 초심자들의 훈련을 지도하였습니다. 자신이 속한 수도회의 초심자들을 지도하기 위하여 토마스가 1420-1427년 어간에 『그리스도를 본받아』를 집필한 것으로 추정됩니다.** 수도회 내에서 토마스는 행정직을 맡아서 일을 하기도 하였지만, 주로 그가 헌신한 경건한 일은 성경 필사와 편지 쓰기, 찬송 시와 전기 쓰기 그리고 상담이었는데, **그중에서도 가장 위대한 업적은 『그리스도를 본받아』를 저작한 것이었습니다.**[115]

1429년 6월에 토마스는, 교황 마틴 5세의 명령(토마스가 속한 수도회를 성직 금지 주교구로 지정함)에 따라 자진해서 프리스랜드로 추방되었다가, 1432년 11월에 즈볼레의 성 아그네스 산 수도원으로 돌아왔고, 1448년에 수도원의 부원장으로 다시 선출되었습니다. **91세가 된 1471년에 토마스는, 성 아그네스 산 수도원의 연대기를 작성하던 중 사망하였고** 그 수도원의 동쪽 안뜰에 안장되었다가, 1672년에 그의 유골이 즈볼레의 성 요셉교회 마당으로 이장되었고, 1892

---

[115] 토마스 아 켐피스, *De Imitatione Christi*, 최치남 옮김, 『그리스도를 본받아』 (서울: 생명의말씀사, 1992), 폴 벡텔의 머리말, 8-11.

년에 즈볼레의 외곽에 위치한 성 미첼교회로 다시 이장되었습니다.116)

## 4. 신학적 배경
### 4.1 성경

『그리스도를 본받아』는 무엇보다도 성경에 그 기초를 두고 있습니다. 토마스 자신이 성경 전체를 4번이나 필사할 정도로 성경에 정통하였고, 이 책 속에서 천개가 넘는 성경의 구절들을 조직적으로 엮어서 그것이 관주적인 통일성을 가지도록 만들어 놓았습니다. **이 책이 경건문학의 고전이 될 수 있었던 이유는 그 바탕에 능력 있는 하나님의 말씀인 성서적 전거를 가지고 있기 때문입니다.** 그리고 토마스 자신이 예수 그리스도를 친구로 삼고 그분을 본받고 따르려고 한 것이 이 책이 가진 능력의 원천입니다. 따라서 그리스도의 생애와 사역을 본받아 그분의 뒤를 따라 그분과 하나가 된다는 것은, 세상적인 자기 추구의 욕구로부터 뒤돌아서서 내 안에 계신 그리스도와 그리스도 안에 있는 나를 발견하고 그분과 동행하며 살아가는 것입니다. 우리가 예수 그리스도를 온전히 본받으려면, 원진한 겸손과 철저한 순종이 필요하고, 영혼의 지극한 가난과 순결 그리고 온순함을 유지하며, 하나님이 주시는 연단과 고난을 기꺼이 받아들이는 인내를 견지하고, 환난 중에도 하나님이 주시는 평화와 즐거움을 누리며, 지은 죄에 대한 깊은 탄식과 회개에 힘쓰고, 온전히 자기를 부인하고 하나님과 타인을 그리스도의 사랑으로 사랑하며, **나는 아무것도 아니라는 자세(먼지와 티끌에 불과한 나)를 가지고 하나님의 은총을 겸손히 간구하는 기도에 힘써야 한다는 것입니다.**117)

다시 말해서 **성도는 매일의 생활 속에서 진리의 빛과 생명의 은**

---

116) 토마스 아 켐피스, 김지현 옮김, 『그리스도를 본받아』, 토마스 아 켐피스 연대기, 398-399.
117) 토마스 아 켐피스, 최치남 옮김, 『그리스도를 본받아』, 폴 벡텔의 머리말, 11-12.

총으로 성육신하신 그리스도의 발자취를 따라 철저하게 순종하고, 말씀이신 그리스도의 음성을 항상 경청하며, 예수 그리스도와 더불어 연합하고 일치하여 함께 살아가고, 모든 것을 희생할지라도 예수 그리스도만을 사랑하며, 삼위일체 하나님을 슬프게 하는 마음 씀씀이나 행위들은 무엇이든지 짓밟아 버리고 돌아서며, 하나님의 영광을 위해서는 어떤 무거운 짐이라도 자진해서 기쁘게 짊어지고 감당하는 것입니다. 이렇게 성경과 예수 그리스도를 고대의 격언들과 아리스토텔레스(Aristoteles, B.C. 384~B.C. 322)와 세네카(Seneca, B.C. 4~A.D. 65)의 글들과, 아우구스티누스와 클레르보의 버나드(Bernard of Clairvaux, 1090~1153)의 책들과, 토마스 아퀴나스(Thomas Aquinas, 1225~1274)와 마이스터 에크하르트(Meister Eckhart, 1260~1328)의 작품들과 연결시켰던 **토마스 아 켐피스는, "마치 새 것과 옛것을 그 곳간에서 내오는 집주인과 같은"(마13:52) 그런 사람입니다.**[118]

## 4.2 아우구스티누스

아우구스티누스의 간결한 수도규율은, 수도공동체 내에서 사랑과 조화를 바탕으로 일상생활을 해나가고, 상호 간의 권면과 지도, 사유재산의 포기와 금욕, 수도원장의 권위에 대한 복종, 규칙적인 기도생활이 그 중심적인 내용을 이루고 있습니다.[119] 아우구스티누스수도회에 속해 있었던 토마스는 이 규율에 영향을 받았습니다. 필자의 생각으론, 『그리스도를 본받아』 3권 5장의 다음과 같은 구절이, **모든 피조물들보다 하나님을 최우선으로 사랑하라는 아우구스티누스의 "사랑의 질서"와 아우구스티누스가 방황하며 찾았던 "하나님 안에서 누리는 안식"을 잘 나타내는 것처럼 보입니다.**

---

118) 토마스 아 켐피스, *De Imitatione Christi*, 김정준 옮김, 『그리스도를 본받아』 (서울: 대한기독교서회, 1992), 5.
119) 한정애, "종교개혁의 선구자 토마스 아 켐피스," 137.

즉, "사랑은 뛰어납니다. 실로 가장 큰 축복입니다. 어려운 일을 전부 감당하게 만들고 모든 문제를 차분하게 기다리며 풉니다. 원망 없이 무거운 짐을 지고 온갖 악을 선으로 바꿉니다. **예수님의 고귀한 사랑은 위대한 행동을 낳고 더 완전한 것을 갈망하게끔 감동을 줍니다. 사랑은 상승할 뿐 그 무엇에도 사로잡혀 하락하지 않습니다.** 사랑은 세상적인 사랑에서 벗어나 자유롭기를 바랍니다. 그렇지 않으면 마음의 눈은 감기고 일시적인 흥분에 몰두하며, 역경 앞에서 무릎을 꿇을 것입니다. 사랑보다 더 달콤한 것은 없습니다. 더 강한 것도, 더 높은 것도, 더 넓은 것도 없습니다. 하늘에서나 땅에서나 사랑보다 더 즐거운 것도, 더 충만한 것도, 더 좋은 것도 없습니다. **왜냐하면 사랑은 하나님께로부터 왔으며, 모든 피조물보다 높은 하나님 안에서만 쉴 수 있기 때문입니다.**"[120]

이처럼 토마스는, 사랑의 주님이 자신의 내면에 찾아오심으로 자신의 악한 정욕에서 해방되고, 문란한 정욕으로 엉망이 된 자신의 내면이 깨끗하게 되며, 건강하고 정결한 마음으로 주님을 사랑하고 고난도 이겨낼 수 있게 해달라고 기도합니다. 그리고 하나님의 따뜻한 사랑으로 충만해진 그의 영혼은, "**나의 하나님, 나의 사랑, 하나님은 저의 전부이고 저는 하나님의 전부입니다.**"[121] 라고 외칩니다. 그래서 토마스는 "**어떠한 피조물에게서도 마음의 위로를 구하지 않는 사람은 하나님을 온전히 누리기 시작한다.**"라고 말합니다.[122]

또한 토마스는, "세상의 모든 찰나적인 것들에 관심을 쏟았던 관심을 버릴 수만 있다면, 당신은 크게 성장하게 될 것이다. 없어질 것들에 자꾸 마음을 두는 것은 매우 큰 잘못이다. **하나님이 아니고, 하나님의 것이 아니면 어떤 것도 중요하게 여기지 말고 높이 평가하지 말며, 즐기지 말고 받아들이지 마라. 피조물이 주는 위로는 덧없는 것으로 여겨라.** 하나님을 사랑하는 영혼이라면 하나님보다 못한 모든 것을 경멸한다. 하나님만이 영원하시고 무한하시며, 모든 것을 충만

---

120) 토마스 아 켐피스, 최요한 옮김·정원래 해제, 『그리스도를 본받아』, 147.
121) 위의 책, 148.
122) 위의 책, 89.

하게 채우시고 영혼을 위로하시며, 마음의 진정한 기쁨이시기 때문이다."[123] 라고 말하면서, **시간적인 무상한 것들에 대한 사랑을 버리고 영원하신 하나님을 사랑하는 것이 영혼의 참된 기쁨이라고 고백합니다.** 그리고 토마스는 모든 것들을 넘어서 하나님 안에서 안식하지 않는다면 참되고 충분한 안식이 없다고 우리에게 권면합니다. 즉, "**아 나의 영혼아, 모든 것을 초월하여 어떤 일에서든 항상 하나님 안에서 안식하라.** 하나님은 성인들의 영원한 안식처이다. **사랑과 은혜가 넘치는 예수님, 저는 모든 피조물보다 주님 안에서 안식을 찾습니다." 왜냐하면 주 하나님께서 천지만물을 초월하여 가장 뛰어난 분이시기 때문입니다.**

### 4.3 마이스터 에크하르트

공동생활형제단의 설립자 흐로테의 스승은, 관상적인 삶과 활동적인 삶을 통전했던 마이스터 에크하르트의 제자 루이스부룩의 얀(Jan van Ruusbroec, 1294~1381)이었습니다.[124] 그리고 토마스 아 켐피스의 스승은 흐로테의 제자 플로렌티우스 라데빈스였습니다. **이런 점에서 마이스터 에크하르트의 핵심 사상에 해당하는 "초연하고 초탈된 영혼과 하나님의 하나 됨" 혹은 "가난한 영혼과 하나님의 일치" 그리고 "하나님과 하나 된 사람이 일상생활에서 사랑을 실천하며 살아가는 삶"이 토마스에게도 다음과 같이 나타납니다.**

즉, "어떤 피조물과도 얽히지 말고 순결하고 자유로운 내면을 유지하라. 친절한 주 하나님을 만나고 싶다면 마음이 순결하고 정직해야 한다. 하지만 모든 것을 버리고 오직 주님과 하나가 되기 위해, 주님의 은혜로 인도받지 못하면 그분을 뵙는 행복을 누릴 수 없다. 사람은 하나님의 은혜를 받으면 모든 것을 할 수 있지만, 은혜가 떠나면 빈곤하고 허약해지며 고통 속에서 파멸한다."[125]

---

123) 위의 책, 105.
124) 한정애, "종교개혁의 선구자 토마스 아 켐피스," 139, 144.

다시 말해서 예수님 때문에 다른 모든 것들을 사랑하되 **예수님을 이유 없이 사랑하라는 것입니다(하나님과 하나가 되어 이유 없이 사랑하며 사는 삶)**. 특별히 예수 그리스도만을 사랑하라는 것입니다. 세상의 친구들 가운데 가장 선하고 신실한 자는 예수님뿐이기 때문입니다. 예수님을 위해 우리는 그분 안에서 친구와 원수를 동등하게 사랑해야만 하고, 모두가 다 예수님을 알고 사랑하게 되기를 기도해야 할 의무가 있습니다.126)

한 걸음 더 나아가서 다음과 같은 **토마스의 표현들은, 에크하르트의 독일어 설교 52번(마5장 3절의 "심령이 가난한 자는 복이 있나니")의 주제 "영혼의 가난"**(아무것도 원하는 것이 없고, 아무것도 아는 것이 없으며, 아무것도 가지지 않은 가난한 영혼: 초탈한 영혼: 하나님과 하나 된 영혼)에 상당히 근접하여 있습니다.

즉, "예수님을 순수하게 사랑하는 힘, 자기애와 이기심을 모르는 그 사랑이 얼마나 강한가! 늘 위로만 바라는 사람들은 삯꾼이라고 불러야 하지 않겠는가? 늘 자기 욕심만 생각하는 사람들은 그리스도보다 자기를 더 사랑하는 것 아니겠는가? **진정 아무것도 바라지 않고 하나님만을 섬기고 싶어 하는 사람은 어디에도 없는 걸까? 모든 것을 버릴 정도로 영적인 사람은 참으로 드물다. 모든 피조물에서 자유로운, 정말 가난한 영혼을 과연 찾을 수 있을까?**"

그러므로 토마스는 주님으로부터 어떤 위로를 받아서가 아니라 아무런 이유 없이 예수님을 사랑하고 십자가를 지고 따라가야 한다고 말합니다. 여기서 우리는, **그냥 피었다 지는 들풀처럼 나의 생명 그 자체를 위해서 살고, 나의 생명 그 자체인 하나님의 존재(Gottes Sein ist mein Leben.)를 이유 없이 사랑하며, 달콤한 위로를 넘어서 그 하나님과 하나가 되어, 일상생활 속에서 이유 없이 사랑을 실천하며 살아가라는 에크하르트의 메시지의 메아리가 울려 퍼지는 소리를 듣습니다.**

---

125) 위의 책, 113.
126) 위의 책, 112.

그리고 토마스는 다음과 같이 지식에 대한 광적인 집착을 경계합니다. 즉, "지나친 지식욕을 삼가라. 그렇지 않으면 늘 초조하게 되고 망상에 빠진다. 유식한 사람들은 똑똑하고 지혜롭다는 말을 들으면 입이 귀에 걸린다. 그러나 영혼에 해가 되는 지식이 많다. 게다가 구원에 이르는 일을 제쳐놓고 다른 일에 열중하는 것은 매우 어리석은 짓이다. 무수히 많은 말로는 우리의 영혼을 만족시킬 수가 없다. 하지만 선한 삶은 마음을 시원하게 하며, 정결하고 위대한 양심은 하나님을 향한 확신을 더욱 강하게 한다."

이를 다시 설명하면, 천성적으로 모든 사람의 본성은 앎에 대한 욕구를 가지고 있고 그에 따라 습득한 지식을 통하여 자기 자랑을 늘어놓기 좋아하지만, 그렇게 해서 얻은 지식이 하나님을 경외하며 섬기지 않고 그리스도를 자랑하지 않는다면 그 지식이 구원을 얻는데 아무 소용이 없다는 것입니다. 이해가 깊고 아는 것이 많다고 뽐내지 말고 그만큼 자신이 모르는 것이 많다고 스스로를 낮추는 자세가 필요합니다. 높은 지혜를 얻으려고만 하지 말고 스스로 자신이 무지하다는 것을 인정하는 "박식한 무지"가 요구됩니다. 즉, 자기 자신을 아무것도 아닌 존재로 인식하고 하나님과 타인을 높이는 것이야말로 가장 온전한 지혜라는 것입니다.

이와 더불어 "하나님과의 일치를 이루는 영혼의 초연과 초탈의 방법론"과 "그것이 하나님의 은총을 통하여 가능하다"는 것을 말하는 에크하르트의 사상과 토마스의 동일한 면이 다음과 같은 글에서 엿보입니다. 즉, "나의 자녀야, 모든 것을 얻으려면 모든 것을 버려야 하고 네 것은 아무것도 없어야 한다. 세상에서 자기애가 가장 해롭다는 것을 알아야 한다. 네가 무언가를 사랑하면 할수록 거기에 사로잡히기 마련이다. 너의 사랑이 순결하고 단순하며 정연하다면 어떤 것에도 노예가 되지 않을 것이다. 네 수중에 없는 것을 욕심내지 마라. 너의 자유를 제한하거나 빼앗는 것은 어떤 것도 가지지 마라. 네가 나에게 전심으로 헌신하는데, 네가 가지고 있거나 가지길 원하는 것들에 미련을 가지는 것은 이상한 일이다."[127] 다시 말해서, 이는 최고의 선이신 하나님을 얻는데 있어서 **자기애가 최대의 걸림돌이라는 것입니다**. 그런데 자유로운 마음의 탁월함은 **공부보다도 기도로 얻을 수 있고, 마음이 자유로운 사람은 무감각한 사람이라기보다는 그가 어리석은 자의 습관을 따르지 않으며 피조물을 문란하게 사랑하는 마음이 조금도 없기에 자유롭다는 것입니다**.128)

이와 같은 자기애를 넘어선 마음의 자유를 위하여 토마스는 **하나님의 은혜를 다음과 같이 강조합니다**. "아, 주여, **어떤 사람에게도 어떤 피조물에도 방해받지 않는 경지에 이르려면 아무래도 더 큰 은혜가 절실히 필요합니다. 무언가에 발목이 잡혀 있는 한, 주님께 자유롭게 날아갈 수 없습니다**. '만일 내게 비둘기처럼 날개가 있다면 날아가서 편히 쉬리로다'(시55:6). 라고 말했던 시인은 주님께 자유롭게 날아가길 갈망했습니다. **하나님께만 집중하는 사람보다 더 편히 쉴 수 있는 사람이 있겠습니까? 세상에 아무것도 바라지 않는 사람보다 더 자유로운 사람이 있겠습니까? 그러므로 아무것에도 집착하지 않고 자아를 완전히 부인하며, 만물을 창조하신 주님과 같은 분은 어디에도 없다는 것을 기쁘게 깨달아야 합니다. 모든 것에서 자유롭지 않은 사람은 하나님을 마음껏 누릴 수 없습니다**. 차분히 묵상하는 사람이 드문 까닭은 덧없는 피조물에서 완전히 떨어져 나오는 방법을 아는 사람이 적기 때문입니다."129)

이는 하나님과 영혼의 일치를 위해서 그 무엇보다도 **하나님의 크신 은총이 필요하다는 것을 역설하는 것입니다**. 즉, 우리가 **어떤 피조물들에도 얽매이지 않고 하나님과 온전히 하나가 되려면, 우리는 하나님 이외의 것들은 모두 다 아무것도 아니라고 생각하고 그것들을 아무것도 아닌 것으로 여기려면, 우리는 하나님으로부터 흘러나오는 온전한 은총을 받아 바른 지식으로 인도되어야 하고 우리의 영혼이 우리보다도 더 높이 들어 올리어져야만 합니다**.130)

---

127) 위의 책, 206.
128) 위의 책, 204.
129) 위의 책, 216.
130) 위의 책, 217.

이와 같이 모든 피조물을 벗어나 하나님을 향한 고귀한 영혼의 상승이 일어나려면, 자신을 제어하고 절제하여 세상에 집착하는 것이 조금도 없이 초탈한 마음의 소유자가 되어 자유롭게 살고 하나님과 하나가 되어 부활의 소망을 가지고 죽음을 이겨내야만 합니다. **그러나 그러기 위해서는 사람이 하나님의 은혜를 받아야 하는데 하늘에 계신 하나님보다도 땅의 것을 더 즐기는 사람들은 거룩한 하나님의 은총을 받지 못한다고** 토마스는 다음과 같이 말합니다. 즉, "나의 자녀야, 나의 은혜는 귀하다. 이것은 외부의 것이나 세상의 위로와 섞일 수 없으므로, **은혜를 받고 싶다면 너에게서 은혜의 걸림돌을 전부 없애라. 너의 내면 안으로 물러나 혼자 있는 것을 즐겨라.** 누구와도 대화하지 말고 마음을 다해 열렬히 하나님께 기도하여 회개하는 정신과 순결한 마음을 유지하라. 또한 세상을 대수롭지 않게 생각하라. **세상 모든 일보다 나를 섬기는 일을 선택하라. 세상을 즐기면서 나를 섬기는 것은 불가능하다.** 사랑하는 벗과 동료들을 멀리하고 세상의 위로를 받을 생각은 조금도 하지 마라. 그래서 축복을 받은 사도 베드로는 **그리스도의 신자들에게 세상에서 이방인과 순례자처럼 살라고 당부했다**(벧전2:11)."[131] 여기서 토마스가 벗과 동료를 멀리하라는 것은, 예수 그리스도를 통하여 그리스도 안에서 그리스도와 함께 복음과 기도로 위로와 격려를 나누는 영적인 성도의 교제를 하지 말라는 뜻이 아니고, **예수 그리스도를 친구 삼아 동행하며 본받고 따라가는데 방해가 되는 자기애에 몰입하거나 집착하여 잘못된 우정과 사랑의 교제를 하지 말라고** 권면하는 것입니다.

### 4.4 공동생활형제단과 근대 경건운동

겸손한 그리스도를 본받고 성서를 따라 생활 속에서 경건을 실천하며 부패한 수도사들의 삶을 개혁하려고 했던 근대 경건운동은, 토마스 아 켐피스에 이르러 그 절정에 도달하였고 그 중심에는 그의

---
131) 위의 책, 279.

『그리스도를 본받아』가 자리 잡고 있었습니다. 근대 경건운동의 중심이 성서와 예수 그리스도였다는 점, 바로 그것이 종교개혁에 영향을 끼쳤다고 할 수 있는 부분입니다. 이와 더불어 『그리스도를 본받아』는 그것을 애독하며 그리스도를 따르려 했던 이그나티우스 로욜라를 통하여 근대 가톨릭교회 혁신에도 영향을 끼쳤습니다.[132) 이러한 입장을 대변하는 20세기 초의 연구들은, 근대 경건운동이 공교육의 혁신적인 변화를 이끌었고 대부분의 인문주의자들에게도 영향을 끼쳤으며, 평신도적인 성격을 지니고 기존의 체제에 불응하면서 개인주의를 지향하고, 외적인 것을 거부하고 내면의 성찰을 중시하는 경건을 실천하며, 타락한 교회와 분리하면서 공식적인 서약을 거부했기 때문에 이 운동을 중세 수도원주의와의 철저한 단절이자 개신교 종교개혁의 선구자로 해석했지만, **이와는 달리 20세기 말의 연구들은 근대 경건운동의 제도와 문학은 철저한 혁신보다 전통적인 수도원 영성의 부활을 보여준다고 주장합니다**.[133)

근대 경건운동은 앞서 언급한 헤르트 흐로테에 의하여 촉발되었습니다. 흐로테는 15살에 파리대학에 들어가 삼년 안에 문학 석사 학위를 취득하고 그 이후로 10년 동안 파리에 더 체류하면서 교회법과 의학 그리고 신학을 연구하였습니다. 흐로테는 1374년에 회심하고 성직록을 포기하고 유산으로 받은 데벤테르의 집을 공동생활을 하는 경건한 자매들에게 넘겨주었습니다. 그리고 흐로테는 카르투지오 수도원에 들어가 3년 동안 수도생활을 하였습니다. 그 후에 흐로테는 복음을 전하기 위해 고향 데벤테르로 돌아와 1380년경에 네덜란드 남서부의 도시 우트레히트(Utrecht)의 부제로 임명되었고, **네덜란드 전역을 돌며 청중들에게 영적인 생활을 하라고 권면하고 성직자들의 부패한 세속성을 비판하며 개혁을 부르짖었습니다**. 이러한 흐로테의 개혁운동이 기존의 성직자들의 저항에 부딪혀, 그는 1383년에 주교

---

132) 한정애, "종교개혁의 선구자 토마스 아 켐피스," 153.
133) 질 라이트, 버나드 맥긴, 존 마이엔도르프 편, *Christian Spirituality(II)*, 이후정·엄성옥·지형은 공역, 『기독교 영성(II): 중세부터 종교개혁까지』(서울: 도서출판 은성, 1999), 268.

로부터 설교권을 박탈당하였습니다. 이러한 처사에 실망하여 데벤테르에서 자신의 제자들과 함께 공동생활을 시작하였고, 얼마 후 44세가 된 1384년에 전염병으로 사망하였습니다.[134]

흐로테의 제자로서 데벤테르의 신부였던 라데빈스(토마스의 스승)는 지도력을 발휘하여 자신의 사제관에서 공동생활을 하던 흐로테의 제자들을 중심으로 공동생활형제단을 설립하였습니다. 그리고 이어서 흐로테가 작성한 규율에 따라 생활하던 자매들을 중심으로 공동생활자매단도 세워졌습니다. **초기에 이들은 재산을 공동으로 소유하는 공동체로서 엄격한 서약 없이 청빈과 순결과 순종의 수도원적인 이상을 실천했고, 원고를 필사하는 것으로 생계를 꾸렸습니다.** 이러한 운동은 북해연안의 저지대와 독일의 여러 지역으로 확산되어 나가, 이미 사망한 흐로테의 염원대로 1386년에 라데빈스의 지도하에 빈데스하임(Windesheim)에서 수도자들을 위한 새로운 수도회가 설립되자 주변의 여러 수도원들도 이에 합류하였습니다. 하지만 개신교의 종교개혁으로 근대 경건운동을 주도했던 수도원들이 쇠락하였고 나중엔 세속화의 희생물이 되어버렸습니다.[135]

이처럼 근대 경건운동이 새롭게 밀려드는 물결로 인해 밀려났지만, **개인의 소유를 포기하는 공동체 생활을 중심으로 시작된 근대 경건운동은 내적 헌신과 그리스도를 본받는 것을 그들의 주된 목표로 삼았습니다.** 즉, 그 운동에 참여한 사람들은 수도원의 전통에 따라 하나님과 하나가 되는 길이 열정적인 영적 투쟁을 하며 세상을 멸시하고 그로부터 돌아서서 타락하여 이기적인 본성을 지닌 자기를 부인하는 삶이라고 생각했습니다. 그들은 삶의 모범이신 그리스도를 본받기 위해서 그분의 고난을 묵상하며 기도와 겸손한 자기 비움을 통해서 그리스도의 인성과 십자가의 고난을 따라갔습니다.[136]

흐로테의 제자들로 근대 경건운동의 주축을 이루었던 사람들은, 데벤테르에서 **공동생활형제단의 초대 원장이었던 라데빈스와 영성서**

---

[134) 위의 책, 264-265.
135) 위의 책, 265-268.
136) 위의 책, 268-270.

적의 저술가였던 주트펜의 헤르트 제르볼트(Gerard Zerbolt van Zutphen, 1367~1398)였고, 또한 **이들의 정신과 교훈을 이어받아 그것을 경건문학의 절정으로 꽃피운 토마스 아 켐피스입니다.** 실천이 없고 공허한 학문적인 지식과 사색적인 신비주의를 철저하게 거절했던 **라데빈스는 영적인 독서와 기도와 내면의 성찰을 통하여 마음의 청결과 하나님과 이웃을 사랑하는 것을 강조하였습니다.** 근대 경건운동의 영적인 스승으로 불리는 제르볼트는, 하나님의 형상을 따라 창조된 인간의 지성은 하나님의 고상함을 추구하고 하나님께 이르려는 본성적인 승귀의 욕구를 지니고 있지만, 그것이 원죄와 세상의 욕망에 물들고 부패하여 하나님이 원하시는 방향과는 너무나도 다른 방향으로 나아간다고 인간의 부패한 본성을 지적하였습니다. **제르볼트에 따르면, 죄로부터 벗어나 영혼의 상승의 힘을 회복하기 위해서 예수 그리스도의 삶에 계시된 자아에 대한 지식과 자기비하와 겸손을 본받아야 한다는 것입니다.** 다시 말해서 제르볼트의 영성의 핵심인 그리스도를 본받음은 그리스도의 인성을 인식하고 그리스도의 신성을 발견하며 하나님과 연합하여 하나가 되는 승귀를 통하여 실현됩니다. 이러한 영혼의 상승은 거룩하고도 **영적인 성경독서(lectio)와 묵상(meditatio) 그리고 기도(oratio)와 관상(contemplatio)을 통하여 성취됩니다.** 그리고 이것들은 상호보완적인 관련성을 맺고 있는데, 영적인 독서는 묵상을 위한 준비이고, 묵상은 기도를 위한 준비이며, 기도는 관상을 위한 준비라는 것입니다. 또한 기도가 있어야 성경독서도 재미가 있어 유익하고, 성경독서가 있어야 묵상도 올바르며, 묵상이 있어야 기도도 뜨겁고, 기도가 있어야 묵상도 열매가 있으며, 기도 없는 올바른 관상은 찾아보기 어렵다는 것입니다.

정리하면, **이러한 흐로테와 라데빈스 그리고 제르볼트의 영성이 토마스 아 켐피스에게 전수되어 근대 경건운동을 가장 잘 대표하는 『그리스도를 본받아』를 완성하게 되었다는 것입니다.**[137]

---

137) 위의 책, 271-273.

## 5. 그리스도를 본받는 관상과 실천의 삶
### 5.1 겸손과 순종

예수 그리스도의 성육신과 십자가의 죽으심을 통하여 나타난 겸손과 순종은 빌립보서 2장 1-11절에 너무나도 잘 나타나 있습니다. "그러므로 그리스도 안에 무슨 권면이나 사랑의 무슨 위로나 성령의 무슨 교제나 긍휼이나 자비가 있거든, 마음을 같이하여 같은 사랑을 가지고 뜻을 합하며 한마음을 품어, 아무 일에든지 다툼이나 허영으로 하지 말고 **오직 겸손한 마음으로 각각 자기보다 남을 낫게 여기고**, 각각 자기 일을 돌볼뿐더러 또한 각각 다른 사람들의 일을 돌보아 나의 기쁨을 충만하게 하라, **너희 안에 이 마음을 품으라 곧 그리스도 예수의 마음이니, 그는 근본 하나님의 본체시나 하나님과 동등됨을 취할 것으로 여기지 아니하시고, 오히려 자기를 비워 종의 형체를 가지사 사람들과 같이 되셨고, 사람의 모양으로 나타나사 자기를 낮추시고 죽기까지 복종하셨으니 곧 십자가에 죽으심이라**, 이러므로 하나님이 그를 지극히 높여 모든 이름 위에 뛰어난 이름을 주사, 하늘에 있는 자들과 땅에 있는 자들과 땅 아래에 있는 자들로 모든 무릎을 예수의 이름에 꿇게 하시고, 모든 입으로 예수 그리스도를 주라 시인하여 하나님 아버지께 영광을 돌리게 하셨느니라."

**이와 같이 겸손하시어 높임을 받으신 예수 그리스도를 본받으라고 토마스는 말합니다.** 자기 자신의 지식과 재능이나 외모나 재산이나 힘 있는 친구들을 의지하지 말고 겸손한 자를 도우시고 교만한 자의 콧대를 꺾으시는 하나님의 은혜를 의지하라는 것입니다(잠3:34, 벧전5:5). **그러므로 우리는 생활 속에서 다른 사람들을 깔보며 우월감을 느끼지 않도록 조심하여야 합니다**. 나에게 장점이 있더라도 다른 사람들의 장점을 찾으며 늘 겸손하게 처신하며, 교만하여 끊임없는 시기와 분노 속에서 살아가지 말고, **내가 제일 못났다는 생각으로 주변사람들과 평화롭게 살아가라는 것입니다**.[138]

---

138) 위의 책, 30-31.

또한 토마스는 순종과 복종에 대하여 말하기를, **하나님을 향한 사랑으로 자신을 낮추고 윗사람의 권위에 마음을 다해 순종해야만 내면의 평안을 얻을 수 있다고 권면합니다**. 권위에 겸손하게 순종하지 않으면 어디를 가도 편안하지 못하고 환경이 바뀌면 행복할 것이라는 생각은 잘못된 것이라고 조언합니다. 그리고 토마스는 겸손한 순종에 대하여 말하기를, **다른 사람들이 우리의 잘못을 알게 되고 그것을 꾸짖는 상황이 닥치면 우리 스스로가 겸손해질 수 있는 시간이니, 그 시간을 유익하게 여기라고 충고합니다**. 왜냐하면 우리가 자신의 잘못을 알고 겸손해지면 타인을 쉽게 위로하고 성난 사람들의 마음을 달랠 수 있기 때문입니다. 하나님은 겸손한 사람을 보호하고 구원하시며 사랑하고 위로하십니다. 하나님은 겸손한 사람을 찾아가 큰 은혜를 베풀고 신령한 비밀을 밝히시며, 그가 고난당한 뒤에는 다시금 영광의 자리로 높이 올려주시기 때문입니다.[139]

　그리고 토마스는, **교만하여 불순종하는 사람의 귀는 하나님의 말씀을 들을 수 없고, 우리가 온전한 겸손과 깊은 사랑으로 침묵할 때 하나님의 음성을 들을 수 있다고 알려줍니다**. 그러므로 우리는 선하신 하나님 앞에서 우리 자신을 부족하고 천한 무지렁이로 낮추어서 우리를 아무것도 아니고 아무것도 가진 것이 없으며 아무것도 할 수 없는 사람으로 고백하여 하나님의 말씀을 듣는 은혜를 받아야 한다는 것입니다.[140] 이어서 토마스는 하나님 앞에서 겸손과 진리로 살아가야 한다고 충고합니다. 즉, 우리들 자신이 하는 일을 대단하게 여기지 말고 죄인을 구원하는 영원한 진리를 중요하게 여기며 기뻐하며 살아가라는 것입니다. **입만 열면 하나님에 대해서 말하지만, 그 마음 속에는 하나님이 없는 사람이 되지 말고 정결한 사랑으로 하나님을 갈망하고 사모하라는 것입니다**.[141]

　그러나 우리가 자신의 소견대로 행동하고 인생경험이 풍부한 사람들을 신뢰하지 않으며 끝까지 허영을 따라가면 비참한 결말에 처할

---

139) 위의 책, 98-99.
140) 위의 책, 139-142.
141) 위의 책, 143-145.

것이라고 토마스는 우리에게 경고합니다. 자기 자신이 현명하다고 자만하는 사람들은 다른 사람들의 좋은 지도를 겸손하게 순종하지 않습니다. **대단한 학식을 가진 사람이라도 교만하거나 언제나 이기적인 자신의 헛된 만족을 추구한다면, 차라리 적게 배우더라도 겸손하고 온유하게 배워 하나님의 영광을 위해 사는 사람이 더 낫습니다.**[142] 그러므로 "인간의 공덕은 여러 환상이나 위로를 받았는지 성경 지식을 얼마나 가졌는지 또는 다른 사람들보다 지위가 얼마나 높은지로 평가받는 것이 아니다. 그가 진정한 겸손함을 가졌는지, 거룩한 사랑의 능력과 하나님의 영광을 전심으로 순수하게 구하는 끈기를 지녔는지 그리고 자기를 부인하고 미워하는 적극성이 있는지, 더 나아가 다른 사람들의 칭찬보다 멸시와 굴욕을 더 기뻐하는 지로 평가되는 것이다." 이는 하나님이 우리들에게서 은혜를 거두어 가셔서 고난이나 불행이 닥칠 때에도 겸손한 자세를 유지하면 하나님이 감추었던 은혜를 다시 주시고, 하나님의 은혜가 우리에게 충만하여 평화로울 때에도 늘 지혜롭게 우리 자신을 낮추어 자신의 영혼을 잘 다스리고 절제하면 위험과 범죄에 쉽게 걸려들지 않을 것이라고 권면하는 말입니다.[143]

따라서, 우리는 하나님의 은혜와 사랑을 받기 위하여 우리 스스로를 하나님의 눈앞에서 티끌과 재와 같은 존재로, 보잘것없는 아무것도 아닌 존재로, 진토와 같은 존재로, 아무것도 모르는 우매한 자로 **겸손하게 낮추어야 합니다.** 그럴 때 하나님은 우리에게 복을 주시고 우리를 구원하시고 힘과 용기를 주십니다.[144] 정리하면 **예수 그리스도를 본받아 겸손히 순종하여 은혜를 받으라는 것입니다.**

즉, "무에서 만물을 창조한 지고한 전능자인 내가 너를 위해 겸손히 사람에게 복종했거늘, 흙먼지처럼 아무것도 아닌 네가 하나님을 위해 다른 사람에게 복종하는 것이 그렇게 어려운 일이더냐? 내가 가장 낮고 천한 사람이 되었던 것은 네가 나의 겸손을 배워 네 교만

---

142) 위의 책, 154.
143) 위의 책, 155.
144) 위의 책, 156-157.

**을 물리칠 수 있기를 바랐기 때문이다.** 진토에 불과한 너는 순종을 배워라! 진흙에 불과한 너는 겸손한 사람이 되어 모든 사람의 발 앞에 절하라! 네 뜻을 꺾고 복종하는 법을 배워라! 너 자신에게 열렬히 반대하여 교만은 조금도 품지마라. **모든 사람이 너를 길거리에서 흙먼지처럼 밟고 지나가게 내버려 두어, 네가 그만큼 천하고 낮은 사람이란 것을 보여라.** 덧없는 인생아 무엇을 불평하느냐? 하나님께 수없이 죄를 범하고 몇 번이고 지옥에 떨어져 마땅한 죄인아, **너는 너를 비난하는 사람에게 뭐라고 반박하려느냐?** 그러나 내가 네 영혼을 소중히 여기기에 너를 살려 주었다. **이는 너로 하여금 항상 진심으로 순종과 겸손에 몸을 맡기고, 참을성 있게 경멸을 견디게 하기 위함이니 너는 나의 사랑을 알고 늘 나의 은총에 감사하라.**"145) 우리에게 거짓을 말하고 악하게 행하는 사람들을 향하여 우리는 정의롭다는 명분으로 얼마나 많이 분노하며 소리 지르고 맞대응했던 우리 자신을 떠올려 봅니다. 경멸과 조소를 보내는 사람들 앞에서는 참지만 뒤돌아서 그 사람들이 없을 때 치를 떨며 분노하고 욕하던 우리의 모습을 하나님은 어떻게 보셨을까요? 위의 글을 읽으며 십자가를 지신 예수님을 생각할 때, 정말로 화내고 소리 지르고 욕하던 우리 자신의 모습이 너무나도 부끄럽게 여겨집니다.

## 5.2 자기부인과 인내

토마스는 우리에게 자기를 부인하고 십자가를 지고 그리스도를 본받으라고 말합니다. 이는 마태복음 16장 24절에서 "**이에 예수께서 제자들에게 이르시되 누구든지 나를 따라오려거든 자기를 부인하고 자기 십자가를 지고 나를 따를 것이니라.**"고 말씀하시는 것에 토대를 둔 것입니다. 주님께서는 우리가 우리 자신을 떠날수록 주님에게 더 들어갈 수 있다고 말씀하십니다. 우리가 외부의 것을 포기하면 내면이 평화롭듯이 우리 자신을 포기하면 하나님과 연합하여 일치를 이룰

---
145) 위의 책. 168-169.

수 있다는 것입니다. **주님이 우리에게 자신을 따라오라는 것은 주님 자신이 길이요 진리요 생명이시기 때문입니다**(요14:6). 우리는 길이 없으면 가지 못하고, 진리가 없으면 알지 못하며, 생명이 없으면 살지 못합니다. 주님은 우리가 따라가야 할 길이고, 우리가 믿어야 할 진리이며, 우리가 소망해야 하는 생명입니다. 주님은 침범할 수 없는 길이고, 결코 틀리지 않는 진리이며, 영원한 생명이십니다. 주님의 길은 올바르고, 주님의 진리는 최고로 높으며, 주님의 생명은 복되고 자존합니다. **우리가 주님의 길을 따르면 진리 되신 예수 그리스도를 알고, 진리를 알면 자유롭게 되고 영원히 살 것입니다.**[146] 다시 말해서, 이는 우리가 십자가를 지고 견디며 좁은 주님의 길을 따라가 영광을 받으라는 것입니다.

즉, "네가 생명에 들어가고 싶다면 나의 계명을 지켜라(마19:17). 진리를 알고 싶다면 나를 믿어라. 온전한 사람이 되고 싶다면 모든 것을 팔아라(마19:21). 나의 제자가 되고 싶다면 자기를 부인하라(마16:24). 복된 생명을 가지고 싶다면 이생을 미워하라. 천국에서 높아지고 싶다면 땅에서 낮아져라. 내 옆에서 다스리고 싶다면 내 옆에서 **십자가를 져라(눅9:23). 십자가를 지는 종만이 복되고 진실하게 빛나는 생명을 찾을 것이다.**"[147]

이를 위하여 토마스는 소란한 세상을 피하여 골방에 들어가서 눈물을 흘리며 참회하라고 말합니다. **그러면 우리가 밖에서 자주 잃어버렸던 하늘의 위로를 받고 소중한 친구인 예수 그리스도를 골방에서 찾을 수 있다는 것입니다. 침묵과 적막 속에서 경건한 영혼은 덕을 기르고 성경 속에 감추어진 진리를 배울 수 있다는 것입니다. 우리의 눈에서 밤마다 애통의 눈물이 홍수처럼 쏟아지고 그 눈물에 영혼이 정화될 때 창조주 하나님과 더 가까워질 수 있습니다.** 그러므로 우리는 코로나19 시대에 외출을 자제하며, 이목을 멀리하고, 사람들을 너무 보고 싶어 안달하지 말며, 하나님 앞에 벌거벗은 참회자로 서는

---

[146] 위의 책, 291.
[147] 위의 책, 292.

것이 우리의 신앙에 유익합니다. 즉, **우리가 골방의 문을 닫고 사랑하는 예수님의 이름을 부르며 예수님과 더불어 골방에 머물러 있으면, 세상 어디에서도 찾을 수가 없는 그분과 함께 하는 참된 평화가 우리의 마음속에 가득 차게 됩니다.**[148] **그러므로 우리는 세상 무엇보다 예수님을 사랑해야 하고 자신을 부인하고 필사적으로 예수님께 매달려야 합니다.** 우리가 예수님을 찾지 않는 것은 세상 모든 원수가 우리를 공격하는 것보다 더 심하게 우리 자신을 공격하는 것입니다.[149] 따라서 우리는 고귀한 길인 거룩한 십자가를 지고 주님을 따라가야 합니다. 예수님과 함께 죽으면 그분과 더불어 살 것이고, 예수님과 고난을 나누면 그분의 영광도 함께 나눌 것이기 때문입니다. **그러나 고난을 피하여 우리가 십자가 하나를 버리면 또다시 나타난 더 무거운 십자가가 우리를 기다리고 있습니다. 우리가 그리스도를 위해서 고난을 달게 받을 만하다는 생각이 점차 든다면 그것은 바로 하나님이 주시는 축복입니다.**[150] 그리스도를 본받아 일시적인 고난을 견디면 행복이 있고, 온전하고 진실하게 자기를 부인하면 마음의 자유가 있습니다. 할렐루야! 아멘!

　주님의 음성: "**나는 수치와 모욕을 당해도 묵묵히 참았다. 내가 축복을 베풀면 사람들은 배은망덕으로 갚았고, 기저을 베풀면 신성모독이라고 욕하고, 가르침을 베풀면 깔보았다.**"[151]

## 5.3 은혜를 사모하며 성찬에 나아가라

　마이스터 에크하르트는 성찬에 임하는 마음(특히, 하나님 앞에서 자신의 죄를 회개하는 마음)에 대하여 다음과 같이 말하는 데, 이는 토마스의 성찬에 대한 권면들과 공통점이 있습니다. "성찬식에서 주님의 살과 피를 먹고 마실 때 느끼는 빵과 포도주의 맛보다는, 그것

---

148) 위의 책, 65-66.
149) 위의 책, 109-110.
150) 위의 책, 126-130.
151) 위의 책, 180.

에 임하는 성도들의 마음가짐과 의지가 가장 사랑하고 추구하고 있는 것이 무엇인지가 중요합니다. **즉, 거리낌 없이 성찬식에 나아가 주님의 몸을 받기를 원하는 사람은, 죄로 인한 양심의 가책이 없어야 하고, 그의 의지가 온전히 하나님과 그분이 원하시는 것을 향해야 하며, 반복되는 성찬에 참여할수록 주님에 대한 사랑이 더 커지고 경외심을 상실하지 말아야 합니다.** 그러면 성도들이 성찬식에 참여함으로써 얻는 영적인 유익들이 있습니다. 즉, 성찬에 참여할 수 없다는 자격지심을 품은 성도들이, 주님의 몸을 받음으로써 주님과 하나가 되어 부정적인 자괴감을 극복할 수 있습니다. 내면이 공허하고 가난한 성도들은, 성찬식에 참여함으로써 하나님의 신성으로 가득 채워져 하나님의 부요하심을 맛볼 수 있습니다. 죄를 지은 성도들은, 회개하며 성찬식에 참여함으로써 죄를 용서받을 수 있습니다. 심령이 메마른 성도들은, 성찬식에 참여함으로써 하나님을 찬양할 수 있습니다. **이와 같은 유익들을 주는 성찬식에 참여함으로써 주님의 몸을 받은 영혼은, 주님과 하나가 되듯이 하나님과 하나가 됩니다. 따라서 성도들은 이런 유익을 주는 성찬식에 담대하게 나아갈 수 있도록 그에 합당한 생활을 하여야 하고, 주님의 몸을 받음으로써 얻는 유익들을 굳게 믿음으로 성찬식에 참여해야 합니다.** 이런 믿음을 가지려면, 영혼의 고귀한 능력인 지성이 하나님을 향하도록 힘쓰고, 의지가 신의 뜻을 따르도록 일깨우며, 감정이 하나님을 전적으로 의지하도록 노력해야 합니다. **그러나 이런 인간적인 노력을 넘어서 성찬으로 인도하는 주님의 은총이 절대적으로 필요하며, 성도들이 그 은총에 이끌려 성찬식에 한번이라도 더 참석하여 주님의 몸을 받으면, 그만큼 하나님과 하나가 되는 신비로운 일치감을 경험하게 됩니다.** 여기서 한 걸음 더 나아가 준비된 외적인 성찬식에 참여하지 않더라도, 성도들은 주님을 믿는 깊고도 확고한 믿음을 가지고 자신의 내면에서 마음으로 주님의 몸을 받아 모심으로써, 성육신하신 주님과의 정신적인 일치 속에서 즐거움을 향유하며 이 세상에서 그 누구보다도 풍요로운 은총을 받아 누릴 수 있습니다. **이것이 바로 시간(성도들)과 영원(예수 그**

리스도)의 결합으로 일어나는 영원한 현재 속에서 성도들에게 주어지는 영원한 생명입니다."[152]

주님께서는 그리스도의 몸인 거룩한 공동체로 다음과 같이 우리를 초대하십니다. 즉, "수고하고 무거운 짐 진 자들아 다 내게로 오라 내가 너희를 쉬게 하리라"(마11:28). "내가 줄 떡은 곧 세상의 생명을 위한 내 살이니라"(요6:51). "받아서 먹으라"(마26:26). "이것은 너희를 위하는 내 몸이니 이것을 행하여 나를 기념하라"(고전11:24). **"내 살을 먹고 내 피를 마시는 자는 내 안에 거하고 나도 그의 안에 거하나니"**(요6:56). "내가 너희에게 이른 말은 영이요 생명이라"(요6:63). 토마스는, 우리가 하나님의 큰 인자하심과 선하심을 열정적으로 바라며 담대하게 성찬식에 나아가야 하고, 순전한 믿음으로 성찬을 통하여 지속적으로 주님을 만나는 것이 유익한 복을 받는 것이며, 우리 자신과 우리 소유를 하나님께 드리고 모든 사람을 위해 기도하며 진지하게 성찬에 임하라고 권면합니다. **왜냐하면 경건한 사람들이 뜨겁게 갈망하는 것은 성찬식에서 겸손하게 자기를 부인하며 예수 그리스도의 살과 피를 받아 그분과 하나가 되는 것이기 때문입니다.** 즉, 뜨거운 사랑과 갈망으로 예수 그리스도의 몸을 받으면, 우리는 은혜를 받고 그리스도를 본받아 겸손하게 그분의 뒤를 따라갈 수 있습니다.

## 6. 결론

예수 그리스도는, 자신의 크신 사랑으로 하나님과 세상을 화해시키려고, 겸손하게 낮고 천한 모습으로 세상에 오시어, 자신의 의지를 부인하고 아버지 하나님께 순종하여 죄로 물든 우리들의 구원을 이루셨습니다. 이러한 그리스도의 겸손과 순종은 하나님과 나, 나와 이웃,

---

[152] 김형근, 『상황과 신학』, 193-195. 또한 마이스터 에크하르트, *Meister Eckharts Deutsche Traktate*, 이부현 옮김, 『마이스터 에크하르트 독일어 논고』 (서울: 누멘, 2009), 113-120을 참고하라.

나와 자연 사이에 죄로 가로막힌 장벽을 허물고 하나님 안에서 누리는 사랑과 평화의 일치를 가져옵니다. **우리는 그리스도를 본받아 우리 삶의 주변의 도처에 도사린 분열과 분쟁을 극복해야 합니다.** 예수 그리스도를 본받아 따라가지 않고 그분으로부터 분리되어 하나님과 하나가 되지 못하고 성령께서 떠난 사람, 즉 성령 하나님의 임재가 없어 죄의 세력이 지배하는 사람들이 하는 일들은 오직 분열과 증오와 원수맺음과 살인입니다. 그들은 하나님과 일치되어 있지 않기 때문에 참된 자기 자신과 분열되어 방황하고, 인간들 사이를 이간질하고 분열시키며, 이혼하고 가족을 분열시키고, 직장을 분열시키며, 교회 공동체를 분열시키고, 나라가 나라를 상대로 원수 맺게 하며, 남과 북을 찢어놓습니다. 우리는 하나님이 아닌, 예수 그리스도가 아닌, 성령님이 아닌 모든 피조물, 세상의 욕심들, 이런 모든 것들로부터 돌아서야만 합니다. 어떤 사안에 대해서 서로 이견이 있을 수도 있지만 반목과 분열은 죄악입니다. 이는 하나님을 기쁘시게 하지 못하고 우리 자신의 마음도 평안하지 않기 때문입니다.

우리를 긍휼히 여기시는 주여! 이제 엎드려 간절히 기도하오니, 우리가 사랑과 은혜가 풍성하신 예수 그리스도를 통하여, 예수 그리스도 안에서, 예수 그리스도와 함께, 예수 그리스도와 하나가 되게 하옵소서! 아멘!

이제로부터 영원히, 우리들 모두 위에 그리스도를 본받아 겸손히 순종하며 예수 그리스도의 뒤를 따라가 그리스도와 하나 되는 하나님의 은총이 임하시기를, 겸손하신 우리 주 예수 그리스도의 이름으로 간절히 축원합니다. 아멘! 할렐루야!

# Ⅴ. 마틴 루터의 종교개혁과 95개조 반박문

로마서 1장 16-17절: "내가 복음을 부끄러워하지 아니하노니 **이 복음은 모든 믿는 자에게 구원을 주시는 하나님의 능력이 됨이라** 먼저는 유대인에게요 그리고 헬라인에게로다. **복음에는 하나님의 의가 나타나서 믿음으로 믿음에 이르게 하나니 기록된바 '오직 의인은 믿음으로 말미암아 살리라'함과 같으니라.**"

로마서 3장 22-24절: "곧 **예수 그리스도를 믿음으로 말미암아 모든 믿는 자에게 미치는 하나님의 의니 차별이 없느니라. 모든 사람이 죄를 범하였으매 하나님의 영광에 이르지 못하더니, 그리스도 예수 안에 있는 속량으로 말미암아 하나님의 은혜로 값없이 의롭다 하심을 얻은 자 되었느니라.**"

이 말씀은 인간이 갈고 닦아 쌓은 행위의 공로로 죄를 용서받고 의롭다고 인정받아 구원을 얻는다고 설교한 **로마 가톨릭교회의 영광의 신학이** 아니라, 전적으로 타락한 인간은 예수 그리스도의 십자가에 나타난 하나님의 은혜(하나님의 의와 사랑)를 믿음으로써만 의롭다 칭함을 받아 구원을 받을 수 있다고 주장한 **종교개혁자 마틴 루터(Martin Luther, 1483~1546)의 십자가 신학을 잘 표현합니다.** 그 이유는 루터의 구원론이 인간의 노예의지와 하나님의 은총을 강조한 아우구스티누스와 율법의 공로적인 의가 아니라 예수 그리스도의 십자가에 나타난 하나님의 은총을 믿는 **이신칭의를 주장한 바울의 신학에 기초하고 있기 때문입니다.** 루터는, 인간의 무능력한 이성이 하나님의 선한 율법을 준수하여 하나님 앞에서 의롭게 되는 칭의를 얻음에 있어서 전혀 도움이 되지 않는다고 다음과 같이 말합니다. "그리스도가 없이는 인간은 여전히 죄인이며, 인간의 모든 활동도 죄일 뿐이다. 죄에 대한 인간의 경향성 때문에 자유롭고 이성적인 인간의 의지적 결정에 대해 말하는 것은 공허한 말장난일 뿐이다."153)

## 1. 서론: 종교개혁기의 암울한 상황154)

1517년 10월 31일을 기점으로 하여, 올해는 종교개혁 505주년이 되는 해입니다. 예수 그리스도께서 부활 승천하신 이후에, 그리스도교의 신앙은 초대와 중세를 거쳐 루터가 살았던 시대에 이르러 너무나 많이 변질되어 잘못된 전통의 벽에 가로막혀 있었습니다. 잘못된 신앙의 권위에 가려진 학문이 그것으로부터 벗어나고자 하는 것이 르네상스 운동이었다면, **종교개혁은 가톨릭 신앙 자체에 대하여 회의적인 태도를 취하는 사람들에 의해 일어났습니다. 어두운 암흑시대에 하나님께서 진리의 사도들을 택하시어 그들로 하여금 말씀의 등불을 밝혔습니다.** 루터에 앞서서, 영국에서 성서의 최고권위를 주장하고 교황권에 반대했던 존 위클리프(John Wycliffe, 1320~1384), 위클리프를 계승하여 교회의 세속화를 비판했던 보헤미아의 얀 후스(Jan Hus, 1372~1415), 도미니크회 수도사로서 타락한 세계와 교회를 비판하고 정치개혁을 부르짖었던 이탈리아의 지롤라모 사보나롤라(Girolamo Savonarola, 1452~1498) 등이 개혁을 시도하였지만 그들은 형장의 이슬로 사라졌습니다.155)

그리고 인문주의 운동으로 옛 세계는 가고 새로운 인간관이 등장

---

153) Reinhard Schwarz, *Luther*, 정병식 옮김, 『마틴 루터』 (서울: 한국신학연구소, 2007), 115.
154) 여기에 실린 내용은, 김형근, "예수 그리스도 십자가 복음에 나타난 하나님의 의," 대전신학대학보(2017, 11, 30), 4-5면에 게재된 글과 김형근, 『상황과 신학』, 11-28, Ⅰ. **영광의 신학과 십자가 신학**을 수정 보완한 것이다.
155) 유스토 L. 곤잘레스, *The Story of Christianity*, 서영일 역저, 『종교개혁사』 (서울: 은성, 1989), 17-18.

하는데, 그 타락이 극도에 달한 로마 가톨릭교회의 성직자들은 자신에게 맡겨진 영혼들에게 오히려 해독을 끼치고 있었습니다. **"성직자들의 대부분이 공공연하게 첩을 두고 있으며, 교회에서 이를 처벌하고자 한다면, 이에 반항하여 오히려 문제를 야기 시킨다. 그들은 폭력을 사용해서까지 정의의 수행을 막고 있다"**[156) 라고, 1500년 11월 20일 스페인의 이사벨라(Isabella I, 1451~1504) 여왕은 적고 있습니다. 심지어는 가톨릭교회의 사제로서 『우신예찬』을 써서 그 당시 교회의 타락과 부패를 고발하고 교회가 예수 그리스도의 복음으로 돌아가야 한다고 역설하며 인문주의자들의 왕자라고 불렸던 데시데리우스 에라스무스(Desiderius Erasmus, 1466~1536) 조차도, 네덜란드 로테르담의 가톨릭 신부와 의사의 딸 사이에서 사생아로 태어나 수도원에서 양육되었습니다.[157) **루터의 종교개혁 당시 가장 심각한 문제로 떠오른 것은, 로마 가톨릭교회의 교황과 주교들 그리고 사제들이 성도들에게 바른 구원의 복음을 전하고 그들의 갈급한 영혼과 피폐한 삶을 돌보기보다는 면죄부 판매를 통하여 들어오는 짭짤한 수입에 혈안이 되어 있었다는 것입니다.**

## 2. 루터의 수도원 입회

이러한 역사적 상황 속에서, 종교개혁은 루터의 개인의지와 시대적 상황의 요구 그리고 때가 도래함으로 말미암는 하나님의 주도하심이 합쳐져서 이루어졌다고 할 수 있습니다. 루터는 1483년 독일의 아이슬레벤(Eisleben)에서 태어났습니다. 아버지 한스(Hans, ?~1530. 06. 29)는 빈농 출신이지만, 후에 광산업자가 되어 아들 루터를 교육시키는데 경제적으로 큰 어려움이 없었습니다. 아버지로부터 루터는 체벌을 동반한 엄격한 가정교육을 받았습니다. **그는 아버지의 뜻을 따라 법률가가 되려고 공부하던 중 1505년 여름방학에 집을 방**

---

156) 위의 책, 15.
157) 위의 책, 22.

문했다가 다시 에르푸르트(Erfurt)로 되돌아가던 도중에 스토테른하임(Stotternheim) 마을에서 폭우를 만났고, 두려움을 주는 천둥번개와 폭풍 속에서 죽음과 지옥의 공포를 경험하고 수도사가 되기로 성 안나(St. Anne, 성모 마리아의 어머니이자 광부의 수호성인)에게 맹세하였습니다.158) 그 맹세에 따라 에르푸르트에 있는 아우구스티누스 파 수도원에 들어갔습니다. 이것은 1505년 7월 루터의 나이 22세 때였습니다. 루터를 수도원으로 이끌어 간 것은 자기 자신의 구원에 관한 관심 때문이었습니다. 그 당시에 교회가 제시한 구원에 이르는 확실한 방법은, 자기 자신을 부정하는 수도사의 생활이었습니다. 수도사 수련기간 동안 루터는 자기가 지혜로운 결정을 내렸다고 확신했습니다. 루터는 수도원에서 마음속의 행복과 하나님의 평화를 느끼며 수도사의 생활에 만족했습니다.159)

## 3. 루터의 영적 고민

그런데 루터는 사제 서품을 받고 처음으로 미사를 집전하면서, 자신의 손으로 그리스도의 몸 자체를 받들고 있다는 생각 때문에 감당할 수 없는 공포에 사로잡혔었다고 그 소감을 적었습니다. 이러한 공포감은 루터에게 그 정도와 빈도를 더하여 파상적으로 엄습해왔습니다. 왜냐하면 루터는 자신이 하나님의 사랑을 받기에 충분하지 못한 존재라고 느꼈을 뿐만 아니라, 자기가 구원을 받기에 충분한 봉사와 헌신을 하고 있다고 확신할 수 없었기 때문이었습니다. 그러한 회의감으로부터 벗어나고자 루터는 수도사의 계율을 가장 충실하게 지키고, 자기를 체벌하며, 가능한 한 자주 고해성사를 드렸습니다. 그러나 루터는 항상 자기 죄악성을 심각하게 느끼고 있었으며, 그가 이를 극복하고자 노력하면 할수록 오히려 죄의식은 더욱더 강해지는 것이었습니다. **자신의 죄를 고해하기 전이나, 고해하는 순간에도, 심지어는**

---

158) Reinhard Schwarz, 『마틴 루터』, 29.
159) 유스토 L. 곤잘레스, 『종교개혁사』, 29-31.

고해하고 나서도 루터의 마음에 평화는 없었습니다. 미처 고해하지 못한, 즉 자신이 생각해내지 못한 죄에 대한 죄책감과 불안이 루터를 사로잡고 있었습니다. 그렇게 되면, 루터가 그토록 추구한 구원은 수포로 돌아갈 것이기 때문이었습니다. 루터는 갈수록 조급해지고 절망적으로 변해갔습니다. 죄란 인간이 스스로 의식할 수 있는 행동이나 생각들, 그 이상의 무엇임이 분명한 하나의 존재상태이기 때문입니다. 즉, **죄란 인간들이 신부에게 고해할 수 있는 행동이나 생각들 그 이상의 무엇임이 분명했습니다. 다시 말해서, 죄란 하나님 중심적이기보다는 언제나 자기중심적인 인간실존 전체에 깊이 드리워져 있는 그늘이라는 것입니다.** 그러므로 빈번한 고해성사는 루터의 죄를 덜어주기보다는 그의 죄책을 더해가게 만들었습니다.160)

그러던 중에 루터는 수도원주의에 몰입했던 것처럼, 또 다른 구원의 길을 찾아 신비주의에 몰입하게 되었습니다. 하나님과의 합일을 추구하는 신비주의의 가르침에 따르면, **하나님과의 신비적인 일치는 하나님을 순수하게 사랑하기만 하면 된다는 것입니다.** 그러면 그 사랑의 결과로 다른 중요한 것들은 저절로 따라오게 된다는 것입니다. 루터는 이것을 믿는 그 순간 자기의 죄책을 망각할 수 있었습니다. 그러나 루터는 인간이 하나님을 사랑한다는 것도 쉬운 일이 아님을 알게 되었습니다. 자기의 모든 생각과 행동을 기억하는 의로우신 하나님의 진노를 생각할 때, 그 하나님을 사랑하기란 쉽지 않고, 오히려 그 하나님에게 루터는 깊은 증오를 느끼고 있었습니다. **교회가 제시한 구원의 길인 죄의 고해도 죄가 그 고해의 한도를 넘어서 있고, 신비주의자들이 제시한 길인 하나님을 사랑하기만 하면 된다고 하는 것도 행동에 대한 책임을 묻고 심판하시는 정의로운 하나님을 사랑할 수 없게 되자, 루터는 더욱더 절망적인 고민의 수렁에 빠졌습니다.**161)

---

160) 위의 책, 31-32.
161) 위의 책, 32-33.

## 4. 성서연구 중에 얻은 해답

이 때 루터의 영성을 지도했던 스승이자 그의 고해신부였던 쉬타우피츠의 요한(Johann von Staupitz, 1460-1524)은, **루터가 연구와 교수활동 그리고 목회적인 책임에 몰두하여 충실하다 보면 그런 영적 고민에서 헤어 나올 수 있다고 생각하여, 루터로 하여금 비텐베르크(Wittenberg)에 새로 세워진 대학에서 성경을 연구하고 가르치게 했습니다.** 루터는 1512년 비텐베르크 대학에서 성서신학 박사학위를 얻었고, 이를 통하여 성경을 가르칠 수 있는 자유와 의무를 부여받았습니다. 루터는 대학교수직을 위한 강의를 준비하면서 성경 속에서 새로운 의미들을 발견하였고, 바로 이러한 의미들이야말로 그의 영적인 갈구에 해답을 제시할 수도 있다는 가능성을 발견하게 되었습니다. **1515년경 로마서를 강해하던 중에, 루터는 로마서 1장에서 자기가 가진 고민과 난제들에 대한 해결책을 발견하였다고 선언하였습니다.** 물론 이러한 해결이 쉽게 오지는 않았습니다. 이는 단지 어느 날 하루 성경을 펴들고 로마서 1장 17절, 즉 "의인은 믿음으로 말미암아 살리라"는 구절을 읽는 것으로 해결될 문제는 아니었습니다. **이 위대한 발견은 기나긴 고통스런 번민과 고민 끝에 얻어진 통찰이었습니다. 루터의 구원에 대한 고민에 응답하는 성령 하나님의 감화 감동과 조명하심을 통하여, 그가 성서의 중심 메시지인 복음의 소리를 들은 것입니다.**[162]

공동번역에 보면 로마서 1장 16-17절이 다음과 같이 번역되어 있습니다. "나는 그 복음을 부끄럽게 여기지 않습니다. 복음은 먼저 유대인들에게, 그리고 이방인들에게까지, 믿는 사람이면 누구에게나 구원을 가져다주는 하나님의 능력입니다. 복음은 하나님께서 인간을 당신과 올바른 관계에 놓아주시는 길을 보여줍니다. 인간은 오직 믿음을 통해서 하나님과 올바른 관계를 가지게 됩니다. 성서에도 '믿음을 통해서 하나님과 올바른 관계를 가지게 된 사람은 살 것이다'라고 하

---

162) 위의 책, 33-35.

지 않았습니까?" 즉, 복음에는 하나님의 의가 나타나서 의롭지 못한 죄인들에게 믿음을 요구하고, 그 믿음의 결과가 바로 구원이라는 것입니다. 여기서 우선 바울사도는 복음을 부끄럽게 여기지 않는다고 로마인들에게 선언합니다. 그 이유는 복음이 누구에게나 차별이 없이 모든 믿는 자들에게 구원을 주시는 하나님의 능력이기 때문입니다. 다시 말해서, 고린도전서 1장 23절에서 복음은 율법의 전통을 고수하는 것을 의로움으로 여기는 유대인에게는 거리끼는 것이고, 철학적인 지혜나 영지를 추구하는 헬라인들에게는 미련한 것입니다. **하지만 바울은, 복음을 믿는 자들에게 십자가의 도는 구원을 주시는 하나님의 능력이요 하나님의 의라고 선포합니다.**

## 5. 복음의 능력[163]

로마인들은 그리스도인들을 신기하고 유해한 미신(그리스도의 살과 피를 먹고 마시는 성찬식)에 열중한 자들이라고 생각했습니다. 복음 때문에 바울은 빌립보에서 감옥에 갇히었고, 데살로니가에서 추방 당했으며, 베뢰아에서 몰래 탈출하였고, 아덴에서는 조롱받았지만, 자신이 믿고 전하는 복음을 자랑스럽게 생각했습니다. 우리는 이 복음에 나타난 구원의 능력을 믿지 못하고 체험하지 못하였기에, 그것을 부끄러워하거나 자랑하지 못하는 경우가 종종 있습니다. **복음은 말 그대로 믿는 자에게 구원을 주는 핵폭탄과 같은 능력입니다. 죄와 죄로부터 기인하는 어두움, 질병, 두려움, 불안, 절망 등 모든 것을 산산이 부숴버리는 하나님의 능력입니다.** 복음은 성령의 역사를 통하여 믿음이라는 스위치가 눌러져야만 터지는 핵폭탄과 같은 능력입니다. **복음은 하나님의 진노로부터 우리를 구원하여 부활의 소망을 주는 종말론적인 구원의 능력입니다.** 복음은 사랑과 은혜가 풍성하신 하나님의 능력이고, 복음의 요구는 믿음이며, 믿음의 결과는 구원이고, 구원

---

[163] 이 주제는 앞의 1장에 나온 바울신학의 복음에 대한 이해가 루터신학에 이르러 다시 만개한다는 것을 역설하기 위해서 중복된 내용이지만 반복한다.

은 인간을 절망의 구렁텅이로 몰아넣는 모든 죄악과 사망을 이기는 영생의 소망입니다.

루터의 말에 따르면, "**많은 사람들이 그리스도교 신앙을 너무나도 단순하고 용이하게 생각한다는 것이다. 어떤 이들은 신앙을 겨우 인간들이 갖추어야 할 덕성들 가운데 하나로 열거하고 있다. 그 이유는 그들이 신앙이 무엇인지 진실로 경험해 보지 못했기 때문이며, 신앙의 힘이 얼마나 큰지 시험해 보지 못했기 때문이다.**"[164] 로마서 1장 17절은 복음 속에는 하나님의 의가 나타났다고 말합니다. **복음이란 하나님의 의(의로우심), 즉 하나님의 정의의 계시입니다. 그러나 이 하나님의 정의로 말미암아 루터는 불안에 사로잡혔습니다. 루터가 이해한 하나님의 정의는 인간의 죄를 모두 드러내어 심판하시는 정의였기 때문입니다.** 루터는 "어떻게 이러한 메시지가 복음, 즉 좋은 소식이 될 수 있다는 말인가?"라는 의문에 사로잡혔습니다. 루터의 생각에는 진정한 복음, 즉 좋은 소식이라면 하나님께서 공의롭지 않으셔야만 합니다. 다시 말해서, 하나님께서 죄인들을 심판하지 않으셔야만 합니다. 로마서 1장 17절은 복음과 하나님의 의를 관련시키고 있습니다. 루터는 죄인을 심판하시는 하나님의 정의라는 구절 자체를 싫어하였고, 여러 날 동안 밤낮을 가리지 않고 복음과 하나님의 의와의 관계를 이해하려고 노력했습니다. 왜냐하면 이 구절 속에는 복음을 통해 하나님의 정의가 드러났다고 선포한 후에, 곧이어 의인은 믿음으로 말미암아 살리라고 수긍하고 있기 때문입니다.[165]

그런데 그 해답은 놀랄만한 것이었습니다. **루터는 하나님의 정의를 자신이 이제까지 오해했던 것처럼, 그것이 신자들에 대한 처벌을 가리키는 것이 아니라 예수 그리스도를 믿는 죄인을 의롭다고 인정하는 포근한 사랑이라는 결론에 도달했습니다.** 이는 오히려 복음을 믿는 의인들이 받아가진 의가 인간들 자신의 내면에 있는 어떤 것이 아니라, 하나님의 것이라는 의미였습니다. 하나님의 의라는 것은 복

---

164) 유스토 L. 곤잘레스, 『종교개혁사』, 27.
165) 위의 책, 35.

음을 받아들여 믿음으로 사는 자들에게 주어지는 것이었습니다. 또 이러한 의는 인간들이 의로웠거나 혹은 신적인 공의가 요구하는 사항들을 만족시켰기 때문이 아니라, 단지 하나님께서 십자가의 도를 믿는 자들에게 주시기를 원하셨기 때문에 주어진 것이었습니다. **이신칭의나 이신득의란, 믿음으로 말미암아 의롭다 여김을 받아 실제 생활 속에서 하나님이 원하시는 의로운 일을 행하는 선행으로까지 나아가는 믿음으로서 전적으로 하나님의 선물에, 즉 은총에 기인한 것이지, 우리가 무언가를 성취해야 하는 것으로서 그 후에 하나님께서 보상하신다는 의미가 아닙니다. 복음에 나타난 하나님의 의는, 우리를 정죄하는 의가 아니라, 그 하나님의 의는 우리가 죄인임에도 불구하고 십자가에서 우리를 대신하여 형벌을 받아 그 죄를 대속하신 예수 그리스도를 믿고 받아들이는 성도들에게 덧입혀지는 은총이며, 거저 주시는 선물이라는 것입니다.**[166] 이런 점에서 **하나님의 정의는 하나님의 사랑을 의미하고, 하나님의 사랑은 그 사랑을 받아들이고 믿는 성도들을 의롭다고 여겨주시며 그들을 의로운 삶의 길로 인도하십니다.**

## 6. 성서의 맥락 속에 나타난 하나님의 의[167]

하나님께 항의한 사람인 하박국, 즉 하나님과 씨름한 사람인 하박국 2장 4절에 보면, "의인은 믿음으로 말미암아 살리라"는 구절이 나옵니다. 바빌론에 의하여 주전 612년에 앗시리아 제국의 수도 니느웨가 함락당하고, 주전 605년에 갈그미스 전투에서 이집트가 패전함으로, 고대근동 지역에서 바빌론이라는 나라가 그 지역의 패권을 장악하게 되었습니다. 이러한 상황에서 하나님을 향한 하박국의 항거는 다음과 같습니다. 즉 사회적인 차원에서, 악인이 의인을 삼키는데도 하나님은 언제까지나 침묵하시나이까? 국가적인 차원에서, 왜 하나님

---

166) 위의 책, 35-37.
167) 이 주제는 앞의 1장에 나온 바울신학의 믿음으로 말미암은 의가 루터신학의 이신칭의론에서 다시 빛을 발한다는 것을 강조하기 위해서 중복된 내용이지만 반복한다.

은 악한 세력 바벨론을 일으켜 세워 하나님의 심판의 도구로 사용하시는가? **이때 하나님이 하박국에게 하신 말씀이, "의인은 믿음으로 말미암아 살리라, 비록 더딜지라도 기다려라."는 것입니다. 하나님의 행하심을 믿음으로 신뢰하고 기다리는 것이 바로 "의"라는 것입니다.**

바울이 이해한 복음에 나타난 하나님의 의는, 자신의 대적자들인 유대교적 그리스도인들의 율법주의를 배격하는 차원에서 말해진 것이었습니다. 즉, 예수를 믿어도 구약의 율법들을 지켜야만 구원을 얻는다는 잘못된 구원관을 공격하는 것이었습니다. 이방인을 위한 사도로서 복음을 전파하는 선교적인 소명을 지닌 **바울은, 성도들이 율법의 행위로써가 아니라 오직 예수 그리스도께서 우리의 불의와 죄를 대신하여 수난 당하셨음을 믿음으로써 구원받아 하나님과 이웃을 사랑하며 살아갈 수 있다고 주장했습니다.** 그리고 그것을 통하여 그리스도의 언약 공동체의 회원이 될 수 있다고 증언합니다.

## 7. 루터가 새롭게 이해한 하나님의 의

루터의 주장에 따르면, 교회에서 베풀어지는 성례를 통해서나 인간이 쌓아올린 공로적인 업적과 불완전한 의(**영광의 신학: 상승의 사닥다리 신학**)를 통하여 우리가 구원을 얻을 수 없다는 것입니다. 그러나 **우리는 오직 예수 그리스도를 믿음(하강의 십자가 신학)으로써, 복음에 나타난 의로 죄인인 우리를 덧입혀서 의인으로 선언하는 하나님과의 관계가 바뀌어, 즉 죄인에서 하나님의 아들과 딸로 신분이 변화되어 구원을 얻을 수 있다는 것입니다.** 여기서 우리를 의롭다고 여겨주시는 하나님의 의는 인간 자신의 내면의 어떤 것이 아니라(인간의 양심과 도덕과 종교성이 아니라), 하나님으로부터 나와서 하나님에 의하여 우리에게 덧입혀진 것이기에, 루터는 그것을 "낯선 의"(fremde Gerechtigkeit: 외래적인 의)라고 표현했습니다. 인간의 죄를 낱낱이 찾아내어 징벌하는 차원의 의가 아니라, 오히려 하나님이 예수 그리스도의 십자가의 형벌적인 대속을 믿는 자들을 의롭다고 칭하여 주는 의인 것입니다. **십자가 위에서 그리스도가 죄로 물든 인간들을 대신하여 정죄되고, 그 대속적인 형벌의 은총을 믿는 인간은 하나님에 의하여 의롭다 칭해지고 구원받습니다.** 의로우신 하나님의 진노가 십자가 위의 견디기 힘든 고통과 절망의 죽음으로 나타났습니다. 예수 그리스도의 형벌적인 대속은 인간의 죄를 하나님이 대신 지심을 뜻합니다. 죄인들에 대한 의로우신 하나님의 진노와 의의 심판은 그리스도의 십자가에서 끝나고, 죄인들을 의롭다고 여겨주시는 구원의 은총은 그리스도의 십자가에서 시작되며 진리의 영이신 성령의 역사를 통하여 믿음의 고백을 타고 죄인에게로 흘러들어 갑니다.

그러므로 하나님의 의라는 것은, 하나님과 우리를 아버지와 자녀들이라는 새로운 관계에 놓아주는 관계적인 의인 것입니다. 그러한 의는 심판의 하나님과 죄인의 차원에서가 아니라, 구원과 사랑의 하나님이 죄인인 인간을 대신해서 십자가에 달리신 자신의 아들과 함께 대신 벌 받으시고 인간을 의롭다고 받아들이는 것입니다. 하나님의 의는 심판과 구원의 차원, 즉 징벌과 구원의 차원이 있습니다. **"믿음에서 믿음에 이르게 하나니"는 복음을 믿는 믿음에서, 하나님의 의를 소유하여 하나님이 기뻐하시는 일들을 생활 속에서 적극적으로 실천하는 믿음에 이르게 한다는 의미입니다.** 즉, 성도들은 예수 그리스도를 통하여 죄인을 의롭다 여겨 주시는 하나님을 믿음으로써 하나님의 의롭다 하시는 은혜를 소유하게 되고 구원을 받게 됩니다. 이러한 예수 그리스도의 은총으로 죄를 덮어 죄인을 의롭다고 인정하여 주시는 사랑의 하나님의 의를 발견한 루터의 고백은 다음과 같이 표현되어 있습니다.

**"나는 마치 내가 새로 태어난 것처럼 느꼈다. 그리고 천국의 문이 활짝 열린 것처럼 느꼈다. 성경 전체가 새로운 의미를 갖게 되었다. 하나님의 정의(the justice of God)라는 구절이 내 가슴 속을 미움 대신에 말로 형언할 수 없는 위대한 사랑의 달콤함으로 가득 채우는 것이었다."**[168] 이러한 고백이 우리 모두의 고백이 되기를 우리 주 예

---

[168] 유스토 L. 곤잘레스, 『종교개혁사』, 37.

수 그리스도의 이름으로 축원합니다.

## 8. 두 종류의 의(이신칭의로부터 이신득의에로 나아감)169)

이양호 교수에 따르면, 신앙의인(信仰義認)이나 이신칭의(以信稱義)보다는 이신득의(以信得義)라는 표현이 루터신학을 더 정확하게 표현하는 용어라는 것입니다. 루터에 의하면, 득의는 다음과 같이 양면성을 가집니다. 즉, "**이것들이 득의의 두 부분이다. 첫째는 그리스도를 통해 계시되는 은총이다. 즉, 그리스도를 통해 우리가 은혜로운 하나님을 가지는 것이다. 그래서 죄가 더 이상 우리를 고발할 수가 없다. 우리의 양심은 하나님의 자비에 대한 신뢰를 통해 평화를 발견하였다. 두 번째 부분은 성령과 함께 성령의 은사들을 수여하는 것이다. 성령은 영과 육의 부정에 거슬러 우리를 조명한다.**"170)

따라서 루터에게 이신득의라는 은혜는 "**그리스도와의 연합**"과 "**점진적 성결**"을 의미하며, 즉 **믿음에 의한 칭의 뿐만이 아니라 동시에 의화**라고 할 수 있다는 것입니다. 그러므로 성도는 그리스도로부터 오는 외래적인 의를 받아 그것의 산물로 **선을 행하고, 자기에 대해서는 육을 죽이고 욕망을 십자가에 못 박으며, 이웃을 사랑하고 하나님에 대해 온순하고 두려워하는 의를 완성해 가야 한다**는 것입니다. 그리고 루터는 신앙을 가진 성도들 모두 복음의 감화를 통하여 그리스도의 명령을 따라 살아가야 한다고 말함으로써 **신앙(믿음)에서 행위를 배제하거나 신앙(믿음)과 행위를 대립시키지 않고 오히려 행위를 중세교회보다 더 강조합니다**.171)

그러므로 루터는 다음과 같이 말합니다. "**신앙은 우리 안에 있는 하나님의 일로서 우리를 변화시키고 우리를 하나님에게서 새롭게 태어나게 만든다. 그것은 옛 아담을 죽이고, 그리고 우리를 마음과 영

---

169) 이 주제는, 김형근, 『본회퍼의 통전적인 영성』 (옥천: 도서출판 은소몽, 2017), 93-94에서 이미 동일하게 취급한 것임을 밝혀둔다.
170) 이양호, 『루터의 생애와 사상』 (서울: 대한기독교서회, 2002), 6.
171) 위의 책, 7.

과 지성과 능력에 있어서 전혀 다른 사람들로 만든다. 그것은 그것과 함께 성령을 가지고 온다. 오, 이 신앙은 살아있고 분주하고 활동적이며 능력 있는 것이다. 그것은 끊임없이 선한 일들을 하지 않을 수 없다. 그것은 선한 일들을 행할 것인지를 묻지 않는다. 묻기 전에 이미 행하고 또 끊임없이 행한다. 그런 일들을 행하지 않는 사람은 불신자이다."172)

루터신학의 이러한 점에 비추어 보아, 디트리히 본회퍼의 루터해석은, 루터가 체험한 "의인은 믿음으로 말미암아 살리라"는 은혜에 부합한다고 말할 수 있습니다. 즉 예수 그리스도를 믿는 믿음과 함께 그분의 뒤를 따라가는 철저한 순종을 강조한 본회퍼도, 성도는 그리스도 예수 안에서 선한 일을 위하여 지으심을 받았고(엡2:8-10), **성도 가운데서 선한 일을 시작하신 분은 예수 그리스도이기에(빌1:6), 믿는 자는 의롭게 되고 의롭게 된 자는 거룩하게 되며, 거룩하게 된 자는 심판의 날에 구원을 받을 것**이라고 말합니다. 그러므로 언제나 자기자랑에 바쁜 우리와 같은 **죄인들의 구원은**, 근본적으로 우리 자신들의 믿음과 의로움과 성화 때문이 아니라, **예수 그리스도께서 죄인들의 의로움과 거룩함과 구원함이 되시기 때문에 가능하다는 것입니다**(고전1:30).173)

## 9. 면죄부를 공격한 루터의 95개조 반박문
### 9.1 면죄부의 신학적 근거

영어로 면죄부(indulgence)는 라틴어의 면죄(indulgentia) 혹은 면제해주다(indulgeo)에서 유래합니다. 그러므로 면죄부는 죄에 대한 벌을 면제해 주는 증명서(독일어로 Ablaßbrief)입니다. 교황권을 행사하는 면죄부의 성경적 기초는, 바로 마태복음 16장 19절의 "내가

---

172) 위의 책, 8.
173) Dietrich Bonhoeffer, *Nachfolge*, 손규태·이신건 옮김, 『나를 따르라: 그리스도의 제자직: 디트리히 본회퍼 선집 5』 (서울: 대한기독교서회, 2010), 348-350.

**천국 열쇠를 네게 주리니 네가 땅에서 무엇이든지 매면 하늘에서도 매일 것이요 네가 땅에서 무엇이든지 풀면 하늘에서도 풀리리라"**는 신앙고백자 베드로를 향해서 축복하신 예수님의 말씀입니다. 예수님과 베드로 그리고 교황들로 이어지는 사도계승의 전통에 따라 하늘나라의 열쇠를 교황이 물려받아 가졌고, 그리스도의 대리자인 교황이 죄를 용서하는 면죄부를 발행할 수 있다는 것입니다. 또한 성모 마리아나 성인들은 자신들의 벌을 면제하고도 남는 공로인 잉여공로가 있는데, 로마 가톨릭교회는 그러한 잉여공로(선한 업적의 보물)를 보관하는 보물창고라는 것입니다. 그러므로 **교회의 수장인 교황은 그 보물창고의 관리자이고 면죄부를 나누어 줄 수 있으며, 성도들은 돈을 주고 구입한 면죄부를 통해 잉여공로의 보물을 소유하면 하나님의 의를 얻어 죄를 용서받을 수 있다는 것입니다.**[174]

그리고 면죄부 판매를 가능하게 만든 또 하나의 신학적 근거는 로마 가톨릭교회의 회개의 교리와 실천에 있었습니다. 이에 따라 성도들이 회개를 실천하면 죄를 용서받았습니다. **그 당시의 교회는, 회개란 마음의 깊은 통회와 더불어 사제에게 죄를 고백하는 고해성사와 죄에 대한 보상을 통하여 이루어진다고 성도들에게 가르쳤습니다.** 여기서 말하는 **죄에 대한 보상이** 11세기를 지나면서 **금품기부로 대체되기도 하였고,** 12세기를 지나면서는 사제가 선포하는 사죄의 선언이 **"하나님이 너를 용서하셨다"가 "내가 너를 용서한다"는** 형식으로 전환되어 **죄를 용서하여 주는 주체가 하나님이 아니라 사제로 바뀌면서,** 사제가 면죄부를 통하여 죄를 용서해 줄 수 있는 근거가 마련되게 되었습니다. **이러한 회개의 교리에 따라오는 문제는,** 하나님이 예수 그리스도의 십자가를 통하여 값없이 주시는 은혜와 사랑을 믿지 않고 인간 자신이 행한 마음의 통회와 죄의 고백과 죄에 대한 보상을 신뢰하게 된다는 것입니다. **즉 하나님의 의를 믿어야 하는데 자신의 행위를 통하여 쌓은 업적과 공로적인 의를 신뢰하게 된다는 것입니다.**[175]

---

174) 김균진, 『루터의 종교개혁』 (서울: 새물결플러스, 2018), 188-190.

## 9.2 면죄부 판매를 통한 불의한 이익

루터는 이신득의의 체험 후에 조용히 살려고 했지만 종교개혁의 도화선이 된 면죄부 사건이 터지게 되었습니다. **루터는 면죄부와 그 신학적 전제들을 공격한 95개조 반박문을 1517년 10월 31일 비텐베르크대학교회의 문에 붙였습니다.** 그날은 모든 성인들을 기념하는 만성절(All Saints Day)로 많은 사람들이 모이는 날이었습니다. 이 반박문은 인쇄술의 발달로 유럽전역에 퍼져나갔고, 또한 라틴어 원문이 독일어로 번역되었습니다. 교황 레오 10세(Leo PP. X, 1475~1521)는 성 베드로 성당 건축 완공을 위한 자금을 마련하려고 면죄부를 판매하였습니다. 복음에 근거하여 루터는 면죄부 판매에 항의하였습니다. 독일지방의 면죄부 판매책임자는 도미니크수도회에 소속된 요한 테첼(Johann Tetzel, 1465~1519)이었습니다. **테첼의 말에 따르면, 면죄부가 죄인들을 세례보다 더 깨끗하게 만들며 타락 이전의 아담보다도 더 순결하게 만들 뿐만 아니라, 면죄부를 판매하는 자의 십자가는 그리스도의 십자가만큼이나 효력을 가진다는 것입니다. 그리고 테첼은 이미 사망한 친구들을 위하여 면죄부를 사는 사람들에게 약속하기를, "헌금함 바닥에 동전이 짤랑하고 떨어지는 순간에 (천국과 지옥의 중간인) 연옥에 갇혀 있던 영혼이 (천국으로) 화살처럼 솟아오른다."**[176] 라고 설교하면서 면죄부를 판매하였습니다.

이러한 방식으로 마인츠의 대주교 브란덴부르크의 알브레히트(Albrecht von Brandenburg, 1490~1545)나 고위성직자들과 지방영주들은, 면죄부 판매로 얻은 이익의 반으로 자기 주머니를 채우고, 그 나머지 반을 교황에게 상납하였습니다. 그 상납금으로 교황은 로마의 성 베드로 성당을 수축하였습니다. 이런 맥락에서 교구도 교황이 돈을 받고 매매하였습니다. 이러한 외부세력들에 의하여 독일인들의 착취를 혐오하고 있던 이들로부터 루터의 면죄부에 대한 반박은

---

175) 위의 책, 191.
176) 유스토 L. 곤잘레스, 『종교개혁사』, 40.

열광적인 지지와 호응을 얻게 되었습니다. **루터의 반박문은 면죄부의 착취 문제를 지적하고 있었습니다.** 반박문에서 루터는, 만일 면죄부나 그것을 파는 교황이 영혼을 구원할 능력이 있다면, 영혼을 사랑하는 마음에서 그것을 그냥 아무런 대가없이 사람들에게 나누어 주어야 한다고 설파하였습니다. 즉, 교황의 임무는 면죄부 때문에 마지막 한 푼까지도 착취당하는 가난한 자들을 구제하는 것이고, 심지어 성 베드로 성당을 팔아서라도 그들을 구제해야만 하는 것이라고 지적하였습니다.[177]

### 9.3 95개조의 구체적인 내용

루터가 로마 가톨릭교회의 면죄부 판매를 비판하고 하나님의 정의와 자유를 외친 95개조 반박문의 전문은 손규태 교수의 책에 잘 소개되어 있습니다.[178] **이러한 95개조는 당시 가톨릭교회의 회개의 이론과 실천의 문제점들을 지적하는 것이기도 하지만, 죄의 완전면죄를 선언하는 교황권을 상대화 시키고 하나님의 절대주권과 은총을 찬양한 것입니다.**[179] 가톨릭교회의 체제와 질서를 거부하는 **"면죄의 효력에 대한 해명을 위한 변론"이라는 제목을 지닌 95개조는** 면죄부 문제를 직접적으로 취급하고 있는 성격의 논제들로 보이지만, 좀 더 폭넓은 의미에서 베드로 성당 건축을 반대하고, 교황이 연옥을 다스릴 수 있다는 주장을 비판하며, 면죄부가 지닌 신학의 유해성을 지적한 것으로 해석할 수도 있습니다.[180] 루터는 95개조 발표와 동시에 그것을 첨부하여 브란덴부르크 출신의 알브레히트(Albrecht von Brandenburg, 1490-1545) 대주교에게 편지를 써서, **대주교의 책임은 성도들에게 올바른 구원의 길을 설교하는 것인데, 면죄부는 성도들의 영혼을 잘못된 구원의 길로 인도한다고 지적하였습니다.** 루터는

---

177) 위의 책, 41.
178) 손규태, 『마르틴 루터의 신학사상과 윤리』 (서울: 대한기독교서회, 2004), 31-40.
179) 김균진, 『루터의 종교개혁』, 202.
180) 위의 책, 209.

대주교에게, 면죄부가 성도들의 구원과 영생에 아무런 유익이 없고, 교회가 한시적으로 교회법에 따라 부여한 형벌들만을 면해줄 수 있으며, 주교의 최우선적인 임무는 성도들에게 그리스도의 복음과 사랑을 설교하는 것이지 면죄부 설교와 판매가 아니기 때문에 거짓 복음인 면죄부 설교와 판매를 당장 그만두라고 촉구했습니다.[181]

### 9.4 95개조의 첫 번째 논제

"신자들의 전 생애가 회개이어야 한다."

참된 회개는 사제가 집전하는 고해성사로 제한 될 수 없고, 죄에 대한 보상으로 교회에 헌금하는 것으로 대체될 수 없으며, 지속적으로 자신의 옛 자아를 미워하며 죽이고 예수 그리스도의 죽음에 참여하고 그의 부활에 따라 새 생명으로 태어나는 생애의 전 과정이어야 한다는 것입니다. 그러므로 **교황은 교회법에 따라 부과된 죄들 이외에 다른 어떤 죄도 용서할 수가 없고, 다만 교황은 하나님이 성도들의 죄를 용서하신다는 것을 선포하고 추인할 수 있을 뿐입니다. 즉 교황이 말하는 모든 죄의 완전 면제는 모든 죄의 용서기 이니리 교황 자신이 부과한 교회법적인 죄들에 대한 용서일 뿐입니다.** 면죄부를 통하여 연옥에 있는 영혼들이 받는 형벌이 면죄되어 그들이 연옥에서 벗어날 수 있다는 교리를 선포하는 것은, 주교들이 잠자는 동안 교회 안에 심겨진 잡초에 불과하고 어리석고 악한 설교라는 것입니다. 그러므로 인간이 쌓아 올린 업적과 잉여공로를 돈으로 사는 면죄부는 아무런 죄도 용서하지 못하기 때문에, 결과적으로 인간을 구원하지 못합니다. **따라서 면죄부를 통하여 구원을 얻는다고 설교하는 것은 미친 짓이기 때문에, 성도들은 오직 예수 그리스도의 은혜를 믿음으로만 구원을 받는다는 것입니다.**[182]

---

181) Reinhard Schwarz, *Luther*, 『마틴 루터』, 99.
182) 김균진, 『루터의 종교개혁』, 202-203, 209-210.

## 9.5 참된 회개가 없는 면죄부의 부정적인 영향

면죄부의 역효과는, 첫째로, 성도들의 마음 깊은 데서 우러나오는 **진정한 회개의 필요성을 상실시키는 것입니다**. 둘째로, 성도들의 마음을 하나님과 멀리 떨어지게 하여 그들에게서 **하나님을 믿고 경외하며 이웃을 사랑하는 마음이 없어지게 만든다는 것입니다**. 셋째로, 성도들이 하나님의 명령들에 대해서 관심을 기울이지 않게 만들고 **정작 그분의 명령들을 수행하기 위해서 필요한 돈이 없어진다는 것입니다**. 넷째로, 악한 사람이 참된 회개를 통하여 선한 사람으로 거듭나지 않고 **그가 지속적으로 악하게 살도록 허락하고 방치한다는 것입니다**. 다섯째로, 교황과 마인츠의 대주교 알브레히트는, 부를 건져 올리는 그물인 면죄부 판매를 통하여 성도들을 구원하고 돌보기보다 오히려 자신들의 재물에 대한 욕심을 채우고 **가난한 서민들의 생계를 더욱 더 황폐화시키는 결과를 초래했다는 것입니다**.[183]

## 9.6 그리스도의 권위 아래에 있는 교황의 권위

완전면죄는 교황에게 속한 권한이 아니라 삼위일체 하나님에게 속한 권한이라고 루터가 말한 것은, 교황권의 부인과 그것의 축소를 의미합니다. 즉 완전면죄는 진정으로 회개하고 주 예수를 믿는 성도들에게만 가능한 것이기 때문입니다. **교황은 단지 자신의 명령과 교회법을 어긴 사람들만을 용서할 수 있을 뿐입니다**. 그리고 사람이 죽으면 교황의 법적인 통치를 벗어나기에, 교황은 죽은 사람들을 용서할 수 있는 권한이 없고 단지 그들을 위해 중보기도만을 할 수 있을 뿐입니다. 그러므로 **성도들이 사제들의 중재를 통해서 죄를 용서받는 것이 아니라, 예수 그리스도를 통하여 직접적으로 죄용서와 구원을 받는 것입니다**. 또한 교회의 머리는 교황이 아니라 예수 그리스도이시기 때문에, 머리되신 그리스도의 몸 된 교회의 구성원들인 교황과

---
183) 위의 책, 210.

사제와 성도들은 그리스도 앞에서 서로 동등한 지체들이라는 것입니다. 따라서 죄용서와 구원은 사제들의 특권이나 전유물이 아니고, 예수 그리스도를 통하여 하나님과 성도들 사이에 혹은 그리스도의 이름으로 성도들 상호 간에 죄를 고백하고 용서받을 수 있는 것입니다.[184]

## 9.7 교회의 보물은 그리스도의 참된 복음

성인들이 자신의 구원을 위해 쓰고 남겨준 잉여공로와 잉여의가 복음이 아니라, 참된 복음은 하나님의 영광과 은혜의 거룩한 복음이라는 것입니다. 따라서 교황이 잉여공로를 관리하며 그것을 나누어주는 면죄부를 판매하기보다는 예수 그리스도의 구원하시는 복음을 설교해야만 한다는 것입니다. 하나님이 진정으로 기뻐하시는 일은 면죄부를 사는데 돈을 쓰는 것이 아니라, 복음에 따라 하나님 사랑과 이웃사랑을 실천하기 위하여 가난한 사람들에게 거룩한 낭비(지출)를 하는 것입니다. 이런 점에서 그리스도인들의 올바른 삶이란, 성인숭배와 성상숭배 그리고 면죄부 구입이 아니라 자기를 부인하고 십자가를 지고 그리스도의 뒤를 따르며 삶 속에서 예수 그리스도의 사랑을 실천하는 것입니다.[185]

## 9.8 사회적인 차원의 개혁

교황이 면죄부를 판매하여 부를 축적하면 할수록 그만큼 더 서민들의 굶주림과 고통은 극심해져 갔습니다. 그래서 루터는 성 베드로 성당의 건축을 양들의 가죽과 살과 뼈에서 착취한 돈으로 진행할 것이 아니라 가장 부유한 교황 자기 자신이 축적한 재산으로 건축해야 한다고 외쳤습니다. 루터는, 교황이 그 성당을 팔아서라도 면죄부 설

---

184) 위의 책, 211-212.
185) 위의 책, 213.

교자들이 가난한 사람들에게 갈취한 돈을 돌려주어야 한다고 주장하며 그 당시의 사회 속에서 하나님의 정의가 실현되기를 부르짖었습니다. 심지어 성도들의 영혼을 사랑하기보다 돈을 더 사랑하는 교황은 과거에 판매한 면죄부의 효과를 취소하고 새로운 면죄부를 판매하기도 하였습니다. 그래서 루터는 과거에 판매한 면죄부가 아직도 죄의 면죄를 보장하는 효력을 가지고 있는데, 교황과 사제들이 그 유효함을 취소하는 것은 잘못된 일이라고 지적하였습니다. 이런 점에서 95개조가, **교황이 서민들에게 면죄부를 팔아서 그들을 착취하는 문제를 지적한 것은 종교적인 문제를 넘어서 사회적인 차원에서의 해방과 구원을 말하는 것입니다**.[186]

## 10. 종교개혁의 확산

루터가 95개조 반박문을 발표하고 몇 달이 지나는 동안에 인쇄업자들은, 라틴어로 된 그 반박문에 독일어 번역문을 곁들여 그것을 독일 전역에 뿌렸습니다. 그 후 1518년에 루터는 화형당할 두려움을 안고 **하이델베르크(Heidelberg) 회의**에 참석하여 논쟁하였습니다. 하지만 그는 많은 수도사들의 격려와 동조를 받았고 그들의 환송 속에 귀환하였습니다. 하이델베르크에서 벌어진 논쟁에서, **루터는 영광의 신학**(theologia gloria: 하나님의 창조 사역과 자연이성을 통해서 하나님을 인식하는 신학)**에 반대되는 십자가 신학**(theologia crucis: 낮아지신 그리스도의 십자가의 부끄러운 고난을 통하여 하나님의 계시를 인식하는 신학)**이 진정한 신학의 본질**이라고 다음과 같이 주장하였습니다.[187]

"즉 영광의 신학은 하나님의 분명한 신적 능력, 지혜, 영광을 통하여 직접 하나님을 알고자 하고, 반면에 십자가 신학은 바로 하나님

---

186) 위의 책, 214-215.
187) Paul Althaus, *The Theology of Martin Luther*, 이형기 옮김, 『루터의 신학』(서울: 크리스챤 다이제스트, 1994), 41.

이 자신을 감추시는 곳에서, 그의 고난 가운데서, 영광의 신학이 약하고 어리석다고 간주하는 모든 곳에서 역설적으로 하나님을 인식한다."[188] 이에 대한 토대는 고린도전서 1장 18절의 "십자가의 도가 멸망하는 자들에게는 미련한 것이요 구원을 받는 우리에게는 하나님의 능력이라"는 바울의 증언입니다. 그러므로 **성도들은 하나님으로부터 나서 그리스도 예수 안에 있고, 예수는 하나님으로부터 나와서 성도들에게 지혜와 의로움과 거룩함과 구원함이 되셨으니, 자랑하는 자는 주 안에서 자랑하라**는 것입니다(고전1:30-31).

하이델베르크 논쟁에 이어서 같은 해에 루터는 군주들과 귀족들의 전체 모임인 **아우크스부르크(Augsburg) 회의**에 참석하였습니다. 여기서 교황의 특사 토마스 카예탄(Thomas Cajetan, 1469~1534) 추기경은 그의 주장들을 철회하지 않으면 죽을 것이라고 루터를 협박하였습니다. **이에 루터는 자기의 잘못이 증명되면 철회하겠다고 대답하였습니다.** 삭소니의 선제후이며 비텐베르크의 영주인 현자 프레데릭(Frederick the Wise, 1463~1525) 공의 보호 하에, 루터는 교황의 체포명령을 피하여 밤에 몰래 도망쳐서 비텐베르크로 돌아왔습니다. 그리고 나서 에크 출신의 요한(Johann Mayer von Eck, 1486~1543)과의 논쟁에서 루터는 이단으로 몰리게 되었습니다. 그러나 루터는 인문주의자들과 독일민족주의자들과 종교개혁자들의 지지와 후원을 받았습니다. **1521년 1월 3일 교황 레오 10세는 엑스수르게 도미네(Exsurge Domine: 주여, 일어나소서)라는 칙령을 내려 루터를 파문하고 이단으로 정죄하였습니다.** 이 칙령은 "산돼지가 주님의 포도원을 짓밟았다"라고 말하면서, 6일 이내에 교황청의 명령을 따르지 않으면 파문당할 것을 엄중히 경고하였습니다. 그러나 **비텐베르크에 있던 루터는 저항의 표시로서 자신에게 전달된 교황의 그 칙서를 불태워버렸습니다.**[189]

루터와 교황 사이의 갈등을 해결하기 위해 1521년 4월 보름스

---

188) 위의 책, 43-44.
189) 유스토 L. 곤잘레스, 『종교개혁사』, 41-49.

(Worms)에서 소집된 제국의회가 개최되었습니다. 그리하여 루터는 황제 칼 5세(Karl V, 1500~1558)와 독일제국의 대 영주들 앞에 서게 되었습니다. 여기서, 사회자가 루터에게 그의 책들을 보여주고 묻기를, "이거 네가 썼냐?" 루터: "예, 그렇습니다!" 사회자: "철회할래?" 루터: "신중한 판단을 위하여 24시간의 여유를 달라!" 그리고 나서 루터가 답하기를, "내가 쓴 책들은 나 자신과 나의 대적자들이 공통적으로 신봉하는 그리스도교의 교리에 기초한 것입니다. 그리고 이는 독일 국민이 당하는 부정과 폭정이므로 그것들을 철회하면 더 큰 불의를 행하는 것입니다. 또한 그것들 속에는 좀 표현이 거친 부분도 있습니다." 그러나 모두가 신봉하는 보편이성을 통하여 누군가가 루터 자신이 잘못되었음을 확실히 보여주지 않는 한, 이러한 진리들을 부인할 수 없다고 루터는 말하였습니다. 그러자 황제는 루터에게, "그대는 철회하는가? 아니면 철회하지 않는가?"라고 라틴어로 질문하였습니다. 이에 맞서 루터는 그 당시의 신학논쟁에 사용되던 전통적인 라틴어를 거부하면서 독일어로 다음과 같이 황제에게 대답하였습니다. 이제 "**나의 양심(보편이성 혹은 자연이성)은 하나님의 말씀에 의하여 사로잡힌바 되었습니다. 나는 철회할 수도 없으며, 철회하지도 않겠습니다. 왜냐하면 자기의 양심에 불복하는 것은 옳은 것도 안전한 것도 아니기 때문입니다. 하나님이여, 나를 도우시옵소서. 아멘!**"190)

보름스로부터 돌아오는 길에 루터는 선제후 프리드리히의 보호 아래 바르트부르크(Wartburg)성에서 유폐생활을 하며 **신약성서를 독일어로 번역하였습니다**(1521.05.04.-1522.03.01). 그리고 루터는 비텐베르크로 돌아와 루터의 진의를 오해하여 일어난 과격한 성상파괴운동을 유화시키고(1522) 사회질서를 어지럽히고 폭력적인 농민전쟁(1524~1525)을 진정시켰습니다. 1525년 루터는 수녀원에서 탈출한 매력적인 여성 카타리나 폰 보라(Katharina von Bora, 1499~1552)와 결혼하여 많은 조력과 위로를 받았고 슬하에 3남 3녀를 두

---

190) 위의 책, 49-51.

었습니다. 그 이후로도 20여 년 동안 종교개혁운동을 지속적으로 이끌어나가면서 과로한 루터는, 여러 가지 만성적인 질환들과 스트레스에 시달리다가 1546년 2월 16일 자신의 고향 아이슬레벤에서 63세의 나이로 하나님의 품에 안겼습니다. 그리고 루터는 자신이 설교했었던 비텐베르크 교회 내부의 설교대 근처에 안장되었습니다.[191]

## 11. 결론

이제 우리는, "나의 하나님, 나의 하나님, 어찌하여 나를 버리셨나이까?"라고 절규하며 우리를 대신하여 십자가에서 정죄당하고 버림받은 예수 그리스도를 생각함이 없는 신앙생활을 반성할 필요가 있습니다. 하나님의 아들 예수 그리스도가 버림받을 정도로 내가 큰 죄인이라는 의식, 즉 그리스도가 아니면 정말로 나는 구원의 가치와 용서받을 자격이 없는 죄인이라는 의식의 부재가 문제입니다. **무시무시한 하나님의 심판과 지옥의 형벌 그리고 자신의 도덕적 무능력을 경험하지 않은 사람들의 신앙은, 거룩하신 하나님 앞에서 언젠가 한번은 자신의 의가 무너지는 자기부정을 거치게 되어 있습니다. 인간성의 선함과 그 선을 실현할 능력 앞에 드리워진 절망을 보지 못한 신앙은, 참으로 십자가의 속죄와 그것을 통하여 주어지는 용서와 구원을 고백하지 못합니다.** 정의로우신 하나님 앞에서 루터가 시달렸던 죄의식은, "내가 어떻게 하면 구원을 받을 수 있는가?"라는 근심에로 그를 이끌고 가서 십자가에 나타난 은혜로우신 하나님의 의를 붙들게 하였습니다. 이처럼 하나님의 뜻대로 하는 근심은 구원에 이르게 하는 회개를 이루게 하는 것이요, 세상의 근심은 사람을 하나님에게서 떠나가게 만듭니다.

또한 십자가에 달린 예수 그리스도께서 우리의 죄를 지시고, 그것 때문에 우리가 당할 형벌을 다 감당하였는데도 그것을 믿지 못하여 죄책감에 사로잡혀 두려움에 떠는 사람, 그리고 자신의 죄가 너무 커

---

[191] 김균진, 『루터의 종교개혁』, 800, 704.

서 용서받을 수 없다고 생각하며 자학하는 사람들도 문제가 있습니다. 사람들은 자신의 죄를 자신이 해결할 능력이 없음에도 불구하고 자신의 죄를 절대화하고, 자신의 죄에 대한 자신의 책임을 너무나 무겁게 지웁니다. 로마서 5장 20절에서 **"율법이 들어온 것은 범죄를 더하게 하려 함이라 그러나 죄가 더한 곳에 은혜가 더욱 넘쳤나니"**라고 증언하는 바울의 말처럼, 죄가 더한 곳에 은혜가 넘쳤다는 것의 의미는 **은혜를 체험하려고 일부러 죄를 짓자는 것이 아니라, 죄가 아무리 크다 하여도 율법을 통하여 그 죄를 깨닫고 회개하며 주 예수를 믿는 심령 속에 성부 하나님의 은혜와 그분에게 순종하신 그리스도의 은혜가 더 크게 임하고 그 죄를 압도하는 하나님의 구원의 역사가 일어나 영생에 이르게 된다는 것입니다**(롬5:21: "이는 죄가 사망 안에서 왕 노릇 한 것 같이 은혜도 또한 의로 말미암아 왕 노릇하여 우리 주 예수 그리스도로 말미암아 영생에 이르게 하려 함이라"). 결국 그리스도의 은혜로 말미암아 죄를 많이 용서받은 자가 죽음의 십자가를 통해 나타난 하나님의 사랑에 더 크게 감사하고 하나님이 베풀어주신 은혜를 목소리 높여서 크게 찬양하는 것입니다. 그리스도의 십자가의 의를 통한 죄로부터의 자유는, 하나님께 감사와 찬양을 돌리는 하나님의 자녀들이 누리는 특권이자 축복입니다. 그러나 우리가 죄에 매여 죄의 종으로 살면 하나님의 은혜를 받아들이지 않음으로 은혜를 저버리고, 은혜와 상관없이 자기를 파괴하는 자기중심적인 삶을 살아가는 것입니다. **이제 하나님의 은혜로 말미암아 그리스도의 십자가에 나타난 의가 우리 모두의 죄를 덮어 우리를 의롭다 여겨주시고 도말하도록, 지은 죄에 떨며 불안해하며 자신을 욕하며 자학하는 분은 예수 그리스도의 은혜를 굳게 믿음으로 그것을 마음속 깊은 곳에 받아들이시기 바랍니다.**

사랑의 하나님! 이제 풍성하신 사랑과 은혜로 우리를 구원하신 주 예수 그리스도의 이름으로 기도드립니다. 허물과 죄가 많은 우리는 죄 없으시고 의로우신 하나님의 아들 예수님이 우리의 죄를 덮어쓰고 대신 죽어야만 살 수 있는 죄인들입니다. 하나님의 은혜를 통하여, 즉 예수님의 십자가의 사랑과 은혜를 통하여 주시는 용서를 우리가 믿음으로써 구원받았습니다. 그러므로 이제는 우리가, 하나님의 의롭다 여겨주시는 은혜와 사랑을 믿고 힘입어 살며, 성령의 역사를 통하여 하나님이 기뻐하시는 의로운 일을 힘써 행하며, 기쁨의 제물이 되어 오직 하나님께 영광을 돌리는 삶을 살아갈 수 있도록 인도하여 주시옵소서! **엎드려 간절히 간구하기는 우리가 우리 자신들의 능력과 의로써 도저히 사랑하고 용서할 수 없는 사람들 때문에 증오와 분노로 떨고 있을 때, 부족한 우리와 미워하는 모든 대상들을 그리스도의 피와 의로 덮어 그리스도의 무한한 사랑 안에서 하나가 되어 서로 용서하고 사랑하며 축복하게 하여 주시옵소서! 아멘!**

이제는 하나님의 지극하신 사랑과 그리스도의 구원하시는 은혜와 성령 하나님의 돌보심이, 그리스도의 의를 힘입어 그리스도만을 자랑하며 그리스도의 용서하시는 사랑 안에서 서로 용서하고 살아가기로 결단하는 모든 성도들 위에 충만하게 임하시기를 간절히 축원합니다. 아멘! 할렐루야!

# Ⅵ. 장 칼뱅의 개혁신학

고린도전서 6장 19-20절: "너희 몸은 너희가 하나님께로부터 받은바 너희 가운데 계신 성령의 전인 줄을 알지 못하느냐 **너희는 너희 자신의 것이 아니라. 값으로 산 것이 되었으니 그런즉 너희 몸으로 하나님께 영광을 돌리라**."

고린도전서 10장 31절: "그런즉 너희가 먹든지 마시든지 **무엇을 하든지 다 하나님의 영광을 위하여 하라**."

에베소서 1장 4-7절: "곧 **창세전에 그리스도 안에서 우리를 택하사** 우리로 사랑 안에서 그 앞에 거룩하고 흠이 없게 하시려고, 그 **기쁘신 뜻대로 우리를 예정하사 예수 그리스도로 말미암아 자기의 아들들이 되게 하셨으니, 이는 그가 사랑하시는 자 안에서 우리에게 거저 주시는 바 그의 은혜의 영광을 찬송하게 하려는 것이라, 우리는 그리스도 안에서 그의 은혜의 풍성함을 따라 그의 피로 말미암아 속량 곧 죄 사함을 받았느니라**."(창조 이전에 그리스도 안에서의 예정).

## 1. 서론

"하나님은 우리가 하나님을 온전히 섬기기 원하신다. 우리의 어리석음 가운데서도 하나님의 섭리가 작용하여 온전히 우리가 그분의 뜻을 따를 수 있기를 기도한다."[192] 이는 하나님의 섭리 가운데서 하나

---
192) 페터 오피츠, *Leben und Werk Johannes Calvins*, 정미현 옮김, 『요한네스 칼빈의 생애와 사역』 (서울: 한들출판사, 2010), 5.

님을 섬기고 그분의 뜻을 따라 살려고 애썼던 칼뱅(John Calvin, 1509~1564)이 1538년에 그의 옛 친구 루이 뒤 튀예(Louis du Tillet)에게 보낸 편지입니다.

존 레이스(John H. Leith, 1919~2002)는 개혁신학의 발전과정을 다음과 같이 5단계로 정리합니다. 즉, 그것들은 ①**고전적 개혁주의 신학(1517-1564)**, ②**프로테스탄트 스콜라주의(1564-1755)**, ③**계몽주의 및 19세기의 위기(1755-1918)**, ④**새로운 종교개혁의 신학(1918-1955)**, ⑤**신학적 혼돈과 실험의 시대(1955년 이후)**로 구분됩니다. **첫째로, 고전적 개혁주의 신학의 시대는 루터가 95개조 반박문을 통하여 당시의 가톨릭교회와 논쟁을 시작한 때로부터 칼뱅이 죽어 하나님의 품에 안긴 때까지의 기간입니다.** 루터의 영향을 받은 루터교회 신학과 칼뱅의 개혁신학은 분명히 구분되는 전통이지만, 1세대 종교개혁자 루터로부터 2세대 종교개혁자 칼뱅이 너무나도 많은 신학 정신을 계승하고 있기 때문에 **개혁신학의 할아버지는 루터로 보고 아버지는 칼뱅으로 보는 것이 타당할 것입니다**.[193]

**둘째로, 프로테스탄트 스콜라주의의 시대는 칼뱅정통주의가 형성된 시기로 칼뱅신학이 새로운 모양으로 발전되었는데, 즉 칼뱅신학이 더욱더 논리적인 합리성을 갖추게 된 시기입니다.** 하나의 예를 들면, 다소 산만했던 칼뱅의 예정론은 1619년 네덜란드의 **도르트(Dort) 회의에서 결정된 칼뱅주의 5대강령**이 보여주는 것처럼 인간의 자유의지가 하나님의 예정과 주권에 종속되는 형태로 체계화 되었습니다(전적으로 타락한 인간을 하나님이 무조건적으로 선택하여 예정된 사람들만을 제한적으로 구속하심).

**셋째로, 계몽주의 및 19세기의 위기의 시대는 이성의 능력을 밝히고 신뢰했던 계몽주의의 영향으로 과학의 발전과 산업혁명이 이어졌고, 또한 이성의 합리성에 바탕을 둔 자유주의 신학**(인간의 전적타락 부인, 성서는 인간 종교체험의 산물, 기적 부인, 예수의 신성 부인, 인간의 노력을 통한 낙관주의의 도래)이 이전의 칼뱅정통주의 신학을

---

[193] 김명용, 『열린 신학 바른 교회론』 (서울: 장로회신학대학교출판부, 1997), 173-174.

**위협하자 새로운 신학적 모색을 추구한 시기였습니다.** 이 시기의 대표적인 개혁신학자로는 네덜란드의 수상까지 되었던 **아브라함 카이퍼**(Abraham Kuyper, 1837~1920)가 있습니다. 카이퍼는 위기에 직면한 칼뱅주의 정신을 되살리려고 노력하면서, 모든 정사와 권세의 머리이신 그리스도께서 정치와 경제, 과학과 교육, 역사와 문화 모든 영역에서 왕이 되어야 한다는 **영역주권론과 이를 위한 그리스도인의 소명을** 주장하였습니다.[194]

**넷째로, 새로운 종교개혁의 신학(신정통주의 신학)의 시대는 이성적인 인간이 제1차 세계대전에서 벌인 비참한 인명살상으로 인하여 자유주의 신학의 낙관론적인 세계관이 무너지고 다시 하나님과 인간 사이의 무한한 질적 차이와 인간의 깊은 죄악성에 대한 통찰이 대두되었던 시기입니다.** 이 시기의 대표적인 신학자 **칼 바르트**(Karl Barth, 1886~1968)는, 인간의 이성의 능력을 찬양하는 소리가 높게 울려 퍼지던 유럽 대륙에 종교개혁신학을 되살려 인간의 타락한 죄악성을 지적하고 인간 구원에 있어서 하나님의 절대주권을 드높이며 성서의 하나님의 말씀됨과 그리스도 중심적인 신학을 역설하였습니다.[195]

**다섯째로, 1950년대로부터 급변하는 세계 속에서 개혁신학은 혼돈과 실험의 시대에 직면하게 되었습니다.** 이 시기의 대표적 신학자인 **위르겐 몰트만**은, 예수 그리스도의 십자가와 부활로부터 오는 참된 희망에 근거하여 독재와 불의와 인종차별로부터 해방의 메시지를 부르짖으며 억압된 정치적 사회적 현실에 대한 신학적 응답과 책임을 부각시켰습니다. 더 나아가 몰트만은 이기적인 인간중심적인 세계관이 가져온 자연파괴와 생태계의 위기에 직면하여 창조 안에 계신 하나님이 세계의 중심이고 인간은 청지기에 불과하기 때문에, 자연을 돌보고 관리하는 인간의 청지기 역할과 하나님 안에서 쉬는 구원의 안식과 창조의 완성을 주장하였습니다.[196]

---

[194] 위의 책, 175.
[195] 위의 책, 176.
[196] 위의 책.

그리고 대한민국 개혁교회의 신학은 대체로 장로교의 세 교단으로 나누어지는데, **첫째는, 총신대학교와 합동측의 신학을 대표하는 죽산 박형룡(朴亨龍, 1897~1978)의 신학으로, 근본주의적 성향이 강한 극단적인 보수적 개혁신학입니다.** 이는 미국에 유학했던 박형룡이 구 프린스톤신학교의 근본주의 신학자들(Charles Hodge, 1797~1878, Archibald Alexander Hodge, 1823~1886, Benjamin Breckinridge Warfield, 1851~1921)과 존 그레샴 메이첸(John Gresham Machen, 1881~1937)과 루이스 벌코프(Louis Berkhof, 1873~1957)로 연결되는 신학적인 영향을 받았기 때문입니다. 이 신학은 학문적인 연구와 사회적인 책임성이 결여되어 있지만 자유주의 신학을 반대하고 임박한 재림을 맞이하여 복음전도를 강조하는 장점이 있습니다. **둘째는, 장로회신학대학교와 통합측의 신학을 대변하는 춘계 이종성(李鍾聲, 1922~2011)의 신학으로, 극단적인 근본주의와 자유주의 신학을 반대하고 중도 통합적인 노선을 따르는 통전적인 개혁신학입니다.** 이는 이종성이 칼뱅과 바르트의 신학정신에 근거하여 특정한 신학을 절대화하지 않고 종교개혁자들처럼 여러 신학들을 성서를 통해 비판하고 검증하는 성서중심적인 온전한 신학을 전개했기 때문입니다. **셋째는, 한신대학교와 기장측 신학이 아버지인 장공 김재준(金在俊, 1901~1987)의 신학으로, 예수 그리스도의 뒤를 따른다는 것이 역사 속에서 무엇을 의미하는 지를 분명히 밝혀준 "바르멘 신학선언"을 기초한 바르트 신학의 영향을 받아 전개한 역사참여적인 신학입니다.** 1970년대의 혹독한 탄압과 감시를 일삼던 한국의 독재정권에 맞서 한국의 개혁교회가 저항할 수 있었던 것은, 히틀러에 저항했던 바르트 신학을 공부한 김재준의 역사책임적인 신학의 영향이라 할 수 있습니다. 1952년 장로교 총회로부터 제명당한 김재준은 한국기독교장로회로 분립하여 조선신학교를 세우고 자유로운 신학 연구와 강의를 주장하였습니다. 이러한 학풍에 영향을 받아 후대들에 의하여 민중신학의 종교다원주의적인 그리스도론(민중 예수)과 자유주의 신학이 전개되었습니다. 이처럼 칼뱅개혁신학의 전통을 따르는

장로교의 여러 교단들은 자신의 신학의 강약과 장단점을 지니고 있습니다.197)

## 2. 칼뱅의 생애
### 2.1 로마 가톨릭교회의 영향(1509-1526)

"나는 교황제도가 지니고 있는 미신적 신앙에 굴복하고 이를 고집스럽게 간직하고 있어서, 나를 이 깊은 수렁으로부터 구출하는 것은 결코 쉬운 일이 아니었다."198)

장 칼뱅은 1509년 7월 10일 파리에서 북쪽으로 100km 정도 거리에 있는 피카르디(Piecardy) 지방의 노용(Noyon)에서 태어났습니다. 칼뱅은 머리는 대단히 명석하였지만 평생 여러 가지 병들에 시달릴 정도로 병약하였습니다. 노용에는 대성당이 있었고 그 대성당의 주교 샤를 드 앙제(Charles de Hangest)가 그 도시를 통치하였는데, 칼뱅은 유년시절부터 그 주교 집안의 자녀들과 친하게 지냈고 나중에 파리로 유학을 갈 때 그 주교집안의 세 자녀들과 동행하였습니다. 칼뱅은 1532년에 저작한 『세네카 관용론 주석』을 그 자녀들 중 한 명인 클로드(Claude)에게 헌정하였는데, 그 헌정사에서 자신의 심정을 다음과 같이 밝히고 있습니다. 즉, **"나는 소년으로서 당신의 집에서 교육을 받았으며, 당신과 함께 동일한 공부를 시작했기 때문에 나는 내 생애와 저작에 있어서 나의 첫 교육에 대해 당신의 가장 고귀한 가문에 빚지고 있습니다."**199)

노용에 있는 학교를 졸업한 칼뱅은 아버지 제라르 코뱅(Gerard Cauvin)의 희망에 따라 대학에서 접할 신학공부의 예비과정을 위하여 1521년경에 파리로 유학을 떠났습니다.200) 칼뱅은 엄격한 수도원

---
197) 위의 책, 178-179.
198) 페터 오피츠, 『요한네스 칼빈의 생애와 사역』, 15.
199) 이양호, 『칼빈: 생애와 사상』 (서울: 한국신학연구소, 2010), 15.
200) 페터 오피츠, 『요한네스 칼빈의 생애와 사역』, 18.

적인 기풍을 가진 몽테규(Montaigu) 대학에 소속되어 있으면서, 마르쉬(Marche) 대학의 코르디에(Mathurin Cordier)로부터 라틴어를 공부하였습니다. 몽테규 대학은 교육에 있어서 엄격한 대학으로 악명이 높았지만, 16세기의 유명한 인물들인 인문주의의 왕자 에라스무스(Desiderius Erasmus, 1466~1536)와 종교개혁의 완성자 칼뱅 그리고 로마 가톨릭교회 부흥운동의 선도자 로욜라의 이그나티우스(Ignatius von Loyola, 1491~1566)를 배출한 명문대학이었습니다. **칼뱅은 1550년에 저작한 『데살로니가전서 주석』을 코르디에에게 헌정하면서, 학문의 기초를 잡아준 그를 하나님이 자신에게 보내준 스승이라고 극찬하고, 자신의 후진들이 자신의 저작들을 통하여 유익을 얻는다면 그것은 바로 코르디에 덕분이라고 말했습니다.**[201]

## 2.2 인문주의의 영향과 칼뱅의 회심(1526-1534)

"참된 경건의 향기가 충만하게 느껴졌기 때문에, 이 안에서 한 걸음 더 나아가고자 하는 열정이 불타올랐다. 그래서 나는 나머지 학문 연구를 무시하지는 않았으나, 소홀히 하게 되었던 것이다."[202]

1526년에 문학 석사를 마친 청년 칼뱅은, **노용 참사회와 불화를 겪으며 아들의 장래 직업의 수입을 걱정하던 아버지의 생각의 변화로 인해서, 신학공부를 중단하고 법학공부를 위하여 파리에서 법학으로 유명한 오를레앙(Orléans) 대학으로 옮겨갔습니다.** 여기서 칼뱅은 인문주의의 영향을 받아 로마 가톨릭교회적인 분위기를 벗어나 그 당시의 교회를 비판하고 종교개혁 운동을 전개할 수 있었습니다. 칼뱅은 오를레앙 대학의 우수한 인문주의자 볼마르(Melechior Wolmar)에게서 법학과 더불어 희랍어를 통한 신약성서의 독해를 배웠고, 나중에 『고린도후서 주석』을 그에게 헌정하면서 그가 베풀어준 격려와 지도

---

201) 이양호, 『칼빈: 생애와 사상』, 17-18.
202) 페터 오피츠, 『요한네스 칼빈의 생애와 사역』, 27.

를 높이 평가하였습니다. 칼뱅은 1529년에 유명한 학자 알치아티(Andrea Alciati)의 명성을 따라 부르지(Bourges) 대학으로 옮겨가 공부하고, 1531년 초에 법률가 자격증을 취득하였습니다. **1531년 5월 26일에 아버지가 세상을 떠나자 칼뱅은 새로 생긴 프랑스대학에서 희랍어 공부를 지속하면서 히브리어 공부를 시작하였습니다.**[203]

그러면서 칼뱅은 개신교적인 신앙의 색깔을 드러내지 않고 1532년 4월에 자신의 인문주의적 지식을 집대성하여, 백성에게 관용을 베풀어 통치할 것을 왕에게 권면하는 『세네카 관용론 주석』을 출판하였지만 큰 성공을 거두지는 못하였습니다. 이 책은 이후에 칼뱅이 행한 성서주석과 그것을 조직적으로 엮어낸 『기독교 강요』의 형식에 큰 영향을 끼쳤습니다. **이 시기는 칼뱅이 『시편 주석』 서문에서 밝힌 바와 같이 개신교로 전향한 "돌연한 회심"(배움을 향한 갑작스런 회심 혹은 하나님께 전적으로 헌신하기 위한 결단)이 일어난 중요한 시점입니다. 칼뱅의 회심이 1532년 이전이냐 이후냐를 놓고 학자들 간의 격렬한 논쟁이 있으나, 대체로 그의 회심이 1532년 이전에 있었지만 그것이 점진적인 형태로 이루어졌다고 봅니다.** 1533년 11월 1일 칼뱅의 친구인 콥(Nicolas Cop)이 파리대학교 신임 총장으로서 에라스무스와 루터의 말을 인용하여 취임연설을 하였는데, 순수한 복음의 교리를 고백한 칼뱅이 이 연설문을 작성했다는 논쟁에 휘말리게 되어 그는 파리를 떠나 피신해야만 했습니다.[204] 체포를 면하기 위해 프랑스 내의 나바라(Navara) 지역으로 도망간 칼뱅은 친구 루이 뒤 튀예의 집에 머물며 많은 이들로부터 개신교 신앙을 위한 원고청탁이나 설교를 부탁받기도 하였습니다.[205]

콥의 연설 후에 피신한 칼뱅의 신학연구 모임이 해체되고 몇 명의 개신교도들이 처형을 당했습니다. 그런데 1534년 10월 파리 시내에서 앙트완 마르쿠르(Antoine Marcourt)가 붙인 벽보사건("**하나님과 하나님의 말씀의 대적자들이 로마 가톨릭교회의 미사를 집전하며,**

---

203) 이양호, 『칼빈: 생애와 사상』, 20-21.
204) 위의 책, 22-23.
205) 페터 오피츠, 『요한네스 칼빈의 생애와 사역』, 43-44.

성찬 시 그리스도의 육체적 현존을 주장한다.")이 터지게 되어 탄압에 미온적이던 프랑스 왕이 강경책으로 돌아서 200여명의 개신교도들을 체포하여 20명을 처형하였습니다. 처형당한 개신교도들 중에는 파리에 체류했었던 칼뱅을 후원하던 친구 에티엔느 드 라 포르지(Etienne de la Forges)도 있었습니다. **이러한 탄압에 생명의 위협을 느낀 칼뱅은, 프랑스를 떠나 튀예와 함께 쉬트라스부르크(Strasbourg)를 경유하여 1535년 1월에 바젤에 도착하였습니다.**[206] 이 시기에 칼뱅은 재세례파와 같은 신앙공동체와 구별하여 프랑스 개신교회를 보호하기 위하여 철저히 성서에 근거한 **『영혼수면설 논박』(De Psychopannychia: 영혼의 깨어 있음에 관하여)**이라는 개인종말론에 관한 저서를 집필하였습니다. 이는 재세례파의 주장, 즉 사후영혼의 잠들어 있음을 말하는 영혼수면설을 논박하는 저서입니다. **칼뱅의 주장에 따르면, 사후영혼은 불멸하며 수면상태에 있지 아니하고 그리스도와 연합하여 낙원에서 안식과 기쁨을 누리며, 그리스도의 종말론적인 재림을 통하여 도래할 신령한 몸으로의 최종부활 때까지 자신의 부활을 소망하고 기다림으로 깨어 있다는 것입니다.**[207]

## 2.3 스위스와 독일 남부지역에서의
  츠빙글리 종교개혁의 영향(1535-1538)

"나는 본래적으로 수줍음을 잘 타고 고요한 삶을 즐기는 내향적인 성격의 소유자였기 때문에 항상 조용히 지내고자 노력했다. 이렇게 숨어 지내고자 한 바람은 잘 이루어지지 않았고, 오히려 많은 사람들 앞에서 지도자의 역할을 감당해야만 했다."[208]

칼뱅은 개신교의 진리를 변증하기 위해 이전부터 저작에 돌입했

---

206) 위의 책, 44-45.
207) 홍원표, "칼뱅의 개인종말론 연구: 『영혼수면설 논박』(*De Psychopannychia*)을 중심으로," 장로회신학대학교 대학원 박사학위 논문, 2014, 228-244.
208) 페터 오피츠, 『요한네스 칼빈의 생애와 사역』, 49.

던 책을 서둘러 완성한 후에, 그 책에 프랑수아 1세에게 개신교도들을 변호하는 서문을 덧붙인 다음 명저 『기독교 강요』를 1536년 3월 바젤에서 출판하였습니다. 이 책을 출판한 후에 칼뱅은, 이탈리아의 페라리 공작 궁에 들러 박해받는 개신교도들에게 호의적인 공작부인 르네(Renee, 프랑스 왕 루이 12세의 딸)를 만난 후에 프랑스를 거쳐 자신의 누이와 함께 쉬트라스부르크로 가려고 했지만, 독일과 프랑스의 전쟁 때문에 제네바를 경유하여 가야만 했습니다.[209]

칼뱅이 제네바에 도착하기 이전에, 종교개혁자 기욤 파렐(Guillaume Farel, 1489-1565)의 지도하에 제네바는 이미 1536년 5월 21일 시민총회에서 하나님의 거룩한 법과 말씀 안에서 살며 모든 미사들과 그 밖의 예전들과 교황제도의 폐단들, 그리고 아이콘과 우상들을 버리기로 결정하였습니다. 파렐은 『기독교 강요』의 저자 칼뱅을 만나 자신과 동역할 것을 강권하였습니다. 그 당시 파렐과의 만남에 대해서 칼뱅은 다음과 같이 심경을 토로하였습니다.

"나는 가는 곳마다 내가 그 책의 저자라는 것을 감추려고 조심했다. 나는 마침내 제네바에서 기욤 파렐의 조언이나 권고가 아니라 무서운 저주로 나를 제네바에 묶어 두기까지 계속 홀로 묻혀 지내려고 했다. 나는 파렐의 저주를 마치 하나님이 나를 사로잡기 위해 하늘로부터 내 위에 권능의 손을 놓은 것처럼 느꼈다."[210]

여기서 칼뱅은 성서 강해자로 사역을 시작하였고 나중에는 설교자로 임명되어 하나님의 말씀을 선포하였습니다. 파렐과 동역하던 칼뱅은 베른(Bern)과 보(Vaud)와 로잔(Lausanne)에서도 종교개혁의 정신으로 교회를 굳게 세우려고 심혈을 기울였습니다. **이를 위하여 칼뱅과 파렐은, ①성찬식을 매달 행할 것과 도시의 각 지역에 감독자들을 세워 성찬을 받기에 합당하지 않은 자들을 색출하여 출교시킬**

---

[209] 이양호, 『칼빈: 생애와 사상』, 23.
[210] 위의 책, 24.

것을, ②교리문답을 만들어 어린 아동들에게 교회 교육을 시행할 것을, ③신조를 만들어 모든 시민들이 그것을 준수하도록 부과할 것을 **주장하였습니다.** 제네바 소의회가 이 제안들을 수정하여 채택하였지만, 얼마가지 않아 1538년 1월에 열린 200인 의회가 칼뱅의 권징조항들(성찬거부와 신조동의)을 부정함으로써 그는 도전과 반대에 직면하게 되었습니다. 그리고 시 당국이 성찬식에서 유교병 대신에 베른에서와 같이 무교병을 사용하라는 명령을 내리자 칼뱅은 이러한 간섭을 받아들이지 않았고, **결국 1538년 4월 23일 칼뱅과 제네바의 목사들은 그곳에서 추방되었습니다.**[211]

## 2.4 쉬트라스부르크 개혁자들과의 만남(1538-1541)

"내가 혹시 요나의 삶을 경험하는 것은 아닌지 두려워하며 … 열심히 하나님의 말씀을 가르쳤다. 나는 제국의회에 참여하면서, 남들로부터 주목받는 것을 피하고자 했음에도, 어떻게 그렇게 되었는지 알지 못하지만 그 회의에 참여한 수많은 사람들의 주목을 받았다."[212]

**칼뱅은 제네바에서 추방당하여 종교개혁가 마틴 부처(Martin Bucer, 1491-1551)의 초대로 쉬트라스부르크로 옮겨가 프랑스 피난민들 교회에서 목회하였습니다.** 그곳에서 칼뱅은 1540년에 이델렛 드 뷔르(Idelette de Bure, ?~1549)와 결혼하여 가정을 꾸리고 자녀들을 낳았으나, 자녀들은 오래 살지 못하였고 부인과도 1549년에 사별하는 아픔을 겪었습니다. 이 시기에 칼뱅은 『기독교 강요』 개정판을 출판하였고 『로마서 주석』을 저작했으며 지속적으로 성서주석들을 써 나갔습니다. 다른 한편으로 로마 가톨릭교회의 추기경 사돌레토(Jacopo Sadoleto, 1477~1547)가 제네바에 글을 써 보내어 제네바가 로마 가톨릭교회로 다시 돌아올 것을 재촉하자, 칼뱅은 사돌레토

---
211) 위의 책, 24-25.
212) 페터 오피츠, 『요한네스 칼빈의 생애와 사역』, 83.

의 견해를 반대하여 개신교의 교리들을 변증하는 반박문을 작성하였습니다. 칼뱅이 쉬트라스부르크에 3년 5개월 정도를 체류하는 동안에, 칼뱅과 파렐을 지지하는 세력이 득세하여 제네바의 상황이 좋아지자 그들에게 설득당한 칼뱅은 1541년 9월 13일에 제네바로 다시 돌아오게 되었습니다.[213]

## 2.5 제네바교회에서의 사역과 죽음(1541-1564)

"마침내 나는 신실한 마음과 의무감 때문에 이전에 나에게 고통을 주었던 사람들 속으로 다시 돌아갔다. 얼마나 내가 슬퍼하며, 눈물을 흘리고, 불안했는지, 하나님만이 나의 최고의 증인 되시고 아신다."[214]

칼뱅은 제네바에 돌아오자 심기일전하여 "**교회법령**"을 작성하고 목회를 계속해 나갔습니다. 이 법령을 통하여 칼뱅은 부처가 이미 주장했던 **교회의 네 가지 직분들(목사와 교사 그리고 장로와 집사)**을 제정하였습니다. 소의회를 통하여 선출된 12명의 장로들은 목사들과 동역하는 "**당회**"(consistoire)의 구성원들이 되었습니다. 당회는 권징의 권한을 가지게 되었으며, 권고해도 회개하지 않는 교인들에겐 출교를 명하였고 그 죄가 중하면 시 당국에 넘겨 처벌받도록 하였습니다. 칼뱅은 제네바가 개신교 공동체의 모범으로 자리 잡기를 바랐고, 이런 제네바로 프랑스를 비롯하여 유럽 각지에서 피난민들이 신앙의 자유를 찾아 몰려왔습니다. 칼뱅의 의욕적인 개혁활동은, 엄정한 개혁에 반대하던 자유주의자들과 외부인들의 영향력에 위협을 느낀 본토인들에 의하여 또 다시 도전에 직면하게 되었습니다. 그리고 신학적인 측면에서, 칼뱅의 예정론이 하나님을 죄를 유발시키는 원인제공자로 만든다고 주장하며 칼뱅을 공격한 볼섹(Jerome Bolsec, ?~

---

213) 이양호, 『칼빈: 생애와 사상』, 25.
214) 페터 오피츠, 『요한네스 칼빈의 생애와 사역』, 97.

1584)은 칼뱅에 의해 정죄되었고 추방당했습니다. 그러자 볼섹은 칼뱅에 대하여 악으로 가득 찬 전기를 써서 그에게 악인의 이미지가 심어지도록 만들었습니다. 1553년의 선거에서 칼뱅의 반대파가 다시 득세하여 칼뱅은 추방될 위기에 빠졌는데, 이 때 세르베투스(Michael Servetus, 1511~1553. 10. 27)를 화형 시키는 사건이 일어나 칼뱅을 반대하고 세르베투스를 옹호하던 자유주의자들의 기세가 꺾여 칼뱅은 위기를 모면하였습니다. 가난한 사람들을 많이 도왔고 혈액의 폐 순환론을 주장했던 의사인 **세르베투스는 『삼위일체의 오류』와 『기독교의 회복』이라는 책을 쓰고 삼위일체론과 유아세례를 비판하여 가톨릭을 신봉하는 지역인 비엔나에서 이단사상으로 투옥되었던 중에 감옥에서 탈출하여 제네바로 왔다가 체포되어 죽임을 당했습니다**.215)

　1555년 1월 선거에서 칼뱅을 지지하는 집정관이 네 명이나 선출되어 칼뱅파가 득세하여, 교회는 시 정부의 간섭 없이도 독자적으로 출교를 명할 권리를 가지게 되었습니다. 1555년 5월 16일 칼뱅의 반대파가 일으킨 반란이 진압된 이후로 칼뱅의 개혁운동은 순항하게 되었고, 1556년 제네바를 방문한 스코틀랜드의 종교개혁가 **존 녹스**(John Knox, 1513~1572)는 다음과 같이 칼뱅의 종교개혁을 극찬하였습니다. "**여기에 사도시대 이후 가장 완전한 그리스도의 학교가 있다. 나는 여기보다 도덕과 신앙이 향상된 곳을 보지 못했다.**" 이처럼 제네바의 종교개혁운동과 정치는 안정되었지만, 칼뱅은 과로로 인하여 건강이 악화되어 고통을 겪으면서도 구술을 통하여 저작 활동을 지속하였습니다. **칼뱅은 자신을 병문안하러 온 사람들이 권면하는 휴식을 뿌리치고, 마지막 숨을 쉴 때까지 하나님의 일을 하다가 1564년 5월 27일 하나님의 품에 안겼습니다. 칼뱅은 죽었지만, 그의 저작과 제네바 아카데미에서 개혁신학을 교육받은 유학생들을 통해 그의 사상과 정신은 온 유럽으로 계속하여 확산되어 나갔습니다. 그리고 그 영향력은 면면히 이어져 오늘 여기에까지 이어져 오고 있습니다**.216)

---

215) 이양호, 『칼빈: 생애와 사상』, 26.

## 3. 칼뱅의 개혁신학
### 3.1 기독교 강요의 내용과 신학구조

**칼뱅신학의 중심주제는 삼위일체 하나님의 창조와 구속, 즉 창조주 하나님을 아는 지식과 예수 그리스도 안에서 구속주 하나님을 아는 지식입니다.**[217] 이는 성서주석을 체계화시켜 엮어낸 칼뱅의 주요 저서 『기독교 강요』에 잘 나타나 있습니다. 이런 점에서 부활하신 그리스도의 편재론과 성육신하신 그리스도의 한 인격 안에서 신성과 인성의 속성의 교류를 주장하던 루터파가, 자신들의 사상과 유사한 칼뱅파를 향하여 별칭으로서 붙여준 **엑스트라 칼비니스티쿰(extra Calvinisticum: 칼뱅주의적인 이외) 사상이 칼뱅의 신학에서 중요한 위치를 차지하고 있습니다.** 즉, ①창조주 하나님은 교회 안에서 구원하시는 일을 행하심과 동시에 교회 밖에서도 창조활동을 계속하시는 분이시다. ②성부 하나님의 영원한 성자는 인간의 본성과 연합하여 한 인격을 이루는 성육신을 하신 동시에 육체에 제한되지 않으시고 육체 밖에서 성부와 함께 우주를 통치하시는 분이시다. ③성령 하나님은 특별은총을 통하여 성도들을 성화시키시는 동시에 일반은총을 통해 세상에 지혜를 주시는 분이시라는 것입니다.[218]

**에른스트 트뢸치(Ernst Troeltsch, 1865~1923)는 칼뱅신학의 중심 주제를 인간구원에 있어서 주도적인 역할을 하시는 하나님의 영광을 높이 찬양하는 예정교리로 보았습니다.** 즉, 트뢸치는 칼뱅이 하나님의 예정과 하나님의 주권적인 의지와 하나님의 영광을 강조한 하나님 중심적인 신학자라고 평가하였습니다. 다시 말해서 그리스도께서 이루신 십자가의 공로가 하나님의 예정과 주권적 의지에 종속된다는 것입니다. 그러나 **빌헬름 니젤(Wilhelm Niesel, 1903~1988)**은 칼뱅의 교리의 모든 부분이 육체 안에 계시된 하나님에 대해서만 관심을

---
216) 위의 책, 27.
217) 존 칼빈, *Instutio Christianae Religionis*, 문병호 옮김, 『기독교 강요』 1-2권, (서울: 생명의말씀사, 2020).
218) 이양호, 『칼빈: 생애와 사상』, 28.

둔다고 주장하며 **그리스도 중심적인 해석을 시도하였습니다**. 이런 니젤에 따르면, 예수 그리스도가 칼뱅주의적인 사상의 내용뿐만 아니라 형식도 지배하고 있다는 것입니다. 왜냐하면 창세로부터 모든 족장들이 그리스도를 통하여 은사를 받았고, 그리스도를 통해서만 죄들이 우리에게 전가되지 않을 수 있기 때문입니다. 이처럼 성부와 성자를 중심으로 보는 이들과는 달리, 성령 하나님이 전능하신 자신의 능력으로 인간구원에 있어서 주권적으로 역사하신다는 교리는 칼뱅이 교회에 준 선물이기 때문에, **벤자민 워필드는 칼뱅을 "성령의 신학자"라고 불렀습니다**. 즉, 성령께서는 성서저자에게 영감을 주어 그것을 기록하게 하시고, 성서독자가 그것을 읽고 이해하게 하시며, 성례를 통해 성도들에게 은총을 주시고, 은밀한 활동으로 성도들이 그리스도와 모든 축복들을 향유하게 하시기 때문입니다. 이들을 **종합하면 칼뱅신학의 중심은 창조주 성부 하나님과 구속주 예수 그리스도와 성도들의 성화를 돕는 성령 하나님, 즉 삼위일체 하나님이라고 말할 수 있습니다**. 그러므로 삼위일체적인 도식을 보여주는 칼뱅에 따르면, **신앙이란 "우리를 향한 하나님의 자애에 대한 확고하고 확실한 인식으로(성부), 그리스도 안에서 값없이 주어진 약속의 진리에 근거한 것이며(성자), 성령을 통해 우리 지성에 계시되고 마음에 인쳐진 것(성령)"입니다**.[219]

다시 말해서, 세계를 창조하시고 구원의 계획을 세우시고 경륜해 나가시는 분은 성부 하나님이시고, 아버지의 계획이 실현되도록 십자가에 달려 자료를 제공하신 분은 성자 예수 그리스도이시며, 그리스도의 십자가의 공로가 성도들에게 전달되도록 심령 속에 역사하시는 분은 성령 하나님이시기 때문에, 칼뱅신학의 중심은 경륜적 삼위일체 하나님과 그 하나님이 행하시는 창조와 구원과 성화의 사역이라고 말하는 것이 타당합니다. 그렇지만 벤자민 밀너(Benjamin Charles Milner, Jr.)는 칼뱅신학의 통일적 원리를 "**성령과 말씀의 절대적 상관관계**"라고 말했습니다. 또한 찰스 파티(Charles Partee)는 칼뱅의

---
[219] 위의 책, 70-73.

중심교리가 "그리스도와의 연합"이라고 주장하기도 하였습니다.[220]

**『기독교 강요』는 여러 성도들에게 예수 그리스도와 구원에 대해 올바른 지식을 전달하여 교육하고, 프랑스에서 재세례파로 오인되어 박해를 받는 개신교도들을 위하여 프랑수아 1세에게 개신교의 올바른 신앙을 알려 변호하기 위하여 칼뱅이 저작한 책입니다.** 이 책은 1536년에 라틴어 초판(율법, 사도신경, 주기도문, 성례, 잘못된 성례들, 그리스도인의 자유 등)이 나오고 그 뒤로 다섯 번이나 더 출판되었습니다. 1539년 개정판은 초판에 비해 세 배 정도의 내용이 더 추가되었습니다(신약과 구약의 관계, 유아세례 등). 이를 프랑스어로 번역한 것이 1541년 판입니다. 1543년 판은 원래의 내용이 많이 확장되어 1545년에 다시 인쇄되었고, 이는 프랑스어 번역본으로도 출판되었습니다. 1550년 판은 양심에 대하여 설명한 부분이 첨가되었습니다. **최종판인 1559년 판은 프랑스어 번역본도 함께 만들어져 1560년에 인쇄되었습니다. 최종판은 사도신경의 순서를 따라 4권 80장으로 구성되었는데, 그 내용은 1권. 창조주 하나님을 아는 지식(성부), 2권. 처음에는 율법 아래에서 조상들에게, 이후로는 복음 안에서 우리에게 드러난, 그리스도 안에서 구속주 하나님을 아는 지식(성자), 3권. 우리가 그리스도의 은혜를 받는 방법, 이로부터 우리가 누리는 유익, 그리고 이에 따르는 효과(성령), 4권. 하나님이 우리를 그리스도의 연합체에 초청하시고 그것 안에 머물러 있게 하시는 외적인 방편과 도움(교회)으로 되어 있습니다.**[221]

칼뱅의 『기독교 강요』의 내용 구성에 대하여 여러 학자들의 논쟁이 있지만, 요약하면 성부, 성자, 성령 삼위일체 하나님은 창조주 하나님에 대한 지식에 포함되는 것과 마찬가지로 구속주 하나님에 대한 지식에도 포함됩니다. 창조에 있어서 하나님은 말씀과 성령으로 세계를 창조하였기 때문에, 세계는 아들을 통한 작품이기도 하지만 성령을 통한 작품이기도 합니다. 다시 말해서 세계의 창조와 구원, 성화

---

220) 위의 책, 74-76.
221) 홍원표, 『칼뱅의 기독교강요로 배우는 기독교 교리』 (서울: 동연, 2020), 11-12.

와 새 창조의 사역은 삼위일체 하나님의 역사하심의 결과인 것입니다. **따라서 『기독교 강요』의 내용을 내용적으로 이분하여 구분하면 1권은 창조주이신 삼위일체 하나님을 다루고, 2-3-4권은 구속주이신 삼위일체 하나님을 취급하고 있습니다.**[222]

이런 『기독교 강요』를 조직신학의 각론에서 주제와 교리적으로 분류하면 다음과 같이 정리할 수 있습니다. 즉, **『기독교 강요』의 1권은 신학서론과 신론, 2권은 인간론과 그리스도론, 3권은 구원론과 종말론, 4권은 교회론에 해당됩니다.**[223]

| 권 | 장 | 주제 | 교리 |
|---|---|---|---|
| 1권 성부 | 1-5 | 생명의 지혜<br>하나님을 아는 지식과 우리 자신을 아는 지식 | 계시<br>일반계시 |
| | 6-7 | 성경: 하나님의 자녀들의 특별한 학교 | 성경<br>특별계시 |
| | 8-9 | 말씀과 성령: 친히 말씀하시는 하나님의 말씀 | |
| | 13 | 삼위일체 하나님<br>한 본질 안에 세 위격이 세 인격으로 계심 | 하나님 |
| | 10-12, 14 | 우상: 피조물로서 유한하여 죽은 것<br>피조물: 하나님의 영광의 눈부신 극장 | 창조 |
| | 15 | 사람: 하나님의 형상대로 지음 받은 인격적 친미의 도구 | |
| | 16-18 | 섭리: 영원히 현존하는 하나님의 손 | 섭리 |
| 2권 성자 | 1-5 | 원죄: 죄책과 오염의 전가<br>자유의지: 상실과 회복<br>일반은총: 모든 사람에게 미치는 하나님의 은혜 | 타락<br>자유의지<br>일반은총 |
| | 7-8 | 율법: 경건하고 올바른 삶의 규범 | 율법 |
| | 9-11 | 복음, 신구약: 언약 가운데 약속하시고 이루심 | 언약 |
| | 6, 12-13 | 그리스도의 중보의 필연성 | 중보자<br>그리스도 |
| | 14-15 | 위격적 연합과 신인 양성의 교통: 선지자, 왕, 제사장으로서 그리스도의 삼중직 | |
| | 16 | 중보자 그리스도의 사역: 비하(卑下)와 승귀(昇貴) | |
| | 17 | 대리적 무름: 사랑의 시작은 의(義) | |

---

222) 이양호, 『칼빈: 생애와 사상』, 83.
223) 존 칼빈, *Instutio Christianae Religionis*, 문병호 옮김, 『기독교 강요』 1권, 62-63. 그리고 1-4권의 각장의 실제적인 내용을 분석한 일목요연한 도표는 이 책의 64-93페이지를 참고하라.

| | 1 | 성령: 성도의 그리스도와의 연합 | 성령 |
|---|---|---|---|
| 3권 성령 | 2 | 믿음: 강화와 확신 | 믿음 |
| | 3-5 | 회개와 중생: 죄 사함과 의의 전가를 통한 죽임과 살림 | 회개 중생 |
| | 6-10 | 그리스도인의 삶: 미래를 묵상하며 자기를 부인하고 십자가를 지고 주님을 좇음 | 성도의 삶 |
| | 11-13 | 칭의: 그리스도를 믿음으로 의롭다 함을 얻음 | 칭의 |
| | 14-18 | 성화: 그리스도를 믿고 행함으로 거룩함을 얻음 | 성화 |
| | 19 | 그리스도인의 자유: 기꺼이 하나님의 말씀에 순종하는 자유 | 성도의 자유 |
| | 20 | 기도: 믿음의 주요한 훈련 | 기도 |
| | 21-24 | 예정: 하나님의 기뻐하신 뜻에 따른 영원한 작정 | 예정 |
| | 25 | 최후의 부활: 죽을 것이 죽지 아니함을 입음 | 종말 |
| 4권 교회 | 1-2 | 교회의 본질과 표지: 머리이신 그리스도와 지체인 성도들의 연합체 | 교회 |
| | 3-7 | 교회의 직분: 머리이신 주님께로 자라감 | |
| | 8-13 | 교회의 권세: 교리권, 입법권, 사법권(권징) | |
| | 14-16 | 성례: 보이지 않는 은혜에 대한 보이는 표 세례: 그리스도와 연합한 성도의 살아남의 표 | 성례 |
| | 17-19 | 성찬: 그리스도와 연합한 성도의 살아감의 표 로마 가톨릭의 미사와 거짓 성례들: 새로운 유대주의 | |
| | 20 | 국가: 하나님이 통치자를 세워 법을 통하여 국민을 다스리게 하심 | 국가 |

## 3.2 칼뱅의 사고구조

칼뱅은 평민 출신임에도 불구하고 유년시절부터 귀족집안의 자녀들과 함께 공부하며 자라나서 그의 사고구조 속에는 귀족적인 의식이 자리 잡았습니다. 그래서 칼뱅의 귀족적 평민의식은 그의 사고구조가 **동심원의 형태를 형성하는데 영향을 주었습니다**. 예를 들어 **인문주의자냐 종교개혁가냐의 논쟁에 있어서**, 칼뱅은 르네상스적인 인문주의자라기보다는 하나님에 대하여 신앙심이 가득한 종교개혁가에 더 어울립니다. 종교개혁가의 이미지가 중심을 이루고 인문주의자의 면모는 주변으로 밀려납니다. **칼뱅은 세속정치에 있어서**, 대중들 가운데서 최선의 사람들을 선출하여 대중들에 대한 정치를 위임하는 **대의민주주의와 또한 교회정치에 있어서**, 성도들의 대표로 선출된 장로들로 당회를 구성하여 평신도들을 돌보고 권징하는 직분을 위임하는 **장로**

주의를 주장하였습니다. **이처럼 칼뱅은 모든 문제와 주제들에 있어서 전체 중에서 중심적인 것과 주변적인 것을 구별하였습니다. 이러한 칼뱅의 사고구조가 서로 구별되어 대립되는 신학적 주제들을 처리하는 데도 적용되었다고 이양호 교수는 주장합니다.** 이양호에 따르면, 이러한 동심원적 사고구조로 칼뱅의 신학을 파악하면, 지금까지 많은 칼뱅 연구가들이 그 구조에서 중심적인 것만을 강조하거나 혹은 중심적인 것과 주변적인 것을 동등하게 다루어 논쟁이 되어왔던 것들을 극복할 수 있다는 것입니다.[224] 아래의 그림은 칼뱅의 동심원적 사고구조를 잘 보여줍니다.

중심적인 것

주변적인 것

이러한 도식에 따라 칼뱅신학의 여러 가지 주제들을 요약하면 다음과 같이 정리힐 수 있습니다. ①**창조주 하나님과 구속주 하나님에 있어서**, 『기독교 강요』의 지면과 분량으로 보아 구속주 하나님에 대한 지식이 중심적인 위치를 차지하고 창조주 하나님에 대한 지식이 주변적인 위치에 있습니다. ②**육체 안에 계신 그리스도와 육체 밖에 계신 그리스도에 있어서**, 육체 안에 계신 그리스도가 중심적인 위치를 차지하고 육체 밖에 계신 그리스도는 주변적인 위치에 있습니다. ③**성령의 역사하심에 있어서**, 성령의 특별한 역사가 중심적인 위치를 차지하고 일반적인 역사는 주변적인 위치에 있습니다. ④**인간의 타락과 원죄로부터의 구원에 있어서**, 중심적인 것은 하나님의 구속활동이고 인간의 자유의지는 주변적인 것으로 밀려납니다. ⑤**하나님의 계시에 있어서**, 전적으로 타락한 우리에게 참된 하나님의 계시를 보여주

---

224) 이양호, 『칼빈: 생애와 사상』, 12-13.

는 성서의 특별계시가 중심적인 위치에 있고 자연과 역사에 나타난 자연계시는 주변적인 것에 불과합니다. 또한 칼뱅은 하나님의 특별섭리를 인정하지만 일반섭리도 부정하지 않는다고 말합니다. ⑥**성서의 권위에 있어서**, "하나님만이 그의 말씀에 있어서 자기 자신에 대한 적합한 증인이 되듯이 그 말씀은 성령의 내적증거에 의해 확인되기 전에는 인간들의 마음에서 신임을 얻지 못할 것이다"라고 칼뱅이 말하는 것처럼, 성령의 내적 증거가 중심적인 것이고 인간적인 증거들(성서가 인간의 지혜를 넘어서고, 연대가 오래되었으며, 기적들에 의해 그 말씀이 입증되었고, 예언이 성취되었다는 것 등등)은 주변적인 것입니다. ⑦**성서의 영감과 무오성에 있어서**, 칼뱅은 성서의 문자에는 인간적인 오류가 있을지라도 성서기자가 성령 하나님의 영감으로 성서를 기록했기 때문에, 교리에는 오류가 없다고 보아 영감 받은 성서의 교리를 중심적인 위치에 두고 중요하지 않은 성서의 문자적 오류는 주변적인 것으로 처리하였습니다. ⑧**교리에 있어서**, 하나님이 한 분이라는 것과 예수 그리스도는 하나님이고 하나님의 아들이라는 것 그리고 성도들의 구원은 하나님의 자비에 의존해 있다는 것과 같은 중심적인 교리들과 다른 것들은 논쟁이 되지만, 신앙의 일치를 깨뜨리지 않는 다른 주변적인 교리들이 있다는 것입니다.[225]

그리고 ⑨**신앙에 있어서도**, 예수 그리스도를 통한 계시로 인간을 구원하는 하나님의 행위(하나님의 자비, 그리스도의 공적, 성령의 역사)가 중심적인 것이 되고 그것을 받아들이는 인간의 행위는 주변적인 것이 됩니다. 또한 칼뱅에게 있어서 신앙의 의지와 감성적인 측면이 중심부를 이루고 신앙의 지성과 인식적인 측면이 주변부를 이룹니다. ⑩**교회론에 있어서**, 지상의 가시적인 교회 내에는 하나님만이 구원받을 자들을 아시는 불가시적 교회에 속한 예정된 알곡 성도들이 중심부에 있고, 선택받지 못한 쭉정이 같은 신자들이 주변부에 있습니다. ⑪**목사의 소명에 있어서**, 하나님으로부터 소명을 받은 목사 자신이 인식하는 내적인 부름이 중심부를 차지하고 이런 내적인 부름이

---

[225] 위의 책, 90-93.

없이는 성직자가 되어서는 안 되며, 교회가 목사를 청빙하는 외적인 부름은 주변부에 자리하는데, 외적인 부름의 두 가지 조건은 목사가 건전한 교리와 거룩한 삶을 구비했는가의 여부입니다. ⑫**성례의 실체(예수 그리스도의 살과 피)와 표시(떡과 포도주)의 관계에 있어서**, 칼뱅은 성례의 실체와 표시를 동일시한 로마 가톨릭교회의 화체설을 반대하고 성례의 실체와 표시를 분리시킨 급진주의자들이 주장한 충성맹세의 의미를 가진 츠빙글리의 기념설도 비판하면서, 부활하신 그리스도의 신성과 성령께서 떡과 포도주를 먹고 마시는 성도들과 그리스도를 영적으로 결합시켜 그리스도의 은혜가 성찬을 통하여 전달된다는 영적 임재설을 주장하였습니다. 그러므로 성례의 실체가 중심부를 차지하고 성례의 표시는 주변부에 자리하게 됩니다.[226]

한 걸음 더 나아가 ⑬**정치사상에 있어서도**, 칼뱅은 귀족정치와 민주정치가 혼합된 정치형태, 즉 오늘날의 대의민주주의를 지향합니다. 일반 대중들이 그들 가운데서 최선의 인사들을 뽑아서 서로 견제하면서 정치를 하게 만드는 혼합정치가 제네바의 정치제도였지 신정정치가 아니었습니다. 칼뱅은 우민들에 의하여 이끌리는 사회나 한 사람의 군주나 소수의 무리들이 권력을 독점하는 사회도 부정하였기에, 일반 민중이 그들 가운데서 최선의 사람들을 선택하여 정치를 하도록 위임하는 대의민주주의가 칼뱅주의자들에 의하여 전 유럽으로 파급되어 나가서 오늘 우리나라에까지 이르렀습니다. ⑭**경제사상에 있어서**, 칼뱅은 재세례파의 공산주의에 맞서 사유재산제도와 시장경제 그리고 적당한 이자와 이익을 얻는 금융업과 상업을 인정하면서도 할 수 있는 한 기부금을 늘려 부자도 가난한 자도 없는 복지사회를 지향하려고 노력했습니다. 이런 점에서 칼뱅은 자본주의의 창시자도 아니며 그리스도교 사회주의의 주창자도 아닙니다. 칼뱅은 만유의 주님이신 하나님의 재물을 대신 맡아 관리하는 성도들의 청지기 정신과 역할을 강조함으로써 나누어주는 복음적 사랑의 행위를 그 중심부에 두고, 인간의 타락 때문에 불가피하게 도입된 사유재산제도를 인정하면서

---

226) 위의 책, 93-94.

자본주의적인 요소들을 주변적인 것으로 보았습니다.[227]

## 3.3 전적으로 타락한 인간의 구원

**칼뱅은, 인간이 하나님의 형상을 지닌 존재로 창조되었다고 보았습니다.** 그래서 전적으로 타락한 인간도 하나님의 형상을 완전히 상실한 것은 아니라는 것이 그가 말한 "건물의 비유"에서 잘 나타납니다. 즉, **건물이 파괴되어도 그 잔재는 남아있을 수 있는 것처럼 타락한 인간 안에 있는 하나님의 형상은 일그러졌을지라도 어느 정도 남아 있는 것으로 칼뱅은 보았습니다.** 그러나 타락한 인간이 하나님 앞에 서서 하나님의 판단 표준에 따라서 자기 자신을 세밀히 조사하고 검토한다면, 육적인 판단에 따라 마음을 높여 자기 자신을 자긍하고 인정할 확신이 전혀 없다는 것입니다. 그리고 타락한 인간이 자기 자신을 더욱더 깊이 성찰하면 성찰할수록 점점 더 낙심하게 되고 결국 모든 확신을 잃고 자기의 삶을 바르게 지도해줄 것이 자신에게는 아무 것도 없음을 인정하게 된다는 것입니다.[228] 다시 말해서, **인간 전체가 마치 홍수를 만난 듯이 머리부터 발끝까지 압도되어 죄를 면한 부분은 하나도 없으며 사람에게서 나오는 것은 모두 죄로 돌려져야만 한다고 칼뱅은 전적타락을 말합니다.** 그러나 칼뱅은 타락이 본래적인 인간의 본성에서 나오는 것이 아니라 인간 위에 첨가된 성질이라고 말했습니다. 그리고 전적으로 타락한 인간에게도 하나님의 일반은총으로 여러 학문들에 능통한 능력들과 같이 하나님의 형상이 남아있는 자취들이 있고, 이 자취들이 인류전체와 다른 피조물들을 구분한다는 것입니다. **하지만 타락한 인간은 땅의 일에 대해서는 현명하지만 하늘의 일에 대해서는 너무나도 어두워져서, 그리스도께서 우리 안에 부어주시는 외래적인 중생의 은총과 성령의 조명하시는 은총을 통하여 회복하게 된다는 것입니다.** 하나님이 우리에게 주입한 은총으로

---

227) 위의 책, 94-95.
228) 위의 책, 168-169.

**중생한 사람은 점진적으로 그리스도의 형상으로 변형되어 갑니다.**[229)]

그리고 칼뱅에게 있어서 타락한 인간의 회심은 하나님의 일인 동시에 인간의 일이었지만, 하나님이 주도권을 가지고 진행하는 일이었습니다. 또한 칼뱅은 자신의 회심이 돌발적인 것이었다고 말하였지만 자신의 본문 여러 곳에서 회심은 점진적인 것으로 주장하였습니다. 칼뱅은 중생 안에 회심, 회개, 신생, 성화를 모두 포함시켜 말하기 때문에, 그에게 있어서 회심은 돌발적인 동시에 점진적인 것이었습니다. 칼뱅에게 있어서 회심이 뜻하는 바는 새로운 의지의 창조이자 이와 동일한 의미로 타락한 의지의 교정과 변화였습니다. 더 나아가 칼뱅은 칭의와 중생을 구별하면서도 이 둘은 영원하고 분리할 수 없는 띠에 의해 결합되어 있다고 주장하였습니다. **칼뱅은, 그리스도가 우리를 의롭다고 하심(의의 부여가 아니라 오직 신앙을 통한 의의 전가, 즉 하나님의 자비로 우리를 값없이 의롭다고 받아들이는 것)과 동시에 성화시킨다고 말하였습니다.**[230)]

이와 더불어 칼뱅은 신앙에 있어서 지성보다는 의지를 더 강조하여 의지의 역할을 중심에 두고 지성의 역할을 주변에 두었습니다. 또한 칼뱅에게 신앙은 우선적으로 성령 하나님의 능동적인 행위이고 부차적으로 인간의 수동적인 행위입니다. 그러므로 칼뱅에게 있어서 하나님의 자비와 그리스도의 공적과 성령의 역사로 인간에게 일어나는 신앙이 중심적인 것이고, 성도의 삶에 근거한 구원의 확신에 관한 교리는 주변적인 것입니다.[231)] 칼뱅은 『빌립보서 주석』에서 그리스도의 **은총 속에서 구원의 완성을 향하여 우리를 인도하시는 하나님의 삼단논법에 대하여 다음과 같이 말합니다. "하나님은 예언자가 증거한 것처럼 그 자신의 손들이 시작한 일을 버리지 않는다. 우리는 그의 손들의 일이다. 그러므로 그는 그가 우리 안에 시작한 것을 완성할 것이다."**[232)]

---

229) 위의 책, 161-167.
230) 위의 책, 203-204.
231) 위의 책, 187-188.
232) 위의 책, 185.

## 4. 개혁신학의 중요한 특징들
### 4.1 하나님의 주권과 통치를 실현하려는 문화변혁과 역사책임의 신학

개혁신학이 교회를 개혁할 뿐만 아니라 세상의 개혁에도 제일 민감하게 반응하고 앞장서는 이유는, 하나님의 주권과 통치를 이 세상에 실현하려고 힘쓰기 때문입니다. **그리고 하나님만이 세계의 창조주인 동시에 구속주이시며 역사와 자연의 주님이시며 새 창조를 열어가는 분이시라는 것이 개혁교회의 신앙고백이기 때문입니다.** 이 세계에서 하나님은 자신의 통치를 통하여 자신의 뜻을 실현하기 위해서 자신의 종들을 선택하시고 소명하시어 하나님의 나라를 건설하고 확장시키려고 하십니다. **지나온 역사 속에서 칼뱅의 이러한 신학정신을 이어받은 사람들이 이 세계와 역사와 문화를 변혁시키려고 가장 강렬하게 하나님의 나라 운동을 펼쳐왔습니다.** 제네바를 하나님이 다스리시는 곳으로 만들려고 했던 칼뱅처럼 살았던 성도들의 대표적인 사례들을 열거하면 다음과 같습니다. 스코틀랜드와 영국의 개혁주의 공동체는 새 예루살렘의 건설을 시도하였습니다. 또한 뉴잉글랜드로 이주한 청교도들은 하나님을 예배할 자유만을 찾았던 것이 아니라 부패한 유럽 사회와 다른 새로운 그리스도교 사회 즉, 하나님의 뜻을 따르는 이상적인 세계를 건설하기 위하여 목숨을 걸었던 것입니다.[233] 이러한 개혁교회의 문화 변혁적이고 역사 참여적인 신학정신이 들어가고 교회가 세워지는 곳에 민주주의가 발전되고 경제가 부흥하며 인권이 신장되어 밝은 사회가 건설되어왔습니다.[234] 이와 마찬가지로 한국 근현대사 100년 동안 사회변혁에 가장 많은 영향을 끼친 공동체가 바로 개신교회입니다.

---

233) 김명용, 『열린 신학 바른 교회론』, 180-181.
234) 위의 책, 187-188.

## 4.2 하나님께 영광과 찬양을 돌리고 우상숭배를 금지함

우리 교단의 요리문답 1번에 나오듯이, "사람의 제일가는 목적은 하나님을 영화롭게 하고 영원토록 그를 즐거워하는 것입니다." **하나님께서 우리를 구원하시는 이유는 우리 자신의 영혼구원만을 위한 것이 아니라, 우리를 구원하신 하나님께 영광을 돌리고 그분을 예배하며 사랑하고 감사하며 찬양하게 하시려는 목적 때문입니다.** 즉, 구원받은 성도들은 교회와 세상 속에서 하나님만을 섬기는 특권을 누리게 되는 것입니다. 이는 성도들이 세상의 가치와 이데올로기를 따라가는 것이 아니라 오직 예수 그리스도의 뒤를 따라 하나님에게만 순종하는 것을 의미합니다. **루터가 구원에 있어서 인간의 율법적인 공로(유대교적인 오류)를 배격하고 이신득의를 강조하였다면, 칼뱅은 중세교회의 우상숭배적인 형태들을 반대하고 하나님의 위엄과 영광을 강조하였습니다.**[235]

## 4.3 삶의 훈련

성도들이 그리스도를 믿고 구원받은 것으로만 만족해서는 안 되는 이유는, 칼뱅이 삶의 훈련을 강조하여 성화의 중요성을 역설했기 때문입니다. 그리스도를 믿고 순종하며 본받아 그분의 발자취를 따라가기 위해서는 지속적인 삶의 훈련이 중요합니다. 여기서 삶의 훈련이란 수도원적인 영성훈련과 개인적인 차원을 넘어서 세상 한복판에 살면서 그리스도의 제자로 살아가는 것을 말합니다. 즉, **개혁교회가 지향하는 삶의 훈련이란, 하나님에게 충성하고 세상 속에서 하나님의 목적을 성취하기 위하여 에너지와 활력과 시간과 물질을 경제적으로 사용하는 것을 말합니다.** 그리고 개혁신학은 아무런 목적이 없는 나태한 생활습관과 향락을 누리는 것을 죄로 간주합니다.[236]

---

235) 위의 책, 181-182.
236) 위의 책, 182-183.

## 4.4 성서 중심의 신학

종교개혁 운동은 로마 가톨릭교회가 성서의 권위와 병행시키는 전통의 권위를 거부하고 "오직 성서로만"이라는 원리에 기초한 운동이었습니다. 칼뱅은 성서를 주석하고 이를 엮어 『기독교 강요』를 집필할 정도로 성서를 사랑하였고 성서주석도 많이 저작하였으며, 성서에 근거한 하나님의 말씀을 선포하는 설교를 매우 중요시하였습니다. **개혁신학에서 성서는 신앙의 행위와 그리스도교 공동체와 세상을 변화시키고 판단하는 최고의 권위였습니다.** 그리고 개혁신학을 따르는 사람들은 성서가 이 세상의 그 무엇으로도 대치될 수 없는 유일한 하나님의 영감이 서린 생명의 말씀이라고 믿습니다. 하나님의 계시인 성서는 인간이 하나님을 체험하고 기록한 종교체험의 경험담이 아니라 하나님이 인간에게 자신을 계시하시는 하나님의 말씀이라는 것입니다.[237]

## 4.5 전적으로 타락한 인간의 죄악성과 예정론

타락한 인간의 죄악성을 깊이 성찰하고 있는 개혁신학은 하나님 없는 인간의 구원과 역사와 문화발전에 대한 낙관주의를 허락하지 않습니다. **인간의 구원은 하나님이 창조 이전에 그리스도 안에서 선택하시는 은총의 예정으로 말미암아 받는 것이기 때문에, 그리스도 안에서의 예정과 구원은 복음의 핵심이고 신앙의 우연성과 무상성을 거부하는 교리이며 하나님의 구원하시는 은총을 크게 찬양하고 드높이는 교리입니다.** 칼뱅이 주장한 이중예정론은, 창조 이전에 하나님이 일군의 무리를 선택하시고 그들을 구원하며 그 반면에 다른 일군의 무리를 유기하기로 결정하신 이중예정론이 강제적이고 운명결정론적인 결점이 있지만, 예정론은 하나님이 행하시는 구원사역의 주도적인 경륜과 은혜와 사랑과 자비를 드러내는 복음 중의 복음입니다.[238]

---
237) 위의 책. 184.

## 5. 결론

개신교 신앙의 수호자 칼뱅이 동역자 파렐에게 보낸 마지막 서신의 내용으로 결론을 대신하고자 합니다. 1564년 5월 2일에 노이샤텔로 보내진 이 편지가 도착하기 전에, 파렐은 제네바로 출발하여 이 편지를 읽어보지 못하고 칼뱅을 만나 마지막으로 함께 식사를 하며 그리스도 안에서의 우정을 나누었습니다.

"나의 가장 절친한 형제여, 부디 평안하시오. 하나님이 원하신다면 그대는 오래 살아, 우리의 긴밀한 우정을 기억해 주시고, 교회에 유익하게 사용하여 주시오. 그래서 하늘에서 열매를 거둘 수 있도록 말이요. **나 때문에 공연히 헛된 수고는 말아주시오. 나는 단지 마지막 숨이 다하기만을 간절히 기다리고 있다오. 내가 그리스도 안에서 살고 죽는다는 것 자체만으로 나는 만족하며, 우리는 살든지 죽든지 그분의 것이요.** 다시 한 번 당부하노니 모든 형제들과 더불어 평안하시오."239)

이는 빌립보서 1장 20절에서와 같이 죽음을 예감한 사도 바울의 고백과 일맥상통 합니다. 즉, "**나의 간절한 기대와 소망을 따라 아무 일에든지 부끄러워하지 아니하고 지금도 전과 같이 온전히 담대하여 살든지 죽든지 내 몸에서 그리스도가 존귀하게 되게 하려 하나니.**"

이제로부터 영원히 **모든 성도들 위에도 이와 같은 신앙고백의 축복이 있기를 우리 주 예수 그리스도의 이름으로 간절히 축원합니다. 할렐루야! 아멘! 아멘! 아멘!**

---

238) 위의 책, 185-187.
239) 페터 오피츠, 『요한네스 칼빈의 생애와 사역』, 194.

# Ⅶ. 필립 야콥 슈페너의 경건주의

디모데전서 4장 7-9절: "망령되고 허탄한 신화를 버리고 **경건에 이르도록 네 자신을 연단하라**. 육체의 연단은 약간의 유익이 있으나 **경건은 범사에 유익하니 금생과 내생에 약속이 있느니라**. 미쁘다 이 말이여 모든 사람들이 받을 만하도다."

디모데후서 3장 1-5절: "너는 이것을 알라 말세에 고통하는 때가 이르러, 사람들이 자기를 사랑하며 돈을 사랑하며 자랑하며 교만하며 비방하며 부모를 거역하며 감사하지 아니하며 거룩하지 아니하며, 무정하며 원통함을 풀지 아니하며 모함하며 절제하지 못하며 사나우며 선한 것을 좋아하지 아니하며, 배신하며 조급하며 자만하며 쾌락을 사랑하기를 하나님 사랑하는 것보다 더하며, **경건의 모양은 있으나 경건의 능력은 부인하니 이같은 자들에게서 네가 돌아서라**."

## 1. 서론

이와 같이 바울이 자신의 애제자 디모데에게 범사에 유익한 경건의 실천에 이르기를 훈련하라고 권면하듯이, 장로회신학대학교의 교훈도 **경건과 학문(PIETAS ET SCIENTIA)**이고 성도들 자신도 하나님 앞에서 예배드릴 때마다 경건하게 살아야 한다고 마음속으로 늘 다짐하곤 합니다. 이처럼 경건 혹은 경건주의[240]의 영향은 우리의 삶 속

---

[240] 『표준국어대사전』은 경건주의를 다음과 같이 정의한다. "기독교 17세기 말 독일의 개신교가 교의(敎儀)와 형식에 치우치는 것에 반대하여 일어난 신앙 운동으로 스페너(Philipp Jacob Spener, 1635~1705)가 창시한 운동. 성경을 중심으로 한 개인의 영

에 깊이 들어와 자리 잡고 있습니다. 16세기에 일어났던 종교개혁의 거센 폭풍이 지나간 후에 17세기에 이르러 루터교회와 개혁교회는 루터와 칼뱅의 신학을 체계화시키는 정통주의 시대로 접어들게 됩니다. 이 시기의 최대의 관심사는 정통교리가 무엇인지 정의하고 그것을 고수하는 것이다 보니, 삶이 따르지 않는 무미건조한 교리에 대한 논쟁이 자주 일어나고 신앙에 따르는 실천이 결여되어 있었습니다.

경건주의의 아버지 요한 아른트(Johann Arndt, 1555~1621)의 『진정한 기독교에 대한 네 권의 책』(*Vier Bücher von dem wahren Christentum: True Christianity*, 1605)을 거쳐 아른트를 계승한 경건주의 창시자 슈페너의 『경건한 열망』(경건한 소원: *Pia Desideria*, 1675)은, **바로 정통교리보다는 정통실천, 즉 삶이 더 중요하다고 말합니다**. 이는 두 번째 종교개혁 운동이라 불리는 경건주의가 교리는 필요 없고 삶과 신앙체험만을 중요하게 여긴다는 의미가 아니고, **그리스도교의 갱신을 위해서는 교리도 꼭 필요하지만 교리보다 삶이 더 중요하다고 여기는 강조점의 이동을 말하는 것입니다**.[241] 이와 같은 경건주의의 중심흐름은 루터교회 안에서 삶이 없는 교리논쟁에 대한 반동으로 일어나 마이스터 에크하르트(Meister Eckhart, 1260-1328)의 제자인 요한네스 타울러(Johannes Tauler, 1300~1361)의 독일신비주의와 토마스 아 켐피스와 루터신학에 토대를 두고 후대에 많은 영향을 주었습니다. 경건주의는 할레대학교를 중심으로 경건운동을 벌인 아우구스트 헤르만 프랑케(August Hermann Francke, 1633-1727), 헤른후트(Herrnhut) 형제단 교회를 세우고 마음의 종교를 강조한 니콜라우스 루드비히 폰 친첸도르프(Nikolaus Ludwig von Zinzendorf, 1700~1760) 백작, 완전성화와 사회적 성화를 외친 존 웨슬리(John Wesley, 1705~1791)와 조지 화이트필드(George Whitefield, 1714~1770)의 감리교 운동, 그리고 미국에서 일어난 19세기의 성결운동과 20세기의 오순절 운동으로 그 맥을

---

적 생활의 체험과 실천을 중요시하여 경건한 생활을 하자고 주장하였다."
241) 지형은, "근대교회의 영성," 정용석외 5인, 『기독교 영성의 역사』 (서울: 도서출판 은성, 1997), 187-188.

이어나갔습니다.

## 2. 요한 아른트
### 2.1 아른트의 생애

아른트는 가톨릭과 개신교회(루터교회) 간의 아우크스부르크 평화회의(회의결과: CUIUS REGIO EIUS RELIGIO: 쿠이우스 레기오, 에이우스 렐리기오)242)가 열렸던 해인 1555년 12월 17일에 독일의 안할트(Anhalt) 지방의 에테리츠의 루터교회 교구목사의 아들로 태어났고, 30년 전쟁(Dreißigjähriger Krieg)243)이 한창 진행되는 중에 하나님의 품에 안겼습니다. 아른트는 루터신학을 토대로 삼고 신비주의를 루터교회 안에 영입한 목사입니다.244) 아른트는 1576년에 헬름슈테트(Helmstedt)대학교에 들어가 의학을 전공하다가 중병을 앓고 난 후에 진로를 바꾸어 성서와 신학연구에 몰두하였습니다. 아른트는 좀 더 심도 있게 공부하려고 비텐베르크, 슈트라스부르크, 바젤대학교에 가서 신학공부를 하고, 1583년에 루터교회에서 목사 안수를 받았으며, 바데본과 아이슬레벤 등지에서 목회를 하였고, 1611년에는 켈레(Celle) 지방의 총감독이 되어 생의 말년인 1621년까지 봉직하였습니다. **아른트는 설교하기 전에 자신의 영성을 먼저 돌보는 능력 있는 설교자였는데, 그의 설교는 단순하고 진지한 성서적 설교로 성도들의 심령의 변화에 역점을 둔 것이었습니다.** 철저하게 루터의 이신칭의론을 신봉한 아른트는 독일신비주의자 타울러와 그의 『독일신학』 그리고 헤르트 흐로테와 토마스 아 켐피스의 근대 경건운동에 영향을 받

---

242) 누군가의(cuius) 지역(regio)은 그 사람의(eius) 종교(religio): 이는 영토를 다스리는 자가 종교를 결정한다는 것입니다.
243) 1618년 5월 23일-1648년 5월 15일에 벌어졌던 30년 전쟁은 유럽에서(주로 독일에서) 로마 가톨릭교회를 지지하는 국가들과 개신교를 지지하는 국가들 사이에서 벌어진 종교 전쟁이다. 유럽뿐만 아니라 인류의 전쟁사에서 가장 잔혹하고 사망자가 많은 전쟁 중 하나였으며, 사망자수는 800만 명이었다. 이 전쟁은 프로테스탄트를 인정하는 베스트팔렌 평화조약을 체결하는 것으로 끝이 났습니다.
244) 지형은, "근대교회의 영성," 189.

앉습니다. 아른트가 1605년에 출판한 『진정한 기독교』는 계속하여 재판되고 인쇄되면서 너무나도 유명해져 널리 읽혀졌는데, **이 책은 그 당시 교권주의와 교리주의에 빠진 교회의 분열을 비판하며 그런 교회의 무기력함과 생명의 결여를 갱신하기 위하여 저작된 것입니다.** 본래 4권으로 출판된 이 책은 아른트의 사후에 5-6권이 첨가되었습니다.245)

대체로 신비주의를 배격하던 루터교회 정통주의신학 속에 다시 신비주의적인 신학을 접붙인 인물이 바로 아른트였습니다. 아른트의 『진정한 기독교』는 그 당시의 신앙의 위기를 넘어서는 새로운 경건의 실천을 제시하였는데, 다음과 같이 그 당시의 신앙생활을 비판했습니다. "**모든 사람이 그리스도의 종이 되기를 간절히 원하지만 아무도 그를 따르는 자가 되려고 하지 않는다.**"246)

## 2.2 진정한 기독교

아른트는 디모데후서 3장 5절의 "경건의 모양은 있으나 경건의 능력을 부인하는 자"에 근거하여, 예수를 믿는 모양은 가졌지만 생활 속에서 그리스도의 뒤를 따르는 실천의 부재를 『진정한 기독교』의 서문에서 다음과 같이 지적합니다.

"사랑하는 그리스도인 독자들이여, 요즈음에 와서 거룩한 복음이 참으로 수치스럽게 오용되었음은 입으로만 그리스도와 그의 말씀을 찬양하면서 그리스도인의 세계가 아닌 이방인의 세계에 사는 사람들처럼 비그리스도인적인 생활을 영위하는 불경건한 자들의 회개할 줄 모르는 삶을 통해서 완전하게 입증되었다. **그러한 불경건한 행위는 진정한 기독교의 요소, 즉 진실되고 살아있는 믿음의 제시, 살아 움직이는 참된 경건과 의의 열매 등을 평범한 독자들에게 알리기 위해 나로 하여금 이 책을 쓰게 하였다.** 동시에 나는 우리가 그리스도를

---

245) 류기종, 『기독교 영성』 (서울: 도서출판 은성, 1997), 224-226.
246) 지형은, "근대교회의 영성," 191.

믿을 뿐만 아니라 그리스도 안에서 살고, 그가 우리 안에서 살아야 하기 때문에 우리는 그리스도의 이름을 몸에 지녀야 한다는 것을 보이고 싶었다. 또한 참된 회개가 마음의 가장 깊은 곳에서 어떻게 흘러 나와야 하는가? 하는 것과 그리스도나 그의 복음에 합당하게 살기 위해서 마음과 생각과 감정이 어떻게 변해야 하는가? 그리고 새로운 피조물이 되기 위해 어떻게 말씀에 의해 새로워져야 하는가? 등을 보이고 싶었다. 모든 씨앗이 그 본질에 따라 합당한 열매를 맺는 것처럼, 하나님의 말씀도 날마다 우리 속에서 새로운 영적 열매를 맺어야 한다. 만약 우리가 믿음으로 새로운 피조물이 되었다면, 우리는 그러한 새로운 탄생에 합당하게 살아야 할 것이다. 한 마디로 우리 속에서 아담은 죽어야 하고, 그리스도는 살아야 한다. **단순히 하나님의 말씀을 안다는 것으로는 충분치 않고, 생명력 있는 방법으로 그것을 실천해야 한다. 신학이란 살아있는 경험이요 실천인 반면에, 많은 사람들은 그것이 단순한 학문이나 수사학 정도로 생각하고 있다.** 오늘날 모든 사람들은 세상에서 유력하고 똑똑한 사람이 되기 위해 노력하고 있을 뿐, 아무도 경건하게 사는 법을 배우려 하고 있지 않다. … 참으로 그는(예수 그리스도) 최고의 지혜와 지식이므로 우리는 분명하게 '**그리스도의 순결한 삶은 우리에게 모든 것을 줄 수 있다.**'라고 말할 수 있다. … 그러므로 **그리스도의 진정한 종이나 사랑하는 자는 그를 따르는 자가 되어야 한다. 그리스도를 사랑하는 자는 비록 자신의 육체가 고통을 당할지라도 그의 거룩한 생활, 겸손, 온유, 오래 참으심, 고난, 수치, 모욕의 본을 사랑하게 될 것이다.**"247)

### 2.2.1 하나님의 형상을 지닌 인간의 타락과 중생

아담은 하나님의 형상을 따라 창조되었기 때문에 그 형상은 거룩하고 순전하여 하나님이 인간 안에 기쁨으로 거하시고 인간이 하나님

---

247) Johann Arndt, *True Christianity*, 노진준 역, 『진정한 기독교』(서울: 도서출판 은성, 1988), 43-44.

과 자신을 알 수 있지만, 최고선이신 하나님을 반사해야 함에도 불구하고 자신이 최고선이신 하나님이 되려고 했기 때문에, 아담은 가증스럽고 무서운 죄에 빠지게 되었습니다. 그리고 하나님의 형상을 따라 지음 받은 아담은 하나님만이 그의 모든 것이 되시기 때문에, 그 하나님과 하나가 되어 연합하면 안식과 평화, 기쁨과 생명, 축복이 있지만, 하나님을 대적하고 그분으로부터 떨어져 멀어지면 최대의 불안과 불행이 일어난다는 것을 알고 있었습니다. 그러므로 에베소서 4장 22-24절의 말씀처럼, "**너희는 유혹의 욕심을 따라 썩어져 가는 구습을 따르는 옛 사람을 벗어 버리고, 오직 너희의 심령이 새롭게 되어, 하나님을 따라 의와 진리의 거룩함으로 지으심을 받은 새 사람을 입으라.**"고 아른트는 권면합니다. 그리스도를 통하여 하나님의 형상을 회복한 새사람이 되어야만, 모든 일들 속에 하나님께서 역사하시도록 하며 자기의 의지로 하나님을 훼방하거나 대항하지 않게 됩니다. 즉, 새사람은 하나님의 거룩한 도구가 되어 하나님께 온전히 헌신하게 됩니다. 이는 타울러가 자기부인을 통한 "신적인 의지의 순수하고 단순한 고난"이라고 정의하는 것의 나타남입니다.[248]

　영적인 의미에서 인간의 거듭남은 그리스도와 말씀으로부터 일어납니다. 하나님의 말씀이 믿음을 일깨워 주며, 믿음은 말씀에 매달려 말씀 안에서 그리스도와 성령을 붙들고 의지하게 만들고, 성령의 활동과 능력을 통하여 사람이 거듭나게 합니다. **타락한 인간이 거듭나기를 원한다면 그리스도를 믿는 믿음을 통하여 겸손하고 순전한 성령을 받아야만 합니다**. 그리스도 안에서 중생한 인간은 새 영을 받아 속사람이 새로워지고 빛의 자녀가 되어 하나님을 아버지라 부르며, 하나님을 기쁘시게 해드리는 새로운 피조물이 되는 것입니다. 이를 위하여 그리스도께서 고난을 당하셨음으로 그리스도에 대한 진정한 믿음과 참회개가 있어야 합니다.[249]

---

248) 위의 책, 51-55.
249) 위의 책, 61-65.

### 2.2.2 그리스도인의 회개하는 삶

그리스도인의 영적인 삶은 우리의 영원한 샘이신 예수 그리스도로부터 시작되기에 그분을 믿는 믿음과 회개로부터 시작됩니다. 성도들은 그리스도를 믿는 믿음으로 인하여 원죄의 비참함과 슬픔으로부터 벗어나 구원과 유익한 도움을 발견하게 됩니다. 믿음은 성도들로 하여금 은혜의 샘이신 그리스도로부터 살아 있고 선한 결실을 맺을 수 있도록 합니다. **그러므로 의와 성령의 열매가 성도들 안에서 자라나려면 육체의 열매가 죽어야 합니다. 이것이 바로 성도들이 지속적으로 행하여야 할 매일 매일의 진실하고 살아있는 의로운 회개인 것입니다.** 이를 통하여 성도들은 육신을 죽이고 성령께서 자신들 안에서 다스리시도록 해야만 합니다. 중생한 새 사람은 날마다 그리스도의 모범을 따라 회개함으로, 즉 자신의 정욕을 십자가에 못 박음으로 옛 사람을 죽여야 합니다. 이것은 그리스도의 공생애를 깊이 묵상하고 본받으며 따라감으로 가능합니다.[250]

### 2.2.3 지식에 관하여

에베소서 3장 17-19절의 바울의 간구와 같이, "믿음으로 말미암아 그리스도께서 너희 마음에 계시게 하시옵고 너희가 사랑 가운데서 뿌리가 박히고 터가 굳어져서, 능히 모든 성도와 함께 지식에 넘치는 그리스도의 사랑을 알고, 그 너비와 길이와 높이와 깊이가 어떠함을 깨달아 하나님의 모든 충만하신 것으로 너희에게 충만하게 하시기를 구하노라," **그리스도를 사랑하지 않고는 단순한 지식으로 아는 것은 아무 소용이 없습니다. 그리스도에 관해서 수없이 많은 이야기를 하고 토론하는 것보다 그분을 사랑하는 것이 수천 배 더 낫습니다.** 그러므로 우리의 의지와 기쁨으로 그리스도를 사랑하기 위해서는 우리의 지성을 통한 이해로 그리스도를 추구해야 합니다. 그리스도에 관

---
[250] 위의 책, 263-264.

한 진정한 지식에서 그리스도를 향한 사랑이 나옵니다. 따라서 우리의 지성과 의지와 사랑 모두를, 즉 영혼 전체를 하나님과 그리스도께 드려야 합니다. 하나님께서 우리의 마음과 영혼 속에서 역사하시고 친히 자신을 주시도록, 우리는 정교하고 잠잠하며 평화로운 영혼의 상태를 유지하여야 합니다. **우리의 영혼이 세상에 등을 돌릴 때, 영혼은 잠잠해지고 평화로워져 지혜롭고 명철해집니다.** 순교한 교부 키프리아누스(Cyprianus, 200년경~258)에 따르면, **성도들이 이 땅에서 아무것도 바라거나 원하지 말아야**(그리스도의 겸손하신 온전하심을 따라 세상에 대해서 죽어서 나는 아무것도 아니라고 고백해야) **성령께서 그들의 영혼 속으로 흘러들어와 그 영혼을 세상으로부터 하나님께로 들어 올리고 하나님의 은혜로운 선물을 베풀어 주신다는 것입니다.** 이처럼 우리를 인도하시는 성령의 은혜가 우리 안에서 모든 것을 시작하고 지속시키며, 하나님께 영광과 찬양을 드리도록 우리를 온전하게 만들어 주실 것입니다.[251]

### 2.2.4 자연과 그리스도

창조주 하나님은 창조세계를 통하여 자신을 계시하시고, 우리의 마음 안에 하나님의 형상을 두어 하나님을 인식하게 하셨지만, 인간은 타락하여 하나님보다는 피조물들을 더 섬기고, 마음이 어두워져 하나님을 인식하지 못하고 영광을 돌리지 못하게 되었습니다. 인간을 하나님께 이르도록 하기 위하여 창조된 피조물들이 오히려 하나님께 나아가는 길을 방해하고 있습니다. **그러므로 그리스도인들이 하나님께 영광을 돌리고 하나님을 아는 것은, 자연세계의 피조물들을 통하여서도 가능하나 이는 온전하지 못하고, 물질에 집착하는 인생의 곤고함과 궁핍함 속에서 우리 주 예수 그리스도를 믿는 것을 통하여서만 결정적으로 가능하게 됩니다.** 그리스도를 통하여 만물이 지은 바 되었고, 만물이 그리스도 안에 존재하며, 그리스도는 만물을 붙들고

---

251) 위의 책, 289-293.

계십니다. 우리가 하나님에게 이르도록 인도하는 하나님이 창조하신 피조물들에 매혹되어 타락하고 곤고해진 우리를 하나님께로 인도하는 그리스도를 통하여, 하나님은 만물 안에서 영광을 받으십니다. 만유를 소유하시고 만유 안에 충만하시며 만유에 구원의 손길을 뻗치실 수 있는 그리스도는, 하나님의 가장 위대한 사자이고 대사이며, 우리를 하나님께로 인도하는 가장 큰 선물이며, 하나님의 가장 강한 손입니다.252)

### 2.2.5 성도와 머리되신 그리스도의 신비한 연합

진정한 믿음을 지키며 거룩한 삶을 사는 성도들에게 최고의 복과 목표는, 예수 그리스도를 통하여 성령 안에서 일어나는 하나님과의 연합입니다. 그러므로 성도들의 가장 큰 불행은 하나님으로부터 영원히 격리되는 것입니다. 하나님과 인간의 연합의 우선적인 근거와 증거는 창조(인간 안에 있는 하나님의 형상)와 구속(그리스도)입니다. 다시 말해서 창조 시에 하나님이 인간의 영혼 안에 심어준 하나님의 형상으로 하나님과의 연합이 가능하였는데, 인간의 타락하여 일그러진 하나님의 형상으로 인하여 그 연합이 깨어지고, **성육신하신 예수 그리스도를 믿는 믿음을 통하여 인간 안의 하나님의 형상이 회복되어 중생하고, 성도들이 세례와 성찬을 통하여 다시 하나님과 연합하게 되었다는 것입니다.** 즉, 하나님의 말씀에 의하여 하나님과 성도들의 연합이 이루어진다는 것입니다. **인간이 하나님의 형상을 지니고 있음과 더불어, 하나님의 말씀인 성자 예수 그리스도께서 성육신하시어 사람 되심이 하나님과의 연합의 가장 중요한 증거가 됩니다.** 하나님과 성도들의 연합은 이해시키고 돌보아주시는 생명의 영이신 성령께서 그들의 마음에 내주하심으로써 죄에 대한 진정한 후회와 슬픔을 동반한 회개와 믿음을 통하여 일어납니다. 그리고 그리스도와 신자들의 연합은 영적인 혼인을 통하여 거룩하신 그리스도에 대한 사랑과

---
252) 위의 책, 301-303.

갈망으로 일어나며, 거룩한 세례를 통하여 확인되고, 주님의 만찬에서 영적인 성찬을 먹고 마시는 것이 주 예수 그리스도와의 연합을 견고하게 해줍니다. 따라서 우리는 하나님을 부르고 그분에게 기도하며 그분의 이름을 찬양함으로써 최고선이신 하나님과 하나가 되고 부활의 영이신 성령으로 충만케 됩니다.253) 이렇게 됨으로 험난한 세상에서 성도들은 진정으로 행복하게 됩니다.

아른트는 루터의 십자가 신학을 따라 이신칭의나 혹은 이신득의를 가르쳤지 행위에 의한 칭의 교리를 가르치지는 아니하였습니다.254) 아른트는 그리스도를 믿는 믿음과 값없이 덧입혀주시는 값비싼 칭의에 따라오는 성도들의 행함과 실천을 강조한 신학자입니다. **아른트는 그리스도를 믿는 믿음을 통하여 일어나는 회개와 중생의 중요성을 설파하였고, 그리스도의 성육신을 통하여 회복된 하나님의 형상을 지닌 성도들과 하나님의 연합을 강조하였습니다**. 아른트는 하나님으로부터 일어나는 거듭남에 대하여 다음과 같이 말합니다.

"하나님으로부터 비롯된 모든 것은 그림자처럼 덧없는 것이 아니라 진정한 생명의 역사이다. 하나님께서는 열매를 맺지 못하고, 생명이 없고, 능력이 없는 일을 하시는 것이 아니다. **살아계신 하나님으로부터 생명력이 있고 살아있는 새 사람이 탄생한다**. 우리의 신앙은 세상을 정복하는 승리의 신앙이다."255)

## 3. 필립 야콥 슈페너
### 3.1 슈페너의 생애

아른트의 뒤를 이어 루터교회 경건주의 운동을 구체적으로 시작

---

253) 위의 책, 319-354.
254) 위의 책, 357.
255) 위의 책, 뒤표지.

**하고 설립한 인물은 슈페너입니다.** 그는 루터교회 목사였고 1635년에 현재의 프랑스 영토인 리보빌레(그 당시는 독일 땅 라폴츠바일러)에서 태어났고 아른트의 『진정한 기독교』와 청교도들의 경건서적들을 읽으며 성장했습니다. 리보빌레는 알자스 지방에 속하는데 역사적으로 독일과 프랑스가 서로 차지하려고 암투를 벌이던 곳입니다. 이 지방에 종교개혁의 전통을 간직한 유명한 도시 슈트라스부르크가 있습니다. 슈페너는 슈트라스부르크대학교에서 역사와 루터교회의 정통주의 신학을 공부하고 신학박사 학위를 취득하였습니다.[256]

이후 슈페너는, 연구여행 중에 제네바에 들러 나중에 네덜란드에서 경건주의 운동을 일으켰던 프랑스의 경건주의자 장 드 라바디(Jean de Labadie, 1610-1674)를 만나 영향을 받고 그 당시 교회의 부패에 눈을 뜨게 되었습니다. **당시의 교회의 부패상이란, 목회자가 아무리 설교를 하여도 성도들이 진정으로 회개하지 않을 뿐만 아니라 그들에게서 거짓이 없는 경건의 실천을 찾아보기가 힘들었던 상황을 말합니다.** 연구여행에서 돌아와 모교에서 강의하던 중에 31살의 슈페너는 라인강의 지류인 마인강변에 위치한 프랑크푸르트(Frankfurt)의 루터파 목사회의 대표직으로 청빙을 받았습니다. 여기서 슈페너는 20년간(1666-1686) 목회하며 자신의 생에서 가장 유의미한 기간을 보내었습니다.[257]

**슈페너는 오랫동안 루터의 작품들을 탐구하면서 본래적인 종교개혁의 의도와 동떨어진 현실과의 괴리감을 느끼면서, 진정한 기독교, 참되고 살아있는 신앙을 선포하면서, 죽어버린 가식의 신앙을 폭로하는 설교를 하였습니다.** 1669년에 슈페너는 소수의 열심 있는 성도들과 다수의 출석교인들과의 분열을 경험하였습니다. 1670년 이후부터 경건한 성도들이 슈페너의 목사관에 모이기 시작하자, 이 모임은 **경건의 모임(Collegium pietatis: 콜레기움 피에타티스)**이라는 이름을 갖게 되었습니다. 이러한 성도들의 경건모임이 경건주의 운동의 외적

---

256) 지형은, "근대교회의 영성," 198.
257) 주도홍 편저, 『독일의 경건주의』 (서울: 기독교문서선교회, 1996), 10.

인 표식이 되어 확산되어 나가자 루터교회 정통주의자들에게 공격을 받게 되었는데, 슈페너는 루터가 제안한 성도들의 특별한 모임을 통하여 방어하였습니다. 1675년 봄에 슈페너는 아른트의 설교집의 재판을 위한 서문을 작성하였는데, 이 서문이 교회개혁의 내용을 담고 있어 사람들로부터 큰 반향을 불러일으키자 별책으로 출판하였습니다. 이것이 바로 "**피아 데시데리아 혹은 하나님이 진정 기뻐하시는 개신교회의 개혁을 향한 간절한 요망**"(Pia Desideria oder herzliches Verlangen nach gottgefälliger Besserung der Wahren evangelischen Kirche)이라는 제목으로 개신교회의 내적부패를 지적한 책입니다. 슈페너는 세 부류의 사람들, 즉 정치 지도자들로 구성된 권력층, 목회자와 평신도들의 모습들 모두가 참되고 살아있는 신앙을 가지고 있지 못하다고 비판하였습니다.

그래서 슈페너는 "6대 개혁안"을 제시하였습니다.[258] 그중에 가장 중요한 개혁안은 "**하나님의 말씀을 보다 더 빈번히 우리 사이에 가져오자!**"는 것이었습니다. **경건주의를 성경운동이라고 말하는 것은 모여서 성경읽기를 중요시했기 때문입니다. 즉, 성경에 대한 바른 이해를 위하여 무엇보다도 경건의 모임에서 성도들 상호간의 대화의 시간을 통하여 이것이 구체화되었습니다.** 성경이 모든 개혁안들의 실제적인 실현을 위한 유일한 근원이었기 때문입니다. 그리고 다른 개혁안들을 열거하면, **모든 성도들의 만인제사장설의 구체화, 이론보다는 실천의 강조, 교파간의 신학적 논쟁의 제한, 경건의 실질적 구현에 중점을 두는 신학수업의 개혁, 설교의 초점의 변화(설교의 방향이 내적인간의 경건을 겨냥함)입니다.** 하나님께서 성경을 통하여 자신의 자녀들인 교회에 영광스러운 미래를 약속하셨기 때문에, 슈페너는 이러한 교회개혁안들이 가능하다고 확신하였습니다. 슈페너는 하나님이 약속하신 보다 나은 시대를 향한 소망의 성취를 위한 표징이 바로 그가 제시한 개혁안들이라고 믿었습니다. 슈페너가 쓴 『경건한 열망』은 루터교회 정통주의자들에게도 호응을 얻어 경건주의의 모체서적이

---

258) 위의 책, 11.

되었습니다. 슈페너가 제시한 개혁안들 대부분이 아른트로부터 출발한 경건과 개혁운동에 그 기초를 두고 있습니다.259)

신앙의 내면화, 개인의 체험, 새로운 피조물로 변화시키는 칭의의 강조, 중생한 사람이 맺는 열매들은 루터교회 정통주의신학에서 이미 확립된 것들인데, 다른 사람들과 구별되는 슈페너의 장점은 이것들을 계속 강조하면서 추진한 것입니다. 슈페너보다 앞서서 일어났던 루터교회의 개혁자들은 경건한 성도들의 삶을 온 민족교회의 전체분야에서 일으키려고 시도하였는데, 슈페너는 그렇게 하지 아니하였습니다. **슈페너는 아직 참된 신앙에 이르지 아니한 성도들을 변화시켜서가 아니라, 이미 경건한 성도의 삶을 살아가는 바른 성도들을 더욱 더 성장하게 하고 변화시켜서 그들을 통하여 교회를 개혁하고자 하였습니다.** 슈페너에게 중요했던 것은 민족교회 내부에서 자발적으로 모여든 성도들의 교육에 집중하는 것이었습니다. **슈페너가 공식적인 예배시간 외에 성도들의 경건생활의 함양을 위하여 특별모임을 제안하고 실천한 것은, 새로운 경건주의 시대를 여는 결정적인 방안이었습니다. 이러한 모임을 위하여 슈페너가 제안한 용어는 "교회 안의 작은 교회"(Ecclesiola in ecclesia: Kirchlein in der Kirche)라는 말입니다.** 천년왕국적인 내세의 소망은 하나님의 구원계획 속에서 성도들의 경건을 위한 모임이 중요한 의미를 가지도록 하는데, 이는 도래하기 시작하는 하나님의 나라 건설의 전위부대 역할을 하는 것입니다. 슈페너는 탈사회적인 경향성으로 흐르는 경건주의를 "살아있는 기독교"라는 개념으로 저지하였습니다. 프랑크푸르트의 경건주의자들의 모임에 의해 세워진 빈민구제기관인 고아원은 경건주의가 행한 대 사회적인 활동의 초석이 되었습니다.260)

슈페너는 1686년에 드레스덴의 궁정 담임목회자로 청빙을 받았습니다. 이 자리를 통하여 독일 개신교에 가장 많은 영향력을 행사할 것으로 기대했던 슈페너는, 프랑케를 중심으로 형성된 경건주의 운동

---

259) 위의 책, 12.
260) 위의 책, 13.

이 루터교회 정통주의에 의하여 공격을 받을 때 이를 변호하여 주지 못했습니다. 슈페너는 1691년에 베를린으로 청빙을 받아 성 니콜라이교회의 감독목사가 되었고 종무국 평정관에 임명되었습니다. 슈페너는 프로이센 제국의 힘을 얻어 공격당하는 경건주의를 도울 수 있었고, 자신의 친구들과 제자들을 교회와 학교의 요직에 임명할 수 있었습니다. 1695년에 세워진 할레대학교가 강한 경건주의 교육을 지향할 수 있었던 것은 경건주의의 대변자 슈페너의 도움에 크게 힘입은 것입니다. 바쁜 가운데서도 많은 저작들을 집필한 슈페너는 정통주의적인 칭의론과 세례를 통한 거듭남의 근본교리를 토대로 삼아 경건주의 운동의 강조점을 중생(거듭남)과 회개(Wiedergeburt und Bekehrung)에 위치시켰습니다. 그의 저작들은 여러 판을 거듭하며 널리 읽혀졌고, 1705년에 경건주의의 충실한 교부 슈페너는 많은 이들의 존경을 받으며 하나님의 품에 안겼습니다.261) 신비적인 영성을 강조한 슈페너는, 기독교 사상의 개혁자라기보다는 주로 중생을 통하여 거듭난 새 사람에 중점을 둔 그리스도교인들의 삶의 개혁자라고 평가됩니다.262)

## 3.2 『경건한 열망』

단조로운 문체로 된 『경건한 열망』의 작품구성은 그렇게 복잡하지 않고 세 부분들로 나누어집니다. **서론적으로 문안과 저작 배경을 밝히고, 본론의 1부는 교회의 타락한 상태에 대한 개관(시 당국의 결점들, 성직자의 결점, 시민들의 결점, 이러한 결점들에서 비롯되는 죄과들)이고, 2부는 교회의 개선가능성, 3부는 교회 개혁을 위한 제안들을 제시합니다.** 문안과 저작배경에서 슈페너는 다음과 같이 말합니다.263)

---

261) 위의 책, 14.
262) 필립 야콥 슈페너, *Pia Desideria*, 모수환 옮김, 『경건한 열망』(서울: 크리스챤다이제스트, 1992), 32-34.
263) 위의 책, 7.

"우리가 한탄하는 이 파선된 (교회의) 상태들은 모두에게 알려진 바입니다. 누구든 이 상태들에 대하여 눈물을 흘리지 않을 수 없습니다. 그것은 은밀히든 아니면 다른 사람들이 그 눈물을 봄으로써 감동을 받아 도우려고 할지도 모르는 그런 곳에서든 눈물을 흘리지 않을 수 없습니다. **우리가 고통과 질병을 보는 곳에서 치료책을 강구하는 것은 당연한 일입니다. 그리스도의 보배로운 영적인 몸이 지금 고통과 질병으로 시달리고 있습니다**. 어떤 점에서 그것은 개개인에 관련된 것이지만 그러나 누구나 모두에게 관련된 것이며, 아울러 우리 모두는 몸에 속한 모든 지체들이므로 몸의 어느 한 곳의 질병을 우리와 상관없는 것으로 여겨서는 안 되기 때문에, 그 치료에 적합한 약을 발견하여 처방하도록 하는 것이 우리의 의무입니다."[264]

### 3.2.1 교회의 타락상

여기서 슈페너는 당시 교회의 결함들을 비판합니다. 사회의 모든 계층들 내에 존재하는 윤리적인 방종에 대하여 주목하면서, 죄가 심각하게 취급되지 않으며 종교적인 의무들은 대부분 외형적이고 형식적인 방식으로 준수되고 있음을 지적하였습니다. 더 나아가 성직자와 평신도들이 동일하게 잘못을 저지르고 있다고 지적합니다.[265] 우선 슈페너는 주를 찾는 모든 이에게 그리스도를 통하여 성령 안에서 하늘에 계신 우리 아버지 하나님으로부터 은혜와 빛과 구원이 있기를 간구합니다. **하지만 슈페너는 불행한 교회의 영적인 고통을 슬퍼하며 하나님이 무한하신 은혜로 거두어가지 않으신 하나님의 말씀과 성례를 제외하고는 거의 모든 곳의 교회들 가운데 존재하는 부족한 점들을 지적하고, 그리스도교의 교훈이 요구하는 상태에 있는 계층이 하나도 없다고 한탄합니다**.[266]

하나님이 시 당국자들에게 권세를 주신 목적은 그 권세를 이용하

---
264) 위의 책, 40-41.
265) 위의 책, 23.
266) 위의 책, 49-52.

여 하나님의 나라를 건설하라고 주신 것인데, **도리어 저들은 죄악과 방탕 속에서 살고 있다는 것입니다**. 그리고 다른 공직자들은 자신들의 이익을 구하는데 혈안이 되어 있다는 것입니다. 그러므로 이들은 그리스도교가 무엇인지 알지 못하며, 그리스도인들로서 그리스도인의 삶을 살고 있다고 장담할 수 없는 지경이라는 것입니다. **하나님이 저들에게 권세를 주심은 교회의 성장을 도모하도록 하기 위함인데, 반대로 권세를 남용하여 교회를 억압하고 하나님의 감동을 입은 교회의 성직자들이 행하려고 하는 선한 일을 막고 방해한다는 것입니다**.[267]

슈페너는 자신과 성직자들을 부르신 하나님의 소명이 거룩한 것임을 기쁘게 인식하고 있으며, 하나님이 소명하신 성직자들 중에서 얼마를 보전하사 주님의 일을 신실하게 행하도록 역사하고 계심을 알고 있다고 고백합니다. 그러나 정치적 신분에 있는 공직자들과 마찬가지로 교회의 설교자들도 철저하게 부패했다고 슈페너는 말합니다. **당시의 성직자들은 육신의 정욕과 안목의 정욕 그리고 이생의 자랑으로 특징 지워진 세속의 정신으로 짙게 물들어 있어 자기부인이 없는 삶을 살고 있다는 것입니다**. 슈페너는 경건하지 않은 성직자들이 교구에서 교구로의 승진과 이동을 모색하고 있으며 모든 종류의 음모에 기담하고 있다고 고발합니다. 성령의 조명과 감화하심이 없이 자신의 노력과 지식으로 설교하는 자들은 참된 하늘의 빛과 믿음의 삶에 대해서 알지 못한다는 것입니다. 그러므로 바울 사도가 고린도전서 11장 1절에서 말한 것처럼 **"내가 그리스도를 본받은 자가 된 것 같이 너희는 나를 본받는 자가 되라"**는 말씀을 따라 성직자들이 설교한다면 전혀 다른 교회를 이루어갈 것이라고 슈페너는 말합니다. 그리고 성직자들이 바른 교리를 수립하고 고수할 의무도 있지만, 너무 교리적인 논쟁에 치우치기보다는 성령의 조명을 받아(성령의 나타남과 능력으로) 하나님의 지혜로 전도하고 설교해야 한다는 것입니다.[268]

공직자들과 성직자들이 부패했기 때문에 시민들은 말할 것도 없

---

267) 위의 책, 53-54.
268) 위의 책, 54-67.

이, 그리스도의 교훈들 중에서 어떠한 것도 믿고 따르지 않게 되었다는 것입니다. 일반 시민들은 서로 사랑하지 않고, 술에 진탕 취하며, 생계를 위하여 계략을 꾸미고, 자신의 재물을 형제와 자매 사랑에 쓰지 않고 움켜쥐며, 하나님의 아들 예수 그리스도를 믿음으로써 구원받아 경건한 삶을 살지 못합니다.[269] 그러나 루터는, 로마서 서문에서 믿음은 하나님의 선물로 우리 안에 존재하는 하나님의 역사이고 선행과 밀접하게 결부되어 있다고 말합니다.

"믿음은 어떤 이들이 해석하는 그러한 인간적인 관념이나 꿈이 아니다. 저들은 어떠한 삶의 개선이나 선행이 믿음을 뒤따르지 않는 것을 보는 한편, 믿음에 대하여 많은 것들을 듣고 말하기 때문에 저들은 오류 속에 빠져서 '믿음으로는 충분하지 않다. 우리가 의로워지고 구원을 받기 위해서는 선행을 행해야만 한다'라고 말한다. 이렇게 말하는 이유는 저들이 복음을 들을 때, 앞서 나아가 마음속에서 '내가 믿는다'라고 말하는 개념을 자신의 힘으로 꾸며 내었기 때문이다. 저들이 참된 믿음이라고 생각하는 것은 바로 이러한 인간적인 개념이다. 그러나 이것은 인간의 심연에 결코 이를 수 없는 인간의 상상과 관념일 뿐이며, 여기에서는 아무것도 나오지 않고 어떠한 개선도 뒤따라 나오지 않는다. **반면, 믿음은 우리 속에 존재하는 하나님의 역사이다. 이 믿음은 우리를 변화시키고 우리를 하나님으로 말미암아 거듭나게 만든다(요1:13). 믿음은 옛 아담을 죽이고, 마음과 영혼과 정신과 능력에 있어서 우리를 전혀 다른 사람으로 만들며, 그리고 성령을 가져다준다. 정말로 믿음은 살아있고 활기차고 활동적이며 능력있는 것이다. 그래서 끊임없이 믿음이 선행을 하지 않는 것은 불가능하다. 믿음은 해야 할 선행이 있느냐 하는 문제가 아니라, 그러한 문제를 제기하기 전에 이미 선행을 행했고 항상 선행 등을 행하고 있는 것이다.**"[270] 다시 말해서 시민들이 나는 그리스도를 믿음으로 세례를 받고 성찬에 참여하는 교회 의식을 통해서 구원받고 경건하게

---

269) 위의 책, 67-73.
270) 위의 책, 74-75.

살며 하나님을 기쁘시게 한다고 생각하면 이는 오산이며, **전 생애를 통하여 통회하는 마음으로 회개하여야만 의식을 통해서 이루어진 세례와 성찬이 효력을 발휘한다는 것입니다**.[271]

1부를 정리하면, **불경건한 그리스도인들의 아주 해악한 죄의 결과들로 인하여 자기 자신들도 구원에 이르지 못하고 다른 불신자들의 구원을 방해하고 있다는 것입니다**. 그 당시의 그리스도인들은 경건의 모양을 가장하고 있으나 경건의 능력은 부인하는 자들이며, 하나님의 오래 참으심을 이용하여 재물과 같이 진노를 쌓는 자들이고, 방탕하며 불경건한 삶으로 자신들의 사악함과 불신앙에 대한 증거를 공적으로 보여주었던 사람들입니다.[272]

### 3.2.2 교회 개선의 가능성

여기서 슈페너는 개혁의 가능성을 주장하며 실망할 이유가 없다고 말합니다. **왜냐하면 이방인의 충만한 수가 들어온 후에 이스라엘이 구원을 받을 것이라는 사도 바울의 예언(롬11:25-26)과 로마교황의 대몰락을 예언(계18-19장)한 것이 이루어진다면 참된 모든 교회가 지금보다 더욱 영광스럽고 복스러운 상태에 있게 될 것이라는 하나님의 약속들과 그 당시에 성령의 역사하심 아래에서 순교도 각오하며 전 그리스도인이 경건하게 사는 것이 가능했던 초대교회의 모범은, 교회내의 보다 나은 상황을 기대할 수 있도록 충분한 용기를 주기 때문입니다**.[273] 그러므로 "우리 모두에 관련된 문제에 있어서 교회의 상태를 살피고 어떻게 교회의 상태가 개선될 수 있을 것인가를 생각한다는 것은 모든 그리스도인들의 의무이며, 특별히 주께서 교회의 파수꾼으로 여러 곳에 세우신 자들의 의무입니다. 이 의무는 특히 **교회가 어느 곳에 있든 상관없이 하나의 본질을 가진 하나의 몸이기 때문에 피할 수는 없는 것입니다**. 따라서 교회가 항시 모든 곳에서

---

271) 위의 책, 76-77.
272) 위의 책, 78-79.
273) 위의 책, 87-92.

동일한 질병을 당하지 않는다 할지라도, 교회는 계속해서 그러한 고통을 당할 위험성을 안고 있는 것입니다. 또한 이러한 사실은 회중의 개선을 위해 무엇이 유익한가를 부지런히 살피고 찾는 모든 사람은, 다른 곳에서 약간 다른 상태를 면밀히 관찰하지 않아도 다른 회중들을 어떻게 도울 수 있는가를 아주 잘 알 수 있다는 것을 의미합니다. 모든 설교자가 바로 이 일을 하도록 부르심을 받았다는 것은 논쟁의 여지가 없습니다."274) 더 나아가 변증교부이자 순교자인 저스틴(Justin Martyr, 100년경~165년경)은 "그리스도께서 가르치신 대로 **살지 않는 사람들은 비록 저들이 입술로는 그리스도의 교훈을 고백한다 할지라도 그리스도인들이 아닌 것으로 여기라**"고 선언하였습니다.275)

### 3.2.3 교회 개혁을 위한 제안들

①우선 슈페너는 우리들에게서 하나님의 말씀이 보다 광범위하게 사용되어야 한다는 것에 유의해야 할 것이라고 말합니다. 우리에게는 본질상 선한 것이 없다는 것을 우리는 너무도 잘 알고 있고, 하나님의 말씀이 우리 가운데 가까이 있으면 있을수록 우리는 믿음과 믿음의 열매들을 얻을 수 있기 때문입니다. **강단에서 선포되는 설교가 성도들에게 충분하지 못하기 때문에 성도들은 더욱 더 하나님의 말씀인 성경을 가까이 하여야 합니다.** 또한 모든 성경은 하나님의 감동으로 된 것으로 교훈과 책망과 바르게 함과 의로 교육하기에 유익하다고 바울 사도가 디모데후서 3장 16절에서 말하기 때문입니다. 그리고 하나님의 말씀을 부지런히 사용하는 것이란 설교를 듣는 것뿐만 아니라 성경을 읽고 묵상하고 토의하는 것을 의미합니다. **종교개혁이 강대상 아래 숨겨져 왔던 성경을 사람들에게 회복시켜주는 일이었듯이, 성경을 읽는 것을 통하여 교회가 더 나은 상태로 개선될 수**

---

274) 위의 책, 96.
275) 위의 책, 95.

있다고 슈페너는 제안합니다.[276)]

②두 번째 제안은 영적 제사장직의 확립과 부지런한 실행입니다. 루터의 작품을 읽어보면 그가 영적 제사장직을 열정적으로 강조한 것을 알 수 있습니다. 이는 성직자들뿐만 아니라 모든 그리스도인들이 예수 그리스도 구세주에 의하여 제사장이 되었으며, 성령의 기름 부음을 받았고, 영적인 제사장의 사역을 수행하기 위해 부름 받았다는 것입니다. 베드로전서 2장 9절은 설교자들과 성도들 모두에게 해당되는 말씀입니다. "그러나 너희는 택하신 족속이요 왕 같은 제사장들이요 거룩한 나라요 그의 소유가 된 백성이니 이는 너희를 어두운 데서 불러내어 그의 기이한 빛에 들어가게 하신 이의 아름다운 덕을 선포하게 하려 하심이라." 그러므로 모든 그리스도인들은 자신과 자신이 가지고 있는 것, 자신의 기도, 감사, 선행, 구제 등을 바쳐야 할 뿐만 아니라 열심히 주님의 말씀을 연구하고, 자기에게 베풀어진 그 은혜로 다른 사람들, 특히 자기 지붕 아래 있는 사람들을 가르치고, 책망하고, 권고하며, 회개케 하며, 저들을 교화하며, 저들의 삶을 돌아보고, 모두를 위해 기도하며, 가능한 범위 내에서 저들의 구원에 대하여 관심을 가져야 한다는 것입니다. 먼저 이 사실을 평신도들에게 적용한다면, 저들은 자신을 더욱 성찰해야 할 것이며 사신과 교우들의 교화에 전념해야만 합니다. **그러나 만인 제사장직에 대한 이 가르침이 알려지지 않고 실천되지 않기 때문에, 성도들이 자기도취와 나태함에 이르게 되었다는 것입니다.**[277)]

③슈페너는 모든 그리스도인들에게 실천이 따르는 믿음에 익숙해질 것을 강조하면서, **그리스도인들이 신앙에 대한 지식을 가지는 것만으로는 결코 충분하지 않으며, 그 이유는 기독교가 실천으로 이루어져 있기 때문이라고 말합니다.** 따라서 그리스도를 믿음으로 구원받

---

276) 위의 책, 99-104.
277) 위의 책, 104-106.

은 그리스도인들은 그분의 명령을 따라 서로 돌보는 사랑과 모든 사람들을 향한 사랑을 실천하여 율법을 성취해야 합니다.** 그러기 위해서 성도들은 자기 이웃들에게 사랑의 섬김을 베풀 수 있는 기회를 놓치지 않는 습관이 몸에 배어 있어야 하며, 섬김을 베푸는 동안에도 그들은 참된 사랑으로 하는 것인지 아니면 다른 동기에서 그렇게 하는 것인지 알기 위해 자신의 마음을 부지런히 성찰해야만 합니다. 만일 성도들이 인간관계에서 기분이 상했다면, 그들은 특별히 조심해서 모든 복수심을 자제할 뿐만 아니라 자신의 마음이 자신을 배반할 수도 있으며 미움의 감정이 거기에 연루되었을 수도 있다는 두려움에 자신의 권리 일부와 그 권리에 대한 주장을 포기해야만 합니다. 실제로 성도들은 자신의 대적자들에게 선을 베풀어줄 기회를 부지런히 찾는 절제로 말미암아 옛 아담을 멸하고 자신들의 마음속에 그리스도의 사랑이 더욱 깊이 뿌리내리도록 해야 합니다. 그렇지 않으면 복수심이 일어나 자신과 모두를 다 태워버리기 때문입니다.[278]

**④성도들이 불신자들과 이단들과 종교적인 논쟁을 하는데 있어서 어떻게 행동해야 할지 주의해야 한다고 슈페너는 말합니다.** 우리들이 먼저 관심을 기울여야 할 수고는 우리 자신과 우리의 친구들과 다른 성도들을 기존의 정통진리 안에 견고하게 세워 확신하게 만들고, 큰 관심과 돌봄으로 모든 종류의 미혹으로부터 저들을 보호하는 것입니다. 그리고 오류에 대한 우리의 의무는 위험스런 오류에 빠진 사람들이 구원의 참된 지식으로 돌아오게 해달라고 하나님께 기도하는 것입니다. 또한 우리는 그들에게 선한 모범을 보이고 그들의 감정을 해쳐 그들이 회개하는 것을 어렵게 만들어서는 안 된다는 것입니다. 이어서 우리는 그들에게 우리가 고백하는 그리스도의 진리를 겸손하지만 확고하게 제시할 필요가 있습니다. 더 나아가 모든 불신자들과 이단자들에게 진심 어린 사랑의 실천을 더 베풀어 주어야 합니다. 이에 더하여 아른트가 "교리와 하나님의 말씀의 순수함은 논쟁과 많은 책

---

[278] 위의 책, 107-108.

들을 저술함과 아울러 참된 회개와 경건한 삶으로 유지되어야 한다." 라고 말하듯이 되도록 격렬한 논쟁을 피하는 것이 좋습니다. 왜냐하면 논쟁이 다 유익하고 좋은 것은 아니기 때문입니다. 루터도 "진리는 가르침에 의해서는 소멸되지 않지만 논쟁에 의해서는 소멸된다. 왜냐하면 논쟁은 인간의 영혼들이 신성 모독적이 되게 하며 악을 동반하는데, 즉 영혼들이 다툼에 전심할 때 가장 중요한 것을 소홀히 하는 악을 동반하기 때문이다."라고 말합니다.279)

⑤**성직자들은** 교회의 개혁에 속하는 모든 일들에 있어서 가장 큰 짐을 져야 하며, 그들의 결점은 그것들에 따라 큰 해가 되기 때문에 무엇보다도 먼저 성직자 자기 자신이 참된 그리스도인이 되는 것이 중요하며, 그 다음에 주의 길로 다른 사람들을 신중하게 인도할 수 있는 지혜를 가진 사람들이 성직을 차지하는 것이 가장 중요하다고 **슈페너는** 말합니다. 따라서 교회의 개혁을 위해서는 적합한 사람들만이 소명을 받는 것과, 그들이 소명의 모든 과정에서 하나님의 영광만을 구하고 다른 모든 것들에는 관심을 주지 않는 것이 중요하고 필요하다는 것입니다. 교회 안에 있는 결점들 중에 어느 정도는 성직자들이 부름을 받는 가운데 일어나는 과오들입니다. 합당한 사람들이 부름을 받는다 하더라도 쓸모 있는 성직자가 되려면 학교와 대학들에서 훈련을 받아야만 합니다. **이를 위하여 신학교수들에게는 학문성과 그에 따르는 경건한 삶이 요구되고, 신학생들은 경건과 학문의 훈련의 장인 학교를 성령의 작업장으로 여겨야 할 것입니다. 신학교수들이 만일 세상에 대해서는 죽은 자들로 행동하고, 모든 일에서 자기의 영광, 이익, 또는 쾌락을 추구하지 않고, 자신의 연구, 저술, 수업, 강연, 논쟁에 일치하여 살고, 다른 행위들도 이 목적에 일치한다면, 저들은 자신의 본으로써 많은 것들을 이룰 수 있을 것입니다. 참으로 이러한 교수들이 없이는 개혁을 기대할 수 없습니다.** 그리고 학생들은 자신의 삶을 규제할 수 있는 삶의 본을 가져야만 합니다. 왜냐하

---

279) 위의 책, 109-114.

면 우리들은 가르침만큼이나 모범들을 보고서 감명을 받고 때로 가르침 이상으로 감명을 받을 정도로 우리들은 무엇엔가 따라가는 존재이기 때문입니다. 교수들은 학생들과의 식탁에서 적절한 말로 대화하며 교육을 할 필요가 있습니다. 그리고 학생들도 거룩한 삶이 부지런함과 연구 못지않게 중요한 것이며, 경건이 없는 연구는 가치 없는 것이라는 사실을 자기 자신에게 지속적으로 각인시켜야 합니다. **이런 점에서 바울은 "하나님의 나라는 말에 있지 않고 오직 능력에 있다"고 했으며, 저스틴은 "우리의 신앙의 실제는 말이 아니라 행동이다"라고 외쳤습니다.** 신학은 실천적인 훈련이므로 모든 것은 믿음의 행위와 삶을 지향해야만 합니다. 신학은 실천적인 훈련이라서 단순히 지식만으로 되는 것이 아니므로 연구만으로 충분하지 않고 또 정보의 축적과 전달만으로도 충분하지 않습니다. 그러므로 모든 종류의 훈련들을 통하여 학생들이 경건의 실천과 자신의 교화에 속하는 것들에 익숙해지고 이것들을 경험하게 되는 방법을 모색해야 할 것입니다.280)

**⑥신학생들의 그리스도인다운 삶을 고양시키기 위해 앞에서 언급한 훈련들에 덧붙여서, 신학교수들은 신학생들이 현장에서 사역할 때 취급해야 할 것들에 대한 행동지침을 만든다면 이 또한 그들에게 유익할 것입니다. 예를 들어, 무식한 사람을 가르치는 훈련, 병자를 위로하는 훈련, 무엇보다도 설교하는 훈련이 있어야만 합니다.** 설교의 훈련에서 설교의 전 내용들이 지식의 자랑과 나열이 아니라 교화를 목적으로 한다는 사실을 학생들에게 가르쳐 주어야 합니다. **슈페너는, 설교하는 목적(믿음과 믿음의 열매들)이 청중들 속에서 가능한 한 최대로 성취될 수 있도록 설교자가 설교들을 준비해야 한다고 제안합니다.** 강단에서 전해지는 설교는 쉽고도 능력 있게 선포되어야 하며, 또한 하나님이 사람들을 구원하는 수단이 되어야 하기에 설교는 이 목적에 맞추어져야 합니다. 모든 설교들이 지향해야 할 것은, 우리의

---

280) 위의 책, 115-124.

온전한 기독교 신앙이 속사람, 또는 새 사람으로 이루어지고, 이것의 핵심은 믿음이며 이것의 표현은 삶의 열매들이라는 것입니다. 그러므로 하나님의 은혜의 수단인 말씀과 성례를 속사람이 새로워지는 것과 결부시켜서 강조해야 할 것입니다.281)

**슈페너는 자신의 책이 구원의 방주인 교회의 파선된 상태를 개선하는 수단이 되고, 하나님의 영광과 예수 그리스도를 위한 하나님의 나라를 확장하는 수단이 되기를 기도하며 『경건한 열망』을 마칩니다.** 슈페너의 6가지 제안들을 종합하여 보면, 그는 전반적으로 기독교의 본질을 하나님의 말씀에 대한 지식이 아니라, 하나님의 말씀을 따라 순종하는 경건의 실천에서 찾고 있습니다. **이러한 실천은 도덕적이고 윤리적인 실천이라기보다는 예수 그리스도를 믿는 살아있는 믿음에서 나오는 신앙적인 경건의 실천을 말하는 것입니다.** 즉, 하나님의 말씀에 근거한 신앙(믿음)에서 솟아나는 경건의 실천이 슈페너가 제시했던 교회의 개혁을 위한 대안이었습니다.282)

## 4. 경건주의의 발전과 평가
### 4.1 아우구스트 헤르만 프랑케

경건주의가 개인의 내면과 교회의 영역을 넘어 사회적 개혁의 차원에까지 영향력을 행사하게 된 것은 슈페너의 지도와 후원을 받은 **프랑케의 주도적인 역할로 말미암은 것입니다.** 프랑케는 할레대학교의 신학교수로 사회적 구제기관인 고아원과 병원 그리고 학교와 도서관을 설립한 인물입니다. 그리고 프랑케는 유럽 최초로 개신교회 선교사들을 훈련시켜 파송하는 선교업적을 세웠습니다. 프랑케 밑에서 경건 지도를 받던 신학생들인 지겐발크(Bartholomäus Ziegenbalg, 1682-1719)와 플뤼트샤우(Heinrich Plütschau, 1677-1752)는, 덴마크의 후원을 받아 인도 선교사로 파송되어 인도를 위해 서적들을 출

---
281) 위의 책, 126-133.
282) 지형은, "근대교회의 영성," 226.

판하였으며 인도의 종교와 문화를 연구하기도 했습니다.283)

아른트는 경건주의 아버지이며, 슈페너는 경건주의의 조직적인 창시자, 프랑케는 경건주의 2세대 지도자, 경건주의 3세대 지도자는 친첸도르프 백작입니다. 친첸도르프가 1700년에 태어나 유아세례를 받을 때, 그의 가족과 가깝게 지내던 65세 된 슈페너 목사가 그의 대부 역할을 하였습니다. 슈페너가 1705년에 세상을 떠나 친첸도르프와는 인격적인 만남이 거의 없었지만 프랑케는 슈페너의 지도를 받아 경건주의적인 신앙을 접하게 되었습니다. 프랑케는 많은 지식을 습득하여 뛰어난 지식인이 되는 것이 그의 비전이었는데, 1687년 뤼네부르크(Lüneburg)에서 회심을 체험하면서 완전히 변화되었습니다. 프랑케는 뤼네부르크를 방문하여 설교부탁을 받았는데 요한복음 20장 31절(오직 이것을 기록함은 너희로 예수께서 하나님의 아들 그리스도이심을 믿게 하려 함이요 또 너희로 믿고 그 이름을 힘입어 생명을 얻게 하려 함이니라)을 설교본문으로 골랐지만 마음에 확신이 없었습니다. 프랑케는 이 본문으로 머리로만 아는 믿음이 아니라 실제적으로 우리를 변화시키는 살아있는 믿음에 대해서 설교하려고 하였지만, 정작 자기에게는 그런 살아있는 믿음이 없다는 것을 깨닫고 고민하다가 하나님 앞에 무릎을 꿇고 신앙의 확신을 구하는 기도를 드리며 극적인 회심을 체험하였습니다. 그 당시의 상황에 대하여 프랑케는 "**마치 손바닥을 뒤집듯이 모든 것이 변하고 마음속에 확신이 다가왔다.**"라고 기록을 남겼습니다.284)

회심을 체험한 프랑케는 슈페너의 소개로 할레로 가서 활동을 시작하였는데, 바로 이것이 널리 알려진 할레 경건주의의 시작이었습니다. **경건주의적인 회심체험의 전형적인 두 가지 요소들은, 자신의 죄를 자각하고 회개에 이르기 위해 죄와 투쟁하는 것이고, 이런 영적인 싸움의 과정의 끝에 의심과 불신앙을 극복하고 극적인 회심을 체험하는 것입니다.** 이것이 바로 경건주의적인 회심의 원형인 것이고, 프랑

---

283) 브래들리 P. 홀트, *Thirsty for God*, 엄성옥 역 『기독교 영성사』 (서울: 도서출판 은성, 1994), 166.
284) 지형은, "근대교회의 영성," 202-203.

케는 다른 이들도 이와 같은 체험에 이르기를 원하여 자신의 회심체험을 글로 남겼습니다. 나중에 **감리교의 창시자 존 웨슬리도** 1738년 5월 24일 올더스게이트(Aldersgate) 거리에서 독일 경건주의자들인 헤른후트 형제단(모라비안 교도)의 작은 모임에서 **루터의 로마서 주석 서문을 듣고 지적인 믿음으로부터 마음이 뜨거워지고 확신이 들어와 의심의 구름이 사라지는 체험적인 믿음으로 전환되는 경건주의적인 회심을 체험하였습니다**.[285]

프랑케는 할레에서 활동하기 이전에 라이프찌히(Leipzig) 대학에서 강사로 활동하며, 성경을 연구하고 묵상하며 삶의 변화를 목표로 하는 경건 모임을 만들어 신앙각성 운동을 펼쳤습니다. 하지만 이들을 경건한 체하는 사람들이라고 비난하는 사람들이 생기자, 라이프찌히 대학의 수사학교수 요아킴 펠러(Joachim Feller, 1638~1691)는 다음과 같이 변명하였습니다. "**경건주의란 이름 이제 온 세상이 다 안다네. 누가 경건주의자인가? 하나님의 말씀을 연구하고 그 말씀대로 사는 사람들이라네**." 다시 말해서 경건주의란 객관적인 하나님의 말씀을 연구하고, 그 말씀을 주관적으로 체험하고 이를 삶의 현장에 적용하고 실천하는 것을 말합니다.[286]

루터교회 정통주의자들의 공격을 받은 프랑케는 슈페너의 도움으로 할레대학교로 옮겨가 교수로 재직하면서 그 수변 글라우하우(Glauchau)에서 담임목사로도 청빙을 받았습니다. 여기서 프랑케는 청소년들의 바른 교육을 위해 1695년에 빈민들을 위한 학교와 고아원을 세웠는데, 이는 처음에는 미약하였지만 후에는 창대한 기관이 되었습니다. 그리고 슈페너에 의해서 주장된 신학수업의 개혁(성서와

---

[285] 위의 책, 204. 웨슬리는 자신의 일기에 그날 저녁의 경험을 다음과 같이 기록하고 있습니다. "저녁에 나는 별로 내키지 않는 걸음으로 올더스게이트 거리에 있는 한 신도회에 참석하였는데 거기에서 한 사람이 루터의 로마서 서문을 읽고 있었다. 8시 45분경에 그 사람이 **그리스도 안에 있는 믿음을 통해 하나님께서 마음에 변화를 일으키시는 일을 설명하고 있었다. 그때 나는 내 마음이 이상하게 따듯해지는 것을 느꼈다**(I felt my heart strangely warmed). **나는 내가 그리스도를 신뢰하고 있으며, 구원을 위해 그리스도만을 믿고 있음과, 내 죄를 아니 내 죄까지를 다 거두어 가시고 나를 죄와 죽음의 법에서 구원하셨다는 확신을 얻었다**." in: 네이버 위키백과.

[286] 위의 책, 205.

목회자적인 경건성에 중점을 둠)이 할레대학교의 신학부에서 실행되었습니다. 할레대학교의 교육이상은 경건성과 덕성이었습니다. 그래서 프랑케는 다음과 같이 말합니다. "**기독교인은 마땅히 모든 선행에 있어서 앞서야 하고, 부족함이 없어야 합니다. 그래서 세상 사람들이 기꺼이 보고 말할 수 있어야 합니다. 예수 그리스도에 속한 사람들보다 더 유익한 사람들을 찾아볼 수 없다고 말입니다.**" 프랑케는 "**인간 변화를 통한 세계변혁**"을 꿈꾸었고, 칼 힐데브란트 폰 칸슈타인(Carl Hildebrand von Canstein, 1667~1719) 남작과 더불어 첫 번째로 독일성서공회를 설립하였으며, 인도와 북미에 선교사들을 파송하였습니다.[287]

### 4.2 니콜라우스 루드비히 폰 친첸도르프 백작

**냉철하고 지적인 이성 보다는 마음의 종교를 강조하고 기독교적인 삶은 세상을 지으시고 지탱하시고 대속하시는 분, 즉 예수 그리스도와의 친밀한 교제라고 강조한 친첸도르프는 다음과 같이 말합니다**.[288] "그러므로 우리는 믿음과 사랑에 의해서 주께로 가야 한다. 그렇게 하면 우리는 그리스도 외에 다른 것은 보거나 듣지 못하게 되며, 그리스도와 우리는 뗄 수 없이 함께 머물 수 있다. … 그리스도는 나를 매우 잘 아신다; 그분은 내 일과를 아신다; 그분은 나의 모든 행동과 감정을 아신다; 그분은 내가 할 수 있는 일과 할 수 없는 일을 아신다; 그분은 내가 두려워하는 것과 하고 싶어 하는 것을 아신다; 그분은 나의 위험과 안전을 아신다. 간단히 말해서, 나는 그분의 팔에 안겨 있을 때에 가장 편안하다."[289]

슈페너의 영향을 크게 받은 경건한 외할머니의 양육과 지도를 받으면서 성장하였고, 할레의 교육기관의 학생이었던 친첸도르프는 프

---

287) 주도홍 편저, 『독일의 경건주의』, 21-24.
288) 루이스 두프레, 돈 E. 세일러즈 편집, *Christian Spirituality(Ⅲ)*, 엄성옥·지인성 옮김, 『기독교 영성 Ⅲ: 종교개혁 이후부터 현대까지』 (서울: 도서출판 은성, 2001), 339.
289) 위의 책, 342.

랑케와 유대관계를 맺고 있었으며 그의 경건주의에 영향을 받았습니다. **친첸도르프는 하나님에 대한 이성적인 인식을 거부하고, 유일하고 절대적인 길인 예수 그리스도 안에서 나타난 하나님의 역사적 계시와 그 계시에로 향하는 마음의 전향을 중요시했습니다.** 그는 말하기를 "예수가 없었더라면 나는 무신론자가 되었을 것이다."라고 고백하였습니다. **친첸도르프의 신학은 루터의 십자가 신학에 그 기초를 둔 그리스도 중심적인 신학입니다.** 가톨릭교회의 반종교개혁의 여파로 피난 온 모라비아의 신앙파 난민들에게 친첸도르프는 자신의 영지인 오버라 우지츠 땅에 있는 베르텔스도르프(Bertelsdorf)에 거주하도록 허락하였습니다. **친첸도르프는 그들과 함께 헤른후트 형제단을 세웠고, 그들을 루터교회로 영입하였으며 그들을 위하여 평생을 헌신하였습니다.** 다른 경건주의자들이 오시는 주님을 기다리는 데 반해서, 헤른후트 형제단은 이미 구세주와 더불어 직접적인 인격적 교제 가운데 자신들이 서 있음을 확신하였습니다. 그리고 이 형제단 교회에서는 선교의식이 싹터 친첸도르프가 세상을 떠나기 전까지 서부인도와 그린란트 그리고 세계 각처로 선교사들을 226명이나 파송하였습니다. 외지선교와 더불어 친첸도르프는 내지 선교에도 힘을 쏟아 많은 곳으로 전도여행을 다녔습니다. 헤른후트 형제단 교회는 이성의 빛나는 역할을 강조하는 18세기 계몽주의에 의하여 메마른 많은 영혼들(레싱, 괴테, 헤르더)이 쉴 수 있는 안식처가 되기도 하였습니다.[290]

## 4.3 후대의 신학적인 평가

바울이 디모데후서 4장 7-8절에서 "경건은 범사에 유익한 것"으로 권면하지만, 교회사의 흐름 속에서 경건주의는 오해를 받아 주관적인 신앙체험을 강조하고 계시의 객관성을 소홀히 여기는 운동으로, 혹은 열광적인 신앙에 빠져 반사회적이고 탈교회적인 성향을 보이는

---

[290] 주도홍 편저, 『독일의 경건주의』, 31-36.

사람들로, 혹은 신비주의적인 성향을 가져 염세적이고 금욕적이며 은둔적인 성향의 운동으로 오해를 받아온 것도 사실입니다. **그러나 목회 현장에서 경건한 성도는 상당히 긍정적으로 평가되고, 학문적인 신학대학교에서도 경건은 신학생이 갖추어야 할 중요한 덕목으로도 거론됩니다**.[291]

경건주의는, 광의적으로는 1600년도 즈음에, 협의적으로는 슈페너의 『경건한 열망』이 출판된 1675년에 시작된 것으로 보며, 개신교회의 역사 속에서 잠들었다 다시 분출되기를 반복하면서 아직까지 개신교 내에 그 맥을 이어오고 있습니다. 경건주의를 부정적으로 기술한 자유주의신학자 알브레히트 리츨(Albrecht Ritschl, 1822~1889)은 『경건주의 역사』(Die Geschichte des Pietismus, 1880-1886)라는 세권의 기념비적인 책을 6년여에 걸쳐 펴냈는데, **이 책에서 리츨은 경건주의의 본질이 로마 가톨릭교회적인 신비주의에 있다고 판단했습니다. 그러므로 경건주의가 개신교회를 갱신한 운동이 아니라 퇴보시킨 운동이라고 혹평하였습니다**. 그리고 변증법적 신학자들인 칼 바르트(Karl Barth, 1886~1968)와 에두아르트 투르나이젠(Eduard Thurneysen, 1888~1974)도 **하나님의 말씀(예수 그리스도)인 계시의 객관성을 강조하면서 주관적인 체험을 더 중요한 기준으로 여기는 경건주의(그 당시엔 대각성운동)를 혹독하게 비판하였습니다**. 투르나이젠은 자신의 『목회학 원론』에서 경건주의를 인본주의와 혼합주의로 보면서 적나라하게 비판하였습니다. 경건주의도 처음에는 루터교회 정통주의에 맞서 교회갱신을 부르짖었지만 나중에는 독일의 루터교회 안에서 수구적인 기득권 세력이 되면서, 이성을 강조한 계몽주의와 이에 영향을 받은 자유주의신학의 비판을 받으면서 방어적인 자세를 취하게 되었습니다.[292]

제2차 세계대전 이후에 슈페너를 연구하여 박사학위 논문을 쓴 쿠르트 알란트(Kurt Aland, 1915~1994)와 『경건주의』라는 책을 쓴

---

291) 위의 책, 207-208.
292) 위의 책, 209-211.

교회사학자 마틴 슈미트(Martin Schmidt)는, **리츨과는 달리 경건주의가 교회를 갱신하고 새롭게 하였다고 긍정적으로 평가하였습니다.** 하지만 경건주의의 근원을 바라보는 시각에서는 두 학자가 서로 차이가 있는데, **알란트는 경건주의가 슈트라스부르크의 루터교회 정통주의에 그 뿌리를 두고 있다고 주장하였고, 슈미트는 리츨과 동일하게 경건주의가 신비주의에 그 뿌리를 내리고 있다고 주장하였습니다.** 그 이후에 경건주의에 대한 슈미트의 견해가 학계에서 지배적이었는데, 1968년에 요한네스 발만(Johannes Wallmann, 1930-2021)이 『필립 야콥 슈페너와 경건주의의 출발』이라는 제목으로 보쿰대학교의 교수자격 취득논문을 써서 큰 반향을 불러 일으켰습니다. **발만은 슈트라스부르크 정통주의의 진면목을 규명하면서 루터교회 경건주의가 여기에 아주 깊이 연루되어 있음을 밝혀내었습니다. 하지만 정통주의로부터 구별되는 경건주의에만 존재하는 독특한 사상은 개혁교회 측의 급진적인 부류들로부터 유래함을 입증하였습니다.** 발만은 경건주의에 대한 새로운 사료들을 발굴하고 이것들을 인용하여 이전의 학자들을 넘어서는 경건주의의 새로운 연구 분야를 개척하였습니다. **오늘에 이르러 경건주의가 교회갱신에 공헌했다고 하는 점에는 이론의 여지가 없습니다.** 경건주의가 신비주의의 영향을 받기는 하였지만, 그 나름대로 명상적이고 관상적인 점은 멀리 하면서, **신비주의 안에 있는 단순한 믿음과 겸손한 자기부인을 통한 순종과 실천을 받아들여 믿음에 따르는 경건, 신앙의 실천, 경건의 실천으로 나아갔습니다.**[293]

## 5. 결론

이제 참된 그리스도교는 오직 그리스도에 대한 순수한 믿음과 거룩한 생활로 이루어져 있다고 역설한 아른트의 아름다운 몇 구절로 마치고자 합니다. "그리스도는 자신에게서 생명의 향기를 발하시는 바, 그 믿음의 향기에 의해 모든 믿는 자들이 그에게로 인도될 만큼

---

293) 위의 책, 212-214.

풍성하고 압도적이지만, 아무리 많은 향기가 그에게서 나간다 해도 그가 잃어버린 것은 없다. **하나의 등불은 수많은 다른 불을 점화하고서도 그대로 빛을 발할 수 있다. 이처럼 한 빛, 주 그리스도로부터 조명되고 점화된 믿음의 빛은 항상 완전하고 꺼지지 않는 영원한 빛으로 남아 있다.**"294)

이처럼 예수 그리스도로부터 점화된 생생하게 살아있는 믿음과 실천이, 아름다운 모든 성도들 위에 항상 충만하기를, 우리 주 예수 그리스도의 이름으로 간절히 축원합니다. 아멘! 할렐루야!

---

294) 이후정·이주연 엮음, 『기독교의 영적 스승들』(서울: 대한기독교서회, 1996), 307-308; Johann Arndt, *True Christianity*, 『진정한 기독교』, 335.

# Ⅷ. 칼 바르트의 신학의 예정론과 화해론

에베소서 1장 3-14절: "찬송하리로다 하나님 곧 우리 주 예수 그리스도의 아버지께서 그리스도 안에서 하늘에 속한 모든 신령한 복을 우리에게 주시되, 곧 창세전에 그리스도 안에서 우리를 택하사 우리로 사랑 안에서 그 앞에 거룩하고 흠이 없게 하시려고, 그 기쁘신 뜻대로 우리를 예정하사 예수 그리스도로 말미암아 자기의 아들들이 되게 하셨으니, 이는 그가 사랑하시는 자 안에서 우리에게 거저 주시는 바 그의 은혜의 영광을 찬송하게 하려는 것이라. 우리는 그리스도 안에서 그의 은혜의 풍성함을 따라 그의 피로 말미암아 속량 곧 죄 사함을 받았느니라. 이는 그가 모든 지혜와 총명을 우리에게 넘치게 하사, 그 뜻의 비밀을 우리에게 알리신 것이요 그의 기뻐하심을 따라 그리스도 안에서 때가 찬 경륜을 위하여 예정하신 것이니, 하늘에 있는 것이나 땅에 있는 것이 다 그리스도 안에서 통일되게 하려 하심이라. 모든 일을 그의 뜻의 결정대로 일하시는 이의 계획을 따라 우리가 예정을 입어 그 안에서 기업이 되었으니, 이는 우리가 그리스도 안에서 전부터 바라던 그의 영광의 찬송이 되게 하려 하심이라. 그 안에서 너희도 진리의 말씀 곧 너희의 구원의 복음을 듣고 그 안에서 또한 믿어 약속의 성령으로 인치심을 받았으니, 이는 우리 기업의 보증이 되사 그 얻으신 것을 속량하시고 그의 영광을 찬송하게 하려 하심이라."

## 1. 칼 바르트의 생애

칼 바르트(Karl Barth, 1886~1968)는 20세기 개신교 신학의 최고봉에 서 있는 신학의 교부로서 예수 그리스도의 위대한 복음을 신학적으로 심도 있게 증언하였습니다. 바르트는 『로마서 강해』(*Der*

*Römerbrief*)를 통해 그 당시 '인간 만세!'를 외치던 자유주의 신학의 물줄기를 바꾸어 종교개혁의 정신을 다시 되살려 낸 조직신학자입니다.[295] 한스 큉(Hans Küng, 1928~2021)에 따르면, 바르트의 영향력은 개신교 신학을 넘어 가톨릭의 신학을 수정하는데도 크게 공헌하였습니다. 바르트는 마지막 강의에서 "**신학에서 계속 앞으로 나아간다는 것은 처음부터 다시 시작하는 것을 의미한다.**"[296] 라고 말했습니다. 이는 우리가 항상 하나님의 말씀, 즉 유일한 메시아 예수 그리스도에게로 돌아가야 하고, 그분의 말씀을 경청하며, 거기서 다시 시작해야 하고, 언제 어디서나 그분을 증언해야 함을 말하는 것입니다.

## 1.1 어린 시절과 청소년기(1886-1904)

바르트는 1886년 5월 10일에 스위스 바젤(Basel)에서 요한 프리드리히 바르트(Johann Friedrich Barth, 1856~1912)와 안나 카타리나 자르토리우스(Anna Katharina Sartorius, 1863~1938) 사이에서 장남으로 태어났습니다. 바르트의 할아버지와 외할아버지 모두 바젤에서 목회한 목사였습니다. 1889년 바르트의 아버지가 베른(Bern)대학교에서 신학을 가르치게 되어 그의 온 가족이 베른으로 이사하게 되었습니다. **바르트는 청소년기 전체를 베른에서 지냈는데, 나중에 그곳에서 보낸 시기를 매우 행복했던 것으로 추억하였습니다.**[297]

## 1.2 신학수업과 수련목회자(1904-1911)

1904-1908년 사이에 바르트는 베른, 베를린, 튀빙겐, 마르부르크 대학교에서 신학을 공부하였습니다. 바르트는 베른에서 임마누엘 칸

---

295) 김명용, 『칼 바르트의 신학』, 5.
296) 에버하르트 부쉬, *Karl Barths Lebenslauf*, 손성현 옮김, 『칼 바르트』 (서울: 복 있는 사람, 2014), 16.
297) 위의 책, 33-79.

트(Immanuel Kant, 1724~1804)에게 몰입하였고, 베를린에서는 자유주의 신학자이며 유명한 교회사가인 아돌프 폰 하르낙(Adolf von Harnack, 1851~1930)의 수업을 집중적으로 들었습니다. **바르트의 아버지는 아들이 자유주의 신학으로 치우치는 것을 걱정하여 아들에게 튀빙겐대학교로 옮겨가 조직신학의 유일하고 적절한 기초는 성서주석이라고 확신하는 신약성서학자 아돌프 슐라터(Adolf Schlatter, 1852~1938)에게 배우기를 바랐습니다.** 그러나 바르트는 거기서 별 흥미를 느끼지 못하고 마르부르크대학교로 옮겨갔습니다. 여기서 **바르트는 자유주의 신학자 요한 빌헬름 헤르만(Johann Wilhelm Herrmann, 1846-1922)의 강의에 매료되어 그의 열렬한 추종자가 되었습니다.** 또한 바르트는 마틴 라데 교수 밑에서 『그리스도 세계』 편집조교로도 일하였습니다. 그 후에 바르트는 1909-1911년 사이에는 제네바에서 수련목회자로 사역하였습니다.[298] 헤르만의 제자가 된 바르트는 순수이성의 영역에서 하나님은 이성적으로 파악하거나 증명이 불가능하지만, 실천적 영역에서 하나님을 경험할 수 있다는 신칸트학파의 영향권 속에 있는 헤르만의 신학에 심취하였습니다. 또한 바르트가 『로마서 강해』에서 하나님과 인간의 무한한 질적 차이를 주장하며 인간과 하나님의 근본적인 차이를 인식하지 못한 헤르만의 신학을 비판하였지만, **헤르만의 신학적인 요소, 즉 인간과 하나님과의 만남이 개별적인 특징을 가지고 있다는 점을 자신의 신학에서 지속적으로 유지하였습니다.**[299]

## 1.3 자펜빌에서의 목회(1911-1921)

바르트는 1911년에 25세의 나이로 스위스 아르가우 주에 있는 작은 공업도시 자펜빌(Safenwill)에 있는 교회에 목사로 청빙 받아 10년 동안 담임목사로 사역하였습니다. 여기에서 목회하는 동안 바르트

---

298) 위의 책, 81-123.
299) 김명용, 『칼 바르트의 신학』, 15.

는 편물공 55명을 조직하여 노동자들의 인권을 위하여 공장주와 대결하면서 사회주의 운동을 전개하였는데, 이는 그가 하나님의 나라 운동과 그것을 동일시했기 때문입니다. 마침내 바르트는 1915년에 스위스 사회민주당원이 되었습니다. 바르트는 1912년에 그의 아버지가 사망하였고, 1913년에 바이올린 연주자 넬리 호프만(Nelly Hoffmann, 1893-1976)과 결혼하였습니다. **1914년에 제1차 세계대전이 발발하여 그의 신학적 스승들이었던 하르낙과 헤르만을 포함하여 93명의 독일 지식인들이 전쟁에 찬성하는 지지성명을 발표하자, 바르트는 큰 충격과 회의에 빠지게 되었고 스승들의 가르침을 거부하며 새로운 신학의 길을 모색하게 됩니다**.[300]

그러던 중에 바르트는 1915년 4월에 마르부르크에서 치러진 동생 페터의 결혼식에 참석하고 돌아오는 중에, 친구 에두아르트 투르나이젠(Eduard Thurneysen, 1888~1974)과 함께 바트 볼(Bad Boll)에 들러서 복음의 사회구원적인 차원을 강조하며 **하나님의 나라 운동(부활하신 예수께서 승리자이시다)을 전개하는 신학자 크리스토프 블룸하르트(Christoph Blumhardt, 1842~1919)를 만나게 되었는데, 이를 통하여 바르트의 신학노선은 종교개혁 정신을 잇는 신정통주의로 방향을 전환하면서 자유주의 신학을 무너뜨리게 되었고, 폭력적인 사회주의와 하나님 나라의 차이를 인식하게 되었으며, 성서를 다시 읽기 시작하고 그 안에서 신기하고 놀라운 하나님의 말씀을 듣게 되는 계기가 되었습니다. 이러한 성서연구를 통하여 바르트는 자유주의 신학에서 말하는 가르침과는 전혀 다른 세계와 가르침이 성서 안에 있다는 것을 인식하게 되었고,**[301] **그 결과물이 바로 1919년 『로마서강해』 1판 입니다**. 이는 처음에 잘 주목받지 못하였지만 뮌헨의 카이저 출판사가 판권을 인수하여 출판하면서 유럽에서 인기가 상승하였고 젊은 신학자 칼 바르트가 탄생하는 순간이었습니다.[302]

---

300) 에버하르트 부쉬, 『칼 바르트』, 125-235.
301) 칼 바르트, 전경연 역, 『성서안의 새로운 세계』 (서울: 대한기독교서회, 1964)를 참고하라.
302) 김명용, 『칼 바르트의 신학』, 16-20.

## 1.4 괴팅겐과 뮌스터대학교에서의 교수(1921-1930)

『로마서 강해』 1판의 인기로 인하여 바르트는 1921년에 괴팅겐대학교로부터 개혁신학 담당교수로 초빙을 받아 독일로 이사하였습니다. 이 시기에 바르트는 자신의 신학적 방향을 종교개혁적인 노선으로 선회하였습니다. 그리고 바르트는 1922년에 『로마서 강해』를 개정하여 2판을 출판하였는데, 이는 영어로도 번역되어 영어권에서도 바르트가 널리 알려지게 되었고 세계 신학의 흐름을 바꾸는 데 공헌하였습니다. 이에 대한 공로로 바르트는 뮌스터대학교로부터 명예신학박사 학위를 받았습니다. 1923년에 바르트는 자신의 친구들인 투르나이젠과 프리드리히 고가르텐(Friedrich Gogarten, 1887~1967)과 더불어서 신학 잡지 『시간과 시간 사이에서』(Zwischen den Zeiten)를 창간하여 활동하며 변증법적인 신학운동을 펼쳤습니다. 바르트는 1925년에 뮌스터대학교로 옮겨가 1929년까지 개신교 신학부 교수로 교의학과 신약성서신학을 강의하였습니다. 그리고 그는 1927년에 교의학 『서설』을 저작하였습니다.[303]

이 시기에 바르트에게 일어난 중요한 사건이 하나 있는데, 그것은 자신의 옛 스승 하르낙과 벌인 신학논쟁이었습니다. 이는 1920년에 바르트가 아라우(Aarau)에서 강연한 "성서적 질문들, 통찰들과 전망들"이라는 제목의 강연에서 촉발되었습니다. **여기에 나타난 바르트의 신학적인 입장에 동의할 수 없었던 하르낙은, 1923년 『기독교 세계』라는 책에 "신학자들 가운데 학문적 신학을 조소하는 사람들에게 보내는 15개의 질문"을 실어 신학교수직을 설교직으로 변질시켰다고 생각되는 바르트를 공개적으로 비판하였습니다.** 그러자 바르트는 학문적 신학의 한계를 지적하면서 신학의 과제가 곧 설교의 과제라고 역설하였습니다. 양자의 신학적인 입장의 차이를 말하자면, 하르낙은 있었던 그대로의 역사적 예수를 먼저 탐구하고 그 다음에 설교해야만 한다고 주장한 것이고, **바르트는 역사비평학이 성서의 하나님의 말씀**

---
[303] 에버하르트 부쉬, 『칼 바르트』, 237-353.

됨을 간과함으로 하나님이신 예수의 참모습을 보지 못하고 또한 성서로부터 들어야할 하나님의 영감 된 말씀을 듣지 못하는 한계를 비판하면서, 하나님의 말씀을 듣고 순종하는 새로운 길을 찾아야함을 주장하였습니다. 하르낙은 바르트의 이러한 입장이 와해될 것이라고 예측하였지만, 성서가 하나님의 말씀됨을 강조하는 바르트의 하나님의 말씀의 신학은 20세기의 신학계를 뒤흔들었고 교회를 살리는 큰 영향력을 발휘하였습니다.304)

## 1.5 본대학교의 교수(1930-1935)

1930년에 바르트는 본(Bonn)대학교의 교수로 옮겨가 일하면서, 영국의 글래스고우(Glasgow)대학교로부터 명예박사학위를 받았습니다. 이어서 1932년에 『교회교의학』 1권 1부를 출간하였습니다. 그리고 바르트는 1933년 6월에 히틀러정권에 맞서 신학의 예언자적인 사명을 잘 감당한 『오늘의 신학적 실존』을 출간하였습니다. 이 책이 큰 반향을 불러일으키자 카이저 출판사는 이와 동일한 이름의 문집 시리즈를 발간하기도 하였습니다. **히틀러를 추종하는 독일 그리스도인 연맹(Deutsche Christen)에 반대하여 바르트가 초안한 『바르멘 신학선언』(Barmer Theologische Erklärung)이 1934년 5월 31일에 독일 개신교 고백교회 총회에서 만장일치로 채택되었습니다.** 또한 1934년 자연과 은총(*Nature and Grace*)이라는 책을 통하여 일반계시의 가능성을 인정하는 에밀 브루너(Emil Brunner, 1889~1966)의 자연신학적인 입장에 반대하여, 바르트는 특별계시인 예수 그리스도 중심적인 『아니오!』(Nein)를 작성하여 철저하게 브루너의 일반은총을 배격하였습니다.305) 이는 "그리스도가 히틀러를 통하여 우리에게 오셨다"라는 나치스(Nazis: 히틀러를 당수로 하여 1933-1945년 정권을 장악

---

304) 김명용, 『칼 바르트의 신학』, 21-22.
305) 에밀 브루너·칼 바르트, 피터 프랑켈(Peter Frankel) 편집, *Natural Theology*, 김동건 옮김, 『자연신학: 에밀 브루너의 자연과 은혜와 칼 바르트의 아니오!』 (서울 : 대한기독교서회, 2021)을 참고하라.

한 독일의 파시즘 정당)의 입장을 지지하는 것이기 때문에 바르트가 강력하게 반대한 당시의 정치적인 상황을 고려해야만 하는 것입니다. 강의 시작 전에 히틀러에 대한 나치스식의 경례와 숭배를 거부하며 기도로 강의를 시작하던 바르트는, 나치스에 의하여 1934년 11월에 본 대학교의 교수직을 박탈당하였고 독일 내에서의 강연 금지 명령을 받았습니다.[306]

### 1.6 바젤대학교의 교수(1935-1962)

독일로부터 추방당한 바르트는 1935년 6월 25일에 스위스로 돌아와 바젤대학교 교수로 재직하게 되었습니다. 이는 결과적으로 디트히리 본회퍼(Dietrich Bonhoeffer, 1906~1945)처럼 히틀러 정권으로부터 처형당하지 않고 바르트의 목숨을 살리는 일이 되었습니다. 바르트는 1936-1937년에 헝가리와 영국을 여행하였고, 에버딘대학교에서 기포드 강연을 하였습니다. 1938년에 바르트는 『교회교의학』 1권 2부를 출간하였고 그의 어머니가 사망하였습니다. **1939년 9월 1일 제2차 세계대전이 발발하자 바르트는 군에 입대하여 104일 동안 군복무를 하였습니다.** 이 전쟁이 끝나고 바르트는 독일에 머물면서 본 대학교에서 1945-1946년에 걸친 여름학기 강의를 하며 동서진영의 극심한 대립을 몸소 체험하였습니다. 1948년에 바르트는 암스테르담에서 열린 세계교회협의회(WCC) 총회에 참가하여 "인간의 무질서와 하나님의 구원계획"이란 제목으로 주제 강연을 행하였고, 이 해에 교회교의학 3권 2부를 출간하였습니다. 바르트는 1956년에 아들 마르쿠스와 함께 영국을 여행하였고, 그의 신학적인 입장의 변화를 보여주는 "하나님의 인간성"이라는 제목으로 아라우 강연을 하였습니다. 이는 새로운 신론으로서, 하나님은 전적타자이며 전능하고 초월적이라고 말했던 『로마서 강해』 2판의 신학과는 달리 예수 그리스도 안에서 인간이 되신 하나님은 십자가 위에서 무능하게 고난당하고 죽을

---
306) 에버하르트 부쉬, 『칼 바르트』, 355-455.

**수 있다는 것입니다.** 1959년에 바르트는 교회교의학 4권 3부를 출간하였고, 1960년 8월에 바르트는 발레(Wallis) 주에서 빌리 그레이엄(Billy Graham, 1918-2018)을 만나기도 하였습니다.307)

### 1.7 은퇴 이후의 활동과 죽음(1962-1968)

1962년 3월에 바르트는 바젤대학교에서 고별강의를 마치고 은퇴생활로 접어들었습니다. 바르트는 자신의 후임교수가 결정되지 않아 한 학기를 더 강의 하게 되었는데, 그 결과물이 바로 말년의 바르트를 이해할 수 있는 『개신교신학 입문』입니다.308) 은퇴 후에 바르트는 미국을 여행하며 여러 대학들에서 많은 청중들에게 강연을 하였습니다. 건강이 악화된 바르트는 1964-1965년 어간에 몇 차례나 병원에 입원하여 수술을 받기도 하였습니다. 바르트는 가톨릭교회로부터 제2차 바티칸 공의회에 초청을 받아 참석하여 가톨릭에 대하여 가졌던 부정적인 생각을 많이 수정하였고, 1966년에 마지막 로마여행을 하였습니다. 1967년에 바르트는 『세례론』을 끝으로 『교회교의학』의 집필을 중단하여 미완으로 4권 4부를 출간하였습니다.309) **바르트의 교회교의학은 미완이지만 총4부 13권 9250페이지 달하는 방대한 저서입니다. 이외에도 바르트는 『로마서 강해』 1판과 2판, 많은 책과 설교들 그리고 논문과 강연원고들을 작성한 위대한 신학자입니다.**

잠자던 바르트는 1968년 12월 9일 밤과 10일 아침 사이에 82세의 나이로 하나님의 품에 안겼습니다. 부인 넬리가 바르트를 깨우려고 모차르트 음악을 틀고 그의 침대 곁에 갔을 때, 그는 이미 하나님께 부름을 받았고 잠들 때 기도하던 자세 그대로 두 손을 포갠 모습으로 누워 있었습니다. **죽기 얼마 전 쓴 편지에서 바르트는 자신이 그리스도의 심판대 앞에서 하나님의 은혜로 의롭다고 인정받은 죄인**

---

307) 위의 책, 457-786.
308) 칼 바르트, *Einführung in die evangelische Theologie*, 신준호 올김, 『개신교신학 입문』(서울: 복있는사람, 2014)를 참고하라.
309) 김명용, 『칼 바르트의 신학』, 24-27.

으로 설 것이라고 언급한 적이 있습니다. 12월 14일 바젤 대성당에서 열린 바르트의 추모식에서 낭독된 말씀은 시편 103편 1-2절입니다. 즉, "**내 영혼아 여호와를 송축하라 내 속에 있는 것들아 다 그의 거룩한 이름을 송축하라. 내 영혼아 여호와를 송축하며 그의 모든 은택을 잊지 말지어다.**" 식순의 마지막에 울려 퍼진 찬송은 "다 감사드리세!"였는데, 바르트는 이 찬송 중에서 특히 영원히 풍성하신 하나님을 향한 간구를 담은 2절을 좋아했었습니다. "**감사의 찬송을 다 주께 드리어라, 저 높은 곳에서 다스리시는 주님, 영원한 하나님 다 경배할지라, 전에도 이제도 장래에도 영원히.**"[310]

## 2. 바르트 신학의 특징들
### 2.1 바르트 신학의 변천

바르트의 신학적 입장의 변천을 크게 전기와 중기 그리고 후기로 나누어 볼 수 있는데, **세계 제1차 대전의 충격을 극복하고 자유주의 신학의 영향으로부터 벗어나는 전기신학은 『로마서 강해』 1판과 2판으로 대변되는 시기입니다.** 1919년의 『로마서 강해』 1판은 하나님의 나라가 역사 속에서 성장할 수 있다는 가능성을 인정하는 헤겔적인 특성(정·반·합의 도식: 부정의 부정을 통한 긍정)을 지닌 변증법적 신학을 드러내고, 1922년의 『로마서 강해』 2판은 하나님의 계시와 하나님의 나라가 역사 속에서 존재할 수 있는 가능성을 역설(영원과 시간의 만남은 불가능한 가능성: 율법과 세상의 철학적 지혜를 초월한 구원자 예수 그리스도에 대한 합리적인 이성을 넘어서는 주관적인 믿음의 결단)로 규정하는 키에르케고르적인 역설적인 변증법적 신학을 나타냅니다.[311]

바르트의 중기신학은 1924년부터 1942년 교회교의학 2권 2부 예정론이 집필되기 이전의 시기로서 하나님의 말씀의 신학으로 대표됨

---
[310] 에버하르트 부쉬, 『칼 바르트』, 849-851.
[311] 김명용, 『칼 바르트의 신학』, 27.

니다. 바르트가 자신의 신학을 가리켜 말한 "하나님의 말씀의 신학"은 1932년 교회교의학 1권 1부에서 그 원숙한 모습을 드러냅니다. 『로마서 강해』 2판의 신학에서는 시간과 영원의 무한한 질적 차이를 극도로 강조하여 성서조차도 "전적 타자"인 하나님의 계시를 담지하지 못하는 실패한 도구라고 여기어 하나님의 계시는 세상적인 방편을 가질 수 없었는데, **말씀의 신학은 말씀 자체이신 예수 그리스도와 그분에 대해서 증언하는 성서 그리고 성서를 선포하는 목사의 설교가 모두 다 하나님의 말씀이라는 말씀의 삼중양태를 역설하였습니다. 즉, 예수 그리스도는 말씀하시는 하나님의 계시의 도구라는 것입니다.**312)

바르트의 후기신학으로 넘어가는 분수령은 계시이해의 변화를 보여준 1942년의 『교회교의학』의 예정론입니다. 예정론에는 인간으로 오신 예수 그리스도는 주체이신 하나님의 계시의 도구나 술어가 아니라 하나님의 계시 그 자체라는 표현이 나옵니다. **예수 그리스도는 보이지 않는 하나님의 형상이며 성육신하신 예수는 하나님의 신성을 은폐시키는 분이 아니라 하나님의 신성(인간을 위해 고난을 받을 수 있는 정의로운 하나님의 극단적인 자비와 사랑)이 무엇인지 보여주는 계시 그 자체라는 것입니다.** 이러한 예정론에 기초한 바르트의 후기신학은 예수 그리스도 중심적인 은총의 신학입니다. **바르트의 예정론에서 심판의 하나님은 사라지고 하나님의 자비와 사랑과 은총이 극도로 강조되고 있기 때문입니다. 즉, 하나님의 행위는 정의로운 심판을 넘어서는 선택(예정)이고 은혜이며 사랑이라는 것입니다. 예수 그리스도의 십자가에서 함께 고난당하는 성부 하나님은 오직 자비와 사랑의 하나님으로서 인간을 심판하고 징벌하시는 하나님이 아니라 인간에게 은총을 베푸는 자비와 사랑의 하나님이시라는 것입니다.** 『로마서 강해』 2판의 바르트에 따르면, 거룩하신 하나님은 인간의 교만과 세상의 죄악을 심판하시기 때문에 그 하나님 앞에 선 인간과 세상은 하나님을 만나는 순간 심판을 받아 갈기갈기 부수어지는(부정되는) 위

---

312) 위의 책, 28.

기의 순간이라는 것입니다. 그러나 1942년의 예정론 이후부터는, **하나님의 심판이란 십자가에서 해결된 것을 믿지 않는 자들의 그늘 (Schatten: 십자가 뒤에 드리워진 그늘: 믿음 없음이 곧 심판)로만 존재하는 것으로**, 즉 놀라운 사랑의 하나님의 선택과 사랑이 그분의 은총과 자비와 긍휼이 거부되는 곳에서만 십자가에서 이미 해결된 심판이 남아 있다는 것입니다. 왜냐하면 예수 그리스도께서 하나님의 모든 심판을 십자가 위에서 감당하셨기에, 즉 **예수 그리스도 단 한분만이 모든 인류를 대신하여 심판받아 버림받으신 분이기에, 하나님께서는** 형벌적대속의 고통과 죽음을 감내하시는 예수 그리스도를 심판하고 버리시며 모든 인류와 화해하시는 사랑의 하나님이시기에, 하나님은 인간을 버리거나 심판하시는 하나님이라기보다는 예수 그리스도의 십자가를 통하여 대리적 고통과 죽음을 겪으시는 거룩한 사랑의 하나님이시기에, 예수 그리스도를 통하여 하나님의 극단적인 사랑과 은총만이 찬란하게 빛난다는 것입니다.[313]

## 2.2 하나님의 말씀의 신학

다른 학자들이 바르트의 신학을 변증법적 신학, 위기의 신학, 신정통주의 신학 혹은 자유주의에 물든 신신학으로 명명했지만, **바르트는 자신의 신학을 하나님의 말씀의 신학이라고 말했습니다. 자유주의 신학이 성서를 인간 종교체험의 산물로 보는 입장에 맞서서 바르트는, 성서는 오류가 있음에도 불구하고 하나님의 말씀이라고 생각했고, 하나님의 말씀인 성서를 기초로 하여 자신의 신학을 완성시켰습니다.** 바르트의 『로마서 강해』는 하나님의 말씀인 성서를 주석하여 탄생시킨 명작이었습니다. **바르트는 성서비평학의 한계를 지적하면서 성서의 영감 된 권위를 인정하여 성서의 권위와 본질을 정립시킨 신학자였습니다.** 바르트는 목사인 자신의 최고의 영광은 하나님의 말씀을 맡아 기쁨으로 설교하는 것이라고 여겼습니다. 그러므로 바르트의

---
313) 위의 책, 29-30.

하나님의 말씀의 신학이란, 성서를 하나님을 체험한 인간의 목소리로 여기는 자유주의 신학도 아니고, 축자영감에 기울어진 문자주의적인 신학도 아니라, 하나님의 말씀 자체인 성서의 예수 그리스도에 중심을 둔 신학입니다. 다시 말해서, **예수 그리스도께서 하나님의 계시 그 자체이고 하나님의 말씀 그 자체이기 때문에 필연적으로 그리스도교 신학은 예수 그리스도 중심적일 수밖에 없다는 것입니다**.[314]

## 2.3 하나님의 절대주권을 찬양하는 부활신학

부활하신 "예수께서 승리자이시다!"라는 부활신학이 바르트의 『로마서 강해』 1판을 만들어낸 신학정신입니다. 헤르만의 제자였던 바르트는 이 정신을 블룸하르트에게 배워 자유주의 신학으로부터 벗어나 20세기의 최고의 신학교부가 되었습니다. 예수의 부활은 과장된 이야기도 아니고 신화적인 표현(자유주의 신학)도 아니며, 그를 믿은 제자들의 신앙 속에서의 부활(루돌프 불트만)도 아니고, **초이성적인 역사적 사실이 이성적인 사건들 가운데 끼워진 역사적 사실입니다. 즉, 제자들에게 믿음의 확신을 심어준 예수의 부활은 세상을 사로잡고 있는 죄와 죽음의 세력을 정복하였기 때문에, 예수는 승리자이시고 이 승리자 예수를 믿고 따르는 자들만이 죽음을 이기고 영생을 얻으며 인생에서 참된 승리자가 될 수 있다는 것입니다. 왜냐하면 인간과 세상은 죄와 죽음의 힘에 사로잡혀 있어 스스로의 힘으로 이 죄와 죽음의 힘에서 벗어날 수 없다는 것입니다**. 인간 스스로 세상의 진보와 낙관적인 이상세계를 건설할 수 있다고 믿었던 자유주의 신학이 세계 제1차 대전에 동의하면서 전쟁의 포화와 죽음 속에서 무너져 갔기에, 세상의 참된 희망은 오직 승리자이신 예수 그리스도에게만 있다는 것입니다. 부활하신 예수는 승리하셨고 살아계셔서 세상을 변화시키고 계신다는 것입니다. **인간의 마지막은 죽음이지 승리가 아니고, 유일한 구원자이신 예수 그리스도 안에만 진정한 승리가 있다는 것입니

---

[314] 위의 책, 40-41.

다. 인간에게 단 하나 꼭 필요한 것은 하나님의 주권과 통치를 인정하고 받아들이며 하나님을 찾고 사는 것입니다. 죄악으로 물든 세상을 살리는 분은 오직 하나님이시고 그 하나님의 부활의 능력과 정의와 사랑의 통치가 세상을 사로잡고 있는 악과 죽음의 세력을 파괴하는 오직 하나의 능력이라는 것입니다.[315]

## 2.4 십자가에 나타난 하나님의 은총을 증언하는 신학

**죄에 빠진 인간을 향한 사랑과 자비의 하나님의 무한한 긍정과 은총은 예수 그리스도의 십자가를 통하여 계시됩니다.** 하나님은 세상을 사랑하사 자신의 아들을 성육신 시켰으며 자신의 외아들을 십자가에서 버리셨습니다. 예수 그리스도의 십자가를 통하여 보여준 하나님의 행위는 심판을 넘어선 오직 사랑과 은총뿐이라는 것입니다. **예수 그리스도의 십자가를 통하여 나타나는 하나님의 행위는 대신 죽으시는 사랑이고 은총이며 자비라는 것입니다.** 그러므로 십자가는 인간을 향한 모든 부정적인 것의 부정을 의미하며 심판과 죽음의 완전한 종말을 뜻하는 것입니다. 왜냐하면 하나님의 외아들 예수 그리스도께서 인간이 당할 심판과 죽음을 대신 감당하였기 때문입니다. 하나님의 속성은 철저하게 예수 그리스도의 십자가에서 파악해야시 율법적인 심판과 다른 종교나 철학과 자연신학에서 파악하면 안 된다는 것입니다. 왜냐하면 이것들은 십자가와 부활에 나타난 은총과 자비와 승리의 하나님과 일치하지 않기 때문입니다. **하나님의 은총과 자비는 우리의 생각을 초월하고 너무나도 깊고 높아서 무한히 용서하시고 사랑하시는 사랑이시며, 인간을 살리고자 아들을 십자가에 내어주고 함께 아파하시는 사랑이기 때문입니다.**[316]

---

315) 위의 책, 42-43.
316) 위의 책. 44-45.

## 2.5 살아계셔서 역사하시는 하나님

바르트에 따르면, 하나님께서는 살아계시고 지금 이곳에서 행동하시고 말씀하신다는 것입니다. 그러므로 신학의 관심은 지금 여기에서 행동하시고 말씀하시는 하나님께 두어야 한다는 것입니다. 그러므로 신학은 어떤 이론이나 체계로 화석화되면 안 되고, 신학자들은 언제나 현재적으로 말씀하시고 행동하시는 하나님에게 귀를 열고 그분에게 관심을 기울여야만 한다는 것입니다. 바르트의 신학이 그의 일생 동안 하나의 체계로 굳어지기보다는 계속하여 변천되어 갔던 것처럼 말입니다. 바르트는 자신의 과거의 주장을 지속적으로 고수하기보다는 그 시대마다 말씀하고 행동하시는 하나님께 충실하였던 신학자입니다. 그래서 신학자들과 설교자들은 끊임없이 다시 시작해야 하는 과제를 안고 있다고 말했습니다. 설교자들은 하나님께서는 지금 이곳에서 살아 역사하시는 하나님임을 항상 명심해야만 한다는 것입니다. 그러므로 설교자는 지금 이곳에서 말씀하시고 행동하시는 하나님의 음성을 듣고 그 음성을 자신의 청중들에게 전달해야만 합니다. 예를 들어, 1938년에 독일의 히틀러 군대가 체코를 침공했을 때 **바르트는 무력저항이 아니라 무장투쟁을 할 것을** 프라하(Praha)의 신학대학장인 로마드카에게 편지로 역설하였습니다. 이런 이유로 바르트는 2차 세계대전 중에 **스위스 방위군에 들어가** 라인강변을 지켰습니다. 바르트는 일생동안 **사회민주당에 두 번씩이나 가입하였고** 사회주의를 하나님의 나라의 유비로 보았지만, 사회주의나 자본주의 그 자체를 상대적인 것들로 보아 하나님의 나라와 동일시하지는 않았습니다.[317] **자유로우신 하나님은 인간이 만들어낸 특정한 이념과 체계를 통하여 말씀하시기도 하시지만, 그것을 넘어서 부수고 돌파하여 말씀하시고 행동하시기 때문입니다.** 지금 여기에서 살아계신 하나님의 음성을 듣

---

317) 프랑크 옐레, *Lieber unangenehm laut als angenehm leise: der Theologe Karl Barth und die Politic 1906-1968*, 이용주 옮김, 『편안한 침묵보다는 불편한 외침을: 신학자 칼 바르트와 1906-1968의 정치』(서울: 새물결플러스, 2016)을 참고하라.

는 신학이란 하나님 이외의 것을 절대화 시키는 우상숭배를 파괴하는 신학을 의미하며, 동시에 역사와 사회의 상황을 고려하는 신학임을 의미합니다. 살아계신 하나님의 음성을 듣는 일은, 즉 하나님께서 지금 어디에서 일하고 계시는지를 이해하는 것은, 예수 그리스도의 계시와 성서적 증언에 충실하여 그것을 존중해야 하고(한 손에는 성서를), 이와 더불어 주어진 주변의 사회적 상황과 역사적 맥락을 깊이 생각해야 하는 일입니다(다른 한 손에는 신문을).[318]

## 2.6 하나님의 나라의 건설을 위한 신학

바르트 신학의 전체에 걸친 특징은 하나님의 나라를 위한 신학이라는 강력한 특징을 지니고 있습니다. 즉, 바르트의 신학은 인간의 영혼만의 구원을 위한 신학에 국한되지 않고, 영혼육의 통전적인 구원을 위한 신학이며, 이 세상에 존재하는 악과 죽음의 세력의 근원인 무(Das Nichtige: 無)의 지배를 종식시키고 하나님의 은혜와 사랑의 통치를 구현하기 위해 힘쓰는 신학입니다. 부활하신 예수 그리스도는 하나님의 은혜의 통치를 이 세상에 이룩하기 위하여 지금도 싸우고 계시고, 죄와 사회구조적인 악으로부터 인간의 구원과 해방을 위하여 일하시는 메시아이시고 해방자이십니다. 그러므로 예수 그리스도의 부활은 하나님의 나라를 앞당겨 이룬 영광의 선취이고, 성령께서는 이 예수부활의 복음을 통하여 인간을 해방하고 하나님의 나라를 건설해가고 있으시다는 것입니다. 바르트의 이런 신학적 관점은, 인간의 희망의 근거가 예수 그리스도의 부활이고 그 부활의 근거는 예수 그리스도의 십자가라는 위르겐 몰트만의 『희망의 신학』과 『십자가에 달리신 하나님』에서 더욱 발전되어 전개됩니다.[319]

---

[318] 김명용, 『칼 바르트의 신학』, 46-50.
[319] 위의 책. 50-52.

## 3. 칼뱅의 이중예정론에 대한 바르트의 재해석320)

본 교단 신앙고백서에 따르면, 전적으로 타락한 인간은 자신의 노력과 의로 구원받는 것이 아니라, 창세전에 그리스도 안에서 성도를 선택하시는 하나님의 사랑의 섭리인 선행은총으로 구원받습니다. **다시 말해서, 전적으로 타락한 인간의 구원에 있어서, 그 주도권은 인간 자신의 내재적인 덕과 선한 성품을 발견하여 함양하는 혹독한 수행과 고도의 인내에 있는 것이 아니라, 거저주시는 하나님의 값비싼 은혜인 그리스도의 십자가를 통하여 구원하시고자 하는 하나님의 예정하신 선택에 있다는 것입니다. 한 걸음 더 나아가 타락한 인간의 구원에 있어서, 그 주도권은 하나님이 베푸신 구원의 은혜인 그리스도의 사랑에 응답하는 인간의 신앙고백적인 차원이 아니라, 즉 인간의 믿음보다 우선하여 창세전에 인간이 타락할 것을 예지한 하나님이 죄인들을 그리스도 안에서 선택하고 구원하시는 사랑의 예정섭리가 인간과 우주를 감싸고 있었음에 있다는 것입니다.** 이러한 그리스도를 통하여 베풀어지는 특별은총(Gnade)의 예정섭리는, 창조 당시에 하나님의 형상을 닮아 피조물 된 인간이 지닌 본성인 일반은총(Natur)을 무시하거나 파괴하는 것이 아니라, 특별은총은 일반은총을 장식하고 완성시키기에 상호 보완적이고 양자 모두가 하나님의 은총인 것입니다. 즉, 타락한 인간의 양심으로부터 나오는 왜곡된 자유의지의 산물인 불완전한 인간의 선행은 그 나름대로 가치가 있지만, 거룩하신 하나님 앞에서 온전치 못하고 인간을 구원하기에 부족하기 때문에, 그리스도를 통하여 베풀어진 구원의 은혜인 하나님의 의가 절대적으로 필요하고, 그 특별은총을 통하여 일반은총인 인간의 양심은 밝아지고 의지는 곧아지며 하나님이 기뻐하시는 선행에 더욱 힘쓰게 된다는 것입니다.321)

---

320) 이 부분은, 김형근,『상황과 신학』, 64-71에도 동일한 내용이 실려 있다.
321) 대한예수교장로회총회 헌법개정위원회 편집,『헌법』, (서울: 한국장로교출판사, 2007), 148.

## 3.1 하나님의 선택

복음이 모두에게 전해지는 것도 아니고, 전해진 복음에 대한 반응도 사람마다 다르며, 즉 어떤 사람에게는 구원이 값없이 베풀어지나, 어떤 사람에게는 구원에 들어갈 길이 막히는 일을 목회현장에서 경험한 칼뱅은, 하나님의 영원한 선택으로 말미암아 어떤 이들은 구원에 이르도록, 또한 어떤 이들은 멸망에 이르도록 예정되었다고 다음과 같이 말합니다. "그러므로 우리는 성경이 분명히 보여주는 바와 같이 그의 영원하고도 불변한 계획을 통해서, 하나님께서는 구원에 이르도록 받아들이실 자들과 또한 그 반대로 멸망에 내어주실 자들을 오래 전에 단번에 정하여 세우셨다고 말한다. 택함 받은 자들에 대해서는 이 계획이 인간의 가치와는 상관없이 하나님의 값없이 주신 긍휼하심을 기초로 한 것이라는 것과, 반대로 정죄에 내어주신 자들에 대해서는 공의롭고 비난할 수 없으며 또한 불가해한 그의 판단에 의하여 생명의 문을 막아놓으셨다는 것을 주장한다. 택함 받은 자들에 대해서는 그 부르심이 선택의 증거라고 간주한다. 그리고 칭의를, 그들이 영광 가운데로 들어가 선택이 완성되기까지 그 선택의 사실을 드러내 주는 또 하나의 표징으로 본다."[322] 사람들이 창세전에 차별적으로 생명(선택)과 영원한 저주(유기)로 이중예정 되었다는 칼뱅의 입장은, 그의 후계자인 테오도르 베자(Theodore Beza, 1519~1605)에 의해 예정론이 창조론과 결부되어 더욱 강경하게 계승되었습니다. **베자는 모든 일들이 영원 전부터 하나님이 뜻하신 방식으로 일어나고, 하나님이 어떤 이들은 생명을 위해서 또한 어떤 이들은 저주를 위해서 창조하셨다고 주장하였습니다.**[323] 그 이후에 **칼뱅의 예정론은, 인간의 자유의지(저항할 수 있는 하나님의 은총)를 강조하는 아르미니우스(Jacobus Arminius, 1560~1609)를 추종하는 항변파가 제기한 문

---

322) 존 칼빈, *Institutes of the Christian Religion*, 원광연 옮김,『기독교강요』중권, (고양: 크리스찬 다이제스트, 2003), 524.
323) 브루스 데머리스트, *The Cross And Salvation*, 이용중 옮김,『십자가와 구원』(서울: 부흥과개혁사, 2006), 159-162.

제를 해결하려고 1618-1619년에 개최된 네덜란드의 도르트 회의(Synod of Dort)에서 결정된 칼뱅주의 5대 강령 가운데 "무조건적인 선택"과 "제한 구속"이라는 강경한 교리로 체계화됩니다. 이처럼 창세전에 결정된 선택과 유기를 말하는 이중예정론은, 전적으로 타락한 인간들 가운데서 하나님이 인간의 공로와 상관없이 무조건적인 은혜로 선택하신 사람들만 제한적으로 구속함을 받고, 선택받지 못한 사람들은 버려져 구원받지 못한다는 것입니다. 이러한 운명결정론적인 이중예정론을 고수하는 한국의 개신교 교단들은 자신들이 정통주의신학의 후예임을 자처하며 우리 주변에 여전히 존속하고 있습니다.

칼뱅과 거의 동일한 맥락에서 말하는 『웨스트민스터 신앙고백』은, "선택하시는 하나님의 영원하신 경륜에 관하여" 말하면서, 그것은 하나님이 인간에게 허락하신 자유의지를 침해하는 것이 아니라는 비교적 원숙한 개혁신학의 입장을 보여줍니다. 즉, 하나님의 영원 속에서의 예정이 하나님을 악과 죄의 창시자로 만들거나, 인간의 자유의지를 부정하거나, 제2원인의 자유와 우연성을 제거하는 것이 아니라, 오히려 그것을 확립하신다는 것입니다. 다시 말해서, 하나님이 자신의 전능한 지성적 파악에 있어서 앞으로 발생하든지 발생할 수 있는 모든 것을 아신다 하더라도, 하나님이 그것을 미래로 예견하셨거나 혹은 일정한 상태로 일어날 것이라고 해서 그것을 정하신 것은 아니라는 것입니다. 그러나 『웨스트민스터 신앙고백』은 다시 원점으로 돌아가 이어서 고백하기를, 하나님의 영광을 나타내고 하나님의 영화로운 은혜를 찬양하게 하시려고, 생명으로 예정된 사람들을 창세전에 그리스도 안에서 선택하셨다는 것입니다. 즉, 어떤 이는 영생으로 어떤 이는 영원한 죽음으로 미리 경륜되었기에, 선택받은 무리들의 숫자는 특별하고 변함이 없게 결정되어 증감이 없다는 것입니다.[324]

**이와는 달리 온건한 개혁신학은 무조건적이고 이중적인 선택과 유기가 아니라, 유기를 제외한 구원받을 자에 대해서만 무조건적이고 단일한 선택을 말합니다.** 즉, 하나님의 자유로우신 은혜와 사랑을 통

---
324) 대한예수교장로회총회 헌법개정위원회 편집, 『헌법』, 74-75.

해 조건 없이 선택받은 죄인들은 구원에 이를 수 있지만, 죄인들이 버림받아 구원받지 못하는 것은 하나님이 미리 예정하신 것이 아니라, 차별 없이 전해지는 복음을 거부한 그들의 자유의지적인 반응에 기인한 것입니다.[325] 이와 마찬가지로 요한복음 3장 16-21절의 증언은, 세상이 구원을 받지 못하는 것은 하나님 탓이 아니라, 독생자를 내어주는 하나님의 지극한 사랑인 예수의 이름을 거부하고 믿지 아니하며, 자신의 악한 행위가 탄로 나는 것이 두려워 그것을 더 사랑하는 어두움으로부터 빛이신 그리스도에게로 나오기를 거부하는 것, 바로 그 자체가 하나님으로부터 스스로 버려지는 심판의 이유라는 것입니다.

## 3.2 이중예정론의 재해석

창세전에 영원하신 하나님이 결정하신 선택과 유기를 말하는 이중예정론의 목적은, 인간의 구원에 있어서 하나님의 절대적인 주도권과 하나님으로부터 자유롭게 베풀어지는 은총을 높이 찬양하려는 것입니다. 이런 선한 의도에도 불구하고, **이중예정론은 아무 잘못도 없이 유기되기로 작정된 사람들의 억울함을 해명하지 못하고, 하나님의 선택과 그 선택을 완성시키는 불가항력적 은혜 앞에서 인간의 자유의지에 따른 응답이 무시되는 결과를 낳았기에 많은 비판을 받아왔습니다.** 다시 말해서, 이중예정론은 운명 결정론적이고, 인간의 자유의지와 상충하며, 하나님을 죄의 창시자로 만들고, 인간의 선한 동기들을 무효화시키며, 형평성의 원칙에 어긋나고, 열정적인 선교를 방해하며, 보편구원을 말하는 성경구절들과 부합하지 않는다는 것입니다. 마찬가지로 바르트도, 고정된 체계를 말하는 기계적인 예정론이 역사 속에서 선택하고 버리시는 하나님의 활동의 자유와 주권을 침해하고, 인간의 자유의지와 결단을 무의미한 것으로 전락시키는 비성서적인 결과들을 불러왔으며, 진지한 회개로 부르시는 하나님의 소명에 응답

---

325) 브루스 데머리스트, 『십자가와 구원』, 167.

하는 인간의 책임성을 약화시킨다고 비판했습니다. 무엇보다도 전통적인 예정론의 결정적인 문제점을 지적한 바르트에 따르면, 선택과 유기를 작정하신 하나님과 자신의 아들이 순종으로 감당한 십자가의 대속적인 고통에 동참한 성부의 아픔과 사랑의 속성이 서로 일치하지 않는다는 것입니다. 자신의 아들을 십자가에 내어주며 함께 고통에 동참했던 성부는, 무조건적으로 사람들을 유기하여 지옥에 보내는 진노의 하나님이 아니라, 그리스도 안에서 무조건적으로 사람들을 선택하여 모두가 구원받기를 바라는 보편적인 사랑과 은혜가 충만한 하나님이라는 것입니다. **이런 점에서 바르트에게 예정론은, 하자가 있는 교리라기보다는 오히려 그리스도를 통하여 하나님의 은혜와 사랑을 전하는 "복음의 총화"인 것입니다.**326) **하지만 구원의 주관적인 차원에서 성령의 역사로 인한 믿음의 응답여부에 따라 그리스도 안에서 구원이 결정되기에, 결과적으로 하나님의 보편적인 사랑을 보여주는 바르트의 만인화해론이 칼 라너(Karl Rahner, 1904~1984)의 만인구원론이나 몰트만의 만유구원론이 되기 어렵고, 또한 종말론적인 이중심판을 피해갈 수 없습니다.**

그리스도의 십자가 사건을 통해 나타나는 은총의 하나님을 발견한 바르트의 1942년의 예정론은, 만개한 은총의 복음을 보여줍니다. 그 내용을 요약하면, 예수 그리스도는 영원 전에 일어난 하나님의 자기규정이라는 것입니다. 이것은 하나님이 그리스도 밖이 아니라, 그리스도 안에서 존재하고 세상을 창조하며 인간을 만나신다는 의미입니다. 즉, 창조세계와 역사의 중심이신 그리스도 안에 있는 하나님은, 그리스도의 십자가를 통해서 자신을 계시하는 하나님이십니다. **그리스도 안에 존재하는 하나님은, 영원 전에 인간을 사랑하기로 결의하였기에, 그리스도 안에서 인간을 선택하여 긍정하기를 원하시는 하나님이십니다. 그러므로 영원하신 하나님의 이중예정은, 그리스도 안에서 인간을 선택하고 인간을 대신하여 하나님 자신이 버림받는 하나님의 극단적인 사랑과 은총의 계시인 그리스도의 십자가 사건을 의미합**

---

326) 김명용, 『칼 바르트의 신학』, 150-157.

니다. 하나님은 인간을 무조건적으로 유기하는 것이 아니라, 즉 인간을 버리는 대신에 그리스도 안에서 인간을 선택하고 하나님 자신을 버림으로 예수 그리스도가 "단 한분 버림받으신 분"이 되십니다. 그리스도 십자가 사건은 인간을 정죄하고 버리는 것이 아니라, 죄인들을 대신하여 극단적인 대리적 교환으로서 버림받은 그리스도를 통하여 인간을 선택하고 사랑하겠다는 하나님의 자기계시라는 것입니다. 그래서 하나님의 만민을 향한 보편적인 선택은, 성령의 역사를 통하여 그리스도를 영접하는 믿음의 사건으로 현재의 시간 속에서 지속적으로 일어나는 것입니다. 그럼에도 불구하고 버림받은 자들이 존재하는 이유는, 하나님은 언제나 그리스도 안에서 인간에게 사랑과 은총의 선택으로 다가서지만, 그러한 하나님의 선한 의지가 죄로 물든 인간들에 의하여 계속해서 거절당하기 때문입니다. **요약하면, 그리스도를 믿는 성도들은 하나님으로부터 영원 전에 그리스도 안에서 선택된 사람들이며, 그리스도의 저주받은 십자가는 바로 하나님의 영원한 선택의 보증으로 서 있다는 것입니다.** 에베소서 1장 4-7절에서, "곧 창세전에 그리스도 안에서 우리를 택하사 우리로 사랑 안에서 그 앞에 거룩하고 흠이 없게 하시려고, 그 기쁘신 뜻대로 우리를 예정하사 예수 그리스도로 말미암아 자기의 아들들이 되게 하셨으니, 이는 그가 사랑하시는 자 안에서 우리에게 거저 주시는 바 그의 은혜의 영광을 찬송하게 하려는 것이라, 우리는 그리스도 안에서 그의 은혜의 풍성함을 따라 그의 피로 말미암아 속량 곧 죄 사함을 받았느니라."고 말하는 바와 같이, **그리스도의 구원의 복음을 전하고 하나님의 은혜를 찬양하는 교리가 바로 이중예정론입니다.**[327] 이런 점에서, 창세전에 선택과 유기를 말하는 칼뱅과 창세전에 그리스도 안에서의 선택을 말하는 바르트의 이중예정론의 내용은 다르지만, 칼뱅의 이중예정론의 목적과 그것에 대한 바르트의 재해석의 의도는 하나님의 절대 주권을 높이고 하나님의 은혜의 영광을 찬양한다는 점에서 일맥상통합니다. 죄인의 구원에 있어서, 칼뱅은 엄위하신 하나님의 절대주권의 주도권

---

327) 위의 책, 162-174.

을 드높이고, 바르트는 그리스도의 십자가를 통해서 나타난 하나님의 극단적인 사랑과 자비의 주도권을 강조한 것입니다.

## 4. 바르트의 화해론
### 4.1 객관적 화해론

바르트의 화해론은 그의 『교회교의학』에서 가장 방대하고 그의 신학의 절정을 이루고 있는데, 그것이 바로 객관적 화해론 혹은 객관적 구원론입니다. **객관적 화해론이란, 만인은 예수 그리스도에 대한 주관적 믿음과 관계없이 객관적으로 하나님과 화해되어 있다는 것입니다.** 전통적인 입장은 예수 그리스도를 구주로 받아들이는 순간이 바로 인간이 하나님과 화해되는 시점입니다. 다시 말해서, 예수 그리스도께서 나의 죄 때문에 십자가에서 죽으심으로 나의 모든 죄와 그 결과인 죽음의 문제가 해결되었다는 것을 믿음으로 받아들이는 순간이 하나님과 화해되는 순간입니다. 이와는 달리 바르트는 인류가 하나님과 화해된 순간은 개개인의 믿음의 순간이 아니고 초림 예수께서 십자가에서 인류의 죄악을 짊어지고 십자가에서 죽으실 때이고, 바로 그때 모든 인류의 죄는 다 해결 되었다는 것입니다. 즉, 인류를 향한 객관적 사건인 십자가의 구원을 사람이 주관적으로 믿든지 아니 믿든지 이미 하나님은 인류와 화해하였고 만인의 죄는 용서되었다는 것입니다.[328]

바르트에 따르면, 예수 그리스도는 인류를 심판하실 수 있으신 진정한 심판자이심에도 우리를 대신해서 심판을 받으셨습니다. 예수 그리스도의 십자가의 고난과 죽음을 통하여 대리적 교환이 일어나 인류의 죄에 대한 하나님의 형벌은 끝이 났다는 것입니다. **인류의 죄를 용서하기 위하여 고통과 죽음을 겪으신 예수 그리스도의 십자가는, 극단적인 하나님의 사랑과 자비의 계시이고 이를 통하여 인류는 이미 하나님과 화해되어 있다는 것입니다.** 하나님과 인간 사이의 화해는

---
328) 위의 책, 230.

인간의 믿음에 의하여 규정되지 아니하고, 인간을 향한 하나님의 용서는 이미 영원히 결정되었으며, 하나님은 인간에게 영원히 자비하신 아버지이십니다. 인간이 영원히 자비하신 하나님을 모를 수는 있어도, 하나님께서 인간을 향한 자신의 자비하심을 거두시지는 아니하십니다. 비록 인간이 십자가에 계시된 은총이 넘치는 화해의 사건을 모를 수는 있어도, 하나님이 일으키시고 완성하신 화해의 사건을 철회시킬 수는 **없다는 것입니다.** 이러한 바르트의 화해론은, 인간과 하나님의 화해를 내가 주관적으로 믿는 순간인 지금 여기로부터 예수 그리스도께서 십자가에서 죽으셨던 순간으로 시간이동을 시킨 객관적 화해론 입니다. 이는 화해의 시점에 대한 인식론적인 전환을 통하여 화해의 시간을 앞당기고 화해의 주도권을 인간보다는 하나님에게 두고자 하는 의도가 깃들인 화해론으로 보입니다. 또한 이는 역사에 있어서 단 한번 일어난 화해의 사건이지만 영원한 사건이기에 십자가 이전과 그 이후의 미래의 역사를 관통하는 중심사건인 것입니다. 저의 생각엔, 예수 그리스도 십자가 사건 이전의 사람들은 음부에 내려가셔서 복음을 전파하신 예수님의 설교를 통하여 이 화해를 인식할 수도 있다고 여겨집니다(사도신경: "음부에 내려가셨다가," 벧전3:19절의 "그리스도는 육체로는 죽임을 당하셨으나 영으로는 살리심을 받아 영으로 옥에 있는 영들에게 전파하셨다."와 벧전4:6질의 "이를 위하여 죽은 자들에게도 복음이 전파되었으니 이는 육체로는 사람으로 심판을 받으나 영으로는 하나님을 따라 살게 하려 함이라.").329)

모든 인류가 하나님과 화해되어 있다는 바르트의 객관적 화해론은 인간의 믿음 없이도 마침내 모든 인류가 구원에 이른다는 만인구원론이 아닌가? 라는 신학적 질문을 유발시켰습니다. **이에 대해 바르트는, 자신의 객관적 화해론(구원론)은 모두가 구원받는 만인구원론(Allerlösungslehre)이 아니라 모두가 하나님과 화해되어 있다는 만인화해론(Allversöhnungslehre)이라고 해명하였습니다.** 바르트에 의하면, 화해와 구원은 다른 별개의 사건입니다. 예수 그리스도의 십자

---

329) 위의 책, 231-232.

가에서 죄와 죽음의 어두운 세력 사탄은 패배하였고 무의 세력은 끝이 났습니다. 이것이 하나님과 인간 사이의 객관적인 화해이고, 이 기쁜 화해의 소식을 전하여 사람들이 그것을 믿고 구원받도록 하는 것이 교회의 선교적 사명의 시간이고 성령이 역사하시는 시간이라는 것입니다. 성령이 역사하시어 교회가 전한 예수의 십자가와 부활의 복음을 개인적인 결단을 통하여 각 개인이 주관적으로 믿을 때에 화해의 복음이 구원을 가져오는 것입니다. 그러나 믿지 않는 사람들은 죄와 죽음의 어두운 통치가 계속되는 비참한 곤궁 속에서 살아간다는 것입니다. 바르트에 따르면, 예수의 십자가와 부활의 복음을 듣고서도 죄 가운데서 여전히 행복하게 살 수 있다고 고집스럽게 우기는 것이 교만(Hochheit)으로서의 죄이고, 예수님을 믿고 자유와 기쁨의 새 생활을 누리는 삶으로 나아가지 않겠다는 어리석음이 태만(Trägheit)으로서의 죄이며, 예수의 십자가를 통하여 죄와 죽음의 세력이 이미 패망하였고 그리스도께서 부활하셨다는 사실이 거짓말이라고 생각하는 것이 스스로 속는 기만(Lüge)으로서의 죄입니다.[330] 이런 원죄에 빠진 사람들은, 복음과 성령의 역사를 거부하고 하나님을 믿지 않으며 하님 아닌 다른 것들을 인생의 피난처와 의지처로 삼고 위로와 기쁨을 구하기에, 인생의 무상함 속에서 허무를 느낄 것이고 살았으나 여전히 죽음 가운데 있는 절망의 사람들입니다.

## 4.2 객관적 화해론이 미친 신학적 영향

바르트의 객관적 화해론이 성경의 천국과 지옥이라는 이중심판론을 부정하고 만인구원론을 지향한다는 이유로 에밀 브루너와 그의 제자 게르하르트 에벨링(Gerhard Ebeling, 1912~2001)이 그것에 대하여 비판을 가하였습니다. 그러나 바르트는 앞에서 언급한 바와 같이 자신은 만인화해론을 주장하였다고 밝혔으며, 자신의 예정론과 화해론에서 만인을 향한 선택과 화해에서 만인구원론을 유추해내는 신

---
[330] 위의 책, 233-236.

학적 추상화를 경계하였습니다. 그리고 하나님의 정의와 사랑은 서로 균형과 조화를 이루는 동전의 양면과 같은 것인데, 하나님의 사랑의 속성에서만 만인구원론이라는 신학적 결과를 도출하는 것은 논리의 비약이라고 경고했습니다. 또한 바르트는 하나님은 살아계셔서 자유롭게 활동하시기 때문에, 인간의 추측성의 논리로 하나님의 자유로우신 활동과 미래를 예단하는 것은 잘못된 것이라고 지적하였습니다. 그래서 많은 신학자들이 바르트의 구체적인 구원론이 나오기를 애타게 기다렸지만, 바르트는 그것을 쓰지 못하고 하나님의 부르심을 받았습니다.[331]

몰트만은 바르트가 남긴 미완의 과제를 부활하신 예수 그리스도의 종말론적인 재림의 시점으로부터 초림 예수로 그리고 지금 여기에로 돌파해 들어오시는 하나님을 증언하는 『오시는 하나님』에서 그것을 발전시켜 만유구원론으로 밀고 나아갔습니다. 즉, 초림 예수에게서 선취된 종말은 부활하신 예수의 재림을 통하여 완성되는데, 그것은 끝이 아니라 창조의 목적의 완성이요 하나의 새로운 시작이라는 것입니다. 이러한 몰트만의 성경적 근거는, 하나님은 소수의 선택받은 사람들만이 아니라 "우주"를 그 자신과 화해시키셨다(고후5:19), 또한 하나님은 믿는 사람들뿐만 아니라 죄로 물든 "세상"을 사랑하셨다(요3:16)라는 것입니다. 멸망에서 구원으로의 위대한 전환은 골고다에서 이미 일어났으며, 우리의 믿음의 결단이나 회개의 시간에 일어나는 것이 아니라는 것입니다. 즉, 회개하고 주 예수 그리스도를 믿는 것은 개인적인 신앙의 체험과 수단이지 멸망으로부터의 구원 그 자체가 아니라는 것입니다. 다시 말해서, 나의 믿음이 나에게 구원을 마련하는 것이 아니라, 구원이 나에게 믿음을 마련한다는 것입니다. 몰트만에 따르면, 인간을 위한 하나님의 결정이 영원의 영역에 속한다면 신앙을 거부하는 인간의 결정은 시간의 영역에 속한다는 것입니다. 시간 속에 있는 인간이 하나님의 사랑의 결정을 거부할 수 있지만 영원하신 하나님의 구원결정을 뒤엎을 수 없다는 것입니다. **인간**

---

[331] 위의 책, 237-238.

의 운명을 최종적으로 결정하는 주체는 인간이 아니라 하나님이시고, 예수 그리스도의 십자가를 통하여 계시된 인간의 궁극적인 운명은 구원이고 열락이라는 것입니다. 인간은 지속적으로 그리스도의 사랑을 거부할 수 있지만, 인간을 사랑하시는 하나님의 사랑의 영원성을 극복할 수 없다는 것입니다. 몰트만은 모든 인간이 그리스도 안에서 객관적으로 화해되어 있다는 바르트의 진술에 찬성하면서, 인간의 하나님의 사랑에 대한 거부보다 인간을 사랑하는 하나님의 사랑의 영원성이 더 크다고 말합니다. 한 걸음 더 나아가 몰트만은 십자가의 계시는 인간만을 구원하는 것이 아니라 만유를 구원하고자 하는 하나님의 의지의 노출이라고 생각하였습니다. 바르트의 화해론이 인간을 향한 하나님의 사랑에 있다면, 몰트만의 구원론은 만유를 향한 하나님의 사랑의 십자가를 말합니다. 몰트만은 예수 그리스도의 십자가가 만유의 구원을 희망하고 기다리는 희망의 보증이라고 여겼습니다. 그러므로 십자가에 계시된 하나님의 긍휼과 자비는 죽은 자들의 세계에도 복음이 전파되는 것으로까지 확장되고 더 나아가 피조세계 전체에로까지 확장됩니다.[332]

바르트의 객관적 화해론은 개신교회를 넘어 가톨릭교회의 신학에도 그 영향력을 행사했습니다. **바르트의 화해론에 영향을 받은 가톨릭신학자 칼 라너는 "익명의 그리스도인" 개념을 말하면서, 모든 인간은 이미 그리스도의 사건 속에서 선험적으로 의롭게 된 인간이라고 생각했습니다.** 즉, 모든 인류는 그리스도의 은총을 통하여 객관적으로 관통되어 있다는 것입니다. 그러므로 모든 인류는 의롭게 된 존재이고 그리스도의 은총을 경험할 가능성을 선험적으로 가지고 있다는 것입니다. 전 인류를 관통하는 그리스도의 은혜를 힘입어 살아가는 모두는 그리스도의 은혜를 경험하고 살아가는데, 특히 초월적인 존재를 향해 자신을 개방하는 사람들, 이웃과 선함 그 자체이신 하나님을 위해 자신을 개방하는 사람들은 그리스도의 은총을 더욱 경험할 가능성이 높다는 것입니다. 다시 말해서, 모든 사람들이 잠정적인 그리스

---

332) 위의 책, 239-241.

도인들이지만 이와 같은 사람들이 익명의 그리스도인이라는 것입니다. 익명의 그리스도인들은 특히 고등종교인들 속에 많이 존재하고, 이들이 가톨릭교회의 구원에 이를 가능성이 더 많다는 것입니다. 라너의 이러한 입장은 제2차 바티칸 공의회에 큰 영향을 끼쳤고, 가톨릭교회는 이러한 신학적 기초에서 타종교를 대하는 태도를 개방적으로 바꾸었으며, 타종교를 관통하는 그리스도의 은총을 인정하여 그들을 통하여 빛나는 그리스도의 은총을 존중할 것을 가르쳤습니다.[333]

## 5. 결론[334]

오늘날의 다양한 상황들 속에서, 우리는 그리스도의 속죄론의 확대와 아울러 일어나는 구원론의 지평의 확대를 심사숙고해야 할 필요가 있습니다. 즉, 전통적인 개혁신학의 구원론이, 기득권층들의 구원으로부터 고통당하는 여러 부류의 사람들에게로, 오직 선택받은 인간만의 구원으로부터 만인에게로, 자연과 우주적 지평으로까지 확대되어 말해지고 있습니다. 한편으로, 남미의 해방신학은 불의한 사회구조 속에서 경제적으로 착취당하고 정치적으로 억압당하는 가난한 자들을 우선적으로 편드는 선택과 그들의 구원을 위해 오신 해방자 그리스도를 신앙 고백했습니다. 또한 북미의 흑인신학은 백인들로부터 인종적으로 차별받는 흑인들의 해방과 구원을 위해서 오신 흑인인 예수 그리스도를 외쳤습니다. 그리고 온건한 여성신학은, 그리스도를 통하여 이루어지는 구원이란 가부장제의 억압적이고도 침묵과 인내를 강요하는 구조 속에서 성차별 받는 것으로부터 해방되어, 하나님의 형상을 따라 창조된 여성성의 온전한 실현을 여성의 완전한 구원의 완성으로 봅니다. 그리고 한국의 민중신학은 사회구원의 차원에서 민중 예수가 이룬 구원을 고된 노동과 저임금에 시달리는 노동자들의 인권의 회복을 온전한 구원으로 해석하였고, 민중 예수는 고난당하며

---

[333] 위의 책, 242-243.
[334] 이 부분은, 김형근, 『상황과 신학』, 74-77에도 동일한 내용이 실려 있다.

신음하는 민중들의 해방자로 오셨다고 증언하였습니다. 이로부터 한 걸음 더 나아가 생태신학은, 전통적인 인간중심적인 구원론을 비판하면서 생태계를 파괴하는 죄로 물든 인간의 이기심으로부터 창조질서를 회복하고 보존하는 것을 전 피조세계의 구원으로 봅니다.[335]

그러나 이런 상황신학들이 루터나 칼뱅이 말한 전통적인 구원론을 결코 간과해서는 안 될 것입니다. 다른 한편으로, 그리스도의 십자가 사건을 통하여 일어나는 바르트의 객관적인 구원론인 만인화해론은 성령의 역사를 통한 믿음의 결단에 의해 그리스도 안에서 구원의 여부가 결정되기에 만인구원론은 분명히 아닙니다. 하지만 바르트의 만인화해론에 영감을 받은 가톨릭 신학자 칼 라너는, 하나님의 무한하신 은총에 기초하여 "익명의 그리스도인"을 언급하면서 만인구원론으로까지 밀고 나갔습니다. 그러나 만인구원론은 성서의 이중심판론과 명백히 충돌합니다. 또한 바르트의 만인화해론을 발전시킨 개혁신학자 위르겐 몰트만은, 『오시는 하나님』이라는 자신의 저서에서 하나님의 무한하신 사랑의 영원성에 근거하여 모든 인간의 구원을 넘어 피조세계 전체와 온 우주를 포함하는 만유구원론의 희망으로까지 그리스도의 구원을 확장시켜 해석하였습니다.[336] **하지만 이것은 정형화된 교리나 완결된 결론이라기보다는 몰트만의 희망의 신학의 차원에서 하나의 기도와 소망으로 머물러 있는 것으로 보는 것이 타당할 것입니다.**[337]

이처럼 하나님이 선택받은 자들을 넘어 세상 전체를 사랑하고(요3:16), 세상 전체와 화해하였고(고후5:19), 그리스도 안에서 이루어지는 만물의 통일(엡1:10)과 그리스도의 십자가의 피로 이룬 만물의 화해(골1:20)를 주장하는 라너와 몰트만의 견해들은, 이중심판론으로 영생과 심판의 부활을 말하는 성서의 증언들(요5:29, 계20:6,12-15)과는[338] 좀 색다르고 다양한 신학적 전망들을 제시합니다. 이처럼 성서

---

335) 박만, 『최근신학연구』 (서울: 나눔사, 2002), 8. 그리고, 다니엘 L. 밀리오리, 『기독교 조직신학 개론』, 349-390의 "상황 속에서 예수 그리스도 고백하기"를 참고하라.
336) 김명용, 『칼 바르트의 신학』, 237-234.
337) 신옥수, 『몰트만 신학 새롭게 읽기』 (서울: 새물결플러스, 2015), 233-234.

안에는 다양한 신학들이 공존하기에, 성서를 교리적으로 획일화시키는 것보다, 오히려 그 다양성을 열어두는 것이 성서를 더 성서 되게 하는 것처럼 보일 수도 있습니다. **그러나 목회현장에서 분명한 진리의 길을 제시하며 하나님의 말씀을 선포하는 목회자들과 또한 그들로부터 하나님의 말씀을 듣는 교회의 성도들을 고려할 때, 만인구원론이나 만유구원론보다 요한복음 5장 29절(선한 일을 행한 자는 생명의 부활로 악한 일을 행한 자는 심판의 부활로 나오리라)에 근거한 생명의 부활과 심판의 부활이라는 이중심판론이 더 설득력을 가집니다.**

결론적으로 말해서 전적으로 타락한 인간은, 자신의 공로나 자유의지가 아니라 오직 하나님의 은혜로만 구원을 받을 수 있고, 오직 사랑의 계시인 예수 그리스도를 믿음으로 의롭다 칭함을 받고, 오직 성령의 은혜를 통하여 점진적으로 성화되어 가며, 오직 그리스도의 종말론적인 재림을 통하여 영원한 생명의 부활로 영화롭게 변화되어, 성화를 완성하고 최종적인 구원에 이릅니다. **전적으로 타락하여 죄로 깊이 물든 인간의 구원에 있어서, 하나님 아닌 것과 죄인인 "나"는 사라지고, 오직 하나님의 은총만이 어두움을 몰아내는 아침 햇살처럼 영롱하게 빛납니다. 즉, "나의 나 된 것"이라고 말해지는 인간의 존재됨을 포함하여 모든 것이 하나님의 은혜이기에, 영광은 오직 창조와 구원과 새 창조를 행하시는 삼위일체 하나님께만 돌려져야 마땅합니다. 이러한 하나님의 은혜와 영광이 우리 주 예수 그리스도를 통하여 모든 성도들 위에 항상 머물러 있을 찌어다! 할렐루야! 아멘!**

---

338) 최윤배, "깔뱅의 구원론," 『구원론』 (서울: 대한기독교서회, 2015), 154에서, 이중심판론을 지지하는 최윤배 교수에 따르면, "깔뱅은 신령한 몸의 부활을 영화로 이해하고, 예수 그리스도의 재림시에 있을 부활과 심판을 영생과 영벌이라는 이중결과로 이해함으로써 기독교역사 초기 오리게네스로부터 오늘날 몰트만에까지 이르는 만유구원론(총괄갱신론: *apokatastasis panton*)을 수용하지 않는다."

# IX. 디트리히 본회퍼, 예수 그리스도의 증인

마태복음 16장 15-16절: "**이르시되 너희는 나를 누구라 하느냐, 시몬 베드로가 대답하여 이르되 주는 그리스도시요 살아 계신 하나님의 아들이시니이다.**"

마태복음 16장 21-26절: "이때로부터 예수 그리스도께서 자기가 예루살렘에 올라가 장로들과 대제사장들과 서기관들에게 많은 고난을 받고 죽임을 당하고 제 삼일에 살아나야 할 것을 제자들에게 비로소 나타내시니, 베드로가 예수를 붙들고 항변하여 이르되 주여 그리 마옵소서 이 일이 결코 주께 미치지 아니하리이다. **예수께서 돌이키시며 베드로에게 이르시되 사탄아 내 뒤로 물러가라 너는 나를 넘어지게 하는 자로다 네가 하나님의 일을 생각하지 아니하고 도리어 사람의 일을 생각하는도다 하시고, 이에 예수께서 제자들에게 이르시되 누구든지 나를 따라오려거든 자기를 부인하고 자기 십자가를 지고 나를 따를 것이니라. 누구든지 제 목숨을 구원하고자 하면 잃을 것이요 누구든지 나를 위하여 제 목숨을 잃으면 찾으리라. 사람이 만일 온 천하를 얻고도 제 목숨을 잃으면 무엇이 유익하리요 사람이 무엇을 주고 제 목숨과 바꾸겠느냐.**"

누가복음 14장 27절: "**누구든지 자기 십자가를 지고 나를 따르지 않는 자도 능히 내 제자가 되지 못하리라.**"

요한복음 19장 17-19절: "**그들이 예수를 맡으매 예수께서 자기의 십자가를 지시고 해골(히브리 말로 골고다)이라 하는 곳에 나가시니,** 그들이 거기서 **예수를 십자가에 못 박을새** 다른 두 사람도 그와 함께 좌우편에 못 박으니 예수는 가운데 있더라. 빌라도가 패를 써서 십자가 위에 붙이니 나사렛 예수 유대인의 왕이라 기록되었더라."

# 1. 디트리히 본회퍼의 생애[339]

"그 형제들 사이에 있어 예수 그리스도를 증거한 사람, 디트리히 본회퍼는 1906년 2월 4일 브레슬라우에서 출생하여 1945년 4월 9일 플로센뷔르크에서 사망하다."

플로센뷔르크(Flossenbürg)는 본회퍼(Dietrich Bonhoeffer)가 나치스의 독일 국가비밀경찰(Gestapo)에게 끌려가 교수형을 당한 장소입니다. 그러나 그의 무덤은 거기에서도 찾을 수가 없습니다. 위의 글은 그의 묘비에 새긴 것이 아니라, 플로센뷔르크 시가지의 한복판에 세워져 있는 자그마한 교회 벽에 새겨져 있습니다.[340] 본회퍼는 히틀러가 저지른 처형에 의하여 마흔 살도 되지 못한 39세의 젊은 나이에 그의 생명을 마쳤으나, 그의 일생은 비범한 광채로 가득 차 있습니다. 그리고 그는 이 짧은 생애를 교회에 전적으로 헌신하였습니다. 교회에 대한 열정으로 가득 찬 그의 헌신 역시 신학자로서 자명한 일은 아닙니다.[341] 자신의 신학에서 말한 바와 같이, **본회퍼는 예수 그리스도의 뒤를 따르는 제자로서 고통을 받는 사람들과 함께함으로써 자신의 신학과 삶이 일치하는 실천적인 신앙인으로 살았습니다.**

## 1.1 신학적 훈련(1906-1932)

본회퍼는 1906년 2월 4일 독일의 브레슬라우(Breslau)에서 아버지 칼 본회퍼(Karl Ludwig Bonhöffer, 1868~1948)와 어머니 파울라 폰 하제(Paula von Hase, 1876~1951) 사이에서 8남매 중 여섯째로 태어났습니다. 그에게는 그와 함께 쌍둥이로 태어난 누이동생

---

339) 이 주제는, 김형근, 『본회퍼의 통전적인 영성』, 51-69의 내용을 요약한 것이다.
340) 박형규, 『현대 신학자 20인』(서울: 대한기독교서회, 1988), 95.
341) Gerhard Ebeling, "Dietrich Bonhoeffer," 조남홍 역, "디트리히 본회퍼," 『기독교사상』, 1971, 9, 87.

자비네(Sabine, 1906~1999)가 있었습니다. 본회퍼의 아버지 칼(Karl)은 독일의 이름 있는 정신과 의사의 한 사람으로서, 본회퍼가 태어났을 때에는 브레슬라우에서 신경과 정신의학 교수로 재직하였습니다. 본회퍼 일가는 1513년 네덜란드에서 이주해 온 중산계급으로서 루터교의 전통을 지니고 있었습니다. 본회퍼의 할아버지 프리드리히(Friedrich E. P. T. Bonhoeffer, 1828~1907)는 튀빙겐의 고등법원장을 지낸 바 있고, 그의 어머니 파울라는 예나대학교의 유명한 교회사 교수 칼 아우구스트 폰 하제(Karl August von Hase, 1800~1890)의 증손녀였으며, 그녀의 할아버지(Karl Alfred von Hase, 1842~1914)도 브레슬라우의 실천신학 교수로 재직하였습니다.[342]

1912(6살 때)년 본회퍼의 아버지가 베를린대학교 정신의학과 신경학 교수로 부임하게 되면서 그의 집은 베를린 시외로 옮겼습니다. 본회퍼는 항상 건강한 몸이어서 건강에 대해 걱정을 하지 않았고 음악에 있어서 그의 형제들이 따라갈 수 없었습니다.[343] 특히 본회퍼는 피아노를 잘 쳐서 10살 때에 모차르트의 소나타를 연주했습니다. 1916년 본회퍼의 가족은 그루네발트(Grunewald) 구역의 방엔하임가(Wangenheimstrasse)로 옮겨와서 1935년까지 여기서 살았습니다. 이곳은 교수들이 모여 사는 주택가였습니다. 하르낙(Harnack), 트뢸치(Ttröltsch), 마이네커(Meinecke) 등의 교수들이 수요일마다 본회퍼의 집에 모였습니다. 본회퍼는 이 유명한 교수들의 자제들과 같이 놀며 자랐습니다.[344]

본회퍼는 이미 소년 시절에 목사와 신학자가 될 것을 결심했습니다. 이러한 결정은 그의 가족들에게는 놀라움이었습니다. 그들은 본회퍼가 헌신하기에는 교회가 너무나 빈약하고 시시한 부르주아제도라고 말하며 그를 설득시키려 하였습니다. 그때 본회퍼는 "그렇다면 내

---

[342] Eberhard Bethge, *Dietrich Bonhöffer - Theologe, Christ, Zeitgenosse*, (München: Chr. Kaiser Verlag, 1967), 23. 이 책은 1000여 페이지가 넘는 방대한 본회퍼의 전기로 다음과 같이 번역되어 출판되었다. 김순현 옮김, 『디트리히 본회퍼: 신학자·그리스도인·동시대인』 (서울: 복있는 사람, 2014).
[343] 위의 책, 9.
[344] 위의 책, 13-16.

가 그것을 개혁하겠다."라고 대답하였다고 합니다. 마지막 결단이 내려지기 전에 부모님은 음악을 전공시켜 음악가가 되게 하려고 해 보았으나 그는 그것을 원치 않았습니다.[345]

1923(17살)년 가을에 튀빙겐대학교에 들어가 두 학기 동안 신학을 공부했습니다. 여기서 그는 슐라터(Adolf Schlatter) 교수에게서 신약성서 신학을 수강하고 큰 영향을 받았습니다. 또한 72살의 늙은 칼 뮬러(Karl Müller)의 중세교회사 강의에서 많은 것을 배웠고, 종교사학파의 지도적 주석자 빌헬름 하이트뮬러(Wilhelm Heitmüller)의 과목도 선택했습니다. 그는 주로 칼 그로스(Karl Groos) 교수 아래서 논리학, 현대 철학사, 칸트의 순수이성비판의 세미나를 가졌습니다. 그리고 칼 하임(Karl Heim)에게서 슐라이어마허의 종교론을 공부했지만 큰 영향을 받지는 않고 오히려 그를 비판했습니다.[346]

1년 동안의 튀빙겐 생활과 한 학기의 로마 생활을 빼면 본회퍼의 대학시절은 베를린대학교에 한정되었습니다. 1924년 그는 베를린대학교로 옮겼습니다. 본회퍼가 신학을 하던 1920년대는 자유주의 신학이 몰락하고 칼 바르트가 주도하는 새로운 변증법적 신학이 독일의 대학을 휩쓸 때였습니다. 그러나 베를린대학교는 자유주의 신학 전통의 마지막 보루였습니다. 본회퍼가 베를린대학교에서 신학을 시작했을 때, 트뢸치가 방금 세상을 떠났고, 교회사의 하르낙 교수가 1919년에 정년퇴직을 하였으나 아직 세미나를 주관하고 있었고, 하르낙의 뒤를 이어받은 한스 리츠만(Hans Lietzmann)이 있었습니다. 구약학에는 에른스트 죌린(Ernst Söllin)과 성서신학 분야에는 구스타프 다이스만(Gustav Adolf Deissmann)이, 그리고 교회사의 저명한 루터 연구가 칼 홀(Karl Holl)이 아직 강의를 하고 있었으며, 교의학에는 루터 연구가 라인홀드 제베르크(Reinhold Seeberg, 1859~1935) 교수가 있었습니다.[347]

본회퍼가 목회 실습을 정식으로 시작한 것은 1925년 말에 그의

---

[345] 위의 책, 22.
[346] 위의 책, 35.
[347] 박봉랑, 『그리스도교의 비종교화』(서울: 대한기독교서회, 1998), 49.

박사학위논문을 준비하기 시작하던 때부터입니다. 그는 어린이들의 종교교육(그룹지도)으로 목회 실습을 시작했습니다. 그것은 교회의 규례에 따라서 신학생들은 목회에 적극적으로 참여했다는 증거를 보여주어야만 했기 때문이었습니다. 그래서 그는 그루네발트(Grunewald)의 교회에서 매 주일 교회학교 교사들을 훈련시키고 입교반을 지도했습니다. 이것을 위해서 본회퍼 자신이 직접 교재를 준비하고 많은 동화와 이야기들을 아이들에게 해 주었습니다.[348] **1927(21세)년에 본회퍼는 제베르크의 지도하에 자신의 박사학위 논문을 제출했습니다. 그 제목은 『성도의 교제: 교회의 사회학에 대한 교의학적 연구』**(*Santorum Communio: Eine dogmatische Untersuchung zur Soziologie der Kirche*)였습니다. 바르트는 이 작품을 "신학의 기적"이라고 불렀고, 에른스트 볼프는 그것을 "아마도 교회의 실재 구조에 대한 문제를 가장 탁월하고 심오하게 취급한 것"이라고 극찬하였습니다.[349]

**1928년 학위논문이 통과된 다음, 본회퍼는 스페인의 바르셀로나에서 1년 동안 독일어를 말하는 교회의 부목사로서 새로운 목회 훈련을 받았습니다.** 그 교회는 재적수가 300여 명이나 되었지만 출석 교인은 40명 내외에 지나지 않았습니다. 본회퍼는 무엇보다도 설교에 가장 많은 시간을 사용했습니다. 1년 동안 190회의 설교를 했습니다. 설교를 맡았을 때는 한 주일 내내 설교하기도 했습니다. 본회퍼는 담임 목사님이 계시지 않음으로 인해 자기가 설교를 하게 되는 것을 가장 즐겁게 생각했습니다. 본회퍼는 심방을 하고 젊은이들을 위해서 어린이 교회학교와 중·고등학교 학생들의 교육을 실시했습니다. 교회의 어린이 학교의 출발은 형편없었습니다. 첫 번째 모임에 소녀 한 명이 왔고, 다음 주일에는 15명이, 그다음 주일에는 30명이 왔습니다. 곧 그의 방은 어린이들로 붐볐습니다.[350] 본회퍼는 목회 외에 여

---

348) Eberhard Bethge, *Dietrich Bonhöffer*, 64.
349) 존 D. 갓시, *The theology of Dietrich Bonhoeffer*, 유석성·김성복 옮김, 『디트리히 본회퍼의 신학』 (서울: 대한기독교 서회, 2006), 24.
350) Eberhard Bethge, *Dietrich Bonhöffer*, 78-79.

러 차례 강연을 하였고 교수자격 논문의 제목을 구상하였습니다.

1928년 베를린대학교로 다시 돌아온 본회퍼는 제베르크의 후임으로 온 류트게르트(Lütgert)의 조수로 있으면서, 교수가 되기 위한 논문(Habilitation Schrift)을 1930(24세)년 2월에 끝마쳤습니다. 본회퍼의 교수자격 취득을 위한 논문 제목은, 바르트 신학의 하나님의 초월성과 불트만 신학의 하나님의 내재성을 교회공동체 안에서 종합하려고 시도한 것으로서 『행위와 존재: 조직신학 내에서의 초월철학과 존재론』(*Transzendentalphilosophie und Ontologie in der systematische Theologie*)[351] 이었습니다. 1930년 7월 18일에 논문이 통과되고 7월 31일에 교수취임 강연을 하였습니다. 강연 제목은 "현재의 철학과 신학에 있어서 인간의 문제"(*Die Frage nach dem Mensch in den gegenwärtigen Philosophie und Theologie*)였습니다.[352]

그런데 본회퍼는 교수 자격을 취득한 직후 교수직을 수행하기에 앞서 후원금을 받아 1930년 늦여름에 뉴욕에 있는 유니온신학교에 유학을 갔습니다. 이때에 본회퍼는 미국 신학생들이 깊은 신학보다는 오히려 경건과 사회 그리고 실천적 윤리에 관심이 더 많은 것을 발견하였습니다. 이 기간 동안 그는 베버(Weber), 바르트(Ward), 리만(Lyman) 교수의 강의를 들었고, 특히 라인홀드 니부어(Reinhold Niebuhr, 1892~1971)의 강의를 듣고 오직 니부어 교수만 죄에 대한 교리를 강조하고 있음을 발견하였습니다. 그는 강의를 듣고 몇 편의 논문을 썼습니다.[353] 그리고 본회퍼는 뉴욕 할렘(Harlem)의 빈민가에 관심을 가지게 되어 거의 매 주일 할렘의 한 침례교회에서 예배를 드렸습니다. 그는 흑인영가 레코드를 모았고, 흑인 서적을 많이 읽었습니다. 또한 미국 사람이고 흑인인 프랑크 피셔(Frank Fisher)와 파울 레만(Paul Lehmann), 스위스 사람인 에어빈 주츠(Erwin

---

351) 디트리히 본회퍼, *Akt und Sein*, 김재진·정지련 옮김, 『행위와 존재: 조직신학 내에서의 초월철학과 존재론』, 디트리히 본회퍼 선집 2, (서울: 대한기독교서회, 2010).
352) Eberhard Bethge, *Dietrich Bonhöffer*, 100.
353) 존 D. 갓시, 『디트리히 본회퍼의 신학』, 27.

Sutz)와 프랑스 목사인 장 라세르(Jean Lasserre)를 친구로 사귀게 되었습니다.[354]

그리고 본회퍼는 크리스마스 휴가를 쿠바(Cuba)에서 보냈으며, 미국을 횡단하는 여행을 끝내고 1931년에 다시 귀국하였습니다. 이것이 본회퍼의 첫 번째 미국 방문이었는데, 그 후에 그는 미국을 두 번째 방문(1939)하고 나서 미국에 대한 인상을 글로 남겼습니다. 그 제목은 "종교개혁을 거치지 않은 개신교"였습니다. 이 글에서 언급하기를, 본회퍼는 국가 교회가 아닌 미국 교회의 자유를 보았고, 미국 교회들이 신앙고백이나 신학에 깊은 관심을 갖기보다 적극적이고 기백에 넘치는 교회와 삶을 강조하는 것을 배웠다고 하였습니다. 교회와 국가는 엄격히 구별되어 있지만, 미국교회는 국가의 사회, 경제, 정치 문제들에 정열적으로 관여하였습니다. 그리고 그는 미국교회에서 신학적 논쟁보다 협력과 공동생활, 교리에 대한 개방성과 관용을 보았습니다. 그러나 본회퍼는, 미국교회가 진리 문제를 너무 소홀히 여기며 올바른 신앙고백을 찾으려 하지 않는다는 점과 교회의 비신학적 정의와 목사들의 학문적 훈련의 결여를 지적하기도 했습니다.[355]

1931-1932년까지 2년 동안 25살의 젊은 본회퍼는 대학에서 강의를 하는 한편, 세 가지 다른 영역인 학문과 교회의 목회 그리고 에큐메니칼 영역에서 활동했습니다. 1931년 가을에 그가 행한 첫 번째 강의는 "20세기의 조직신학의 역사"와 "철학의 개념과 프로테스탄트 신학"이라는 세미나였습니다. 그는 교수로서 강의를 하면서, 1931년 11월 15일에 목사안수를 받고 베를린 지역에 속한 샤로텐부르크(Charlottenburg)에 있는 공과대학(Technische Hochschule)의 교목으로도 일을 했습니다. 그러면서 본회퍼는 다른 한편으로 베를린 북부 빈민가에 있는 다루기 어려운 불우한 청소년들의 입교반 학생들을 맡아서 지도했습니다.[356]

교수로서 본회퍼는 19세기 자유주의 신학에 그냥 동조하지 않고

---

[354] Eberhard Bethge, *Dietrich Bonhöffer*, 109-112.
[355] 존 D. 갓시, 『디트리히 본회퍼의 신학』, 28-29.
[356] 박봉랑, 『그리스도교의 비종교화』, 71-72.

바르트적인 위기신학, 계시의 신학, 혹은 변증법적 신학을 루터적인 요소와 함께 자기 나름대로 가미시켜 나갔습니다. 그런데 1931년 독일의 정치적 상황은 히틀러(Adolf Hitler, 1889~1945)의 국가사회주의를 출현시켰습니다. 즉 세계 제1차 대전에서의 참패와 베르사유조약(The Treaty of Versailes)에서의 전쟁에 대한 범죄행위의 고백과 국내적인 경제적 파탄은, 히틀러의 새 복음을 받아들이게 하는 상황으로 전개되었습니다. 즉 독일 민족, 피, 흙은 히틀러를 중심으로 용솟음쳤습니다. 게다가 빈곤과 실업문제와 같은 사회적 불안과 러시아의 볼세비즘(Bolshevism: 마르크스주의적 사회주의 혁명을 위한 활동이나 운동)의 끊임없는 위협은, 독일의 민족주의(Deutschland über alles!: 가장 우수한 독일)를 불러일으키는 계기가 되었습니다. 1930년 선거 이후 제국의회에서 국가 사회주의자들의 자리가 12석에서 107석으로 급증했습니다.[357] 그러나 이런 정치적 상황이 일상생활에 큰 변화를 준 것이 아니기 때문에, 본회퍼는 교수와 목사로서의 생활을 계속 이어갈 수 있었습니다.

본회퍼는 1931년 7월에 3주일 동안 본(Bonn)을 방문하여 바르트를 만났습니다. 그리고 그는 친구 주츠(Erwin Sutz)에게 편지하기를, "난 지난날의 신학에서 바르트를 좀 더 일찍 만나지 못한 것이 참으로 후회스럽다"라고 썼습니다. 그리고 본회퍼는 1931년 9월에 영국 케임브리지(Cambridge)에서 열린 "교회를 통한 국제적 우호관계를 증진시키기 위한 세계연맹"에 참석하여 국제청소년연맹의 총무로 선출되어 에큐메니칼 운동에 적극 참여하기 시작했습니다.[358]

1932년 여름 학기에는 "기독교 윤리는 있는가?"와 "교회의 본질"이라는 세미나를 열었고, 겨울학기에는 창세기 1-3장의 신학적 주석 『창조와 타락』에[359] 대한 강의와 "최근의 신학, 조직적-신학적 새로운 현상들의 비판"이라는 세미나를 가졌습니다. 그리고 그해 11월에

---

357) 존 D. 갓시, 『디트리히 본회퍼의 신학』, 94.
358) 위의 책, 95.
359) 디트리히 본회퍼, *Schöpfung und Fall*, 강성영 옮김, 『창조와 타락: 창세기 1-3장에 대한 신학적 해석』, 디트리히 본회퍼 선집 3, (서울: 대한기독교서회, 2010).

"당신의 나라가 임하옵소서! 하나님의 나라가 이 땅 위에 이루어질 것을 위한 교회의 기도"라는 제목으로 강연하였는데, 여기에서 현실을 떠난 타계주의와 역사 내적 내재주의를 모두 비판하고 하나님의 나라와 이 세상 그리고 교회와 세상의 긴장 관계를 논하였습니다. 그런데 1932년 히틀러의 국가사회주의는 교회의 영역까지 침투해 들어왔습니다. 이때에 독일 국회에서 나치스의 의석수가 230석이 됨에 따라 독일은 완전히 나치스에 의하여 장악되었습니다. 그리고 독일의 목사들은 기독교와 국가사회주의를 종합하기 위한 운동으로 "독일 그리스도교 신앙 운동"에 가담하여 **독일교회는 복음과 이념을 혼동하게 되었습니다**.[360]

이러한 정치적 상황은 본회퍼의 교수 생활의 운명을 너무나 **짧게 만들었습니다**. 1931년 미국으로부터 돌아온 본회퍼는 가을 학기부터 시작해서 1933년 여름학기에는 "그리스도론"의 강의와 "헤겔" 세미나를 베를린대학교에서 가진 다음에, 2년 동안 영국에서 목회를 했습니다. 1936년 다시 독일에 돌아와서 그는 그리스도의 "제자직"을 강의하고, 히틀러에게 저항했던 독일 "고백교회"가 운영하는 핑켄발데(Finkenwalde)신학교의 책임을 맡아 목회자 훈련을 지도하면서, 1936년 8월에 대학 강의를 금지 받을 때까지 베를린대학의 강의를 계속했습니다.[361]

## 1.2 신학적 행동(1933-39)

히틀러는 1933년 1월 30일에 독일 제3제국의 원수가 되었습니다. 그러나 그 당시 독일에서는 히틀러 정권의 위험을 직시한 사람이 그리 많지 않았습니다. 1933년 2월 1일, 히틀러가 총통이 된 다음날 아침에, 본회퍼는 베를린 라디오 방송을 통해서 "젊은 세대 속에 지도자 개념의 변화"(Wandlungen des Führerbegriff in der jüngen

---

360) 존 D. 갓시, 『디트리히 본회퍼의 신학』, 96-99.
361) 박봉랑, 『그리스도교의 비종교화』, 71.

Generation)라는 제목으로 방송을 했습니다. 거기서 그는 새로운 지도자 개념을 "직책"에 두지 않고 "사람"에게 두는 것의 위험성을 지적하며, 결국 이것을 우상숭배라고 했습니다. 이 방송은 도중에 중단이 되었습니다.[362] 이 사건 이후 본회퍼는 나치스의 감시를 받기 시작하였습니다. 1933년 4월 7일 독일에서는 "아리안 입법"(Aryan Legislation)이 선포되었습니다. 이 법은 유대인의 피를 받은 사람이나 유대인과 결혼한 사람은 일체 국가의 공직을 가질 수 없게 한 법적 조치였습니다. 이어서 히틀러의 친구요, 자문격인 군종 루드비히 밀러(Ludwig Müller)가 독일 국가교회의 총책임자로 등장하였습니다. 밀러는 아리안 조항을 받아들여 유대인의 피가 섞인 사람들이나 유대인과 결혼한 사람은 절대로 교회 안에서 공직을 수행할 수 없다고 하였습니다.[363]

본회퍼는 1933년 3월에 강연한 "유대인 문제에 직면한 교회"(Die Kirche vor der Judenfrage)에서 유대인이 종교적 신앙을 떠나서 다만 유대인이란 인종 때문에 국가의 특수한 법에 복종해야 했던 문제에 대하여 교회의 참된 본질(보편적인 공교회)의 빛 아래에서 답하고자 했습니다. 특별히 여기서 본회퍼는 국가가 기독교의 복음 선교를 억제하거나 기독교 신앙을 억제하는 때, 교회는 국가에 저항해야만 한다고 말하면서, **이런 경우 교회가 국가에 대해서 행동할 수 있는 세 가지 길을 제시하였습니다. 즉 첫째, 교회는 국가의 행위가 합법적이고 적절하게 이루어졌는지를 물어야 한다는 것입니다. 둘째, 교회는 국가의 행동과 모든 사회질서에 의해 희생당한 자들을 돌보아야 하고, 설사 그 희생자들이 그리스도인이 아니더라도 그렇게 해야 한다는 것입니다. 셋째, 교회는 차바퀴 아래 짓눌린 희생자들의 상처에 붕대를 감아주는 것만이 아니라 바퀴 자체를 멈추려고 노력해야 하며, 이것이 교회가 취해야 할 직접적인 정치행동이라는 것입니다.** 이러한 입장표명은 본회퍼가 나중에 뛰어들 직접적인 정치 행동에 대

---

[362] E. Bethge, *D. Bonhöffer Gesammelte Schriften II*, (München: Chr. Kaiser Verlag, 1959), 19-21.
[363] 존 D. 갓시, 『디트리히 본회퍼의 신학』, 99.

한 전조라고 볼 수 있습니다.364)

위와 같은 반 히틀러 투쟁의 와중에, 본회퍼는 1933년 여름 베를린대학교에서 그리스도론을 강의하였습니다. **이 작품은 1. 현존하시는 그리스도: 나를 위한 존재, 2. 역사적 그리스도, 3. 영원하신 그리스도로 구성되었는데, 그의 강의가 도중에 중단되었으므로 결국 제3장은 강의할 수 없었습니다.** 그런데 이것이 독일어로는 본회퍼 총서(Gesammelte Schriften: 그 이후에는 본회퍼 전집 Dietrich Bonhoeffer Werke)에 실렸고, 영어로는 1966년에 『중심이신 그리스도』(*Christ the Center*)로 출판되었는데, 이는 본회퍼의 제자이자 조카사위인 에버하르트 베트게(Eberhard Bethge, 1909~2000)가 그 과목을 수강했던 학생들의 노트를 토대로 재구성한 것이었습니다.365)

**교회의 선배들이 아리안 입법 조항을 받아들이고, 베를린대학교 신학부가 이 문제에 대하여 침묵을 지켰습니다. 이에 실망한 본회퍼는 아리안 조항을 받아들인 자신의 교회에서 목회할 것을 거부하고, 1933년 10월 17일 영국 런던에 있는 독일어를 사용하는 두 개의 교회(성 바울교회와 시든햄교회)의 목사가 되어 독일과 교수직을 떠났습니다.** 그 이유는, 본회퍼가 1933년 9월 21일에 마틴 니묄러(Martin Niemöller)와 함께 신앙고백의 조항에 위배되는 아리안 입법 조항에 반대하는 "목사 긴급 동맹"을 조직하면서 선언문을 작성한 바 있기 때문입니다.366) 갓시는 본회퍼가 독일을 떠난 이유들을 다음과 같이 추정합니다. 첫째는, 본회퍼가 소위 히틀러를 추종하는 "독일 그리스도인 연맹"과의 관계를 끊으려 했다는 것입니다. 둘째는, 본회퍼가 영국에서의 에큐메니칼 운동을 통해 독일의 고백교회를 소개하려고 했다는 것입니다. 셋째는, 본회퍼가 목회에 대한 순수한 열망이 있었지만 아리안 조항에 찬성하는 교회의 교구를 맡는 것을 그의 양심이 허락지 아니했다는 것입니다. 넷째는, 그의 신학이 바르트와 관계가 깊다고 하는 혐의를 받고 고립되어 베를린대학교에서 강의

---

364) E. Bethge, *D. Bonhöffer Gesammelte Schriften* II, 44-53.
365) D. Bonhoeffer, *Christ the Center*, (New York: Harper & Row, 1978), 15-16.
366) 박봉랑, 『그리스도교의 비종교화』, 86-87.

하기가 어려웠다는 것입니다. **다섯째는**, 그의 신학이 교의학에서 성서주석으로 돌아섰고 점차 산상수훈의 윤리적 요구와 그리스도의 제자 됨의 의미에 관심이 기울어졌기 때문이라는 것입니다. 본회퍼는 영국에 머물러 목회를 하면서 독일 교회의 반 히틀러 투쟁에 계속하여 참여함으로써 독일 밖에서 반 히틀러 투쟁의 대변인이 되었습니다. 본회퍼는 1934년 8월 22-30일에 덴마크의 파뇌(Fanö)에서 열린 세계교회협의회(W.C.C.)에 참석하였는데, 이때 WCC(세계교회협의회)는 본회퍼의 영향으로 히틀러를 추종하는 "독일 그리스도인 연맹"을 정죄하고 고백교회를 지지하였습니다.367) 이미 바르멘(Barmen)에서는 1934년 5월 27-31일에 고백교회총회가 열리고, **나치스의 이념에 호응하는 "독일 그리스도인 연맹"에 항거하여 바르트가 기초한 "바르멘 신학선언"이 나왔습니다.**368)

한편 본회퍼는 인도에 가서 간디(Gandhi)를 만나 비폭력적 항거를 배우고자 하였지만, 1935년 4월 "고백교회총회"로부터 부름을 받아 인도에 가지 못하고 독일로 돌아오게 되었습니다. 본회퍼는 발틱해 근처에 있는 칭스트(Zingst)에서 25명의 목사 후보생들을 돌보려고 했지만, 그곳은 너무 낡아서 쉬테틴(Sttetin) 근처의 핑켄발데로 옮겨가 신학수업을 시작하였습니다. 여기서 본회퍼는 대단히 새로운 신학교육을 실시하였습니다. 그가 주도한 수업은 노동과 예배, 학문적인 것과 실제적 훈련의 균형 속에서 이루어졌습니다. 이 25명의 목사들 가운데는 나중에 그의 조력자이자 가장 가까운 친구가 된 베트게도 있었습니다. **핑켄발데의 수업에 참여했던 이들은, 그때의 분위기는 세상과 분리된 금욕주의나 경건주의적인 분위기가 아니라 하나님 말씀 아래서 참다운 기쁨과 자유를 누린 것이라고 말하였습니다.**369)

핑켄발데에 있는 동안 많은 일에도 불구하고, 본회퍼는 1936년 8월 5일 강의할 수 있는 자격이 박탈될 때까지 핑켄발데에서 통근을

---

367) 존 D. 갓시, 『디트리히 본회퍼의 신학』, 100-101.
368) 박봉랑, 『그리스도교의 비종교화』, 90-103.
369) 존 D. 갓시, 『디트리히 본회퍼의 신학』, 102-103.

하며 베를린대학교에서 계속 강의를 했습니다. 그의 마지막 강의는 그리스도의 제자직에 관한 것이었습니다. 그리고 본회퍼의 이름은 에큐메니칼 운동권에 잘 알려졌습니다. 핑켄발데의 활동들은 독일 밖에 있는 많은 교회 지도자들에게 호기심 이상의 주의를 끌었습니다. 그래서 1936년 1월 29일부터 3월 11일까지 본회퍼와 핑켄발데의 신학생들은 스웨덴 에큐메니칼 협의회의 초청으로 덴마크와 스웨덴을 방문하였습니다. 이들은 독일 고백교회의 투쟁을 소개하고 관심을 호소할 수 있는 기회를 가졌습니다. 또한 1936년 8월에 베를린 올림픽이 열렸을 때, 고백교회는 이때를 기회로 삼아 독일을 찾는 사람들에게 독일 교회의 진상을 알리기 위해 고백교회의 이름 있는 지도자들이 성 바울 교회에서 돌아가며 강연을 했는데, 본회퍼도 "독일 개신교회의 내적 삶"이라는 제목으로 강연했습니다.370)

핑켄발데신학교의 공동생활과 고백교회를 통한 반 나치스 투쟁과 경건의 산물로서 『나를 따르라』와371) 『신도의 공동생활』이372) 나왔습니다. 이 책들로 인해서 본회퍼는 유명해졌습니다. 『나를 따르라』는 1935년에 쓰기 시작하여 1936년 2월에 베를린대학교에서 그의 마지막 세미나를 여는 동안 계속해서 썼습니다. 1937년 10월에 핑켄발데신학교는 비밀경찰에 의하여 폐교되고, 11월에 이 책이 출판되었을 때엔 벌써 27명이나 그 신학교 출신의 목사들이 투옥되었습니다. 『나를 따르라』는 핑켄발데신학교의 표식이 되었습니다. **이곳의 신학교는 단순히 설교와 교육의 새로운 기술을 배우기 위해서가 아니라 부름의 본질을 추구하기 위해서 시작한 것이었습니다.**373) 이 책은 키에르케고르가 말하는 진리는 객관적인 것이 아니라 주관적인 체험이며, 그 진리 앞에서 본래적인 실존을 위하여 그것을 선택적으로 받아들이는 **개인적인 결단**이 중요하다는 실존주의 철학에 영향을 받은 바

---

370) 위의 책, 103-104.
371) 디트리히 본회퍼, *Nachfolge*, 손규태·이신건 옮김, 『나를 따르라: 그리스도의 제자직』, 디트리히 본회퍼 선집 5, (서울: 대한기독교서회, 2010).
372) 디트리히 본회퍼, *Gemeinsames Leben*, 정지련·손규태 옮김, 『신도의 공동생활』, 디트리히 본회퍼 선집 6, (서울: 대한기독교서회, 2010).
373) Eberhard Bethge, *Dietrich Bonhöffer*, 369.

큽니다. 그 이유는, 예수 그리스도가 제자로 부를 때 과거를 청산하고 따라나서는 결단과 세상에서 당하는 고난에도 불구하고 제자로 살아가는 결단이 중요하다고 본회퍼가 역설하기 때문입니다. 그리고 『신도의 공동생활』은 형제의 집(핑켄발데신학교 기숙사)이 강제 해산되면서 쓰게 되었습니다. 이 책은 1938년 2월 베를린에서 추방당한 이후 9월에 괴팅겐에서 집필하여 1939년 전쟁이 나는 해에 출판되었습니다. **이것은 본회퍼의 생전에 그의 여러 책 중에서 가장 널리 읽혀진 것입니다.** 이 책은 적은 분량이지만 형제의 집에서 2년간 공동생활을 했던 그 경험의 열매를 구체화한 것입니다.374)

　　1939년 전쟁의 먹구름은 다가오고 있었습니다. 히틀러는 오스트리아를 정복한 지 1년이 되는 1939년 3월에 체코를 침공했습니다. **1939년 3월 12일에 본회퍼는 베트게와 더불어 그가 목회하던 영국에 가서 비서트 후프트(Visser't Hooft) 등과 계속 에큐메니칼 운동에 참여하였고, 그 당시 스코틀랜드에서 기포드 강연을 하고 있는 라인홀드 니부어와 서신으로 연락을 취하였습니다.** 이때에 영국 친구들은 본회퍼가 독일로 돌아가는 것을 반대했습니다. 그 이유는 본회퍼가 군대에 끌려가게 될 것이고 이것을 거부하면 그 결과는 자명한 것이기 때문이었습니다. 본회퍼는 히틀러의 군대가 되고 싶지 않았고, 외국에서 반 히틀러 투쟁과 고백교회를 위해서 계속 일해야 했습니다.375)

　　그러던 중 니부어와 레만은 본회퍼를 미국 유니온신학교로 초빙하였습니다. 이때 그는 1년 동안만 미국에 머물고 다시 귀환하여 고백교회를 위하여 일할 것을 약속하고 그들의 초빙을 수락하였습니다. 본회퍼는 1939년 6월 12일 뉴욕에 도착하였습니다. 그런데 본회퍼는 도착하자마자 독일에 남겨두고 온 형제들에 대한 생각으로 인해서 자신의 마음이 무겁게 눌리는 것을 느꼈습니다. 본회퍼는 뉴욕에 있는 독일인 피난민들 교회에서 목회하도록 초대되었는데, 그는 조국의 어

---

374) E. Bethge, *D. Bonhoeffer Gesammelte Schriften* II, 478.
375) 존 D. 갓시, 『디트리히 본회퍼의 신학』, 107-108.

려운 현실을 외면할 수 없는 양심의 소리에 따라 독일로 귀국할 것을 결심하였습니다.376) 이때에 본회퍼는 자기의 심경을 알리는 편지를 니부어 교수에게 다음과 같이 썼습니다.

"나는 코핀(유니온신학교 교장) 박사의 정원에 앉아서 나와 나의 민족의 상황에 대하여 생각하고 기도할 시간과, 나에 대한 하나님의 뜻을 분명히 할 시간을 가졌습니다. 나는 미국에 온 것이 실수였다는 결론에 이르렀습니다. **나는 우리 민족의 이 어려운 시기를 독일의 그리스도인들과 함께 겪어야만 합니다. 만일 내가 나의 민족과 함께 이때의 시련을 함께 하지 않는다면, 전후에 독일에서 그리스도인의 삶을 재건하는 데 참여할 권리가 나에게는 없을 것입니다.** 고백교회 안에 있는 나의 형제들은 내가 미국으로 오는 것을 원했습니다. 그들의 권면이 옳았는지도 모릅니다. 그러나 내가 미국에 온 것은 잘못이었습니다. 그러한 결단은 각자가 스스로 해야만 합니다. 독일에 있는 그리스도인들은 기독교 문명의 생존을 위하여 그들의 조국이 패배하기를 원하던지 아니면 그들의 조국이 승리하고 우리들의 문명이 파괴되기를 원하는 심각한 양자택일에 직면하게 될 것입니다. 나는 이러한 선택 중에서 내가 선택해야만 하는 것을 알고 있습니다. 그러나 나는 안전 속에서 그러한 선택을 할 수 없습니다."377)

본래 본회퍼는 그의 친구 파울 레만을 방문할 계획이었으나 갑자기 계획이 변경되어 뉴욕으로 왔습니다. 레만은 7월 6일에 뉴욕으로 달려와서 본회퍼를 설득시키려고 무척 애를 썼으나 성공하지 못했습니다. **미국에 한 달도 머무르지 못한 채로 본회퍼는 친구들의 모든 만류를 거절하고 7월 7일에 독일로 떠났습니다.**378) **그리고 본회퍼는 1939년 7월 27일에 베를린에 도착했습니다.** 그때의 심경을 일기에서 다음과 같이 밝히고 있습니다.

"나는 왜 내가 여기에 있는지 모르겠다. … 우리의 독일 형제들을 생각

---
376) 위의 책, 109.
377) 위의 책, 110.
378) Eberhard Bethge, *Dietrich Bonhöffer*, 562.

하는 짧은 기도가 나를 압도했다. … 사태가 더 불확실해진다면 나는 반드시 독일로 돌아갈 것이다. … 전쟁 중에 나는 미국에 머무를 수 없다. … **그리고 마침내 배에 오르니 미래에 대한 나의 내적 혼란이 사라졌다.**"379) "나는 1939년에 미국에서 독일로 돌아온 것에 대하여 한순간도 후회해 본 일이 없다는 것을 믿어 주시오. … **나는 분명한 양심을 가지고 행동했습니다.**"380)

## 1.3 고난과 죽음(1940-45)

1939년 7월 말에 다시 독일로 돌아온 본회퍼는 쾨슬린(Köslin)과 쉬바헤(Schwache) 지방에 있는 집단목회훈련의 지도자로 계속 일했습니다. 1939년 9월 1일 히틀러의 군대는 폴란드를 침공했습니다. 이틀 뒤에 영국과 프랑스가 독일에 대해서 선전포고를 하였습니다. 1939년 9월 1일 이후 교회 투쟁은 점점 중요성을 잃게 되고 후퇴하게 되었습니다. 그 이유는 대개의 신학생들은 출전하고 많은 젊은 목사 훈련생들이 전사했기 때문입니다. 본회퍼는 군대나 군병원의 군목이 되려고 1939년 9월 육군 군목에 지원했습니다. 그러나 그것은 1940년 2월에 결국 거부를 당했습니다. 폴란드를 침공하는 진격이 성공하면서 국내의 사정이 다소 안정되어 본회퍼는 전쟁에도 불구하고 집단목회훈련을 계속하기로 했습니다. **그러나 1940년 3월에 집단목회훈련은 해산되었습니다. 목사후보생들이 다 출전한 탓도 있지만, 게슈타포가 이러한 종류의 교회활동을 허락하지 않았기 때문입니다.**381) 신학교의 문이 닫힌 뒤 본회퍼는 고백교회의 순회목사로 지방을 순회하며 설교하였습니다. 그러나 1940년 9월 4일 경찰에 의하여 공적으로 설교하는 것과 출판이 금지되었습니다. 이때부터 그는 자신의 일거수일투족에 대하여 경찰에 보고해야만 했습니다. 이러한 마지

---

379) D. Bonhoeffer, *Letters and Papers from Prison*, ed. by E. Bethge, trans, by Reginald H. Fuller, (New York: The Macmillan Company, 1965), 9-10.
380) 위의 책, 118-119.
381) Eberhard Bethge, *Dietrich Bonhöffer*, 599.

막 제한이 내려지기 전에 조그마한 시편 연구서인 『성서의 기도서』를 출판하였습니다. 그 뒤에 저작된 책은 그의 사후에 편집되어 출판된 것입니다.382)

**본회퍼는 이후 3년 동안 고백교회총회를 위해서 일했고, 히틀러 치하의 지하 저항운동에 적극적으로 가담하였으며, 『윤리학』을**383) **쓰는 데 총력을 기울였습니다**. 베트게의 말에 따르면, 본회퍼는 1937년에 『나를 따르라』를 끝내고 이어서 "기독교 윤리의 문제에 대한 새로운 접근"을 계획하고 이 『윤리학』을 "그의 평생작의 시작"으로 생각했었다고 합니다. 그러나 이것은 전쟁 때문에 이루어지지 못하였고, 그는 1940년 이후에 그것을 다시 쓰기 시작하였습니다. 따라서 본회퍼는 1940년부터 1943년까지 약 3년 동안 이 책을 저작했습니다. 그 원고들은 베를린과 북 바이에른 주에 있는 베네딕트 에탈 수도원, 포메라니아의 룻 폰 크라이스트-레초브의 여름 별장과 킥코브 등 여러 곳에 숨겨두었던 것인데, **나중에 베트게가 그것들을 모아 『윤리학』으로 편집했습니다**.384)

그런데 1940년 8월 본회퍼는 오스터(Oster) 장군과 몇 차례의 대화를 가졌습니다. 이것은 군 정보부의 카나리스(Canaris) 제독 아래에 있던 그의 매형 한스 폰 도나니(Hans von Dohnanyi, 1902~1945.4.9. 작센하우젠에 살해당함)를 통해서 접선이 이루어진 것입니다. 오스터와 도나니는 본회퍼를 독일군 정보부의 민간 정보원으로 추천하여 1941년 1월 31일에 수속을 끝마쳤습니다. **그는 이제 카나리스 제독의 사무실에서 오스터와 도나니를 돕는 히틀러의 부하 민간 정보원으로서 뮈니히(München)의 사무소에 파견되었습니다. 그의 사명은 에큐메니칼 운동과의 접촉을 통하여 자신들의 음모 내용을 세계에 알리고, 히틀러가 제거될 경우에 연합군의 입장을 발견하려는 것이었습니다**.385) 결국 히틀러 암살 음모는 그의 매형과 고위층의 반

---

382) 위의 책, 605.
383) 디트리히 본회퍼, *Ethik*, 손규태·이신건·오성현 옮김.『윤리학』, 디트리히 본회퍼 선집 7, (서울: 대한기독교서회, 2010).
384) 존 D. 갓시,『디트리히 본회퍼의 신학』, 229.

히틀러 세력들이 군 정보부와 더불어 시도했던 것인데, 본회퍼도 여기에 적극 참여하게 되었습니다. 본회퍼의 다음과 같은 말은 그의 정치 투쟁의 의도를 잘 드러내고 있습니다. 즉 "**미친 사람이 모는 차에 희생되는 많은 사람들을 돌보는 것만이 나의 과제가 아니다. 이 미친 사람의 운전을 중단시키는 것이 나의 과제이다.**"386) 이처럼 본회퍼는 히틀러를 적그리스도로 간주하고 악마적인 정권에 맞서 싸웠습니다.

**1940년과 1943년 사이에 본회퍼가 행한 교회와 정치 활동의 본질과 범위는 대체로 신비의 베일에 의해 가려져 있습니다.** 다만 그가 몇 차례 외국 여행을 했던 사실이 알려져 있을 뿐입니다. 교회와 정치적인 관심의 목적으로 여행을 한 것 가운데 가장 의미 있는 여행은 스위스와 스웨덴을 방문한 것입니다. **1941년 9월에 본회퍼는 그 때의 세계교회협의회의 총무 비서트 후푸트와 상담하기 위해서 스위스로 갔습니다.** 본회퍼의 방문목적은, 영국교회의 지도자들과 더불어 연합군의 평화와 미래의 국제적 질서에 관한 교회의 책임에 대해서 의논하기 위한 것이었습니다. **1942년 5월 31일에 본회퍼는 스웨덴으로 날아갔습니다.** 거기서 그는 영국 정보부의 요청으로 스웨덴을 방문 중이던 치체스터(Chichester)의 주교 조지 벨(George Kennedy Allen Bell, 1883~1958)을 만났습니다. 본회퍼는 히틀러와 나치스를 전복하려는 계획을 말하고, 이것을 영국에 전해 줄 것과 만일 이 혁명이 성공한다면 연합 정부가 평화 회담을 할 것인지의 신속한 대답을 요청했습니다. 연합군은 대서양헌장에 특기된 무조건 항복을 주장했고 독일 나치스를 반대하는 저항주의자들의 뒷소리를 들으려고 하지 않았습니다.387)

1942년 가을에 그의 뮤니히 사무소의 상관 중의 하나가 붙잡혔습니다. **그 후 본회퍼는 1943년 4월 5일 그의 매형 도나니가 붙잡힌 지 몇 시간 뒤에 자신의 부모 집에서 게슈타포에 의하여 체포되었습**

---

385) 박봉랑, 『그리스도교의 비종교화』, 140.
386) D. Bonhoeffer, *The Cost of Discipleship*, trans. by R. H. Fuller, Rev. Ed., (New York: The Macmillan Company, 1967), 22.
387) 박봉랑, 『그리스도교의 비종교화』, 141-142.

니다.388) 1943년 4월 5일부터 1944년 10월 8일까지 18개월 동안 본회퍼는 베를린에 소재한 테겔(Tegel) 군 형무소에 있었습니다. 『저항과 복종: 옥중서간』에 포함된 대부분의 편지들과 문서들은 여기서 쓴 것입니다. 본회퍼가 쓴 대부분의 편지들은 베트게와 자신의 어린 약혼녀 마리아 폰 베데마이어(Maria von Wedemeyer, 1924~1977)에게 쓴 것입니다. 본회퍼는 테겔 감옥에서 편지를 쓴 것 외에 독서와 저작에 심혈을 기울였습니다.389) 여기서 그는 성인이 된 비종교적 세계(하나님 없이 자율에 따라 살아가는 세상)와 예수 그리스도의 주권의 미래에 대해서, 성서적 개념의 비종교적 해석에 대해서 생각하기 시작했습니다. 그동안에 두 번 히틀러를 암살 하려는 시도가 있었으나 다 실패로 돌아갔습니다. 그렇지만 모든 일이 감추어져 있어서 군사법정은 확실한 내용의 증거를 얻지 못하고 다만 그를 의심할 정도였습니다. 또한 1944년 7월 20일에 히틀러를 암살하려는 시도도 실패로 돌아갔습니다. 혹독한 심문과 고문에도 불구하고 본회퍼는 자신이 암살시도에 가담한 것을 숨기고 비교적 편안하게 옥중 생활을 보내고 있었습니다. 그러나 1944년 9월 22일 게슈타포가 초센(Zossen)의 문서기록보관소에서 발견한 한 서류철 속에서, 히틀러 암살 음모 운동에 가담한 사람들의 이름이 명백하게 드러나게 되었습니다. 본회퍼는 1944년 10월 8일에 베를린의 프린츠 알버트 가에 있는 유명한 게슈타포 감옥으로 옮겨졌습니다. 여기서 그는 바깥세상과 접촉할 기회를 일체 가지지 못했습니다. 1945년 1월 7일에 그는 다시 부헨발트(Buchenwald)의 수용소로 옮겨졌습니다. 이때부터 그의 부모는 독일이 항복한 해의 여름까지 본회퍼의 행방을 알지 못했습니다.390) 본회퍼의 부모는 1945년 7월이 되어서야 그의 죽음을 알게 되었습니다. 본회퍼의 부모는 영국 BBC 방송을 듣다가 조지 벨 주교와 프란

---

388) 도널드 고다드, *The Last days of Dietich Bonhoeffer*, 김종철 역, 『죽음 앞에서-본회퍼의 최후』 (서울: 청년사, 1977). 이 책에서 고다드는 본회퍼의 체포, 옥중 생활, 죽음에 이르는 과정을 자세하게 소개한다.
389) 존 D. 갓시, 『디트리히 본회퍼의 신학』, 233-234.
390) 위의 책, 234-235.

츠 힐데브란트가 말씀을 전하는 디트리히 본회퍼의 추도예배 소식을 접하고 아들의 죽음을 알게 되었습니다.

『저항과 복종: 옥중서간』에 실려 있는 다음의 시는, 옥중에서 베트게에게 보낸 1944년 7월 편지에 동봉되어 전해진 작품으로 **본회퍼가 자신의 그리스도인 됨의 정체성을 내적으로 고민하며 쓴 것입니다.**

## 나는 누구인가?

"나는 누구인가? 사람들은 자주 나에게 이렇게 말했지. 영주가 자기의 성채에서 나오는 것처럼 태연하고, 쾌활하며, 확고하게, 감방에서 나온다고. 나는 누구인가? 사람들은 자주 나에게 이렇게 말했지. 내가 명령하는 것처럼, 자유롭고, 친절하며, 분명하게 나를 지키는 간수들과 이야기를 나눈다고. 나는 누구인가? 사람들은 자주 나에게 이렇게 말했지. 승리에 익숙한 자처럼, 침착하고, 미소를 지으며 자랑스럽게, 불행한 날들을 견디고 있다고. 나는 정말 다른 사람들이 말하는 그런 사람인가? 혹은 내 자신이 알고 있는 자에 지나지 않는가? **새장 속의 새처럼 불안해하고, 그리움에 지쳐서 병들고, 목을 졸린 것처럼 숨을 쉬려 발버둥치고, 색채들과 꽃들, 새들의 노래를 그리워하며, 따뜻한 말들과 인간의 접근을 갈구하며, 자의성과 사소한 모욕에 분노로 떨고, 대사건을 기다리다 낙담하며, 저 멀리 있는 친구를 그리워하다 낙심하고, 기도하고, 사색하며, 창작하는 데 지치고 공허해 하며, 모든 사람과 작별하는 가운데 허탈해하고 의기소침해하지 않는다.** 나는 누구인가? 전자일까, 후자일까? 오늘은 이런 인간, 내일은 저런 인간일까? 나는 동시에 둘 다일까? 사람들 앞에서는 위선자며, 자신 앞에서는 경멸해야 할 소심한 자일까? 혹은 아직 내 안에 있는 것은, 이미 얻은 승리 앞에서 무질서하게 도망치는, 패배한 군대와 같은 존재일까? **나는 누구인가? 고독한 물음이 나를 비웃는다. 내가 어떠한 사람이든, 오 하나님! 당신은 나를 아십니다. 나는 당신의 것입니다.**"[391]

---

[391] 디트리히 본회퍼, *Widerstand und Ergebung*, 손규태·정지련 옮김, 『저항과 복종: 옥중서간』, 디트리히 본회퍼 선집 8, (서울: 대한기독교서회, 2010), 212-213.

부헨발트의 수용소에는 유럽의 여러 나라들로부터 온 전쟁 포로들이 있었습니다. 여기서 본회퍼는 이 국제그룹의 목사가 되었습니다. 1945년 4월 3일 저녁에 이 국제 포로들은 군대 트럭에 실려서 레겐스부르크(Regensburg)로 이송되었으며, 4월 6일에는 바이에른 삼림지대인 쉰베르크(Schönberg)로 이송되었다가 이틀 후인 4월 8일에 플로센뷔르크(Flossenbürg)에 있는 수용소로 이감되었습니다. 그날 거기서 본회퍼는 그들을 위해서 짤막한 예배를 인도하며, "그의 채찍으로 우리가 고침을 받았다"(이사야 53:5)는 말씀을 읽고 간단한 기도를 드렸습니다. 본회퍼는 예배의 마지막 기도 중에 끌려가 밤새도록 재판을 받고 그날 밤 사형선고를 받았습니다. **그는 끌려가면서 말하기를 "이것이 끝이다, 하지만 나에게는 이것은 생명의 시작이다"라고 영국의 벨 주교에게 마지막 말을 남겼습니다.** 1945년 4월 9일 새벽 5시와 6시 사이에 그는 기도하고 옷을 벗은 채로 교수대에 올라 하나님의 품에 안겼습니다. 본회퍼가 순교당하고 3주일 후 1945년 4월 30일에 히틀러가 죽고 나자 1개월 후에는 독일 3제국이 무너지고 자유가 찾아왔습니다.[392] 본회퍼는 **"자유를 향한 도상의 정거장들"** 이란 시에서 죽음을 맞는 자신의 태도를 다음과 같이 노래합니다.

## 죽 음

"오라, 영원한 자유를 향한 길 위에 펼쳐진 최고의 축제로. 죽음, 우리의 무상한 육신과 현혹당한 영혼의 무거운 쇠사슬들과 방벽들을 치워주려무나. 이 세상에서는 볼 수 없는 것을 우리는 마침내 보겠네. 자유여, 훈련과 행위와 고난 가운데서 오랫동안 그대를 찾았다. 죽어가면서 우리는 하나님의 얼굴에서 그대 자신을 본다."[393]

---

392) 존 D. 갓시, 『디트리히 본회퍼의 신학』, 236-237.
393) 디트리히 본회퍼, 『저항과 복종: 옥중서간』, 728.

## 2. 본회퍼의 작품에 나타난 부정의 영성[394]

부정의 영성이란 본회퍼의 자기 부정과, 히틀러를 추종하는 "독일 그리스도인 연맹"의 그리스도를 따라감이 없는 이신칭의와, 그리스도를 따르기 전에 속하였던 세상성을 부정하는 것을 의미합니다. 이러한 부정의 영성을 이해하기 위해서 먼저 『나를 따르라』의 배경을 알 필요가 있습니다. 이 책은 앞에서 언급한 바와 같이 본회퍼가 나치즘을 경험한 후에, 나치스에 의하여 탄압을 받던 고백교회의 반 히틀러 투쟁의 시기인 핑켄발데신학교에서 신학생들과 공동생활을 하는 중에 기록된 작품입니다. 이는 1935년에 쓰기 시작하여 1937년에 출판되었습니다. 그런데 본회퍼가 산상수훈에 관심을 가지기 시작하고 개인적인 신앙의 변화를 가져온 것은 그보다 훨씬 이전의 일입니다.

### 2.1 자기 부정

앞서 언급한 바와 같이 런던 목회 기간(1933년 10월 17일-1935년 5월)인 **1933년을 전후로 본회퍼 신학의 강조점이 교의학에서 성서의 주석으로 바뀌고 있었고, 본회퍼는 산상설교의 윤리적인 명령과 그리스도의 제자가 되는 것이 무엇을 의미하는지에 대하여 점점 더 관심을 기울이게 되었습니다.**[395] 이러한 내용은 본회퍼가 1932년 즈음에 겪은 내적 위기를 회상하며, 그와 특별한 관계를 유지했던 엘리자베스 친(Elisabeth Zinn)에게 보낸 1936년 1월 1일자 편지에 언급되어 있습니다.

"… 나는 매우 비그리스도교적으로 곧 겸손하지 않은 방식으로 작업에 몰두하고 있었습니다. 많은 사람들이 나에게 지적한 광적인 명예욕으로 인하여, 나의 삶은 고달파졌고 나는 이웃에 대한 사랑과 신뢰를 잃어버리고 말았습니

---

394) 이 주제는, 김형근, 『본회퍼의 통전적인 영성』, 80-102의 내용을 요약한 것이다.
395) 존 D. 갓시, 『디트리히 본회퍼의 신학』, 100-101.

다. 그 당시 나는 두려울 정도로 고독했고 자기 자신에게 푹 빠져 있었습니다. 모든 상황이 매우 나빠졌습니다. 그때 모종의 사건이 일어났습니다. 그 사건은 이제까지의 나의 삶을 변화시켰고 반전시켰습니다. **나는 처음으로 성서에 진지하게 접근하였던 것입니다.** 그것을 또다시 말한다는 것은 매우 곤란한 일입니다. 나는 이미 많은 설교를 해 왔고, 이미 많은 것을 교회란 관점에서 고찰해 왔으며, 교회에 대해 말을 하고 글을 써 왔었습니다. − **하지만 나는 아직 그리스도인이 되지 못하였습니다. 나는 굴레 벗은 야생마처럼 내 자신의 주인이었습니다. 나는 그 당시 예수 그리스도를 빌미로 삼아 내 자신을 위해, 나의 광적인 자부심을 위해 이득을 보았음을 알고 있습니다.** 나는 그러한 일이 다시는 일어나지 않게 해달라고 하나님께 기도합니다. 이전까지 나는 한 번도 기도한 적이 없었거나 거의 기도한 적이 없었습니다. **성서는 이러한 상태로부터 나를 해방시켰으며 특히 산상설교가 그러하였습니다.** 그 후 모든 것이 달라졌습니다. 나는 그 점을 분명히 느끼고 있으며, 심지어 내 주변의 다른 사람들도 그것을 깨닫고 있습니다. 그것은 위대한 해방이었습니다. **그때 나는 예수 그리스도를 섬기는 자의 삶은 반드시 교회에 속해야 한다는 것을 분명히 깨달았습니다.** … 그 후 1933년의 긴급 사태(히틀러의 집권으로 인한 환란)가 일어났습니다. 나는 그 긴급 사태를 겪으면서 강해졌습니다. 이제 나는 나와 함께 동일한 목표를 바라보는 사람들도 알게 되었습니다. 나에게 결정적으로 중요하게 여겨진 것은 교회와 목사직의 갱신이었습니다. … 얼마 전까지만 해도 … 그리스도교의 평화주의는 나에게 갑자기 자명한 것으로 여겨지게 되었습니다. 나는 단계적으로 그러한 깨달음에 이르게 되었습니다. 나는 평화주의 이외의 다른 것을 전혀 생각하지 않았습니다. 나의 앞에는 소명이 있습니다. 나는 하나님께서 무엇을 하시고자 하는가를 알지 못합니다. 나는 소명을 받았으면서도 언제나 순종하지 못했고 깨끗하지 못했습니다. 나는 날마다 내 자신을 소명으로부터 떠나지 못하게 합니다. 그러나 나는 길을 뚫고 나가야 합니다."396)

**이와 같이 본회퍼는 성서를 읽는 중에 성서로부터 들려오는 하나**

---

396) E. Bethge, *D. Bonhoeffer Gesammelte Schriften IV*, 367은 Hans−Jürgen Abromeit/ 강원돈 역, "본회퍼가 생각한 인식과 실존의 관계,"『신학사상』55집, 1986, 725-726에서 재인용. 참고로, 레나테 베트게·크리스티안 그레멜스, *Dietrich Bonhoeffer: A Life in Pictures*, 정성묵이 옮김·김순현 감수,『디트리히 본회퍼: 사진으로 보는 그의 삶』(서울: 가치창조, 2010), 69-70을 보라.

님의 말씀과 만나서 그 앞에 자신의 무릎을 꿇었습니다. 자기 성취욕과 명예욕에 사로잡힌 그리스도 밖에서의 삶을 사는 그의 자아가 부정되는 은혜를 받은 것입니다. 이러한 변화는 하나님과 본회퍼의 관계를 뒤바꾸어 놓는 일종의 새로운 자아 정체감을 갖게 된 회심이라고 볼 수도 있을 것입니다. 그리고 본회퍼의 내면의 왕좌를 예수 그리스도가 차지하고 그의 삶의 주인이 되자 그의 내적 갈등은 사라지고 평화와 해방감을 느낀 것입니다. **이러한 하나님과의 관계의 변화는 본회퍼로 하여금 그리스도의 뒤를 따르는 제자가 되게 하고, 자신을 위해서 그리스도를 이용하는 것이 아니라 자신을 헌신하여 그리스도와 그의 몸 된 교회를 위하여 살게 한 것입니다.**

이와 유사한 내용은 본회퍼가 1935년 맏형 칼 프리드리히에게 보낸 편지에도 나옵니다. 즉 신학에 입문할 때 가졌던 학문적인 진지함으로부터 변화되어 이제는 본회퍼 자신이 산상수훈을 진지하게 받아들임으로 내면이 깨끗해지고 반듯해지리란 것을 인식하고 있으며, 바로 거기에 온갖 마법과 유령을 한꺼번에 날려버릴 힘의 원천이 자리하고 있다고 고백합니다. 이와 동시에 본회퍼는 어떤 것과도 타협하지 않고 옹호해야만 하는 가치 있는 것들이 있다면 그것은 바로 평화와 사회정의와 그리스도라고 말합니다. **베트게는 이 시기의 전환을 본회퍼가 "신학자에서 그리스도인으로" 변화된 것으로 묘사합니다.** 다시 말하면, 신학자는 성서 안에서 하나님이 지금 이 자리에서 우리에게 말씀하시려는 것이 무엇인지를 물어야만 하는 성서를 읽는 그리스도인이라는 것입니다. 소위 회심체험을 의도적으로 경건하게 말하는 사람들과는 달리, 본회퍼는 이러한 자신의 변화를 사람들 앞에서 공개적으로 이야기하지 않았지만, 세상 한가운데서 그리스도의 뒤를 따라 그의 고난에 참여하는 것을 회피하지는 않았습니다.[397] 이처럼 그리스도인의 지위는 신학자의 지위를 포괄합니다. **그래서 본회퍼 후기의 사회 참여적인 정치 투쟁도 이러한 그리스도의 뒤를 따르는 그**

---

[397] 『디트리히 본회퍼: 신학자·그리스도인·동시대인』, 329-334. 참고로, E. Bethge, "Turning Point in Bonhoeffer's Life and Thought," *Bonhoeffer in a World Come of Age*, ed. by Peter Vorkink, II, (Philadelphia: Fortress Press), 1968, 79-80을 보라.

의 내적인 신앙의 연장선상에서부터 보아야지, 그렇지 않으면 본회퍼가 가진 그리스도인의 정체성을 오해할 여지가 있습니다. 즉, 본회퍼는 『저항과 복종: 옥중서간』에서, 그리스도인이 예수 그리스도처럼 세상에서 하나님의 고난에 참여할 때만 종교적 인간이 아니라 순수한 인간이 되고 그리스도인이 되며, 세상 한가운데서 현실을 중시하는 "차안성(Diesseitigkeit)" 안에서 살아야 타자를 위한 존재로서 참 믿음의 길을 걸어갈 수 있다고 말함으로써 그리스도인의 정체성을 유지하고 있음을 보여줍니다.

여기서 본회퍼가 말하는 차안성 안에서의 삶이란 루터가 수도원으로부터 나와 세상 한가운데서 그리스도의 제자로 살았던 것을 말합니다. 즉 본회퍼가 말하는 차안성은 속된 세상성이 아니라 "완전히 성숙한 깊은 차안성과 죽음과 부활에 대한 인식이 항상 현존하는 차안성"을 의미합니다. 다시 말해서, **"자기 자신으로부터 무엇을 만들어 내는 것을 완전히 포기하고 … 우리는 자신을 전적으로 하나님의 팔에 던지고, 자기 자신의 수난이 아니라 하나님의 세계 내 수난을 진지하게 생각하고, 또한 겟세마네의 그리스도와 함께 깨어있는"** 삶이 차안성 안에서의 **"신앙이고 회개"**라는 것입니다. 그렇게 함으로써 **예수를 따라감이 없는 종교적 허울을 벗은 참인간인 그리스도인이 된다는 말입니다.**[398] **본회퍼에 의하면 그리스도인이 된다는 것은, 하나님 앞에서 기도하고 사람들 사이에서 하나님의 정의를 행하는 것입니다.**[399] 기도한다는 것은 전적으로 하나님께 자신을 내어 맡긴다는 자기포기요, 사람들 사이에서 정의를 행한다는 것은 그리스도의 남은 고난을 자신의 육체에 채우며 그의 증인으로서 삶을 살아간다는 것입니다. 이처럼 『나를 따르라』에서 말한 죄로 물든 세상에 대한 분리와 부정은, 성육신하신 그리스도론에 기초하여 『저항과 복종: 옥중서간』에서는 세상에 대한 긍정, 즉 세상 안에서의 삶으로 나아가는 연속성을 지니고 있습니다.

---

398) 디트리히 본회퍼, 『저항과 복종: 옥중서간』, 689-691.
399) 디트리히 본회퍼, 『나를 따르라』, 7.

## 2.2 값싼 은혜를 부정하는 값비싼 은혜

『나를 따르라』는 히틀러를 추종하는 "독일 그리스도인 연맹"에 항거하여 싸구려 은혜를 부정하고, 행동의 직접성, 귀중한 은혜, 복종 속에 있는 신앙, 신앙의 삶을 부각시킵니다. 그래서 본회퍼는 교회의 개혁을 위하여 성경이 충실히 이해되어야만 오늘날 교회에 주시는 예수의 말씀과, 그 말씀이 교회에 원하는 것이 무엇이며, 예수가 어떻게 교회로 하여금 참된 그리스도인이 되도록 만들 것인지를 알 수 있다고 하였습니다. 본회퍼는 이러한 전제에서 예수의 부름과 산상수훈을 해석합니다. 예수의 "나를 따르라"는 부름에 응답한 교회사 속에서의 그리스도의 모방이란 결국 특수한 소수층만이 추구하는 사치로서의 경건은 되었으나, 빵과 직업과 가족을 위하여 그날그날 일하는 자들을 하나님을 모독하는 불신자로 전락시켜 추방하는 도구로 전락했다고 본회퍼는 비판합니다. **그러나 성경의 따라오라는 예수의 부름은 인간을 인간적인 모든 속박과 억압으로부터, 모든 무거운 짐과 근심과 양심의 고통으로부터 해방시킵니다. 이 부름에 응할 때 가혹한 운명의 멍에를 벗어나 예수 그리스도의 부드러운 멍에를 지고 자유로운 해방감을 얻게 된다는 것입니다(마11:28-30).**[400)]

**본회퍼는 값비싸고 값없는(생목숨을 버려 거저주시는) 은혜를 값싸게 보는 견해가 교회의 대원수라고 말합니다. 이러한 값싼 은혜는 싸구려로 팔아버리는 상품과 같은 것으로서 억지로 내맡기는 죄의 사유요 위로요 성만찬이라는 것입니다.** 무진장한 식료품 창고에서 물품을 내오듯이 생각 없이 교회에서 털어내는 은혜를 뜻합니다. 이러한 값도 대가도 없는 은혜에 대한 이해가 은혜의 본질로 오해되었다는 것입니다. 은혜의 대가는 이미 지불되었기 때문에 언제나 공짜라는 것입니다. 지불된 대가가 무한하기 때문에 소비와 낭비도 무한한 것입니다. 값싼 은혜라 함은 교리와 원리와 체계 같은 은혜를 말합니다. 죄의 사유는 보편적 진리이며 하나님의 사랑은 그리스도적인 하

---
400) 위의 책, 25-30.

나님의 개념이라 여기며, 이것이 사실임을 시인하는 자는 이미 죄의 사유를 받았다는 것입니다. 이러한 은총론을 소유하고 있는 교회가 흡족한 은혜의 옳은 교회로 여겨진다는 것입니다. **그러기에 세상은 죄를 뉘우칠 필요도 그 죄에서 해방되기를 애걸할 필요도 없다는 것입니다.** 왜냐하면 이 은혜의 교회에서 자신의 죄를 덮어 감출 뚜껑을 얼마든지 싸게 얻을 수 있기 때문입니다. 그러므로 **값싼 은혜는 하나님의 살아있는 말씀의 부정이며 하나님의 말씀이 사람이 되셨다는 성육신에 대한 부정입니다**.[401)]

당시 히틀러를 따르는 "독일 그리스도인 연맹"이 그리스도를 따라감이 없는 이러한 값싼 은혜에 이르게 된 원인은, 루터의 이신칭의(以信稱義)를 오해하여 **칭의에 따르는 행위와 세상 속에서의 삶의 성화를 망각한 데 있다고 본회퍼는 지적합니다**. 이신칭의를 오해하여 연유된 값싼 은혜는, 죄의 의인(義認)이요 죄인의 의인이 아니라는 것입니다. 그러므로 이것은 죄의 의인을 뜻하는 값없는 은혜일 수는 있어도 죄에서 떠나 돌아와 참회하는 죄인의 의인은 아닙니다. 죄의 사유가 문제의 전부는 아닙니다. **값싼 은혜는 우리 자신에 근원을 가진 우리 자신의 것이고, 회개 없이 죄의 사유가 가능하다는 설교이며, 교회의 법을 무시한 세례요, 죄의 고백 없이 베푸는 성만찬이며, 하나님 앞에서 개인의 참회 없는 면죄의 확인입니다. 값싼 은혜는 순종이 없고 십자가도 없이 성육신하시고 부활하신 예수 그리스도를 무시하는 은혜입니다**.[402)]

그러나 귀한 은혜는 밭에 숨은 보물과 같습니다. 이 보물을 사려는 사람은 집에 돌아가 가진 전 재산을 기쁨으로 팔아 그 대가로 지불할 것입니다. 장사꾼이 전 재산을 내어줄 수 있는 귀한 진주, 그것이 귀한 은혜입니다. 인간의 비위를 거스르거나 놀라게 하는 그리스도의 통치권이 귀한 은혜요, 그물을 버리고 즉석에서 따라오도록 만든 예수 그리스도의 부름이 바로 그것입니다. 귀한 은혜는 계속해서

---

401) 위의 책, 33-34.
402) 위의 책, 34-35.

강청해야 할 복음이요, 간곡히 구해야 할 은사요 두드려야 할 문입니다. 은혜는 따라오라고 부르기 때문에 비싸고, 예수 그리스도를 따라오라 하기에 은혜인 것입니다. 은혜는 인간에게 생명을 요구하기 때문에 비싸고 동시에 인간에게 생명을 선사하기 때문에 은혜인 것입니다. 비싸다 함은 죄를 저주하기 때문이요, 은혜라 함은 죄인을 의롭게 보기 때문입니다. 은혜가 비싼 이유는, 무엇보다도 하나님이 자신의 아들을 대가로 세운 하나님의 희생이기 때문입니다. 예를 들어 베드로가 그리스도를 따라갈 수 있었던 것은, 그리스도 자신으로부터 주어진 부름의 은혜지 제자인 베드로로부터 생겨난 것이 아니기에 비싼 은혜라는 것입니다.[403] 이처럼 귀중한 은혜는 값싼 은혜를 부정하는 값비싼 은혜인 것입니다.

그런데 그리스도교가 널리 전파되어 확산됨에 따라 세속화되고 은혜는 비싼 면을 점차 상실하게 되었습니다. 세상은 그리스도교화하고 은혜는 그리스도교가 베푸는 세례의 통속적 개념이 되어 버렸습니다. 즉 싸게 소유할 수 있는 것이 된 것입니다. 한편으로 귀중한 은혜의 일면이 아직 로마 교회에 수도생활로 남아 있다는 것은 다행스러운 일이지만, **그것은 그리스도교의 세속화와 은혜의 무력화를 인정하는 이중구조라고 본회퍼는 비판합니다.** 수도생활은 모든 소유와 일가친척을 버리고 예수의 계명을 따르는 엄격한 훈련을 수련하는 것으로 특별한 개인의 특수 행위로 인정을 받았을 뿐, 교회 대중들의 경건한 열망에 대한 관심을 수용하지 못한 그리스도교의 세속화에 대한 일종의 변명에 지나지 않는다는 것입니다. 예수의 계명의 이행을 특별한 취미를 지닌 인간들의 특별한 집단에 한정시킨 것은, 숙명적으로 그리스도인의 순종을 최고의 순종과 최저의 순종으로 나누는 결과를 초래하였습니다. 이렇게 교회 안에서의 수도생활의 가능성을 인정함으로써 교회는 세속화에 대한 항의를 피할 수 있는 길을 열었고, 동시에 저급한 세속생활의 가능성도 절대적 변호를 받게 된 것입니다. 이렇게 수도생활에 의하여 로마 가톨릭교회에 보관되고 있는 것

---

403) 위의 책, 35-36.

같은 귀한 은혜의 초대교회적 이해는 자신을 다시 세속화된 교회에 변호하여야 하는 결정적 모순에 떨어지고 말았다는 것입니다. **수도생활이 초래한 결정적 과오는, 은혜의 길을 엄격한 따름의 길로 이해한 데 있는 것이 아니라, 오히려 수도생활을 자기의사 결정에 따른 소수인의 특별한 행위로 인정하여 특수 업적과 공로를 위한 상을 요구할 수 있는 길을 열어 놓음으로써, 일반 성도들을 그리스도를 따르는 길로부터 멀어지게 만든 것입니다.**[404]

그래서 본회퍼는 루터의 이신칭의를 재해석함으로써 수도생활의 특수성이 가져오는 오류를 극복하고, 루터가 발견했던 값비싼 은혜의 변질 과정을 밝힙니다. 그리고 루터가 받은 **은혜는 죄를 의롭다고 하는 것이 아니라, 죄인을 의롭다고 하시는 하나님이 그리스도를 통하여 주시는 귀중한 은혜였다고 지적합니다.** 이처럼 본회퍼는 전통과의 단절이 아니라 종교개혁적인 신학을 계승하여 1930년대의 독일적 상황에 적용하고 있습니다.

하나님께서 자신의 종 루터를 통하여 순수하고 귀한 은혜의 복음을 다시 일으키시자, 루터는 수도원으로 하나님을 따라나섰습니다. 그리고 루터는 사제가 되어 그리스도를 순종하기 위하여 세상에 속한 모든 것을 버렸습니다. 오직 순종하는 자만이 믿을 수 있다는 것을 알았기 때문에, 그는 수도원에서 그리스도와 교회에 대한 순종을 배웠습니다. 그러나 그의 수도생활의 길은 하나님에 의해서 좌절되었습니다. **제자로서 예수를 따라감은 개인이 공덕을 쌓는 어떤 특수행위가 아니라, 하나님께서는 모든 그리스도인들이 지켜야 하는 자신의 계명이라고 루터에게 가르쳤기 때문입니다. 사제의 세계로 도피하는 것은 그리스도의 은혜를 부정하는 자기 의와 공로를 쌓는 일종의 세상에 대한 사랑으로 전락되어, 세상을 버리며 이를 부정하고 세속을 떠났지만 다시 그 세상 속에서 살고 있는 결과가 된 셈입니다.** 그러나 루터는 경건한 생활의 최후 가능성이 그에게서 좌절되자 하나님의 은혜를 붙잡았던 것입니다. 수도 세계의 붕괴 속에서 루터는 하나님

---

[404] 위의 책, 38-39.

의 구원의 섭리가 그리스도 안에 뻗쳐 있음을 본 것입니다. **루터가 그리스도의 은혜를 굳게 붙든 것은, 우리의 행위가 역시 최선의 것일지라도 무익하다는 신앙에서 온 것입니다**.405)

이처럼 루터가 받은 은혜는 그의 전 생명을 바친 값비싼 은혜였습니다. 루터가 처음 수도원에 들어갈 때 전 소유를 버렸지만 자기 자신, 즉 경건한 자아만은 그대로 가지고 갔으나 이번에는 남은 자신까지도 버렸습니다. 이제는 자신의 공적을 위한 따라감이 아니고 하나님의 은혜를 지향하여 세상과 다름이 없는 수도원을 떠나 세상으로 다시 돌아오게 된 것입니다. 수도원을 떠나 세상으로 돌이킨 루터의 길은 초대 교회 이래 세상을 꾸짖은 힐책 중 가장 신랄한 공격을 뜻하는 것입니다. 세상에 다시 돌아옴으로 표시된 루터의 세상에 대한 부정은 사제들의 세상에 대한 태도를 아이들의 장난에 불과한 것으로 폭로시킨 것입니다. 루터의 싸움은 백병전이었습니다. **예수를 좇는 일을 세속생활의 중심에 세워 놓은 것이었습니다. 특수한 환경 속에서 특수행위로 알고 아무런 불평도 없이 행할 수 있는 생활훈련이, 이제는 성속(聖俗)의 차별이 없이 모든 그리스도인에게 요구되는 피할 수 없는 명령이 되었습니다. 루터의 행적을 순수한 복음적인 은혜의 발견이라 하여, 그것을 예수의 계명에 대한 순종의 면제를 세상에 선포한 것으로 생각한다면, 그것은 불행한 오해라고 본회퍼는 지적합니다. 종교개혁적인 선언은 죄인에 대한 사유와 의인이지 죄의 사유에 의한 세상의 의인도 성결도 아니라는 것입니다**.406)

오히려 루터에게 있어서 그리스도인의 세속적 직업이 의롭다고 일컬어지는 것은, 오직 그 직업을 통하여 세상에 대한 항의가 날카로울 때에 한정된다고 보아야 할 것입니다. 그리스도인이 자신의 세속적 직업을 예수를 따르는 것으로 수행할 때, 그것은 복음에 의하여 새로운 의를 얻게 되는 것입니다. 죄를 의롭다 하는 것이 아니라, 죄인을 의롭다 하시는 것이 루터가 수도원을 떠나온 이유였습니다. **루

---

405) 위의 책, 39-40.
406) 위의 책, 40-41.

터가 하나님께로부터 받은 은혜는, 너는 범죄 하였으나 전부 용서하였으니 네가 있는 곳에 그대로 있으면서 죄 사함 받음을 감사만 하라는 말씀이 아니기 때문입니다. 루터가 받은 값비싼 은혜는 메마른 땅의 생수이며 공포에 대한 위로요, 스스로 택한 노예생활에서의 해방이며 모든 죄의 사유를 뜻하기에 은혜이지만, 책임을 불문에 붙이지 않고 오히려 따라오라는 부름을 극도로 날카롭게 하기 때문에 **값비싼 것입니다**.[407)

그러나 종교개혁사의 승리적인 유물은 귀하고 값비싼 은혜의 루터적인 인식이 아니라, 인간의 세속적이고도 종교적인 본능에 권리를 만들어 주는 결과가 되고, 은혜는 그로 인하여 차츰 값싸게 파악되었습니다. 루터는 은혜에 의하여 순종을 면제 받은 것이 아니라, 올바른 순종이 은혜에서 비로소 시작되는 것을 말했지만, 루터의 후계자들은 하나님의 은혜로운 부름에서 순종을 면제하여 버렸습니다. 루터가 "**죄를 용서하는 은혜와 사랑 외에 하나님 앞에 설 수 있는 것은 없다**"고 말하는 순간에도, 그는 전 소유를 버리고 예수를 따라오라는 부름에 접하고 있었습니다. 은혜라 함은 자신의 죄의 생활을 결정적으로 끊는 일이지 그 생활의 변명을 뜻할 수는 없습니다. 은혜는 자아 주장의 생활을 죄 사유의 능력으로 단절하는 최후 선언일 것이므로 은혜 자체는 곧 따라오라는 부름일 것입니다. 은혜는 그때그때의 결과로 인간의 것이 아니라 하나님의 것입니다. 그러나 **이 개념은 루터의 후계자들에 의하여 값싸게 죄를 용서 받고 그 죄에 다시 머물기 위한 전제가 되어 버렸습니다**. 모든 불행의 원인이 여기에 있다고 본회퍼는 말합니다. 은혜를 그리스도 자신의 선물인 그리스도인의 생활의 결과로 보았던들 이러한 불행이 초래되지는 않았을 것입니다. 오직 은혜만으로 의롭다 함을 얻는다는 말씀은 은혜의 결과를 뜻하는 말입니다.[408)

그러므로 은혜의 혜택으로 순종을 모면하려는 자는 자기 스스로

---

407) 위의 책.
408) 위의 책, 42-43.

속는 것입니다. 루터가 말한 "대담하게 죄를 범하라, 그러나 보다 더 담대하게 그리스도 안에서 믿고 기뻐하라"(Pecca fortiter, sed fortius fide et gaude in Christo)는 것이, 소위 값싼 은혜 신학의 전제가 되면 값싼 은혜의 논리가 선포됩니다. 그러나 처음이 아니라 끝으로, 결과로, 마지막 돌로, 최후의 말로 보면 루터의 이 말은 옳게 이해됩니다. "대담하게 죄를 범하라"는 루터의 이 말은, 루터의 최후의 탈출구였으며 예수를 따라가는 생활 중에서 죄 없는 자가 될 수는 없음을 안 그가 죄 앞에 무서워하며 하나님의 은혜를 의심하는 자를 위로한 말이었지 불순종을 허락한 것이 아니었다는 것입니다. 값싼 은혜는 마약과 같아서 공로를 다투게 하는 어떤 계명보다도 더 많은 그리스도인을 멸망으로 이끌어 넣었다는 것입니다. 값싼 은혜는 약간의 위로를 주지만 정신이 혼미해져서 예수의 부름에 따라가야 할 자신의 길을 내버리며 귀한 은혜를 인식하지 못하게 하는 마취제와 같은 것입니다. 그리하여 순종과 따름을 위한 힘은 완전히 상실당하고 마는 것입니다.[409]

순종 없는 값싼 은혜가 순종의 대가를 요구하지 않고 속이고 주는 죄의 사유의 확실성은 아편이 주는 순간적인 쾌락, 평안함, 환상과 같아서 계속해서 공급받지 않으면 중독환자가 못 견디고 몸부림치듯이 그리스도인의 영혼을 좀먹습니다. 값싼 은혜는 아편을 빨며 누워 있는 중독환자처럼 귀한 은혜가 주는 생명력을 상실하게 만드는 악마적인 것입니다. 이러한 의미에서 예수 그리스도 안에 있는 하나님의 귀중한 은혜만이 값싼 은혜를 부정하고 예수를 따라가는 생명을 주는 은혜인 것입니다. 즉, 예수의 십자가에 의하여 베풀어진 값비싼 이신득의라는 은혜는 반복되는 죄의 면죄부가 아니라, 그 안에 회개와 부르심에 대한 순종과 성화를 포함하고 있다는 것입니다. 다시 말해서, **예수 그리스도가 허락하여 주시는 은혜는, 죄를 짓고 용서받고 또 그 죄를 지어도 좋다는 값싼 은혜의 전제가 아니라, 용서받고 그 결과로 죄를 떠나서 그리스도의 뒤를 따라가도록 부르는 값비싼 은혜**

---

[409] 위의 책, 45-47.

라는 것입니다.

이런 점에서, 본회퍼의 루터해석은 루터가 체험한 "의인은 믿음으로 말미암아 살리라"는 은혜에 부합한다고 말할 수 있습니다. 본회퍼에 따르면, 성도는 예수 그리스도 안에서 선한 일을 위하여 지으심을 받았고(엡2:8-10), 성도 가운데서 선한 일을 시작하신 분은 예수 그리스도이기에(빌1:6), **"믿는 자는 의롭게 되고, 의롭게 된 자는 거룩하게 되며, 거룩하게 된 자는 심판의 날에 구원을 받을 것이라고 말한다."** 그러므로 죄인의 구원은 인간의 믿음과 의로움과 성화 때문이 아니라, 예수 그리스도가 죄인의 의로움과 거룩함과 구원함이 되시기 때문입니다(고전1:30).[410]

## 2.3 부정의 길

본회퍼는 은혜의 부름과 순종의 관계를 심도 있게 다루기 위하여 예수 그리스도의 부름과 이 부름에 응답하고 따라가는 제자의 길을 언급합니다. **제자의 길이란 예수 그리스도의 부름을 듣고 생각하고 해석하는 것이 아니라, 즉각적으로 따라가는 것이며 자기와 세상을 부정하고 어린아이와 같이 단순하게 순종하는 것을 의미합니다.** 따라오라고 부르시는 예수와 따라가는 제자 사이에는 즉각적인 순종의 직접성 외에는 아무것도 그 사이에 개입할 수 없습니다. 따라오라는 예수의 부름은 오직 예수 그리스도와의 인격적 결합을 뜻하며 동시에 모든 법칙과의 단절을 뜻하는 것이기 때문입니다. **예수께서는 부름과 단순한 순종의 사이에 "먼저 … 허락 하옵소서"라고 합당한 이유를 끼워 넣으며 즉각적인 직접성을 배제하는 자들에게 "손에 쟁기를 잡고 뒤를 돌아보는 자는 하나님의 나라에 합당치 아니하다"고 말씀하십니다(눅9:57-62).** 즉 예수를 따라간다고 함은 그의 부르심에 한 발자국 앞으로 내디디며 현재의 생활에서 떠나는 것을 뜻합니다. **세리는 세관을, 베드로가 그물을 버리고 예수를 따랐듯이, 예수의 부름을**

---
[410] 위의 책, 348-350.

**받은 자에게 주어진 가능성은 오직 예수만을 믿는 것이므로 모든 옛 것을 버리고 그를 따라가야 하는 것입니다.**[411]

그러므로 부르심을 받고 따라가는 자만이 예수 그리스도를 올바로 인식하고 믿게 되는 것입니다. 신앙에 이르는 길은 그리스도의 부름에 대한 순종 전체에 나타납니다. 따라오라는 요구에 따라감이 없이는 그의 부름은 빈 것입니다. 따라가지 않는 신앙은 모두 허위요 광신입니다. **그래서 본회퍼는 "믿는 자는 순종하고 순종하는 자는 믿는다."라고 말합니다.** 그러나 이 두 표현을 분리하여 이해하면 성서적 진실성에 치명상을 줄 것입니다. 왜냐하면 한편으로 "믿는 자는 순종한다."라고만 말하면 믿음과 순종 사이에 시간적 거리가 생겨 따라감이 없는 값싼 은혜가 될 수 있기 때문입니다. 다른 한편으로 "순종하는 자는 믿는다"라고만 말할 때에는 신인협력설의 가능성을 열어 놓기 때문입니다. 그렇다고 순종의 행위가 은혜를 통한 구원에서 배제되는 것은 아닙니다. 베드로가 물 위로 첫발을 내디딘 것처럼 믿기 전에 먼저 순종의 첫 출발이 필요하며 순종치 않는 자는 믿을 수 없기 때문입니다. **그러므로 "믿는 자는 순종한다." 이것은 신앙에서 이미 순종하는 자에게 한 말입니다. "순종하는 자는 믿는다." 이것은 순종함으로써 이미 믿는 자에게 한 말입니다.**[412] **그래서 믿음과 순종은 분리될 수 없는 것이기에, 순종은 은혜의 부름에 대한 믿고 따르는 자의 응답인 것입니다. 예수의 부름은 하나님 자신의 말씀이기에 단순한 순종을 요구합니다. 단순한 순종이 무시되면 예수의 부름인 비싼 은혜는 따라감이 없는 자기의인(自己義認)의 값싼 은혜로 변질됩니다.**[413]

그런데 예수 그리스도의 따라오라는 부름은 수난의 선포와 밀접하게 얽혀 있습니다(막8:31-38). 즉 예수를 따라가는 제자의 길은 그리스도와 함께 수난과 버림받음의 십자가와 죽음을 당해야 하는 것이며, 그래야만 제자가 된다는 것입니다. 이러한 수난에 동참하라는 요

---
411) 위의 책, 52-59.
412) 위의 책, 59-67.
413) 위의 책, 87.

구는 강제가 아니라 "아무든지 나를 따라오려거든"이란 말에서 보이듯이, 오히려 자신의 모든 가능성에도 불구하고 "만일 누가 원하면" 따라나서라는 것으로서 최후의 결단은 각자 자신이 내려야 하는 자발적인 것입니다. 예수는 고난의 길을 만류하는 베드로를 꾸짖으며 그를 따르는 제자들에게 **"아무든지 나를 따라오려거든 자기를 부인하고 자기 십자가를 지고 나를 좇아라!"**고 말씀하셨습니다. 그러나 여기서 자기 부정은 결코 자학적 행동이나 금욕적 훈련도 아니며 자살을 권하는 것도 물론 아닙니다. 자살 행위도 역시 인간의 고집입니다. **자아 부정은 자신이 아니라 그리스도만을 알라는 것이고, 즉 앞에 서서 가시는 예수님을 꼭 붙들라는 말입니다**.414) 그러므로 그리스도인은 이 지상의 과제와 곤란에서부터 영원으로 도피하는 것이 아니라 그리스도와 같이 이 지상의 생을 남김없이 다 맛보아야만 하고, 그렇게 함으로써 비로소 십자가에 달리셨고 부활하신 분이 그와 함께 하며, 그는 그리스도와 함께 십자가에 못 박히고 부활하는 것이기에 그때가 오기 전에 차안(이 세상)을 떠나서는 안 된다고 본회퍼는 말합니다.415) 그리고 **종교적 행위가 그리스도인을 만드는 것이 아니라, 이 세상의 생활 속에서 하나님의 고난에 동참하는 것이 그리스도인을 만들며 이것이 바로 회개라는 것입니다**. 그리스도는 그의 제자들을 메시아적 고난으로 부르며 신앙은 이 고난에 동참하는 것이라고 말함으로써, 세상 속에서 십자가를 지고 그리스도를 따라가는 것이 본회퍼의 후기 작품인 『저항과 복종: 옥중서간』에서도 이어집니다.416)

그리고 제자가 자기 십자가를 지는 것은 그리스도의 은혜로 말미암은 것입니다. 그러므로 십자가는 부자유나 어두운 숙명이 아닙니다. 오히려 예수 그리스도에게 매임으로써 생기는 고난이며 또한 우연한 고난이 아니라 필연적인 것입니다. 십자가는 본능적 생활 여건에 결부된 것이 아니라, **그리스도에게 매인 고난이라는 말입니다**. 십자가는 일반적인 고난이 아니라, 하나님의 영광을 위한 수난이요 구

---
414) 위의 책, 92-94.
415) 디트리히 본회퍼, 『저항과 복종: 옥중서간』, 637.
416) 위의 책, 683.

체적으로 버림을 받는 일입니다. 엄격히 말해서 십자가를 지는 일은 그리스도를 위하여 버림을 받는 것이지 어떤 기이한 행동이나 신앙고백을 위한 것이 아닙니다. 십자가는 그날그날의 괴로움이나 일상생활의 곤란과 공포가 아닙니다. **십자가의 생활은 그리스도를 위하여 늘 버림받는 존재가 되는 것이요 고난의 치욕을 받는 것을 말합니다. 성도들의 자기 십자가는 그리스도와 함께 당하는 고난이요 그리스도 자신의 고난입니다. 따라나섬의 순종은 그리스도와의 결합을 가능하게 하고, 이 결합은 자기 십자가의 생활을 가능하게 만듭니다.**[417]

그런데 자기 십자가는 스스로 찾아내어 어떤 어려움에 자처하는 것이 아니라 하나님이 각 사람이 걸머질 알맞은 십자가를 정하여 주시는 것입니다. 그러므로 십자가를 지지 않는 그리스도인은 없습니다. 누구나 반드시 체득하는 그리스도인의 첫 수난은 세상과의 관계를 끊고 예수 그리스도를 따라나서게 하는 부름입니다. 이것은 예수 그리스도와 맺은 새 관계에서 수행되는 옛 인간의 죽음을 말합니다. 그리스도를 따라나서면서 성도들은 예수의 죽음에 자신을 내어주어 그들의 옛 자아를 죽음에 이르게 하는 것입니다. 이것이 그리스도인의 시작(거듭남)입니다. 십자가는 경건하고 행복한 생애의 무서운 종말이 아닙니다. 십자가는 예수 그리스도와의 공동생활 시초에 이미 서 있는 것입니다. **그리스도의 부름은 예외 없이 부름 받은 자를 먼저 옛 자아의 죽음으로 인도합니다. 처음 제자들과 같이 집과 직업을 버리고 따라나섰던 루터처럼 수도원을 떠나 속세로 다시 돌아오던 한 번의 죽음, 예수 그리스도 안에서의 죽음, 예수의 부름에 의한 옛 사람의 죽음이 그리스도의 제자로 따라나서는 사람들을 기다리고 있는 것입니다.**[418] 그러나 이러한 죽음은 그리스도와 함께 다시 사는 생명으로 인도합니다.

또한 십자가를 지는 것은 그리스도가 우리의 죄를 대신 지고 용서하신 것처럼 형제의 죄와 허물을 지고 십자가의 힘으로 그를 용서

---

417) 디트리히 본회퍼, 『나를 따르라』, 94-95.
418) 위의 책, 95-96.

하는 것을 뜻합니다. "너희가 짐을 서로 지라 그리하여 그리스도의 법을 성취하라"(갈6:2)는 말씀은 그리스도께서 순종하는 제자를 죄를 사유하는 공동체로 부르시는 말씀입니다.[419] 루터는 옳은 교회의 표시(사도적인 교회)를 고난이라 통찰하고 아우구스부르크 신앙 고백서 초안에서 **교회를 "복음으로 인하여 쫓기는 순교자의 집단"**이라고 말하였습니다. 십자가를 지지 않고 사람들에게 자기 생명을 내어주지 않는 자는 그리스도와의 공동성을 잃을 것이며, 그는 이미 제자가 아닌 것입니다. 그러나 그리스도를 따라가서 십자가를 지고 생명을 잃는 자는 예수와 십자가를 같이 지면서 생명을 다시 얻을 것입니다. 그리스도를 따라나서지 않음은 그분을 부끄러워하는 일이요, 십자가를 수치로 아는 일입니다. 십자가의 거리낌이란 바로 이것입니다. 따름은 그리스도의 괴로움에 자신을 얽어매는 일입니다. **그러므로 그리스도인의 고난은 외로운 것이 아니라, 오히려 진정한 은혜요 기쁨입니다.** 순교는 고난의 절정에서 나타나는 그리스도의 현존이요 가치 있음에 대한 확신의 표현입니다. 즉, 순교는 주님의 고난을 당하는 가장 가혹한 고통 중에서 그분과 같이 있는 최고의 기쁨과 축복을 받는 것입니다. 십자가를 지는 것만이 고난의 유일한 극복이라는 것을 옛 순교자들은 알고 있었습니다. **예수님도 수난의 잔을 한 방울도 남김없이 마셨을 때, 그 잔은 비로소 그의 기도처럼 지나갔습니다. 주님으로부터 주어진 십자가를 지는 것만이 자기 십자가를 극복하는 유일한 길입니다.** 그러므로 교회는 그리스도를 따름으로써 세상의 고난을 지고 그리스도의 도움을 받으면서 그것을 극복합니다. 예수 그리스도의 교회는 십자가를 지고 예수를 따름으로 세상을 위해 대리적으로 하나님 앞에 서야만 합니다. **고난은 감당해야만 지나가기 때문입니다.** 또한 그리스도가 자신의 십자가를 지심으로 하나님과의 교제 속에 있었듯이, 그리스도의 제자는 우리의 죄를 짊어지시고 고난당하

---

419) 디트리히 본회퍼, 『신도의 공동생활』, 104-107에서도 본회퍼는 "서로 짐을 지는 섬김"이란 참고 용납하는 것이며, "말없이" 서로서로를 위해서 대신 기도하는 중에 서로 용서하는 봉사가 사귐의 공동체 안에서 이루어진다고 말함으로써, 그리스도의 제자들이 그리스도 안에 있는 공동체적 사귐에로 불리어져 섬김의 훈련에로 나아감을 보여준다.

신 그리스도와 함께 자기 십자가를 짐으로써 **그리스도와 함께 사귐을 나누며 그리스도 자신을 발견합니다.**[420]

이러한 고난의 십자가에로의 부름은 예수를 통해서 예수의 동시대인들에게 일어났습니다. **나를 따르라는 예수의 부름은 오늘날에도 성서의 말씀과 강단에서 선포되는 말씀을 통해서 일어나고 있습니다.** 이러한 부름은 사람을 개별적으로 부르지만, 그를 따르는 사람은 어느 누구도 개별적으로 머물러 있지는 않습니다. 산상설교는 이러한 사상을 자세하게 설명해 주고 있습니다. 즉, 나를 따르라는 그리스도의 부름은 그를 따르는 사람들을 어디로 인도하고 있는가? 더 나아가 예수를 따르는 사람은 어떠한 결단을 하고 어떠한 사람들과 결별해야 하는가? 라는 문제에 대해서 산상설교는 대답해 줍니다.[421]

즉, 그리스도의 부름을 받은 사람과 그의 자연적 생활 여건 사이에는 생명 자체요 복음 자체이신 그리스도 자신만이 끼어들게 됩니다. 그리스도께서 부름을 받은 자와 세상 사이에 서 있어 그는 다시 세상에 돌아가지 못합니다. 그리스도는 주어진 것과의 모든 직접 관계를 제자들에게서 끊어놓는다는 점에서 참으로 그리스도는 중보자이십니다. **이처럼 세상은 중보자 그리스도에 의해서 부정됩니다. 모든 것이 그리스도를 통하여서만 일어나야 합니다. 그리스도는 나와 하나님 사이에만 서 있는 것이 아니라 나와 세상, 나와 타인들, 나와 사물들 사이에 서 있습니다.** 그리스도는 나와 하나님 사이에만 중보자가 아니라 사람과 사람, 사람과 현실 사이의 중보자이시기도 합니다. 그래서 그리스도께서 오신 이래로 그것이 하나님과의 관계이든 세상과의 관계이든 그리스도 없는 인간만의 독자적 직접 관계는 있을 수 없습니다. 세상이 여러 매개물로 인간과 직접 관계를 맺고자 한다면, 이것은 그리스도의 중보성에 맞서는 적대함이 되는 것입니다.[422] 이

---

420) 디트리히 본회퍼, 『나를 따르라』, 97-101.
421) H. Dembowski, *Karl Barth, Rudolf Bultmann, Dietrich Bonhoeffer - Eine Einführung in ihr Lebenswerk und ihre Bedeutung für die gegenwärtige Theologe*, 양화자·임태수 공역, 『변증법적 신학의 이해: 바르트·불트만·본회퍼』 (천안: 한국신학연구소, 1995), 108.
422) 디트리히 본회퍼, 『나를 따르라』, 102-105.

러한 그리스도의 중보성이 그리스도인으로 하여금 그리스도를 통하여 그분 안에 있는 공동체적인 교제로 나아가게 하고, 또한 그리스도의 현실 안에 있는 공간적이고 시간적인 세상을 신앙의 무대로 설정하게 됩니다. 다시 말하면 유일한 중보자 예수 그리스도는 하나님과 죄악에 물든 세상 사이에 서서 그 세상에 대한 하나님의 화해를 전하기도 하지만, 죄로 물든 세상과 성도 사이에 서서 그 세상으로부터 성도들을 분리시킵니다. **다시 말해서, 그리스도의 중보성은 그를 따르는 제자와 다른 모든 것을 분리하여 단절시키는 사랑이고, 동시에 교회공동체 안에서 성도들 사이에 서서 서로 교제를 나누게 하는 사랑이며, 성도와 세상 사이에 서서 성도가 타인과 원수들을 사랑할 수 있게 하는 사랑입니다.**

그러므로 『나를 따르라』에서 부정되는 세상을 이해하기 위해서는 세상에 대한 변증법적인 이해가 필요합니다. 즉, 하나님의 피조세계로서의 세상 자체가 부정되고 버려지는 것은 아닙니다. 여기서도 하나님은 결코 세상을 버리거나 떠나지 않습니다. 그러나 하나님과 세상은 적대적인 관계 속에 있습니다. 악에 사로잡힌 세상, 히틀러로 대변되는 악의 세력이 지배하는 세상에 대해서 그리스도와 교회는 비타협적으로 싸웁니다. 하나님은 세상 안에 있으면서 세상과 싸웁니다. 이런 변증법적 이해가 전제될 때 『나를 따르라』에서 강조되는 세상과 그리스도의 이원론적 대결이 바르게 이해될 수 있고, 이전 시기의 신학 및 이후 시기의 신학과 연결될 수 있을 것입니다.[423] **속된 세상성은 이처럼 부정되지만 후기 신학에서 본회퍼는, 이 세상의 현실은 예수 그리스도를 통하여 하나님께서 사랑(부정의 부정을 통하여 긍정)하신 세상(요3:16), 즉 예수 그리스도 안에 있는 현실로 영입된 세상이기 때문에, 그리스도인들과 교회는 그 세상 한복판에 서서 십자가 위에서 생목숨을 버리신 그리스도처럼 타자를 위한 존재로서 살아가야만 한다고 역설합니다. 그럴 때 교회의 설교는 힘 있게 되고 그 권위를 인정받을 것이라고, 그는 『저항과 복종: 옥중서간』에서 말**

---

[423] 박재순, 『하나님 없이 하나님 앞에』(서울: 한울, 1994), 83-84.

합니다.

## 3. 결론

이제까지 살펴본 것처럼 『나를 따르라』를 중심으로 한 본회퍼의 부정의 영성은 **예수 그리스도 중심의 영성으로** 나타납니다. 부정의 영성은 그리스도의 산상수훈의 말씀을 통하여 본회퍼 자신의 세속적 욕망에 사로잡힌 자기 추구는 부정되고, 그의 생활은 그리스도를 위해서 사는 새로운 삶으로 전환되는 것을 말합니다. 그리고 부정의 영성은 당시 히틀러를 지지하는 "독일 그리스도인 연맹"이 신앙을 정치적 이데올로기로 전환하는 것을 부정하고, 그리스도를 따라감이 없는 변질된 복음이 되어 버린 값싼 은혜를 부정하며, 동시에 예수 그리스도를 따라감과 그에 대한 순종과 복종을 강조하는 귀중한 은혜를 천명합니다. 또한 부정의 영성은 그리스도를 따라감이 없고 십자가의 고난에 동참하지 않으며 값싼 은혜에 물들어버린 그리스도인들의 저속한 세상성의 현실을 부정하고, 세상 한 가운데서 그리스도와 함께 죽고 다시 사는 제자의 길을 전면에 등장시킵니다. **이처럼 본회퍼의 부정의 영성은 그리스도를 삶의 중심에 모시어 놓고 따라가는 제자됨의 대가를 치르는 영성으로서 세속적 욕망에 사로잡혀 그리스도를 따라감이 없는 세상성과의 분리와 그로부터의 대립을 상정합니다.**

그러면 오늘을 사는 우리에게 "나를 따르라"는 예수의 부름은 어디에서 들을 수 있는 것일까요? 그 부름이 들려오는 곳은 바로 교회의 설교와 성만찬을 통해서 가능하다고 본회퍼는 말합니다. **왜냐하면 삼위일체 하나님의 이름으로 선포되는 목회자의 설교와 그가 집전하는 성만찬에 예수 그리스도가 현존하시기 때문입니다.**[424] 그리고 그 부름을 듣고 예수 그리스도를 따라가면 어떻게 되는가요? **그것은 우리가 그리스도의 형상을 입고 하나님의 형상을 닮아간다는 결론에 이릅니다.** 그리스도가 우리와 같은 형상이 되었기에, 그 은혜에 기초하

---
424) 디트리히 본회퍼, 『나를 따르라』, 254-257.

여 우리도 그리스도의 형상을 닮아갈 수 있습니다. **그리스도를 단순하게 따르면 그리스도를 닮아가는 삶을 살고 단순하게 순종할 수 있습니다.** 그리스도를 따르는 자는 오직 그리스도만을 바라보아야 합니다. 성육신하시어 십자가의 고통을 남김없이 겪으시고 죽음에서 부활하신 영광스런 예수 그리스도의 형상을 지닌 자는 하나님을 닮아가라는 부름을 받습니다. **진정으로 예수를 따르는 사람의 결국은 예수 그리스도를 통하여 나타난 사랑의 하나님을 닮아가는 사람이 되는 것입니다.**425)

본회퍼의 죽음이 순교자적인 빛을 발하는 것은, 당시의 고난을 회피하지 않고 **예수 그리스도의 뒤를 따라 그 고난에 참여하는 제자의 영성을 지녔다는 것입니다.** 플로센뷔르크의 강제수용소에서 1945년 4월 9일 새벽에 본회퍼의 사형이 집행되었는데, 당시 현장을 목격했던 나치스의 친위대(Schutzstaffel) 소속 의사는 10년 후 자신의 소감을 다음과 같이 적었습니다.

"숙소의 반쯤 열린 문을 통해 본회퍼 목사가 보였다. 그는 **죄수복을 벗기 전에 무릎을 꿇고 자기 하나님에게 기도를 올리는데 푹 빠져 있었다.** 이상할 정도로 정이 가는 이 남자의 기도에서 드러난 신앙심과 하나님의 들으심에 대한 그의 확신에 감명을 받았다. **사형장에서도 그는 짧은 기도를 올린 다음 교수대 사다리를 용감하고도 침착하게 올라갔다. 몇 초 후에 죽음이 이어졌다.** 의사로 50년 가까이 지내면서 하나님을 이토록 철저히 믿으며 죽은 사람을 본적이 없다."426) 그리고 본회퍼는 "**이것이 끝이다, 하지만 내게는 생명의 시작이다.**"라는 자신의 마지막 말을 벨 주교에게 남겼다.427)

**예수 그리스도의 충성된 제자로서 그리스도의 뒤를 따라 걸어간**

---

425) 위의 책, 351-360.
426) 레나테 베트게·크리스티안 그레멜스, 『디트리히 본회퍼』, 219-222.
427) 위의 책.

생명의 끝에서 시작되는 새롭고도 영원한 생명을 주시는 하나님의 은총이 본회퍼에게서와 같이, 저와 모든 성도들 위에도 이제로부터 영원히 함께하시기를, 우리의 궁극적인 소망으로 부활하신 우리 주 예수 그리스도의 이름으로 간절히 축원하옵나이다. 아멘. 할렐루야!

# X. 위르겐 몰트만의 희망의 신학[428]

누가복음 24장 13-35절: "그 날에 그들 중 둘이 예루살렘에서 이십오 리 되는 엠마오라 하는 마을로 가면서, 이 모든 된 일을 서로 이야기하더라. 그들이 서로 이야기하며 문의할 때에 예수께서 가까이 이르러 그들과 동행하시나, **그들의 눈이 가리어져서 그인 줄 알아보지 못하거늘,** 예수께서 이르시되 너희가 길 가면서 서로 주고받고 하는 이야기가 무엇이냐 하시니 **두 사람이 슬픈 빛을 띠고 머물러 서더라.** 그 한 사람인 글로바라 하는 자가 대답하여 이르되 당신이 예루살렘에 체류하면서도 요즘 거기서 된 일을 혼자만 알지 못하느냐, 이르시되 무슨 일이냐 이르되 나사렛 예수의 일이니 그는 하나님과 모든 백성 앞에서 말과 일에 능하신 선지자이거늘, 우리 대제사장들과 관리들이 사형 판결에 넘겨주어 십자가에 못 박았느니라. 우리는 이 사람이 이스라엘을 속량할 자라고 바랐노라 이뿐 아니라 이 일이 일어난 지가 사흘째요, 또한 우리 중에 어떤 여자들이 우리로 놀라게 하였으니 이는 그들이 새벽에 무덤에 갔다가, 그의 시체는 보지 못하고 와서 그가 살아나셨다 하는 천사들의 나타남을 보았다 함이라. 또 우리와 함께 한 자 중에 두어 사람이 무덤에 가 과연 여자들이 말한 바와 같음을 보았으나 예수는 보지 못하였느니라 하거늘, **이르시되 미련하고 선지자들이 말한 모든 것을 마음에 더디 믿는 자들이여, 그리스도가 이런 고난을 받고 자기의 영광에 들어가야 할 것이 아니냐 하시고, 이에 모세와 모든 선지자의 글로 시작하여 모든 성경에 쓴 바 자기에 관한 것을 자세히 설명하시니라.** 그들이 가는 마을에 가까이 가매 예수는 더 가려 하는 것 같이 하시니, 그들이 강권하여 이르되 우리와 함께 유하사이다 때가 저물어가고 날이 이미 기울었나이다 하니 이에 그들과 함께 유하러 들어가시니라. 그들과 함께 음식 잡수실 때에 떡을 가지사 축사하시고 떼어 그들에게 주시니, **그들의 눈이 밝아져 그인 줄 알아보더니** 예수는 그들에게 보이지 아니하시는지라. 그들이 서로 말하되 **길에서 우리에게 말씀하시고 우리에게 성경을 풀어 주실 때에 우리 속에서 마음이 뜨겁지 아니하더냐** 하고, 곧 그 때로 일어나 예루살렘에 돌아가 보니 열한 제자 및 그들과 함께 한 자들이 모여 있어, 말하기를 **주께서 과연 살아나시고 시몬에게 보이셨다** 하는지라. 두 사람도 길에서 된 일과 예수께서 떡을 떼심으로 자기들에게 알려지신 것을 말하더라."

---

[428] 이 주제는, 김형근, 『상황과 신학』, 127-144에서 이미 취급한 것을 보완하여 수정한 것이다.

## 1. 삶의 사랑과 희망의 포기를 강요하는 현실

희망이라는 주제를 취급하여 1994년에 상영된 유명한 영화 "쇼생크 탈출"(The Shawshank Redemption)에서, 레드(모건 프리먼)는 교도소의 담장으로 둘러쳐진 한정된 공간 속에서 희망을 품는 것은, 현실을 힘들게 하는 위험한 일일뿐이라고 주인공 앤디 듀플레인(팀 로빈슨)에게 말합니다. 왜냐하면 절망적인 교도소 안에서 희망을 품는다는 것은, 절망이 지배하는 공간 안에서 삶을 이어가는데 도움이 되지 못하고, 희망을 품은 자를 미치게 만들거나 죽음에 이르게 하는 매우 위험한 것이기 때문입니다.

그러나 앤디는, 너무나 오랜 수감생활을 거쳐 출소한 후 자살한 부룩스나 절망하여 모든 것을 체념한 레드처럼 다른 세상에 적응하지 못할 정도로 교도소에 길들여지기보다는, 즉 그냥 편안하게 죽음을 기다리며 살기보다는 열심히 자유를 꿈꾸며 사는 희망적인 삶을 선택했습니다(Get busy living or get busy dying: 치열하게 살든지 죽기만을 기다리던가). 그래서 앤디는 더 나은 삶을 포기한 레드에게, **"기억해요 레드 희망은 좋은 거예요, 어쩌면 제일 좋은 것인지도 몰라요, 그리고 좋은 것은 절대 사라지지 않아요."**라고 희망을 심어줍니다. 이 영화가 던지는 메시지는, 바로 **"두려움은 너를 죄수로 가두고 희망은 너를 자유롭게 하리라."**는 것입니다.

쇼생크 교도소의 높고도 긴 담장처럼 우리가 살아가는 삶의 한정된 공간들도, 우리에게 절망의 현실 속에서 그냥 삶을 포기한 채로 희망 없이 살아갈 것을 강요합니다. 왜냐하면 희망을 품는 것은 절망적인 힘겨운 현실을 참고 기다리며 지탱할 수도 있게 만들고 희망의 도래를 맛볼 수도 있게 하지만, 그 반면에 무언가를 희망하기에 그 희망의 도래를 기다리면서 매우 고통스럽고 애가 타며, 게다가 희망이 점점 사라지는 현실 속에서 더욱더 깊은 절망의 탄식의 나락으로 떨어질 수도 있기 때문입니다. 우리를 둘러친 절망의 담장들 안에는, 우리로 하여금 꿈꾸고 희망하며 그 희망의 실현을 향하여 달려가는 모든 노력을 포기시키는 악마적인 사람들과 질병이 난무하고 허무가 지배하는 현실들이 비일비재합니다. 그래서 우리는 비전을 제시하고 그것을 실현하기 위하여 기도하며 고군분투하기보다는, 해보지도 않고 미리 체념하여 현재의 절망적인 상황을 변화시키는 희망의 도래에 대한 포기를 선언하면서 그것을 마음의 위안으로 삼고 체념한 채로 현실에 편승하여 보신주의로 일관한 삶을 살게 됩니다. 절망적인 현실들은 한마디로 희망을 포기한 채로 그냥 그렇게 그럭저럭 살다 가라고 강요합니다. 단테의 『신곡』에서 지옥의 문 입구에 새겨진 글귀처럼 절망적인 현실들은, "여기에 들어가는 자 모든 희망을 버릴지어다."라고 말합니다. 그러나 죽음을 이기시고 부활하신 예수 그리스도를 믿는 성도들은, 그렇게 살 수도 없고 그렇게 살아서도 안 됩니다. 희망이신 그리스도를 믿는 성도들은, 암울한 쇼생크 교도소 감방의 벽을 매일 조금씩 뚫어 탈출했던 앤디처럼, 절망의 벽을 조금씩 파고 들어가 암울한 현실을 희망으로 변혁시켜야만 합니다.

    삶의 현장 속에서 우리를 둘러싼 절망의 담장들은, 자기도 모르게 코로나19 바이러스에 감염되어 고열의 고통에 시달리다 죽음을 맞이하거나 암울한 시한부의 인생을 선고하는 불치병일 수도 있고, 평생 다니던 직장에서 실직한 상실감이나 아무리 노력해도 취업을 하지 못하는 좌절감일 수도 있고, 용서와 사랑으로 화해하지 못하고 증오를 일삼으며 분쟁을 부채질하는 인간관계들일 수도 있고, 불공평한 분배가 지속되는 경제현실이나 자유를 억압하는 불평등한 정치현실일 수도 있고, 자사의 이익만을 우선시하는 다국적기업들의 횡포와 약소국을 위협하는 지배적인 강대국의 군사력이나 오염되고 파괴된 생태계의 현실일 수도 있고, 일평생 민족의 통일을 갈망하다 그것을 보지 못하고 죽어가는 실향민들을 양산하는 분단의 현실이나 아무리 발버둥 쳐도 변하지 않는 자신과 상대방을 바라보면서 느끼는 절망적인 체념과 포기일수도 있습니다.

    이와 마찬가지로 누가복음 24장 13-24절에서, 예루살렘에서 십자가에 처형당한 예수를 목도하고 그분의 부활의 소문을 들었지만 부활하신 예수를 만나고도 눈이 가리어져 그분을 알아보지 못했던 엠마오로 내려가는 두 제자의 정서는, 자신들의 희망이었던 예수의 죽음으로 인하여 절망하여 "슬픈 빛을" 지닌 얼굴에서 잘 드러납니다. 그들은 나사렛 예수가 말과 일에 능한 선지자로서 "이스라엘을 속량할 자"라고 희망하며 그분을 따랐지만, 이제 그가 죽었기에 그 희망은 사라지고 체념하게 되었는데, 그것도 모르냐는 식으로 부활하신 예수님에게 자신들의 절망적인 심중을 토로합니다. 즉, 엠마오로 내려가는 두 제자는 부활하신 예수와 동행하면서도 그분을 알아보지 못하고 구약성서의 예언들을 믿지 못하였기에 체념하여 깊은 슬픔에 사로잡혀 있었습니다. 이처럼 불신앙은 절망을 불러오고, 그 절망은 부활하신 예수 그리스도를 알아보지 못하게 만드는 무서운 것입니다.

## 2. 절망을 극복하는 예수의 부활

그러나 슬픔에 잠겨 있는 두 제자에게 부활하신 예수님은, **"미련하고 선지자들이 말한 모든 것을 마음에 더디 믿는 자들이여, 그리스도가 이런 고난을 받고 자기의 영광에 들어가야 할 것이 아니냐?"**라고 그들의 믿음 없음을 책망하시며, **"모세와 모든 선지자의 글로 시작하여 모든 성경에 쓴 바 자기에 관한 것을 자세히 설명"**하시며 그들에게 소망을 심어주셨습니다. 마음이 뜨거워진 두 제자는 부활하신 예수님과 함께 식사할 때, 예수님이 떡을 가지고 축사하시고 떼어 그들에게 주자 그들의 눈이 밝아져 자신들과 동석한 분이 예수님인줄 알아보게 되었습니다. 부활하신 예수님에 대한 두 제자의 신앙의 인식의 문이 열리자 예수님은 사라져 보이지 않게 되고, 두 제자는 **"길에서 우리에게 말씀하시고 우리에게 성경을 풀어 주실 때에 우리 속에서 마음이 뜨겁지 아니하더냐?"**라고 말하며 부활하신 예수님을 진작 알아보지 못한 것을 무릎을 치며 탄식하였습니다. 예루살렘에서 엠마오로 내려 올 때 예수님이 부활했다는 소문만을 들었지만 이제 직접 부활하신 예수님을 만나 눈으로 보고 성경공부도 하고 식사도 같이 했다는 확신을 가진 두 제자는, 이 기쁜 소식을 전하려고 곧바로 예루살렘에 올라갔습니다. 그런데 그들은 거기서 제자들의 공동체로부터 **"주께서 과연 살아나시고 시몬에게 보이셨다!"**는 것을 다시 듣게 되었습니다. 그리고 거기에 가세하여 두 제자도, 엠마오로 가는 도상에서 있었던 일과 자신들과 함께 식사하시던 부활하신 예수님이 떡을 떼어 자기들에게 나누어주심으로 그분의 실체가 자신들에게 폭로되어 알려지신 것을 예루살렘 제자공동체에게 증언하였습니다.

이처럼 인간이 당하는 모든 절망을 극복하는 것은, 모든 것을 무(無)로 돌려 버리는 사망권세를 이기시고 부활하신 예수님이 승리하셨다는 역사적 사실에 있습니다. 그리고 이러한 예수부활과 그에 기초한 종말론적인 부활에 대한 약속을 믿는 믿음만이, 인간에게 드리워진 암울한 절망을 물리치고 기쁘게 하나님을 찬양하며 영생의 부활을 소망할 수 있게 해줍니다. 부활하신 예수님을 만날 당시에 우울했던 두 제자의 마음은, 그리스도의 수난과 죽음과 부활의 영광에 대한 성서의 말씀을 풀어 설명해주시는 예수님의 말씀을 듣고 마음이 뜨거워지고 예수부활에 대한 확신과 기쁨의 감격으로 가득차서 자신들이 떠나온 예루살렘으로 다시 달려가, "예수 부활하셨다!"라고 담대하게 외치게 되었습니다. 이와 같이 부활하신 예수님을 만나 그분의 말씀을 듣고 함께 식사하며 눈으로 보고 믿게 되는 것은, 절망을 희망으로 바꾸는 결정적인 사건입니다. 두 제자들은 부활하신 예수님을 보고 그분으로부터 듣고 그분과 함께 식사하다가 눈이 밝아져 믿었지만, 작금에 이르러 부활하신 그리스도의 영이신 성령의 역사에 의하여 전파되는 말씀을 듣고 부활하신 예수를 보지 않고도 믿는 것은 더욱 귀한 것이고, 두 제자의 경우와 마찬가지로 절망에 빠진 성도들로 하여금 소망을 품고 현실을 변혁하게 만들고 결국 그들을 희망이 가득 찬 하나님의 나라로 인도하여 주는 놀라운 능력입니다.

## 3. 절망을 경험하고 희망의 하나님을 노래한 신학자
### 3.1. 몰트만의 생애
#### 3.1.1 어린 시절

위르겐 몰트만(Jürgen Moltmann, 1926, 04. 08~)은, 함부르크에서 교사로서 진지한 삶을 영위하던 아버지와 낙천적인 성격의 어머니 사이에서 3남 2녀 중 둘째로 태어났습니다. 몰트만의 할아버지는 박사학위 소지자였고 교사로서 사립학교를 세운 분이기도 하였지만 포이어바흐의 영향을 받아 하나님에 대한 신앙을 버린 분이었습니다. 몰트만의 손위의 형 하르트비히(Hartwig)는 뇌막염과 폐렴증 때문에 오래 살지 못하였습니다. **몰트만의 아버지가 1939년 군에 입대하였기에, 13살의 몰트만은 아버지가 하던 집안일을 도맡아 하며 청소년기를 어머니와 함께 보내며 점점 성숙해 갔습니다.**[429]

초등학생 시절 몰트만은 미숙했고 12살에는 성적이 꼴찌에 이르기도 하였으며 그 때문에 아버지에게 "네가 할 수 있는 것을 왜 안 하냐?"라고 혼이 나곤 하였습니다. 그러나 쉬베린(Schwerin)의 할머니는 몰트만을 믿고 격려하여 주었기에, 그곳에서의 생활을 어린 시절의 행복했던 낙원이라고 그는 말합니다. **할머니의 칭찬을 받은 몰트만의 학교 성적은 점점 회복되었고, 그의 관심은 수학과 물리학과 화학의 분야로 기울어져 갔습니다.** 15살이 되었을 때 몰트만은 서정시와 그림을 즐기기도 하였습니다.[430]

그리고 몰트만의 어린 시절은 학교수업 이외에도 국가 소년단, 기병대 히틀러 소년단과 견진성사에 영향을 받았습니다. 몰트만은 소년단에는 잘 적응하지 못하였지만 거기서 부르는 군가(나의 조국아, 너의 아들들은 위험에 처한 네 주위로 모인다.)에서 종교적인 감정을 느끼기도 하였습니다. **그 당시 몰트만은 집단적인 생활보다는 혼자**

---
429) 위르겐 몰트만, *Weiter Raum*, 이신건·이석규·박영식 옮김, 『몰트만 자서전』(서울: 대한기독교서회, 2011), 19-23.
430) 위의 책, 24-28.

**있기를 좋아하였습니다.** 교회가 없는 마을에 살던 몰트만은 일 년에 한번 학교강당에서 성탄전야 예배를 드렸고, 루터교 목사 한젠 페터젠(Hansen Petersen)에게 견진성사를 위한 교육을 받았으며, 1940년에 견진성사를 받고 성인이 되었습니다. 몰트만은 나중에 주기도문을 회중이 암송하지 않고 성가대로 하여금 이를 대신하여 찬송하게 하는 페테젠 목사님에게 염증을 느껴 1949년 괴팅겐의 개혁교회에 출석하게 되었습니다.431)

### 3.1.2 전쟁포로(1945-1948)

**2차 세계대전 중이던 1943년 2월에 몰트만의 학급은 징집되어 공군지원군이 되었고, 그는 함부르크의 고사포 부대에서 고사포 조준기에 배치되었습니다.** 그해 7월에 한 주간의 휴가를 마치고 몰트만이 자대로 귀대하였을 때, 7월 24일에 영국은 4만이 넘는 인명살상을 벌인 "고모라 작전"을 9일 동안 개시하면서 1000대 이상의 비행기들을 동원하여 함부르크에 폭탄과 소이탄 세례를 마구 퍼부었습니다. 그리하여 그 도시의 건물들은 파괴되고 불탔으며, 몰트만이 보직을 맡은 고사포 조준기에도 폭탄이 떨어져 그의 동료가 갈가리 찢기는 와중에도 그는 몇 개의 파편들을 맞았으나 기적적으로 살아남았습니다. 주변 동료들의 전멸을 경험하면서 몰트만은, 하나님을 향해 부르짖으며 자신의 생명을 하나님께 맡겼으며, 그 후로 몰트만은 죽은 자와 같았으며 그 자신에게 주어지는 매일의 생명을 하나님의 새로운 선물로 받아들였습니다. **그리고 몰트만은 "나의 하나님, 당신은 어디에 계십니까? 동료들과 함께 죽지 않고 살아남은 나의 삶의 의미는 무엇입니까?"라고 하나님께 질문하였고, 밤마다 하나님을 찾고 그분과 씨름하였습니다.**432)

이러한 참변 이후에도 군복무를 계속하던 몰트만은, 여러 격전지

---

431) 위의 책, 29-31.
432) 위의 책, 32-36.

들을 전전하다가 결국 영국군의 포로가 되었습니다. **연합군의 전쟁포로가 된 몰트만은 1945년 2월 15일 포로수용소로 보내졌습니다.** 이제 몰트만은 전장의 공포가 가져다주는 죽음의 지옥에서 벗어났지만, 희망을 잃어버리게 만드는 절망적인 철조망에 갇혔습니다. 몰트만은 독일과 벨기에의 포로수용소들을 거쳐 1945년 8월 영국의 포로수용소로 이감되어 3년을 보내는 동안에 빛나는 하나님을 믿는 신앙을 가지게 되었습니다. 몰트만이 느끼는 포로의 굴욕감과 수치심으로부터 그를 해방시킨 것은 스코틀랜드 노동자들의 친절함과 군목이 전해준 성서였습니다. **성서는 절망감에 사로잡힌 그에게 희망의 빛을 비추어 주었습니다. 부르짖는 기도를 들어달라는 탄식이 담긴 시편 39편과 마가복음의 수난이야기에 등장하는 버림받은 예수로부터 몰트만은 많은 위로를 받았습니다.** 그 이후로부터 몰트만은 버림받은 자들을 찾아오시는 버림받았던 예수님과 동행하며 그분과 지속적으로 사귐을 나누었고 그분의 뒤를 따라가려고 노력하고 매순간 결단하였습니다. 세상의 흐르는 시간과 생활로부터 격리된 몰트만은, 포틀랜드 듀크(Portland Duke)공원 안에 자리 잡은 전쟁포로들을 위한 교육시설 노튼 캠프(Norton Camp)에서 다양한 책들과 신학서적들(니그렌의 『에로스와 아가페』, 본회퍼의 『나를 따르라』, 니부어의 『인간의 본성과 운명』)을 읽었고, 아비투어 과정에 입학하여 교육학부와 신학부에서 강의를 들으며, 1947년 목사가 되기로 결심하게 됩니다. 몰트만은 전쟁의 광기에 상처받은 영혼으로 포로수용소에 갔지만, 그곳에 찾아오신 예수 안에서 치유 받은 영혼으로 거기를 떠나 1948년 4월에 독일의 고향집으로 돌아왔습니다. 포로가 되었던 해로부터 50년이 지나서 1995년에 노튼 캠프를 다시 방문한 몰트만은, 그곳에서 설교하며 시편 30편 11-12절로 자신의 설교를 마무리하였습니다. "**주께서 나의 슬픔이 변하여 내게 춤이 되게 하시며 나의 베옷을 벗기고 기쁨으로 띠 띠우셨나이다. 이는 잠잠하지 아니하고 내 영광으로 주를 찬송하게 하심이니 여호와 나의 하나님이여 내가 주께 영원히 감사하리이다.**"[433)]

### 3.1.3 신학수업(1948-1952)과 바서호스트 목회(1953-1958)

　　포로수용소에서 집으로 돌아온 몰트만은 1948년 10월에 괴팅겐대학교로 가서 본격적으로 신학을 공부하게 되었습니다. 그곳에서 몰트만은 게르하르트 폰 라드(Gerhard von Rad, 1901~1971)에게 창세기를, 에른스트 볼프(Ernst Wolf, 1902~1971)에게 교회사와 변증교부들을, 귄터 보른캄(Günter Bornkamm, 1905~1990)의 공관복음과 요아킴 예레미야스(Joachim Jeremias, 1900~1979)의 역사적 예수를, 한스 요아킴 이반트(Hans Joachim Iwand, 1899~1960)에게 루터신학을, 프리드리히 고가르텐(Friedrich Gogarten, 1887~1967)에게 설교학 실습을 공부했습니다. **특히 온 인격을 걸고 열정적으로 루터신학을 가르치는 이반트 교수에게서 몰트만은 처음으로 신학의 맛을 보았고, 그의 제자가 되어 키에르케고르의 역설과 루터의 숨어계신 하나님에 대해 논문을 쓰기도 했습니다.** 그 당시 이반트가 가르친 루터의 십자가신학과 칭의론이 나중에 몰트만으로 하여금 1972년에 『십자가에 달리신 하나님』(*Der gekreuzigte Gott*)이란 책을 쓰게 만들었습니다.434)

　　계속해서 신학을 공부하던 몰트만은, 자신의 사랑하는 여자 친구 엘리자베트 벤델(Elizabeth Wendel)의 박사학위 논문 지도교수인 오토 베버(Otto Weber, 1902~1966)로부터 17세기 수정된 칼뱅주의자로서 예정론에서 가정적 만인구원론을 주장한 모이제 아미라우트(Moyse Amyraut, 라틴어로 아미랄두스 Amyraldus, 1596~1664)를 박사학위 논문의 주제로 연구할 것을 제안 받았습니다. 벤델은 1951년 7월에 박사학위를 받았고, **몰트만은 1952년 2월에 우수한 성적으로 박사학위를 받았으며, 그리고 그해 3월 17일에 벤델과 스위스 바젤에서 결혼하였습니다.**435)

　　그 후에 몰트만 부부는, 목사후보생(Vikar)으로서 베스트팔렌 교

---

433) 위의 책, 37-60.
434) 위의 책, 61-67.
435) 위의 책, 70-82.

회로부터 아주 시골구석인 비트겐슈타인(Wittgenstein)의 에른테브뤽(Erndtebrück)으로 보내져 교육활동을 하였고, 1953년 봄에 부퍼탈의 엘버펠트(Wuppertal-Elberfeld)에 있는 개혁교회 목사후보생 교육기관에 들어가 실천신학을 배웠습니다. 거기서 목사후보생 교육을 마친 몰트만 부부는, **1953년 여름에 스승 오토 베버의 소개로 브레멘의 바서호스트(Bremen-Wasserhorst)의 목사직과 교육대학의 교육직책을 맡아 열악한 환경을 지닌 농촌마을 블록란트(Blockland)에서 목회하게 되었습니다.** 여기서 몰트만의 설교는 대학의 학문적인 신학에 기초한 것이 아니라, 본문주석과 가족과 이웃과 직장 속에 있는 인간의 공동체에 대한 경험 사이에서 우러나와 선포되었습니다. 이렇게 현장에서 힘들게 목회를 이어가던 중에 마을 공동체의 일원으로 받아들여진 몰트만은, 1954년에 이르러 자신이 목회하는 교회의 장로 2명이 참석한 아우리히(Aurich) 내의 헤렌부뤽(Herrenbrück)에서 개혁교회의 감독으로부터 목사 안수를 받았습니다. **이어지는 분주한 목회일정 속에서도 몰트만은 오토 베버의 제안을 받아 멜란히톤의 제자였지만 칼뱅주의적인 성향을 지녔던 "크리스토프 페첼과 브레멘의 칼뱅주의"(Christoph Pezel und Calvinismus in Bremen)라는 역사 논문을 써서 1957년 2월 27일 괴팅겐대학교에서 교수자격을 취득하였습니다.** 그리고 1956년에 몰트만은, 사도직의 신학과 출애굽과 하나님 나라의 신학을 강조하던 네덜란드 우트레히트(Utrecht)의 개혁신학자 아놀드 반 룰러(Arnold van Ruller, 1908~1970)와의 만남을 통하여 현대신학으로 다시 관심을 돌리게 되었습니다. 룰러에게 영향을 받은 몰트만은 칼 바르트가 아직 충분하게 말하지 않은 하나님의 나라와 이 땅위에 건설될 하나님의 공의를 위한 종말론적인 희망을 향해 전진하게 되었습니다. 이러한 신학정신의 영향 아래에서 몰트만은 1964년 『희망의 신학』이라는 명저를 발표하게 되었습니다. 교수자격을 취득한 몰트만은 목회를 계속하면서 괴팅겐대학교에서 강의를 하기도 하였습니다. **그러던 중 몰트만은 1958년 1월에 부퍼탈 신학대학(Kirchliche Hochschule Wuppertal)으로부터 교수로 초빙**

을 받았고 강의할 자유를 부여받았으며 하나님 나라에 대하여 강의하기로 자신의 신학노선을 정하였습니다.[436]

### 3.1.4 교수로서의 활동(1958-1994)

1958년부터 1963년까지 몰트만은, 부퍼탈 신학대학에서 교수생활을 하면서 1961년에 에른스트 블로흐(Ernst Bloch, 1885~1977)를 만나 깊은 대화를 나누었습니다. 또한 그 당시 몰트만은 공적인 신학과 교회일치 운동에 관심을 두고 활동했습니다. 그 이후에 1963년부터 1967년까지 몰트만은, 본대학교로 옮겨가 교수 생활을 하면서 여러 대학들에서 강연도 많이 하였고 박사과정 제자들을 받아 지도하기도 하였습니다. **여기서 거둔 확실한 열매는 몰트만이 블로흐의 앞을 향해 돌진하는 『희망의 원리』에 영향을 받아 그것을 발전시켜 1964년에 출애굽과 성서의 메시아사상에 나타난 『희망의 신학』을 집필한 것입니다.**[437]

그 다음에 몰트만은 1967년부터 1994년까지 튀빙겐대학교로 옮겨가 조직신학을 가르쳤습니다. 여기서 몰트만은 정치신학을 전개하였고, 강연을 위해 전 세계를 여행하였으며 한국에도 여러 차례 다녀갔습니다. **성숙기에 접어든 몰트만의 신학은 새로운 삼위일체론적 사고에 기초하여 1972년에 하나님의 고난가능성을 다룬 『십자가에 달리신 하나님』과 1975년에 다가오는 하나님의 나라를 기다리고 희망하는 메시아적 백성들을 생성시키고 이끄시는 성령의 다양한 활동을 취급한 『성령의 능력 안에 있는 교회』를 집필하였고, 더 나아가 1985년에 영국의 에딘버러 기포드 강연에서 행한 『창조 안에 계신 하나님』에서와 같이 생태학적 창조론에도 관심을 기울였습니다.** 몰트만은 앞서 해오던 교회일치 운동의 지평을 지속적으로 확대해 나갔으며, 후기에 가서 그는 새로운 생명 신학을 전개하며 그리스도론에서

---

436) 위의 책, 84-102.
437) 위의 책, 103-140.

성령론으로 전환하여 오순절 운동에도 깊은 주의를 기울였습니다.[438]

현행법 이전에 문화부와 계약한 몰트만은, 65세를 넘어 68세가 된 1994년에 은퇴하여 튀빙겐대학교의 명예교수로 활동하였고,[439] 2026년에는 100세의 노년에 이르게 될 것입니다. **몰트만은 칼 바르트 이후에 개혁교회를 대표하는 세계적인 조직신학자로 명성을 떨쳤습니다. 몰트만은 이 세계 안에서 일어난 정치와 경제와 문화의 여러 가지 상황들의 문제들에 신학적으로 응답하기 위하여 종교개혁 신학의 전통을 재해석하여 조직신학의 각론들인 종말론, 삼위일체론, 교회론, 그리스도론, 성령론, 창조론, 구원론 등을 재정립한 신학자였습니다.** 더 나아가 몰트만은 생명과 생태 윤리, 의료와 평화 윤리가 직면한 논쟁적인 문제들을 성서신학적인 차원에서 취급하고 해결방안을 제시하기도 하였습니다. 몰트만은 자신의 많은 명저들로 인하여 다수의 상들을 받았고, 그의 저술들은 그에게서 박사학위 논문을 지도받은 많은 제자들(한국에만도 직전제자는 8명: 김균진, 김명용, 박종화, 배경식, 이신건, 유석성, 김도훈, 곽미숙)을 통하여 다양한 언어들로 번역되어 널리 알려지게 되었습니다.[440] 다양한 신학전통을 종합한 몰트만의 신학적 영향력과 열정적인 교회일치운동의 영역은 개신교회를 넘어 로마 가톨릭교회와 동방 정교회에까지 이르고 있습니다.[441]

## 3.2 희망의 신학

예수 그리스도의 부활이 참된 희망의 근거라고 외친 몰트만에 따르면, 성도들의 믿음의 근거가 되는 하나님이 바로 희망이기에, 그 **하나님이 없이 인간 역사의 진정한 희망은 있을 수가 없습니다.** 이런 점에서 하나님은, 이스라엘 백성들을 이집트로부터 해방하시고 예수 그리스도를 죽음으로부터 다시 살리신 희망의 하나님이시며, 이런 부

---

438) 위의 책, 211-497.
439) 위의 책, 499.
440) 네이버 지식백과의 위르겐 몰트만.
441) 네이버 위키백과의 위르겐 몰트만.

활의 영이신 생명의 하나님이야말로 고난의 역사 속에서 활동하고 저항하는 희망 그 자체로서 메시아 대망사상과 묵시문학의 근거와 출발점이 되십니다.442)

그리고 성도들이 신앙하는 하나님은, 세계 안에 내재하는 하나님이나 세계를 초월하는 하나님이라기보다는 출애굽의 역사와 예언자들을 통해 알려진 희망의 하나님이시고 미래를 그 존재의 속성으로 가지신 분이시며, 또한 인간의 내면 안에 내재하여 함몰되거나 인간을 초월하여 인간과의 관계성을 상실한 분이라기보다는 인간에 앞선 미래에 존재하시는 하나님이십니다. 그래서 미래로부터 현재로 오시는 하나님은 자기 자신의 미래의 약속 가운데서 인간을 만나시기에, 인간은 하나님을 소유할 수 없고 오직 현재의 생활 가운데서 그 하나님을 희망하며 기다릴 수 있을 뿐이라는 것입니다. **하지만 성도들이 믿음 가운데 기다리는 희망의 도래는, 단순한 기다림으로 끝나지 않고 성도들의 앞선 미래로부터 성도들의 현재로 돌파하여 들어오시는 희망의 하나님에 의해서 그리스도의 부활을 통하여 성취되고, 그 희망의 성취 속에서 성도들은 하나님의 임재와 능력을 체험합니다**. 즉, 그리스도교적인 종말론의 미래적인 근거는 역사 속에서 부활하신 예수 그리스도에게 있고 동시에 하나님 나라의 미래적인 희망은 그의 부활을 통하여 선취되어 있기에, 그리스도는 그를 믿는 성도들의 영광의 소망이 되십니다(골1:17). 그러므로 예수 그리스도의 부활을 따라 영생부활의 소망을 믿고 희망하며 기다리는 성도들에게 임할 종말론적인 소망은, 미래의 시점에만 머물러 있어 시간이 순차적으로 흘러가야 체험할 수 있는 것이기도 하지만, 그 소망이 현재로 난입하여 지루하게 반복되는 절망적인 현실들을 깨뜨리며 변혁하는 원동력으로 작용한다는 것입니다.443)

**따라서 죽음으로부터 예수 그리스도를 부활시킨 희망의 하나님을 믿지 않고 절망하는 것은, 하나님을 미리 단정 짓는 것이기에 불신앙**

---

442) 위르겐 몰트만, *Theologie der Hoffnung*, 이신건 옮김, 『희망의 신학: 그리스도교적 종말론의 근거와 의미에 대한 연구』 (서울: 대한기독교서회, 2002), 7.
443) 위의 책, 22-24.

**이며 죄라는 것입니다**. 이런 점에서 인간을 멸망에 빠뜨리는 것은 하나님을 믿지 않고 절망하는 것이라고 말할 수 있습니다. 왜냐하면 인간의 모든 희망을 좌절시키는 절망이 십자가에서 죽음을 당하신 예수 그리스도의 부활을 통하여 이미 산산조각이 났기 때문입니다. 참된 희망이신 그리스도의 부활을 믿는 성도는, 그분 안에 있는 희망을 확신하게 되고 인내하며 열정을 품고 현실의 절망들을 물리치고 하나님의 위대한 역사를 생활 속에서 일으키는 하나님의 일꾼으로 부름 받습니다. 하나님은 자신을 신뢰하고 희망하는 사람을 역사의 현장으로부터 떠나 피안의 세계로 인도하기보다는 세상 한가운데서 하나님 나라를 확장시키는 사역자로 쓰십니다. **하나님을 희망하고 기도하며 현실을 변혁시키려고 애쓰는 성도에게 그리스도의 부활은, 고난당하고 죽어야 하는 그들에게 주어진 하나님의 위로이며, 고난과 죽음이나 억압과 굴종에 대항하게 만들고, 사탄과 그를 추종하는 무리들의 사악함에 맞서는 하나님의 저항이기도 합니다**. 그러기에 그리스도의 부활 속에 있는 희망은 비현실적이고 불확실한 것이 아니라, 인간의 궁극적인 문제인 죽음을 생명으로 바꾸는 너무나도 현실적이고 확실한 것입니다. 왜냐하면 죽음으로부터 그리스도를 부활시킨 희망의 하나님은, 그의 부활을 통하여 만물을 새롭게 하시는 하나님이시기 때문입니다.[444]

그럼에도 불구하고 예수 그리스도의 부활이 제공하는 희망을 거부하게 만드는 최대의 적은, 현실을 그럴 수도 있다고 용인하고 거기에 안착하려는 종교들과 해 아래 새로운 것이 있을 수가 없다는 냉소주의라고 몰트만은 지적합니다. **그러나 부활하신 그리스도가 주는 희망은 절망적인 현실을 희망의 현실로 변혁하도록 성도들을 부르고, 그것을 위하여 성도들은 그리스도로부터 창조적인 힘을 공급받습니다**. 그리스도를 믿는 신앙 안에서 성도들이 품는 희망은 온 세상을 하나님의 나라로 만들어 가는 희망입니다. 왜냐하면 예수 그리스도를 사랑하고 그분의 부활을 믿는 신앙이 가져오는 희망은 절망적인 현실

---
[444] 위의 책, 26-33.

을 변혁하고 그것을 위한 열정적인 사랑을 공급하는 다함이 없는 원천이기 때문입니다. 이런 신앙이 지닌 희망은 인간과 땅을 새롭게 사랑하도록 자극하고, 약속된 그리스도의 미래의 빛 속에서 새롭게 시작할 수 있는 가능성을 생산하며, 그 약속은 결국 도래하는 것이기에 최상의 가능성을 창조합니다. 또한 그 신앙의 희망은 자신을 새롭게 함으로 낡은 것을 버리고 새로운 것을 소망하면서 가능한 것을 향한 열정적인 사랑과 헌신을 불러일으킵니다.[445] **그러므로 교회의 임무는, 그리스도의 부활이 가져다주는 새로운 미래적인 지평을 상실하여 절망 속에서 신음하는 세계에 희망을 선포하고, 코로나19 바이러스보다 더 강력하게 그 희망으로 세계를 전염시켜 변혁하는 것입니다**.[446]

『희망의 신학』에서 몰트만은 예수 그리스도의 부활이 가져다주는 희망이 절망적인 세계를 하나님의 나라로 만들어가는 무진장한 원동력이라고 노래하였다면, **그것의 연장선상인 『십자가에 달린 하나님』에서는 하나님께서 예수 그리스도의 역사적 고난을 통하여 온 세계의 구원을 위한 영원한 하나님의 고난과 그 세계가 하나님의 나라로 새롭게 창조되도록 역사하는 자기희생적인 사랑의 본성을 계시하셨다고 말합니다**. 다시 말해서, 예수 그리스도의 십자가 사건을 통하여 정의를 넘어 사랑과 용서를 실천하시는 하나님의 사랑의 본성이 나타났는데, 성부의 사랑은 아들을 십자가에 못 박는 고난의 사랑이고, 성자의 사랑은 성부에 의하여 십자가에 못 박히는 고통의 사랑이며, 성령의 사랑은 어떠한 고난과 죽음에도 정복당하지 않는 고난의 십자가의 능력입니다. 그러므로 삼위일체 하나님의 사랑은, 인간의 고난과 피조물의 탄식에 연대하는 고난의 사랑이며, 나아가 성령의 능력으로 고난과 죽음을 극복하고 부활하는 승리의 사랑이고, 또한 그 사랑을 믿고 따르는 성도들이 현실 속에서 고난을 극복할 수 있도록 희망과 사랑의 능력을 공급하는 사랑입니다. **따라서 예수 그리스도의 십자가의 고난은 삼위일체 하나님의 고난당하는 사랑의 심장을 계시하는 사**

---

445) 위의 책, 33-43.
446) 위의 책, 352-363

**건이라는 것입니다**. 즉, 삼위일체 하나님의 사랑의 고난은, 하나님 편에서 성부의 고통이고 성자의 죽음이며 성령의 탄식으로서 삼위 하나님의 일체성을 드러내는 것으로 나타납니다. 성서에 나타난 삼위일체 하나님은, 철학에서 말하는 무감동한 형이상학적인 원리(일자, 제일원인, 부동의 동자)가 아니라, 자신의 사랑의 본성으로부터 흘러넘쳐 인간과 세계의 구원을 위하여 자발적으로 자신을 타자에게 개방하는 열정적인 사랑의 고난을 당하시는 하나님이십니다. 그래서 성자는 고난의 쓴잔을 마시게 하려는 아버지의 뜻을 받들기 위하여 버림받아 십자가 위에서 죽음의 고난을 겪으시고, 성부는 자신이 버린 성자의 죽음을 바라보면서 고난을 겪으시며, 생명의 부활을 일으키시는 성령은 성자의 죽음 속에서 탄식하십니다.447) 이것이 바로 질병을 건강으로, 죽음을 생명으로, 실패를 성공으로, 패배를 승리로, 절망을 희망으로 전환시키는 삼위일체 하나님의 창조적인 사랑의 고난이고, 그 고난은 단지 고난으로만 끝나지 않고 생명을 살리는 성령의 역사를 통하여 부활의 승리를 잉태한 고난입니다.

이러한 통찰들은 몰트만이 자신의 시대의 고난에 참여함으로써 예수 그리스도의 수난이 지닌 이중적인 비밀들을 발견하는 것으로부터 얻어진 것입니다. **그것들은 예수님의 고난 속에서 열정적으로 사랑하시는 하나님의 고난과 십자가에 달려 죽음의 고통으로 일그러진 예수님의 얼굴에 계시된 삼위일체 하나님의 마음이었습니다.** 몰트만이 발견한 하나님의 신성의 깊이는, 추상적이고 사변적인 차원을 넘어 골고다 언덕의 예수 그리스도의 십자가의 고난을 통해서만 온전하게 드러난 것이었습니다. 그러므로 몰트만에 따르면, 그리스도교 신앙이 현대적일 때에 세상 속으로 들어가는 것이 아니라, 오히려 그것은 예수님의 십자가의 거룩한 세속성에서 생겨나고(요3:16) 성도들로 하여금 당면한 현재의 십자가를 걸머지도록 만들 때에 세상과 연대하는 것이 된다는 것입니다. 따라서 그리스도인이 사회적인 혁명에 참여한다고 해서 그의 신앙이 혁신적인 신앙이 되는 것이 아니고, 삼위

---

447) 신옥수, 『몰트만 신학 새롭게 읽기』 (서울: 새물결플러스, 2015), 53-55.

일체 하나님의 고난으로부터 출발하는 자유롭게 만드는 생명의 영을 체험함으로써 가능하게 된다는 것입니다. 이런 점에서 성서에 나타난 하나님의 약속과 희망은, 십자가에 달리신 하나님의 고난 속에서 성취되어 부활하신 그리스도의 희망의 재생산을 경험하게 하는 하나님의 개방된 미래로 성도들을 초대하여 그들이 영원한 안식을 얻게 만드는 것입니다.448)

몰트만에 따르면, 율법을 고수하는 유대인들에게는 거치는 돌이며 철학적 지혜를 숭상하는 헬라인들에게는 어리석게 보이는 그리스도의 고통스런 죽음의 십자가는 낙관론적인 행복에 젖은 사람들에게 사랑을 받을 수 없지만, 그러나 어리석은 십자가가 구원의 능력임을 믿는 성도들에겐 십자가에 달린 예수님만이 이 세계를 변화시킬 수 있는 자유와 희망을 제공하여 주는 하나님의 지혜라는 것입니다. **왜냐하면 예수 그리스도의 십자가는 바로 모든 희망이 끝난 절망 속에서 피어난 참다운 희망이기 때문입니다.** 교회가 그리스도의 교회가 되고 신학이 그리스도교의 신학이 되는 정체성을 유지하려면, 십자가에 달린 그리스도에게로 돌아가야 하고 헛된 희망에 사로잡힌 이 세계에 그리스도의 십자가를 통하여 계시된 죽음으로부터 자유와 부활의 소망을 보여주어야만 한다는 것입니다. 이런 점에서 그리스도론의 근거와 규범이 되는 예수 그리스도의 십자가는, 그리스도의 교회와 그 신학의 근거로서 교회의 모든 활동과 신학적인 언설에 대하여 비판적인 기능을 수행합니다. 즉, 십자가는 모든 것을 시험합니다. 몰트만이 희망의 신학을 통하여 종말론적인 약속과 희망 속에 있는 하나님의 미래를 앞당겨 오는 선취, 즉 그리스도의 부활을 강조하였다면, 고통스런 십자가에 달려 수난을 받은 그리스도의 하나님을 통해서는 종말론적인 하나님의 미래가 이 세계의 수난의 역사로 구체적으로 성육신 되었다는 것을 제시하는 것이었습니다. 전자는 그리스도의 부활을 출발점으로 삼아 종말론적인 부활의 희망으로부터 수난 받은 그리스도의 십자

---

448) 위르겐 몰트만, *Der gekreuzigte Gott*, 김균진 옮김, 『십자가에 달린 하나님: 기독교 신학의 근거와 비판으로서의 예수의 십자가』 (서울: 대한기독교서회, 1979), 한국어판에 부쳐.

가로 나아가는 것이었다면, 후자는 십자가에 달린 하나님을 출발점으로 삼아 그리스도의 수난을 받은 십자가로부터 그의 부활의 희망에로 나아가는 것이었습니다. **그리스도의 부활의 긍정적인 희망은, 그리스도의 부정적인 십자가의 사랑을 통해서만 인간을 자유롭게 해방시키고 인간에게 참된 소망을 가져다준다는 것입니다.** 즉, 절망적인 현실을 극복하는 그리스도의 부정적인 십자가만이, 인간에게 희망적인 부활의 소망을 가져다주고 인간을 구원할 수 있다는 것입니다.449)

이처럼 십자가에서 고난당한 예수 그리스도는, 양성론의 측면에서 성부에게 버림받아 십자가에 달린 성자 하나님이시며 동시에 자원하여 십자가에 달려 하나님을 모독한 인간이시기도 하다는 것입니다.450) 이러한 진술로부터 예수님의 죽음은 성부 하나님의 죽음이 아니라, 성부 하나님 안에 있는 성자의 죽음이었습니다. 성부 하나님은 성자의 죽음을 통하여 고난을 받을 수 있지만 성부 자신이 죽은 것은 아닙니다. 그러므로 성부 하나님 안에서 일어난 것으로서 십자가에 달린 성자 예수의 죽음과 이러한 예수의 죽음 안에 계신 성부 하나님만이 그리스도교 신학의 근원과 출발점이 되는 것입니다. 왜냐하면 십자가에 달린 그리스도는 삼위일체적으로 펼쳐진 사랑의 하나님의 심장을 계시하고 있기 때문입니다.451) **이러한 예수님의 십자가는 우주 안에 세워져 허무한 것에 미래를 열어주고, 덧없는 것에 확고함을 제공하며, 고정된 것에 개방성을 가져오고, 절망 속에 희망을 심으며, 존재하는 모든 것들과 이미 존재를 상실한 모든 것들을 새로운 창조로 인도하여 들입니다.**452)

한 걸음 더 나아가 하나님은 전능하시어 고통을 받을 수 없기에 인간이 당하는 고난과 무관하다는 저항적인 무신론은, 십자가를 지신 그리스도의 고난 속에서 고통을 겪으시는 하나님에 의하여, 성부 하나님으로부터 버림받아 "엘리 엘리 라마사박다니!"라고 십자가에서

---

449) 위의 책, 7-11.
450) 위의 책, 205.
451) 위의 책, 214.
452) 위의 책, 227.

절규하며 죽어간 성자 하나님의 수난에 의하여, 그리고 십자가에 달린 하나님을 믿는 성도들의 신앙에 의하여 극복됩니다. **사랑이 풍성하신 하나님은 전혀 고난을 받을 수 없는 분이 아니라, 오히려 자신의 사랑 때문에 하나님의 존재는 고난 가운데 있고, 그리스도의 죽음 속에서 고통당하시는 인간적인 하나님이시며, 십자가에 달린 아들 안에서 성부 하나님이 당하시는 고난은 하나님의 존재 그 자체 안에 있는 사랑의 하나님의 속성이라는 것입니다.**453) 예수 그리스도는 참 하나님이요 참 인간이라는 양성론의 차원에서 성부 하나님의 신성은, 말할 수 없는 십자가의 고통 가운데서 죽은 자신의 아들 예수 그리스도의 죽음 속에서 무감각하고 무감동한 속성을 유지하는 것이 아니라, 아들의 죽음 속에서 삼위일체적으로 고난당하시는 하나님의 사랑의 속성을 드러내는 것으로 나타납니다.454)

이런 점에서, 예수 그리스도의 십자가는 사변의 사변을 넘어서 구체적인 삼위일체론의 출발점이 됩니다.455) 왜냐하면 성부 하나님이 성자를 십자가에 내어주시며, 아들을 주검에 내어주는 성부로부터 성자는 십자가의 죽음에로 버림을 당하지만, 삼 일만에 사망의 권세를 깨뜨리는 성령의 능력 안에서 부활하신 그리스도는 죽은 자들과 산자들의 주님이 되시기 때문입니다. 삼위 하나님의 개별적인 인격들의 상호내주를 말하는 페리코레시스적인 일체성 가운데 있는 성부 하나님은, 아들을 버림으로써 자신을 버리고, 아들을 내어주심으로써 자신을 내어주시며 고통당하는 열정적인 사랑의 하나님이십니다. 여기서 예수님의 고난과 죽음은, 성부수난설적으로 성부 하나님 자신의 죽음이 아니라, 십자가의 고통과 죽음에로 아들을 버리고 내어주는 성부 하나님이 무한한 사랑의 아픔 속에서 자신의 아들의 죽음을 지켜보며 고통당하신 것이라고 말할 수 있습니다. 즉, 삼위일체적으로 십자가 위에서 아들은 죽음의 고통을 당하며, 아버지는 아들의 죽음을 지켜보며 고통당하시기에, 성부가 당하는 고통스런 아픔의 정도는

---

453) 위의 책, 238.
454) 위의 책, 246-247.
455) 위의 책, 253.

성자의 죽음에 상응하는 크기인 것입니다. 다시 말해서 성자가 당한 아버지의 상실감은 성부가 당한 아들의 상실감에 상응하는 크기라는 것입니다.456)

그래서 예수님이 지신 고통스런 십자가 위에서 아들을 버리시는 성부와 그 아버지로부터 버림받은 성자 사이에 일어난 역사적인 구원사건을 종말론적으로 파악하는 신앙은, 그 구원사건이 생명을 창조하는 현재적인 사랑의 영 가운데서 사랑하시는 성부와 그 성부로부터 사랑받는 성자 사이에 일어난 삼위일체적인 사건으로 이해합니다. **예수님의 십자가의 절망적인 죽음 속에는 생명의 영이신 성령 하나님이 일으키시는 희망의 부활이 잉태되어 있고, 예수의 십자가의 절망적인 죽음과 그리스도의 희망의 부활 속에서 성부 하나님은 절망한 인간에게 구원을 선물로 주십니다.**457) 이것은 바로 예수님의 고통당하는 십자가를 통하여 인간을 구원하기 위하여 무조건적인 사랑을 보여주시는 성부 하나님의 고통 받는 사랑이 완성되었다는 것을 의미합니다. 다시 말해서 사랑의 성부는, 사랑하는 성자의 십자가의 고통 속에서 자기 자신에게 상응하여 인간구원의 사랑을 완성시키시고, 더 나아가 사랑의 영이신 성령 안에서 죄로 인해 무엇을 하든지 언제나 이기적인 자기중심성에 떨어질 수밖에 없는 인간들에게 상응하여 그들을 자신의 사랑으로 새롭게 창조하신다는 것입니다.458) 그러므로 성도들은, 하나님의 열정적인 사랑이 계시된 예수님의 고난당하신 십자가의 사랑을 믿는 신앙 속에서 구원을 받았으며, 성령의 능력 안에서 절망케 하는 죽음의 세력을 이기시고 부활하신 그리스도의 희망 속에서 현실적으로 직면하는 절망들을 능히 극복할 수 있고, 마지막 날에 반드시 있을 부활하신 그리스도의 재림을 통해 완성될 종말론적인 영생의 부활과 새 하늘과 새 땅의 도래를 소망 중에 기다리며 활기차게 살아갈 수 있습니다. 아멘!

---

456) 위의 책, 255-256.
457) 위의 책, 258-259.
458) 위의 책, 261.

## 4. 결론

절망을 강요하는 세상에서 꿈과 희망을 가지고 살다보면 우리는 때로 절망의 벽에 가로막히곤 합니다. 그래도 우리는 죽음을 이기시고 부활하신 예수 그리스도를 믿기에 미리 포기하고 절망하여 체념하고 살기보다는, 소망을 가지고 기도하며 희망을 향하여 계속 전진해 나가야만 합니다. 그리고 십자가에 달리신 예수 그리스도처럼 죽음의 현실을 변혁시키기 위해 그분의 제자인 우리의 몸도 절망의 현실을 희망으로 바꾸는데 과감하게 던져야 할 것입니다. 아마도 우리는 그 현장에서 죽을 것입니다. 그러나 우리는 소망이신 예수 그리스도를 믿는 믿음 가운데서 살기 때문에, 부활의 영이신 성령께서 우리와 함께 하시며 우리를 위로하시고 결국 우리를 최종승리로 인도하여 주실 것입니다. **오직 십자가 위에서 고난을 받으신 예수 그리스도와 사망권세를 물리치시고 부활하신 예수 그리스도만이 우리의 유일한 희망입니다.**

그러므로 우리는 부활하신 예수 그리스도를 믿고 희망하며 기도로 기다리고 하나님 나라를 확장하는 일을 어떠한 절망적인 상황들 속에서도 결코 멈추지 말아야 합니다. 왜냐하면 우리는 현실 속에서 눈에 보이고 손에 잡히는 것을 바라는 것이 아니라 보이지 않는 부활의 소망을 믿는 믿음의 사람들이기 때문입니다(고후4:18: 우리가 주목하는 것은 보이는 것이 아니요 보이지 않는 것이니, 보이는 것은 잠깐이요 보이지 않는 것은 영원함이라). 절망의 골짜기가 깊을수록 이제 희망이 도래하는 최종승리의 고지가 바로 눈앞에 있습니다. 겨울이 혹독하게 추우면 추울수록 얼어붙은 동토를 뚫고 올라오는 싹들이 만개하는 봄은 멀지 아니하였기 때문입니다. 우리 모두 깊고도 어두운 절망의 밤을 보내고 이제 찬란한 생명으로 빛나는 소망의 아침을 맞이하십시다. 코로나19 바이러스는 낙관적으로 일상에 젖어 살아가는 인간에게 공포감을 심어주고 죽음을 가져다주기도 하지만, 죽음의 공포에 직면한 교만한 인간들에게 그들의 죄악과 무능을 일깨워주고 부활소망의 복음의 본질을 명료하게 드러내어 주기도 합니다. 이런 코로나19 바이러스가 기승을 부리면 부릴수록 종말론적인 영원한 생명과 소망을 주는 부활하신 예수의 복음의 본질이 더 밝히 드러나 환하게 빛날 것입니다. **왜냐하면 자신이 대신 죽어서 죽어야만 하는 죄인들을 살리려고 부활하신 예수 그리스도는 사랑이고 구원이며 생명이고 부활의 소망이시기 때문입니다.**

이제 희망을 품고 일어나 간절히 소망하기는, **앞으로 코로나19에 대한 항바이러스 백신이 개발되어 그것이 퇴치되고 성도들이 모여 하나님께 감사의 찬양을 올려드리며 너무나도 소중한 예배의 가치를 회복할 날이 곧 다가올 것을**, 소망이신 우리 주 예수 그리스도의 이름으로 축원합니다. 아멘! 할렐루야! 아멘!